否認項目の受け入れを中心とした

# 法人税申告書
# 別表四，五㈠のケース・スタディ

成松　洋一 著

税務研究会出版局

# は し が き

法人税の課税標準となるべき各事業年度の所得金額は，法人の決算上の利益金額を基礎にして計算することとされていますが，所得金額と利益金額とは一致しないのが通例です。それは，税法と企業会計とにはそれぞれ独自の目的があって，その取扱いが同一でない事柄が少なくないからです。

したがって，法人の決算上の利益金額を基礎にして所得金額を計算するためには，法人税の申告に当たって，所定の金額をその利益金額に加算し，又は利益金額から減算する等所定の調整を加える手続が必要になります。この手続が一般に「申告調整」と呼ばれているものですが，この申告調整が正しく行われない場合には，法人にとって不利な納税をしなければならないことともなりますので，申告調整は正確に行う必要があります。しかしながら，申告調整の実務は極めて技術的な面が強いこと等から，その処理に当たって必ずしも誤りがないとはいえません。

そこで，本書においては，具体的な申告調整実務の基本である法人税申告書別表四《所得の金額の計算に関する明細書》と別表五㈠《利益積立金額及び資本金等の額の計算に関する明細書》の記載方法を中心として，申告調整の実際をできるだけ具体例に即しながら説明することとしました。申告調整の方法には各種の方法が考えられますが，ここでは一般的なものを述べています。

この令和６年度版においては，令和６年度の税制改正までを踏まえた，事例の追加，補正を行いました。その他，読者の皆様方からいただきました，ご質問事例の追加などを行っています。

本書の初版を刊行したのは昭和61年であり，それから平成，令和と永きにわたり，ご愛読していただいている読者の皆様方と出版にご尽力を賜っている，税務研究会出版局の方々に厚く御礼を申し上げます。

令和６年５月

成松　洋一

【凡　例】

法………法人税法
令………法人税法施行令
規………法人税法施行規則
措法……租税特別措置法
措令……租税特別措置法施行令
措規……租税特別措置法施行規則
所法……所得税法
消法……消費税法
消令……消費税法施行令
国徴……国税徴収法
耐令……減価償却資産の耐用年数等に関する省令
地法……地方税法
計算規則……会社計算規則

震災特例法……東日本大震災の被災者等に係る国税関係法律の臨時特例に関する法律
復興財源確保法……東日本大震災からの復興のための施策を実施するために必要な財源の確保に関する特別措置法
基通……法人税基本通達
措通……租税特別措置法関係通達（法人税編）
耐通……耐用年数の適用等に関する取扱通達
所通……所得税基本通達
消通……消費税法基本通達
消費税経理通達……消費税法等の施行に伴う法人税の取扱いについて（平成元.3.1 直法２－１）

（注）　本書は令和６年４月12日現在の適用法令・通達によっています。

# 目　次

# Ⅰ　申　告　調　整　事　項

申告調整事項には，法人が申告に当たって必ず調整を行うべき①絶対的申告調整事項と，調整を行うかどうかは法人の任意である②相対的申告調整事項の二つがあります。

## 1　絶対的申告調整事項

絶対的申告調整事項は，必ず申告書の上で益金算入，損金不算入等の申告調整を行うことを要し，法人がこれを行わなければ税務署長が更正することになる事項です。

この事項に属する項目には，次に掲げるようなものがあります。

①　評価益の益金不算入又は益金算入（法25，61，61の３）
②　受贈益の益金不算入（法25の２）
③　還付金等の益金不算入（法26，復興財源確保法63）
④　中間申告による還付に係る災害損失欠損金の益金算入（法27）
⑤　評価損の損金不算入又は損金算入（法33，61，61の３）
⑥　役員給与の損金不算入（法34）
⑦　過大な使用人給与の損金不算入（法36）
⑧　寄附金の損金不算入（法37，措法66の４③，66の11の３）
⑨　法人税額等の損金不算入（法38，39，復興財源確保法63）
⑩　積立金経理によって積み立てた圧縮記帳積立金，特別勘定，各種準備金等の損金算入（令80，措法55①，64①等）
⑪　税額控除される所得税額・復興特別所得税額及び税額控除を選択した場合の外国税額の損金不算入等（法40，41，41の２，復興財源確保法33②，63）
⑫　不正行為等に係る費用等の損金不算入（法55）
⑬　欠損金の損金算入（法57，57の２）
⑭　協同組合等の事業分量配当等の損金算入（法60の２）
⑮　特定株主等による支配欠損等法人の資産の譲渡等損失額の損金不算入（法60の３）
⑯　譲渡損益調整資産の譲渡損益の益金又は損金不算入（法61の11）
⑰　非適格合併による移転資産の譲渡損益の益金又は損金算入（法62②）
⑱　適格現物分配による資産の譲渡損益の益金又は損金不算入（法62の５③）
⑲　適格現物分配による資産の移転収益の益金不算入（法62の５④）
⑳　残余財産が確定した場合の事業税の損金算入（法62の５⑤）
㉑　特定適格組織再編成等による特定資産の譲渡等損失額の損金不算入（法62の７）

㉒　非適格株式交換等に係る株式交換完全子法人等の有する資産の評価損益の益金又は損金算入（法62の９）

㉓　交際費等の損金不算入（措法61の４）

㉔　移転価格税制による益金算入等（措法66の４）

㉕　過少資本税制等による利子等の損金不算入（措法66の５，66の５の２，66の５の３）

㉖　外国子会社合算税制による益金算入等（措法66の６～66の９の５）

㉗　組合事業等による損失の損金不算入（措法67の12，67の13）

㉘　圧縮記帳の超過額，引当金の繰入超過額，準備金の積立超過額，償却超過額等のように，法人が決算上損金として計上した金額が税法上の限度額を超える場合のその超える金額

㉙　その他事実認識の違いや公正妥当な会計処理の基準によらなかった等のため，当期の決算で計上した損益の内容について誤りがあるもの

## 2　相対的申告調整事項

相対的申告調整事項は，法人が確定申告書，修正申告書又は更正請求書の上で益金不算入，損金算入等の申告調整を行わなければその適用が認められず，法人がこれを行っていないとしても税務署長が進んで更正をすることはしない事項です。この事項に属する項目には，次に掲げるようなものがあります。

なお，次の項目のうち③④及び⑦から⑬までのものは，原則として当初申告に当たって申告調整をした場合に限ってその適用が認められます。当初申告に当たって申告調整をしなかった場合には，その後の修正申告に当たって調整することはできませんし，また，更正の請求の対象にもなりませんから，十分に注意しなければなりません。

①　受取配当等の益金不算入（法23）

②　外国子会社から受ける配当等の益金不算入（法23の２）

③　民事再生計画等による評価益の益金算入（法25③）

④　民事再生計画等による評価損の損金算入（法33④）

⑤　外国子会社から受ける配当等に係る外国源泉税等の損金不算入（法39の２）

⑥　災害損失金及び会社更生等による債務免除等による欠損金の損金算入（法58，59）

⑦　新鉱床探鉱費及び海外新鉱床探鉱費の特別控除による損金算入（措法59）

⑧　対外船舶運航事業の所得金額の益金又は損金算入（措法59の２）

⑨　沖縄の認定法人の所得の特別控除による損金算入（措法60）

⑩　資産譲渡の場合の特別控除による損金算入（措法65の２～65の６）

⑪　特定事業活動による特別勘定の損金算入（措法66の13）

⑫　農地所有適格法人の肉用牛の売却所得の特別控除による損金算入（措法67の３）

⑬　特定目的会社又は投資法人の支払配当の損金算入（措法67の14，67の15）

# Ⅱ　申告書別表四と五㈠の機能と関係

具体的な申告調整実務の基本は，法人税申告書の別表四と別表五㈠の記載方法にありますから，両表の機能や関連を十分に理解することが大切です。

## 1　申告書別表四の機能

法人税申告書別表四は，法人の決算上の利益金額（又は欠損金額）を基礎として，これに税法所定の申告調整を加え，所得金額を計算するために作成するものです。

したがって，この表の機能は，企業会計における損益計算書と同じようなものですが，同時に，申告調整事項のうち資産，負債の帳簿価額の増減に関係があるものを申告書別表五㈠に転記するための振替仕訳を行う機能をも有しています。

グループ通算制度固有の処理を行う場合には，別表四付表も記載します。

## 2　申告書別表五㈠の機能

法人税申告書別表五㈠は，税務上の利益積立金額及び資本金等の額の期中の異動状況を記録し，期末の利益積立金額及び資本金等の額を計算するために作成するものです。

したがって，この表の機能は，企業会計における株主資本等変動計算書と同じようなものですが，同時に，申告書別表四との因果関係を明確にし，申告調整事項のうち資産，負債の帳簿価額の増減に関係があるものを記録しておく元帳的な機能をも有しています。

**（注）**　種類株式を発行している法人は，申告書別表五㈠付表《種類資本金額の計算に関する明細書》の記載を要します。

## 3　申告書別表四と別表五㈠との関係

法人税申告書別表四と別表五㈠の「Ⅰ　利益積立金額の計算に関する明細書」との関係を図示すれば，次頁のようになります。

なお，申告書別表四と別表五㈠の「Ⅱ　資本金等の額の計算に関する明細書」とは直接的に関連はありませんから，別表五㈠の同明細書は，別表四とは関係なく独自に記載することになります。

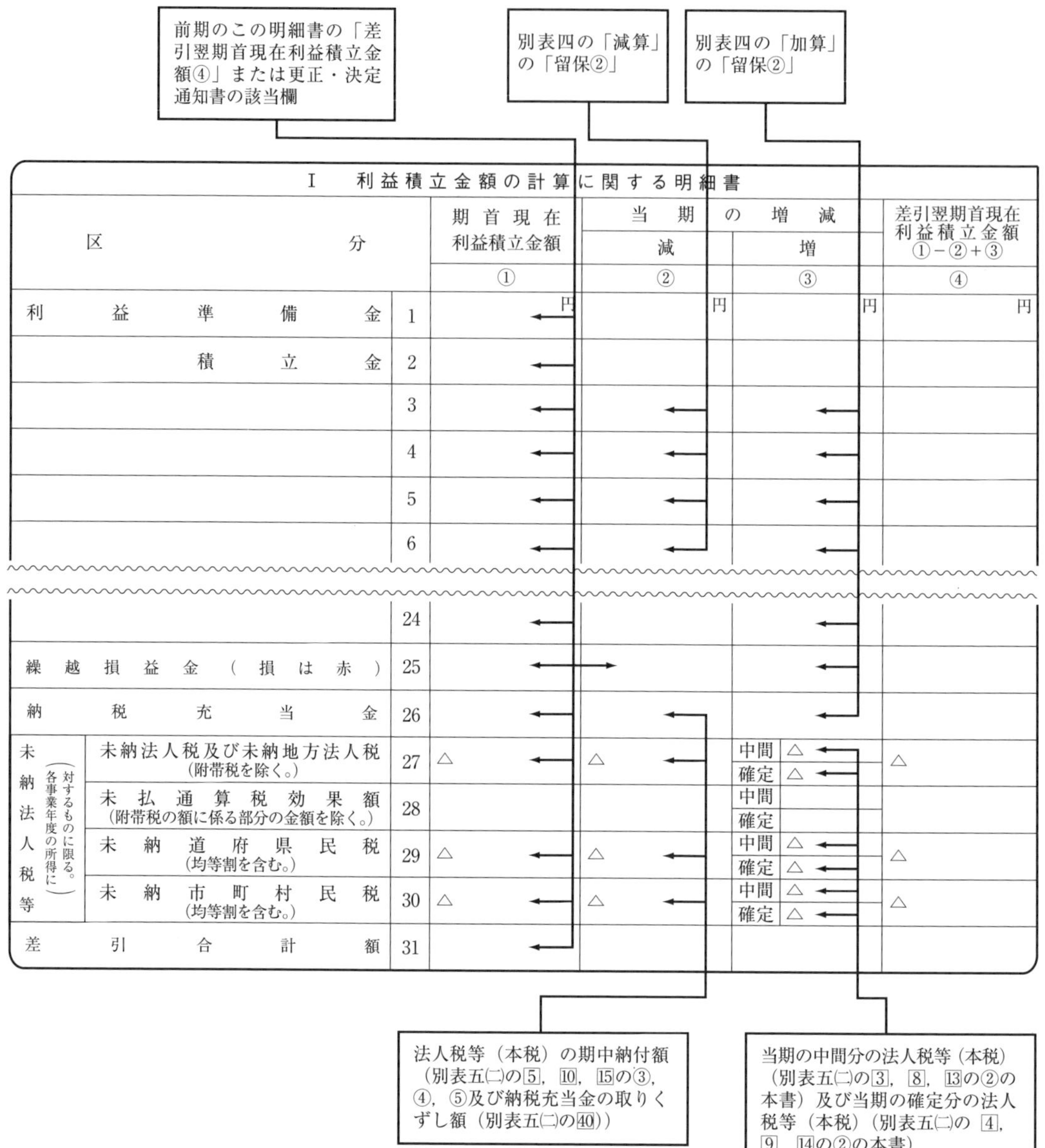


I　利益積立金額の計算に関する明細書

| 区分 | | 期首現在利益積立金額 | 当期の増減 減 | 当期の増減 増 | 差引翌期首現在利益積立金額 ①－②＋③ |
|---|---|---|---|---|---|
| | | ① | ② | ③ | ④ |
| 利益準備金 | 1 | 円 | 円 | 円 | 円 |
| 積立金 | 2 | | | | |
| | 3 | | | | |
| | 4 | | | | |
| | 5 | | | | |
| | 6 | | | | |
| | 24 | | | | |
| 繰越損益金（損は赤） | 25 | | | | |
| 納税充当金 | 26 | | | | |
| 未納法人税等（対する各事業年度の所得に限る。） 未納法人税及び未納地方法人税（附帯税を除く。） | 27 | △ | △ | 中間 △<br>確定 △ | △ |
| 未納法人税等 未払通算税効果額（附帯税の額に係る部分の金額を除く。） | 28 | | | 中間<br>確定 | |
| 未納法人税等 未納道府県民税（均等割を含む。） | 29 | △ | △ | 中間 △<br>確定 △ | △ |
| 未納法人税等 未納市町村民税（均等割を含む。） | 30 | △ | △ | 中間 △<br>確定 △ | △ |
| 差引合計額 | 31 | | | | |



（注）1　別表四の「減算」欄の「留保②」に記入したものは，原則として別表五㈠の「当期の増減」欄の「減②」欄に移記しますが，当期に新たに別表四の「減算」欄の「留保②」欄から別表五㈠に移記するものについては，計算誤謬を防止するために「当期の増減」欄の「増③」欄に△印を付して記入しても差し支えありません。

2　別表五㈡の「期末現在未納税額⑥」の4，9，14に外書（△印）の金額がある場合（中間納付額の還付金がある場合）には，別表五(一)の3から24までの空欄のいずれかに「未収還付法人税」等と記載の上，「当期の増減」の「増③」にその金額（△印を付さない）を記載します。

**3**　別表五㈠の「Ⅰ　利益積立金額の計算に関する明細書」の「期首現在利益積立金額①」には，前期の同表の「差引翌期首現在利益積立金額④」の科目と金額を移記しますが，過年度遡及会計基準を適用する場合には，全て「期首現在利益積立金額①」の「繰越損益金（損は赤）25」欄に記載されることになります（《例*1*》，《例*14*》，《例*20*》の第三法，《例*114*》，《例*165*》参照）。

平成21年12月４日に公表された「会計上の変更及び誤謬の訂正に関する会計基準」（企業会計基準委員会）により，平成23年４月１日以後開始する事業年度の期首以後は，過年度の誤謬等を当期において「前期損益修正損益」でもって訂正する実務慣行は原則としてなくなり，「繰越利益剰余金」等で処理すると考えられています。

そうしますと，本書の〔翌期の処理〕の「前期損益修正損益」や「過年度損益修正損益」は「繰越利益剰余金」とする「第三法」（《例*1*》《例*14*》《例*20*》《例*35*》《例*201*》《例*227*》参照）があることになります。ただ，過年度遡及会計基準を適用しない会社も考えられるため，会社計算規則では「前期損益修正損益」項目が存置されており，中小企業等にもこの過年度遡及会計基準が定着するまでの間，従来どおりの「前期損益修正損益」等を使った処理を示しています。

## Ⅲ　売上に関する事項の処理

### 1　売上計上時期

**例 1**　売上計上もれを売掛金とする場合

当期に計上すべき売上100万円が翌期の売上に計上されていることが判明した。

**当期の処理**

**税務上の経理処理**

(借)売 掛 金　100万円　　　(貸)売　　上　100万円

**別表四の処理**

| 区分 | | | 総額 | 処分 | | |
|---|---|---|---|---|---|---|
| | | | | 留保 | 社外流出 | |
| | | | ① | ② | ③ | |
| 加算 | 売上計上もれ | 10 | 1,000,000 | 1,000,000 | | |
| | | | | | | |
| | | | | | | |

**別表五(一)の処理**

| Ⅰ　利益積立金額の計算に関する明細書 | | | | | |
|---|---|---|---|---|---|
| 区分 | | 期首現在<br>利益積立金額 | 当期の増減 | | 差引翌期首現在<br>利益積立金額<br>①－②＋③ |
| | | | 減 | 増 | |
| | | ① | ② | ③ | ④ |
| 利益準備金 | 1 | 円 | 円 | 円 | 円 |
| 積立金 | 2 | | | | |
| 売掛金 | 3 | | | 1,000,000 | 1,000,000 |
| | 4 | | | | |

## 翌期の処理

### イ　第一法

**決算上の経理処理**

既に当期の売上に計上済みですから，特に経理処理は行いません。

**別表四の処理**

| 区分 | | | 総額 ① | 処分 留保 ② | 処分 社外流出 ③ | |
|---|---|---|---|---|---|---|
| 減算 | 前期売上計上もれ認容 | 21 | 1,000,000 | 1,000,000 | | |
| | | | | | | |
| | | | | | | |

**別表五(一)の処理**

Ⅰ　利益積立金額の計算に関する明細書

| 区分 | | 期首現在利益積立金額 ① | 当期の増減 減 ② | 当期の増減 増 ③ | 差引翌期首現在利益積立金額 ①－②＋③ ④ |
|---|---|---|---|---|---|
| 利益準備金 | 1 | 円 | 円 | 円 | 円 |
| 積立金 | 2 | | | | |
| 売掛金 | 3 | 1,000,000 | 1,000,000 | | — |
| | 4 | | | | |
| | 5 | | | | |

### ロ　第二法

**決算上の経理処理**

この売上は，前期の売上ですから，当期の売上に関係させないようにするため，決算調整により次の経理処理を行います。

(借)売　　上　100万円　　　　(貸)前期損益修正益　100万円

**別表四と別表五(一)の処理**

第一法と同様の処理を行います。

ハ　第三法

**決算上の経理処理**

（借）売　　　上　100万円　　　（貸）繰越利益剰余金　100万円
（過去の誤謬の訂正による影響額）

**別表四の処理**

何ら処理をする必要はありません。

**別表五(一)の処理**

| Ⅰ　利益積立金額の計算に関する明細書 | | | | | |
|---|---|---|---|---|---|
| 区　分 | | 期首現在利益積立金額 | 当期の増減 | | 差引翌期首現在利益積立金額 ①－②＋③ |
| | | | 減 | 増 | |
| | | ① | ② | ③ | ④ |
| 利益準備金 | 1 | 円 | 円 | 円 | 円 |
| 積立金 | 2 | | | | |
| | 3 | | | | |
| 〜〜〜 | | | | | |
| 繰越損益金（損は赤） | 25 | *1,000,000* | | | |
| 納税充当金 | 26 | | | | |

## 例 2　期末在庫を売上とする場合

当期末の棚卸資産に計上されている商品200万円は，既に当期中に得意先に対して出荷済みであり，当期の売上250万円として計上すべきことが判明した。

なお，その売上代金は翌期に入金し，翌期の売上に計上されている。

### 当期の処理

#### 税務上の経理処理

(借)売 掛 金　250万円　　(貸)売　　上　250万円
　　売上原価　200万円　　　　棚卸資産　200万円

#### 別表四の処理

| 区分 | | | 総額 | 処分 | |
|---|---|---|---|---|---|
| | | | | 留保 | 社外流出 |
| | | | ① | ② | ③ |
| 加算 | 売上計上もれ | 10 | 2,500,000 | 2,500,000 | |
| | | | | | |
| | | | | | |
| 減算 | 売上原価認容 | 21 | 2,000,000 | 2,000,000 | |
| | | | | | |
| | | | | | |

#### 別表五(一)の処理

Ⅰ　利益積立金額の計算に関する明細書

| 区分 | | 期首現在利益積立金額 | 当期の増減 | | 差引翌期首現在利益積立金額 ①－②＋③ |
|---|---|---|---|---|---|
| | | | 減 | 増 | |
| | | ① | ② | ③ | ④ |
| 利益準備金 | 1 | 円 | 円 | 円 | 円 |
| 積立金 | 2 | | | | |
| 売掛金 | 3 | | | 2,500,000 | 2,500,000 |
| 棚卸資産 | 4 | | | △2,000,000 | △2,000,000 |
| | 5 | | | | |

## 翌期の処理

### イ　第一法

**決算上の経理処理**

既に売上に計上済みですから，特に経理処理は行いません。

**別表四の処理**

| 区分 | | | 総額 | 処分 | | |
|---|---|---|---|---|---|---|
| | | | | 留保 | 社外流出 | |
| | | | ① | ② | ③ | |
| 加算 | 売上原価戻入益 | 10 | 2,000,000 | 2,000,000 | | |
| | | | | | | |
| | | | | | | |
| 減算 | 前期売上計上もれ認容 | 21 | 2,500,000 | 2,500,000 | | |
| | | | | | | |
| | | | | | | |

**別表五(一)の処理**

| Ⅰ　利益積立金額の計算に関する明細書 | | | | | |
|---|---|---|---|---|---|
| 区分 | | 期首現在利益積立金額 | 当期の増減 | | 差引翌期首現在利益積立金額 ①－②＋③ |
| | | | 減 | 増 | |
| | | ① | ② | ③ | ④ |
| 利益準備金 | 1 | 円 | 円 | 円 | 円 |
| 積立金 | 2 | | | | |
| 売掛金 | 3 | 2,500,000 | 2,500,000 | | — |
| 棚卸資産 | 4 | △2,000,000 | △2,000,000 | | — |
| | 5 | | | | |

### ロ　第二法

**決算上の経理処理**

この売上は，前期の売上ですから，当期の売上に関係させないようにするため，決算調整により次の経理処理を行います。

| | | | |
|---|---|---|---|
| (借)売　　上 | 250万円 | (貸)棚 卸 資 産 | 200万円 |
| | | 前期損益修正益 | 50万円 |

## 別表四と別表五(一)の処理

第一法と同様の処理を行います。

## 例 3　売上が過大になっている場合

翌期に計上すべき売上300万円が当期の売上に計上されていることが判明した。

なお，その300万円は売掛金として計上されている。

### 当期の処理

**税務上の経理処理**

(借)売　　上　300万円　　　(貸)売 掛 金　300万円

**別表四の処理**

| 区分 | | | 総額 | 処分 | |
|---|---|---|---|---|---|
| | | | | 留保 | 社外流出 |
| | | | ① | ② | ③ |
| 減算 | 売上過大計上 | 21 | 3,000,000 | 3,000,000 | |
| | | | | | |
| | | | | | |

**別表五(一)の処理**

| Ⅰ　利益積立金額の計算に関する明細書 | | | | | |
|---|---|---|---|---|---|
| 区分 | | 期首現在利益積立金額 | 当期の増減 | | 差引翌期首現在利益積立金額 ①－②＋③ |
| | | | 減 | 増 | |
| | | ① | ② | ③ | ④ |
| 利益準備金 | 1 | 円 | 円 | 円 | 円 |
| 積立金 | 2 | | | | |
| 売掛金 | 3 | | | △3,000,000 | △3,000,000 |
| | 4 | | | | |
| | 5 | | | | |

### 翌期の処理

**イ　第一法**

**決算上の経理処理**

既に前期の売上に計上済みですから，特に経理処理は行いません。

## 別表四の処理

| 区分 | | 総額 | 処分 | |
|---|---|---|---|---|
| | | | 留保 | 社外流出 |
| | | ① | ② | ③ |
| 加算 売上計上もれ | 10 | 3,000,000 | 3,000,000 | | |
| | | | | | |
| | | | | | |

## 別表五(一)の処理

I　利益積立金額の計算に関する明細書

| 区分 | | 期首現在利益積立金額 | 当期の増減 | | 差引翌期首現在利益積立金額 ①−②+③ |
|---|---|---|---|---|---|
| | | | 減 | 増 | |
| | | ① | ② | ③ | ④ |
| 利益準備金 | 1 | 円 | 円 | 円 | 円 |
| 積立金 | 2 | | | | |
| 売掛金 | 3 | △3,000,000 | △3,000,000 | | — |
| | 4 | | | | |
| | 5 | | | | |

### ロ　第二法

**決算上の経理処理**

この売上は，当期の売上ですから，当期の売上とするため，決算調整により次の経理処理を行います。

(借)前期損益修正損　300万円　　　(貸)売　　上　300万円

## 別表四と別表五(一)の処理

第一法と同様の処理を行います。

## 例 4 仮受金を売上とする場合

当期末に仮受金として計上している400万円は，当期の売上として計上すべき売上代金の入金であることが判明した。

なお，この400万円は翌期の売上に計上されている。

### 当期の処理

**税務上の経理処理**

(借)仮 受 金　400万円　　　(貸)売　　上　400万円

**別表四の処理**

| 区分 | | | 総額 | 処分 | |
|---|---|---|---|---|---|
| | | | | 留保 | 社外流出 |
| | | | ① | ② | ③ |
| 加算 | 売上計上もれ | 10 | 4,000,000 | 4,000,000 | |
| | | | | | |
| | | | | | |

**別表五(一)の処理**

| Ⅰ　利益積立金額の計算に関する明細書 | | | | | |
|---|---|---|---|---|---|
| 区分 | | 期首現在利益積立金額 | 当期の増減 | | 差引翌期首現在利益積立金額 ①－②＋③ |
| | | | 減 | 増 | |
| | | ① | ② | ③ | ④ |
| 利益準備金 | 1 | 円 | 円 | 円 | 円 |
| 積立金 | 2 | | | | |
| 仮受金 | 3 | | | 4,000,000 | 4,000,000 |
| | 4 | | | | |
| | 5 | | | | |

## 翌期の処理

### イ　第一法

**決算上の経理処理**

既に売上に計上済みですから，特に経理処理は行いません。

**別表四の処理**

| 区分 | | | 総額 | 処分 | |
|---|---|---|---|---|---|
| | | | | 留保 | 社外流出 |
| | | | ① | ② | ③ |
| 減算 | 前期売上計上もれ認容 | 21 | 4,000,000 | 4,000,000 | | |
| | | | | | | |
| | | | | | | |

**別表五(一)の処理**

| Ⅰ　利益積立金額の計算に関する明細書 | | | | | |
|---|---|---|---|---|---|
| 区分 | | 期首現在利益積立金額 | 当期の増減 | | 差引翌期首現在利益積立金額 ①－②＋③ |
| | | | 減 | 増 | |
| | | ① | ② | ③ | ④ |
| 利益準備金 | 1 | 円 | 円 | 円 | 円 |
| 積立金 | 2 | | | | |
| 仮受金 | 3 | 4,000,000 | 4,000,000 | | — |
| | 4 | | | | |
| | 5 | | | | |

### ロ　第二法

**決算上の経理処理**

この売上は，前期の売上ですから，当期の売上に関係させないようにするため，決算調整により次の経理処理を行います。

(借)売　　上　400万円　　　　(貸)前期損益修正益　400万円

**別表四と別表五(一)の処理**

第一法と同様の処理を行います。

## 2　売上計上もれ

### 例5　売上計上もれを売掛金とする場合

当期に計上すべき売上500万円が，当期及び翌期の売上に計上されていないことが判明した。

なお，その売上代金は得意先からまだ入金されていない。

### 当期の処理

**税務上の経理処理**

(借)売 掛 金　500万円　　　(貸)売　　上　500万円

**別表四の処理**

| 区分 | | | 総額 | 処分 | | |
|---|---|---|---|---|---|---|
| | | | | 留保 | 社外流出 | |
| | | | ① | ② | ③ | |
| 加算 | 売上計上もれ | 10 | 5,000,000 | 5,000,000 | | |
| | | | | | | |
| | | | | | | |

**別表五(一)の処理**

| Ⅰ　利益積立金額の計算に関する明細書 | | | | | |
|---|---|---|---|---|---|
| 区分 | | 期首現在<br>利益積立金額 | 当期の増減 | | 差引翌期首現在<br>利益積立金額<br>①－②＋③ |
| | | | 減 | 増 | |
| | | ① | ② | ③ | ④ |
| 利益準備金 | 1 | 円 | 円 | 円 | 円 |
| 積立金 | 2 | | | | |
| 売掛金 | 3 | | | 5,000,000 | 5,000,000 |
| | 4 | | | | |
| | 5 | | | | |

## 翌期の処理

### 決算上の経理処理

いわば簿外となっている売掛金を企業会計に受け入れるため，次の経理処理を行います。

（借）売 掛 金　500万円　　　　（貸）前期損益修正益　500万円

### 別表四の処理

| 区分 | | | 総額 | 処分 | | |
|---|---|---|---|---|---|---|
| | | | | 留保 | 社外流出 | |
| | | | ① | ② | ③ | |
| 減算 | 前期損益修正益否認 | 21 | 5,000,000 | 5,000,000 | | |
| | | | | | | |
| | | | | | | |

### 別表五(一)の処理

| Ⅰ　利益積立金額の計算に関する明細書 | | | | | |
|---|---|---|---|---|---|
| 区分 | | 期首現在利益積立金額 | 当期の増減 | | 差引翌期首現在利益積立金額 ①－②＋③ |
| | | | 減 | 増 | |
| | | ① | ② | ③ | ④ |
| 利益準備金 | 1 | 円 | 円 | 円 | 円 |
| 積立金 | 2 | | | | |
| 売掛金 | 3 | 5,000,000 | 5,000,000 | | — |
| | 4 | | | | |
| | 5 | | | | |

（注）《例５》における処理で留意すべき点は，その売上は当期の申告書作成時点，すなわち翌期においても計上されておらず，その売掛金はいわば簿外となっていますから，税務上と企業会計上の処理を合わせるために，翌期において必ずその売掛金を企業会計に受け入れるための処理をしておくことが望ましい，ということです。

## 例 6 認定給与とする場合

当期に計上すべき売上600万円が計上されていないことから調査したところ，役員が得意先の接待や個人的な交際などのために使用したことが判明した。

しかし，その600万円は，使途が明らかでなく，精算を求めないこととしたため，その役員に対する給与とすることにした。

### 当期の処理

#### 税務上の経理処理

（借）役員給与　600万円　　　（貸）売　　上　600万円

**（注）** 役員に対して交際費等の名義で支給したもののうち，その法人の業務のために使用したことが明らかでないものは，役員給与として取り扱われます（基通９－２－９(9)，９－２－11(3)）。

#### 別表四の処理

| 区分 | | | 総額 | 処分 | | |
|---|---|---|---|---|---|---|
| | | | | 留保 | 社外流出 | |
| | | | ① | ② | ③ | |
| 加算 | 売上計上もれ | 10 | 6,000,000 | | その他 | 6,000,000 |
| | | | | | | |
| | | | | | | |

#### 別表五(一)の処理

何ら処理をする必要はありません。

### 翌期の処理

決算上及び税務上とも，何ら処理をする必要はありません。

## 例 7　簿外預金になっている場合

当期において計上すべき売上700万円が計上されておらず，簿外預金となっていることが判明した。

なお，この預金の当期末残高は735万円であり，売上代金の入金分700万円との差額35万円は，この預金に係る利息の入金分である。

### 当期の処理

**税務上の経理処理**

(借)預　　金　735万円　　　(貸)売　　上　700万円
　　　　　　　　　　　　　　　　受取利息　35万円

**別表四の処理**

| 区分 | | | 総額 | 処分 | |
|---|---|---|---|---|---|
| | | | | 留保 | 社外流出 |
| | | | ① | ② | ③ |
| 加算 | 売上計上もれ | 10 | 7,000,000 | 7,000,000 | |
| | 受取利息計上もれ | | 350,000 | 350,000 | |
| | | | | | |

**別表五(一)の処理**

| Ⅰ　利益積立金額の計算に関する明細書 | | | | | |
|---|---|---|---|---|---|
| 区分 | | 期首現在利益積立金額 | 当期の増減 | | 差引翌期首現在利益積立金額 ①－②＋③ |
| | | | 減 | 増 | |
| | | ① | ② | ③ | ④ |
| 利益準備金 | 1 | 円 | 円 | 円 | 円 |
| 積立金 | 2 | | | | |
| 預金 | 3 | | | 7,350,000 | 7,350,000 |
| | 4 | | | | |
| | 5 | | | | |

## 翌期の処理

### 決算上の経理処理

簿外預金を企業会計に受け入れるため，次の経理処理を行います。

（借）預　　金　735万円　　　　（貸）前期損益修正益　735万円

### 別表四の処理

| 区分 | | | 総額 | 処分 | | |
|---|---|---|---|---|---|---|
| | | | | 留保 | 社外流出 | |
| | | | ① | ② | ③ | |
| 減算 | 前期損益修正益否認 | 21 | 7,350,000 | 7,350,000 | | |
| | | | | | | |
| | | | | | | |

### 別表五(一)の処理

| Ⅰ　利益積立金額の計算に関する明細書 | | | | | |
|---|---|---|---|---|---|
| 区分 | | 期首現在利益積立金額 | 当期の増減 | | 差引翌期首現在利益積立金額 ①−②+③ |
| | | | 減 | 増 | |
| | | ① | ② | ③ | ④ |
| 利益準備金 | 1 | 円 | 円 | 円 | 円 |
| 積立金 | 2 | | | | |
| 預金 | 3 | 7,350,000 | 7,350,000 | | — |
| | 4 | | | | |
| | 5 | | | | |

## 例 8　寄附金とする場合

当期に関連会社に対して時価800万円の商品を無償で譲渡し，何らの処理もしていなかったが，税務上は寄附金として処理すべきことが判明した。

この無償譲渡に係る寄附金の損金不算入額は650万円である。

### 当期の処理

#### 税務上の経理処理

（借）寄　附　金　800万円　　　（貸）売　　上　800万円

#### 別表四の処理

| 区分 | | | 総額 ① | 処分 留保 ② | 処分 社外流出 ③ | |
|---|---|---|---|---|---|---|
| 加算 | 売上計上もれ | 10 | 8,000,000 | | その他 | 8,000,000 |
| 加算 | | | | | | |
| 加算 | | | | | | |
| 減算 | 寄附金計上もれ | 21 | 8,000,000 | | その他 | 8,000,000 |
| 減算 | 小計 | 22 | | | 外 ※ | |
| 仮計 (1)＋(11)－(22) | | 23 | | | 外 ※ | |
| 寄附金の損金不算入額 (別表十四(二)「24」又は「40」) | | 27 | 6,500,000 | | その他 | 6,500,000 |

（注）「加算⑩」及び「減算㉑」の各欄は，強いて記入しなくて差し支えありません。

#### 別表五(一)の処理

何ら処理をする必要はありません。

### 翌期の処理

決算上及び税務上とも，何ら処理をする必要はありません。

（注）　完全支配関係子会社に対する寄附金がある場合の処理については，《例67》を参照してください。

## 例 9 売上の対価を現物で受領した場合

当社（資本金額10億円）は，当期にスタートアップ企業に提供した経営コンサルタントの料金300万円の対価として，その企業の将来性と取引の継続を期待してその企業の発行株式を受領したが，その株式の時価は150万円程度であるので，次のような経理処理を行った。

(借)有価証券　150万円　　(貸)売　　上　150万円

なお，税務上，このコンサルタント料300万円と株式の時価150万円との差額150万円は，交際費等に該当するものと考えられる。

### 当期の処理

**税務上の経理処理**

(借)交際費等　150万円　　(貸)売　　上　150万円

**別表四の処理**

| 区分 | | | 総額 | 処分 | | |
|---|---|---|---|---|---|---|
| | | | | 留保 | 社外流出 | |
| | | | ① | ② | ③ | |
| 加算 | 交際費等の損金不算入額 | 8 | 1,500,000 | | その他 | 1,500,000 |
| | 通算法人に係る加算額（別表四付表「５」） | 9 | | | 外 ※ | |
| | 売上計上もれ | 10 | 1,500,000 | | その他 | 1,500,000 |
| 減算 | 交際費等計上もれ | 21 | 1,500,000 | | | 1,500,000 |
| | 小計 | 22 | | | 外 ※ | |

(注)　収益認識会計基準では，契約における対価が現金以外の場合に取引価格を算定するにあたっては，その対価を時価により算定しますが（同基準59項，60項），税務上は，提供した役務につき通常得べき対価の額に相当する金額とされますから（法22の２④，基通２－１－１の10），売上金額は300万円とすべきことになります。

**別表五(一)の処理**

何ら処理をする必要はありません。

### 翌期の処理

決算上及び税務上とも，何ら処理をする必要はありません。

## 例10　売上金額から返品見込額を控除した場合

当社は通信販売業を営み，販売商品について30日以内であれば未使用品の返品を認めているので，その返品見込額を売上高から減額する，次のような経理処理を行っている。

（借）現金預金　20,000万円　　（貸）売　　上　19,400万円
　　　　　　　　　　　　　　　　　返金負債　　600万円

（借）売上原価　11,640万円　　（貸）棚卸資産　12,000万円
　　　返品資産　　360万円

翌期において，見込みどおり，600万円の返品があったので同額の返金をするとともに，返品された商品は棚卸資産として処理した。

### 当期の処理

#### 税務上の経理処理

（借）返金負債　600万円　　（貸）売　　上　600万円
　　　売上原価　360万円　　　　　返品資産　360万円

（注）　収益認識会計基準では，返品されると見込む商品の対価の額は収益として認識せず，「返金負債」として処理し，一方，返品されると見込む商品の原価の額は，「返品資産」として処理します（同基準適用指針85項，〔設例11〕）。

　これに対し税務上は，平成30年の税制改正により，販売・譲渡をした資産の買戻しの可能性がある場合においても，その可能性はないものとして収益の額を計算すべきこととされました（法22の２⑤二）。

#### 別表四の処理

| 区分 | | | 総額 | 処分 | | |
|---|---|---|---|---|---|---|
| | | | | 留保 | 社外流出 | |
| | | | ① | ② | ③ | |
| 加算 | 売上計上もれ | 10 | 6,000,000 | 6,000,000 | | |
| | | | | | | |
| 減算 | 売上原価計上もれ | 21 | 3,600,000 | 3,600,000 | | |
| | | | | | | |

別表五(一)の処理

| I 利益積立金額の計算に関する明細書 | | | | | |
|---|---|---|---|---|---|
| 区分 | | 期首現在利益積立金額 | 当期の増減 | | 差引翌期首現在利益積立金額 ①－②＋③ |
| | | | 減 | 増 | |
| | | ① | ② | ③ | ④ |
| 利益準備金 | 1 | 円 | 円 | 円 | 円 |
| 積立金 | 2 | | | | |
| 返金負債 | 3 | | | 6,000,000 | 6,000,000 |
| 返品資産 | 4 | | | △3,600,000 | △3,600,000 |
| | 5 | | | | |

## 翌期の処理

### 決算上の経理処理

(借)返金負債　600万円　　(貸)現金預金　600万円
　　棚卸資産　360万円　　　　返品資産　360万円

別表四の処理

| 区分 | | | 総額 | 処分 | |
|---|---|---|---|---|---|
| | | | | 留保 | 社外流出 |
| | | | ① | ② | ③ |
| 加算 | 売上原価計上もれ | 10 | 3,600,000 | 3,600,000 | |
| | | | | | |
| 減算 | 売上返品計上もれ | 21 | 6,000,000 | 6,000,000 | |
| | | | | | |

## 別表五(一)の処理

| Ⅰ　利益積立金額の計算に関する明細書 | | | | | |
|---|---|---|---|---|---|
| 区分 | | 期首現在利益積立金額 | 当期の増減 | | 差引翌期首現在利益積立金額 ①－②＋③ |
| | | | 減 | 増 | |
| | | ① | ② | ③ | ④ |
| 利益準備金 | 1 | 円 | 円 | 円 | 円 |
| 積立金 | 2 | | | | |
| **返金負債** | 3 | *6,000,000* | *6,000,000* | | — |
| **返品資産** | 4 | △*3,600,000* | △*3,600,000* | | — |
| | 5 | | | | |

**(注)** 1　返金負債勘定と返品資産勘定の差額を返品調整引当金勘定に繰り入れる場合の処理については，《例*111*》を参照してください。

2　売上金額から貸倒見込額を控除した場合の処理について，《例*109*》を参照してください。

## 3　リース譲渡の収益

### 例11　延払基準の適用が認められない場合

リース譲渡につき延払基準を適用し利益100万円を繰り延べているが，そのリース譲渡は完全支配関係子会社に対するもので，延払基準の適用はできないことが判明した。

**当期の処理**

**税務上の経理処理**

(借)繰延利益　900万円　　　　(貸)譲渡利益　900万円

(注)　リース譲渡の損益については，延払基準の方法により経理をすることができますが（法63①），完全支配関係会社に対する譲渡損益調整資産の譲渡はリース譲渡に含まれず（法63⑤），延払基準の適用はできません。別途，譲渡損益調整資産に係る譲渡損益額の課税繰延べを適用します（法61の11，《例*163*》，《例*204*》参照）。

**別表四の処理**

| 区分 | | | 総額 | 処分 | |
|---|---|---|---|---|---|
| | | | | 留保 | 社外流出 |
| | | | ① | ② | ③ |
| 加算 | 繰延利益否認 | 10 | *9,000,000* | *9,000,000* | |
| | | | | | |
| | | | | | |

**別表五(一)の処理**

| I　利益積立金額の計算に関する明細書 | | | | | |
|---|---|---|---|---|---|
| 区分 | | 期首現在利益積立金額 | 当期の増減 減 | 当期の増減 増 | 差引翌期首現在利益積立金額 ①－②＋③ |
| | | ① | ② | ③ | ④ |
| 利益準備金 | 1 | 円 | 円 | 円 | 円 |
| 積立金 | 2 | | | | |
| 繰延利益 | 3 | | | *9,000,000* | *9,000,000* |
| | 4 | | | | |
| | 5 | | | | |

## 翌期の処理

### 決算上の経理処理

翌期以降延払基準の適用を止めることとしたため，全額洗替え処理します。

(借)繰延利益　900万円　　　　(貸)前期損益修正益　900万円

### 別表四の処理

| 区分 | | | 総額<br>① | 処分 留保<br>② | 処分 社外流出<br>③ | |
|---|---|---|---|---|---|---|
| 減算 | 繰延利益認容 | 21 | 9,000,000 | 9,000,000 | | |
| | | | | | | |
| | | | | | | |

### 別表五(一)の処理

Ⅰ　利益積立金額の計算に関する明細書

| 区分 | | 期首現在利益積立金額<br>① | 当期の増減 減<br>② | 当期の増減 増<br>③ | 差引翌期首現在利益積立金額<br>①－②＋③<br>④ |
|---|---|---|---|---|---|
| 利益準備金 | 1 | 円 | 円 | 円 | 円 |
| 積立金 | 2 | | | | |
| 繰延利益 | 3 | 9,000,000 | 9,000,000 | | ― |
| | 4 | | | | |
| | 5 | | | | |

## 4　長期大規模工事の収益

### 例12　工事進行基準により損益を計上する場合

当期首に請け負った請負金額150億円の長期工事について，工事進行基準により損益を計上すべきところ，当期においては損益を計上していないことが判明した。

なお，当期末及び翌期末における見積工事原価の額は120億円，実際に支出した工事原価の累計額は当期末が48億円，翌期末が100億円である。実際に支出した工事原価の額は「未成工事支出金」勘定に計上している。

#### 当期の処理

**税務上の経理処理**

（借）未成工事未収金　60億円　　（貸）未成工事収益　60億円
　　 未成工事原価　48億円　　　　　 未成工事支出金　48億円

（注）　平成20年の税制改正により，請負金額が10億円以上，工事期間が１年以上の長期大規模工事については，必ず工事進行基準の方法により損益を計上しなければならないこととされました（法64①）。

なお，未成工事未収金及び未成工事収益の60億円は，次により計算されます。

$$150億円 \times \frac{48億円}{120億円}（工事進行割合）= 60億円$$

**別表四の処理**

| 区分 | | | 総額 ① | 処分 留保 ② | 処分 社外流出 ③ | |
|---|---|---|---|---|---|---|
| 加算 | 未成工事収益計上もれ | 10 | 6,000,000,000 | 6,000,000,000 | | |
| | | | | | | |
| 減算 | 未成工事原価計上もれ | 21 | 4,800,000,000 | 4,800,000,000 | | |
| | | | | | | |

### 別表五(一)の処理

| Ⅰ　利益積立金額の計算に関する明細書 | | | | | |
|---|---|---|---|---|---|
| 区分 | | 期首現在利益積立金額 | 当期の増減 | | 差引翌期首現在利益積立金額 ①－②＋③ |
| | | | 減 | 増 | |
| | | ① | ② | ③ | ④ |
| 未成工事未収金 | 3 | | | 6,000,000,000 | 6,000,000,000 |
| 未成工事支出金 | 4 | | | △4,800,000,000 | △4,800,000,000 |

## 翌期の処理

### イ　第一法

#### 決算上の経理処理

企業会計上の処理は妥当なものとして，税務上の処理と合わせるための経理処理は特に行いません。そうすると，税務上は次の経理処理をすべきことになります。

(借)未成工事未収金　65億円　　　(貸)未成工事収益　65億円
　　未成工事原価　52億円　　　　　未成工事支出金　52億円

(注)　未成工事未収金及び未成工事収益の65億円は，次により計算されます。

$$150億円 \times \frac{100億円}{120億円} - 60億円 = 65億円$$

#### 別表四の処理

| 区分 | | | 総額 | 処分 | |
|---|---|---|---|---|---|
| | | | | 留保 | 社外流出 |
| | | | ① | ② | ③ |
| 加算 | 未成工事収益計上もれ | 10 | 6,500,000,000 | 6,500,000,000 | |
| | | | | | |
| 減算 | 未成工事原価計上もれ | 21 | 5,200,000,000 | 5,200,000,000 | |
| | | | | | |

### 別表五(一)の処理

| I 利益積立金額の計算に関する明細書 | | 期首現在利益積立金額 | 当期の増減 | | 差引翌期首現在利益積立金額 ①－②＋③ |
|---|---|---|---|---|---|
| 区分 | | | 減 | 増 | |
| | | ① | ② | ③ | ④ |
| 未成工事未収金 | 3 | *6,000,000,000* | | *6,500,000,000* | *12,500,000,000* |
| 未成工事支出金 | 4 | *△4,800,000,000* | | *△5,200,000,000* | *△10,000,000,000* |

**ロ 第二法**

**決算上の経理処理**

企業会計上と税務上の処理を合わせるため，決算調整により次の経理処理を行います。

| | | | |
|---|---|---|---|
| (借)未成工事未収金 | 60億円 | (貸)前期損益修正益 | 60億円 |
| 前期損益修正損 | 48億円 | 未成工事支出金 | 48億円 |
| (借)未成工事未収金 | 65億円 | (貸)未成工事収益 | 65億円 |
| 未成工事原価 | 52億円 | 材　料(その他) | 52億円 |

### 別表四の処理

| 区分 | | | 総額 | 処分 | | |
|---|---|---|---|---|---|---|
| | | | | 留保 | 社外流出 | |
| | | | ① | ② | ③ | |
| 加算 | 前期損益修正損否認 | 10 | *4,800,000,000* | *4,800,000,000* | | |
| | | | | | | |
| 減算 | 前期損益修正益否認 | 21 | *6,000,000,000* | *6,000,000,000* | | |
| | | | | | | |

## 別表五(一)の処理

| Ⅰ　利益積立金額の計算に関する明細書 | | | | | |
|---|---|---|---|---|---|
| 区　分 | | 期首現在利益積立金額 | 当期の増減 | | 差引翌期首現在利益積立金額 ①－②＋③ |
| | | | 減 | 増 | |
| | | ① | ② | ③ | ④ |
| 未成工事未収金 | 3 | 6,000,000,000 | 6,000,000,000 | | — |
| 未成工事支出金 | 4 | △4,800,000,000 | △4,800,000,000 | | — |

## 5　売上割戻し

**例13**　**見積額を未払計上した場合**

当期末において，得意先に対する売上割戻し1,000万円を見積り計上し，売上から減額しているが，その算定基準が明確でないことが判明した。

なお，この売上割戻しについては，当期末までに各得意先に通知していないが，翌期中には未払金を取り崩して現実に支払っている。

### 当期の処理

**税務上の経理処理**

（借）未 払 金　1,000万円　　　（貸）売　　上　1,000万円

**（注）**　見積計上した売上割戻しについてその算定基準が明確でなく，また，その年度末までに相手方に通知していない場合には，売上金額からの減額をすることはできません（基通２－１－１の11，２－１－１の12）。

**別表四の処理**

| 区分 | | | 総額 | 処分 | | |
|---|---|---|---|---|---|---|
| | | | | 留保 | 社外流出 | |
| | | | ① | ② | ③ | |
| 加算 | 売上計上もれ | 10 | 10,000,000 | 10,000,000 | | |
| | | | | | | |
| | | | | | | |

**別表五(一)の処理**

| Ⅰ　利益積立金額の計算に関する明細書 | | | | | |
|---|---|---|---|---|---|
| 区分 | | 期首現在利益積立金額 | 当期の増減 | | 差引翌期首現在利益積立金額 ①－②＋③ |
| | | | 減 | 増 | |
| | | ① | ② | ③ | ④ |
| 利益準備金 | 1 | 円 | 円 | 円 | 円 |
| 積立金 | 2 | | | | |
| 未払金 | 3 | | | 10,000,000 | 10,000,000 |
| | 4 | | | | |

## 翌期の処理

### イ　第一法

#### 決算上の経理処理

既に売上割戻しとして計上済みですから，特に経理処理は行いません。

#### 別表四の処理

| 区分 | | 総額 | 処分 | |
|---|---|---|---|---|
| | | | 留保 | 社外流出 |
| | | ① | ② | ③ |
| 減算 前期売上計上もれ認容 | 21 | 10,000,000 | 10,000,000 | |
| | | | | |

#### 別表五(一)の処理

| Ⅰ　利益積立金額の計算に関する明細書 | | | | | |
|---|---|---|---|---|---|
| 区分 | | 期首現在利益積立金額 | 当期の増減 | | 差引翌期首現在利益積立金額 ①－②＋③ |
| | | | 減 | 増 | |
| | | ① | ② | ③ | ④ |
| 利益準備金 | 1 | 円 | 円 | 円 | 円 |
| 積立金 | 2 | | | | |
| 未払金 | 3 | 10,000,000 | 10,000,000 | | — |
| | 4 | | | | |

### ロ　第二法

#### 決算上の経理処理

この売上割戻しは，当期の売上割戻しですから，当期の売上割戻しとするために，決算調整により次の経理処理を行います。

(借)売　　上　1,000万円　　　　(貸)前期損益修正益　1,000万円

#### 別表四と別表五(一)の処理

第一法と同様の処理を行います。

# Ⅳ　売上原価に関する事項の処理

## 1　仕入計上時期

**例14**　**過大計上額が買掛金となっている場合**

翌期に計上すべき仕入100万円が当期の仕入に計上されていることが判明した。

なお，その100万円は買掛金として計上されている。

### 当期の処理

**税務上の経理処理**

(借)買 掛 金　100万円　　　(貸)仕　　入　100万円

**別表四の処理**

| 区分 | | | 総額 | 処分 | |
|---|---|---|---|---|---|
| | | | | 留保 | 社外流出 |
| | | | ① | ② | ③ |
| 加算 | 仕入過大計上 | 10 | 1,000,000 | 1,000,000 | |
| | | | | | |
| | | | | | |

**別表五(一)の処理**

| Ⅰ　利益積立金額の計算に関する明細書 | | | | | |
|---|---|---|---|---|---|
| 区分 | | 期首現在利益積立金額 | 当期の増減 | | 差引翌期首現在利益積立金額 ①－②＋③ |
| | | | 減 | 増 | |
| | | ① | ② | ③ | ④ |
| 利益準備金 | 1 | 円 | 円 | 円 | 円 |
| 積立金 | 2 | | | | |
| 買掛金 | 3 | | | 1,000,000 | 1,000,000 |
| | 4 | | | | |
| | 5 | | | | |

## 翌期の処理

### イ　第一法

**決算上の経理処理**

既に前期の仕入に計上済みですから，特に経理処理は行いません。

**別表四の処理**

| 区分 | | 総額 | 処分 | |
|---|---|---|---|---|
| | | | 留保 | 社外流出 |
| | | ① | ② | ③ |
| 減算 前期仕入過大計上認容 | 21 | 1,000,000 | 1,000,000 | |
| | | | | |
| | | | | |

**別表五(一)の処理**

| Ⅰ　利益積立金額の計算に関する明細書 | | | | | |
|---|---|---|---|---|---|
| 区分 | | 期首現在利益積立金額 | 当期の増減 | | 差引翌期首現在利益積立金額 ①－②＋③ |
| | | | 減 | 増 | |
| | | ① | ② | ③ | ④ |
| 利益準備金 | 1 | 円 | 円 | 円 | 円 |
| 積立金 | 2 | | | | |
| 買掛金 | 3 | 1,000,000 | 1,000,000 | | ― |
| | 4 | | | | |
| | 5 | | | | |

### ロ　第二法

**決算上の経理処理**

この仕入は，当期の仕入ですから，当期の仕入とするため，決算調整により次の経理処理を行います。

(借)仕　　入　100万円　　　　(貸)前期損益修正益　100万円

**別表四と別表五(一)の処理**

第一法と同様の処理を行います。

### ハ　第三法

**決算上の経理処理**

（借）買 掛 金　100万円　　　（貸）繰越利益剰余金　100万円
（過去の誤謬の訂正による影響額）

**別表四の処理**

何ら処理をする必要はありません。

**別表五(一)の処理**

| Ⅰ　利益積立金額の計算に関する明細書 | | | | | | |
|---|---|---|---|---|---|---|
| 区　分 | | 期首現在利益積立金額 | 当期の増減 | | 差引翌期首現在利益積立金額 ①－②＋③ |
| | | | 減 | 増 | |
| | | ① | ② | ③ | ④ |
| 利益準備金 | 1 | 円 | 円 | 円 | 円 |
| 積立金 | 2 | | | | |
| | 3 | | | | |
| 繰越損益金（損は赤） | 25 | *1,000,000* | | | |
| 納税充当金 | 26 | | | | |

## 例15　棚卸資産に計上されている場合

翌期に計上すべき仕入200万円が当期の仕入に計上されていることが判明した。

なお，この仕入に係る商品は，当期末の棚卸資産に計上されている。

### 当期の処理

#### 税務上の経理処理

| (借)買 掛 金 | 200万円 | (貸)仕　　入 | 200万円 |
|---|---|---|---|
| 売上原価 | 200万円 | 棚卸資産 | 200万円 |

#### 別表四の処理

| 区　　分 | | | 総　　額 | 処分 | |
|---|---|---|---|---|---|
| | | | | 留　　保 | 社 外 流 出 |
| | | | ① | ② | ③ |
| 加算 | 仕 入 過 大 計 上 | 10 | 2,000,000 | 2,000,000 | |
| | | | | | |
| | | | | | |
| 減算 | 売 上 原 価 認 容 | 21 | 2,000,000 | 2,000,000 | |
| | | | | | |
| | | | | | |

#### 別表五(一)の処理

Ⅰ　利益積立金額の計算に関する明細書

| 区　　分 | | 期首現在利益積立金額 | 当期の増減 | | 差引翌期首現在利益積立金額 ①－②＋③ |
|---|---|---|---|---|---|
| | | | 減 | 増 | |
| | | ① | ② | ③ | ④ |
| 利　益　準　備　金 | 1 | 円 | 円 | 円 | 円 |
| 積　立　金 | 2 | | | | |
| 買　掛　金 | 3 | | | 2,000,000 | 2,000,000 |
| 棚　卸　資　産 | 4 | | | △2,000,000 | △2,000,000 |
| | 5 | | | | |

## 翌期の処理

### イ　第一法

**決算上の経理処理**

既に前期の仕入に計上済みですから，特に経理処理は行いません。

**別表四の処理**

| 区分 | | | 総額 | 処分 | | |
|---|---|---|---|---|---|---|
| | | | | 留保 | 社外流出 | |
| | | | ① | ② | ③ | |
| 加算 | 売上原価戻入益 | 10 | 2,000,000 | 2,000,000 | | |
| | | | | | | |
| | | | | | | |
| 減算 | 前期仕入過大計上認容 | 21 | 2,000,000 | 2,000,000 | | |
| | | | | | | |
| | | | | | | |

**別表五(一)の処理**

| Ⅰ　利益積立金額の計算に関する明細書 | | | | | |
|---|---|---|---|---|---|
| 区分 | | 期首現在利益積立金額 | 当期の増減 | | 差引翌期首現在利益積立金額 ①－②＋③ |
| | | | 減 | 増 | |
| | | ① | ② | ③ | ④ |
| 利益準備金 | 1 | 円 | 円 | 円 | 円 |
| 積立金 | 2 | | | | |
| 買掛金 | 3 | 2,000,000 | 2,000,000 | | — |
| 棚卸資産 | 4 | △2,000,000 | △2,000,000 | | — |
| | 5 | | | | |

### ロ　第二法

**決算上の経理処理**

この仕入は，当期の仕入ですから，当期の仕入とするため，決算調整により次の経理処理を行います。

(借)仕　　入　200万円　　　　(貸)売上原価　200万円

## 別表四と別表五(一)の処理

第一法と同様の処理を行います。

**(注)**　《例*15*》の場合には，企業会計上の処理をそのまま認めても，結果的に所得金額の計算に影響がありませんから，売上利益率等が問題とされる場合を除き，特に申告調整をしなくても差し支えありません。

## 例16 仕入が過少になっている場合

当期に計上すべき仕入300万円が翌期の仕入に計上されていることが判明した。

なお，その仕入代金300万円は，翌期において支払った。

### 当期の処理

**税務上の経理処理**

(借)仕　　入　300万円　　　(貸)買 掛 金　300万円

**別表四の処理**

| 区分 | | | 総額 | 処分 | | |
|---|---|---|---|---|---|---|
| | | | | 留保 | 社外流出 | |
| | | | ① | ② | ③ | |
| 減算 | 仕入計上もれ | 21 | 3,000,000 | 3,000,000 | | |
| | | | | | | |

**別表五(一)の処理**

I　利益積立金額の計算に関する明細書

| 区分 | | 期首現在利益積立金額 | 当期の増減 | | 差引翌期首現在利益積立金額 ①－②＋③ |
|---|---|---|---|---|---|
| | | | 減 | 増 | |
| | | ① | ② | ③ | ④ |
| 利益準備金 | 1 | 円 | 円 | 円 | 円 |
| 積立金 | 2 | | | | |
| 買掛金 | 3 | | | △3,000,000 | △3,000,000 |
| | 4 | | | | |

### 翌期の処理

イ　第一法

**決算上の経理処理**

既に当期の仕入に計上済みですから，特に経理処理は行いません。

**別表四の処理**

| 区分 | | | 総額 | 処分 | |
|---|---|---|---|---|---|
| | | | | 留保 | 社外流出 |
| | | | ① | ② | ③ |
| 加算 | 前期仕入計上もれ戻入 | 10 | 3,000,000 | 3,000,000 | | |
| | | | | | | |
| | | | | | | |

**別表五(一)の処理**

| Ⅰ　利益積立金額の計算に関する明細書 | | | | | |
|---|---|---|---|---|---|
| 区分 | | 期首現在利益積立金額 | 当期の増減 | | 差引翌期首現在利益積立金額 ①－②＋③ |
| | | | 減 | 増 | |
| | | ① | ② | ③ | ④ |
| 利益準備金 | 1 | 円 | 円 | 円 | 円 |
| 積立金 | 2 | | | | |
| 買掛金 | 3 | △3,000,000 | △3,000,000 | | ― |
| | 4 | | | | |

**ロ　第二法**

**決算上の経理処理**

この仕入は，前期の仕入ですから，当期の仕入に関係させないようにするため，決算調整により次の経理処理を行います。

(借)前期損益修正損　300万円　　　(貸)仕　　入　300万円

**別表四と別表五(一)の処理**

第一法と同様の処理を行います。

## 例17 前渡金を仕入とする場合

当期末に前渡金として計上している300万円は，当期の仕入として計上すべき仕入代金の支払であることが判明した。

なお，この300万円は，翌期の仕入に計上されている。

### 当期の処理

#### 税務上の経理処理

(借)仕　　入　300万円　　　(貸)前 渡 金　300万円

#### 別表四の処理

| 区分 | | | 総額 | 処分 留保 | 処分 社外流出 |
|---|---|---|---|---|---|
| | | | ① | ② | ③ |
| 減算 | 仕入計上もれ | 21 | 3,000,000 | 3,000,000 | |
| | | | | | |
| | | | | | |

#### 別表五(一)の処理

Ｉ　利益積立金額の計算に関する明細書

| 区分 | | 期首現在利益積立金額 | 当期の増減 減 | 当期の増減 増 | 差引翌期首現在利益積立金額 ①－②＋③ |
|---|---|---|---|---|---|
| | | ① | ② | ③ | ④ |
| 利益準備金 | 1 | 円 | 円 | 円 | 円 |
| 積立金 | 2 | | | | |
| 前渡金 | 3 | | | △3,000,000 | △3,000,000 |
| | 4 | | | | |
| | 5 | | | | |

## 翌期の処理

### イ　第一法

**決算上の経理処理**

既に仕入に計上済みですから，特に経理処理は行いません。

**別表四の処理**

| 区分 | | 総額 | 処分 | |
|---|---|---|---|---|
| | | | 留保 | 社外流出 |
| | | ① | ② | ③ |
| 加算 | 前期仕入計上もれ戻入 | 10 | 3,000,000 | 3,000,000 | | |
| | | | | | | |
| | | | | | | |

**別表五(一)の処理**

| Ⅰ　利益積立金額の計算に関する明細書 | | | | | |
|---|---|---|---|---|---|
| 区分 | | 期首現在利益積立金額 | 当期の増減 | | 差引翌期首現在利益積立金額 ①－②＋③ |
| | | | 減 | 増 | |
| | | ① | ② | ③ | ④ |
| 利益準備金 | 1 | 円 | 円 | 円 | 円 |
| 積立金 | 2 | | | | |
| 前渡金 | 3 | △3,000,000 | △3,000,000 | | — |

### ロ　第二法

**決算上の経理処理**

この仕入は，前期の仕入ですから，当期の仕入に関係させないようにするため，決算調整により次の経理処理を行います。

(借)前期損益修正損　300万円　　(貸)仕　　入　300万円

**別表四と別表五(一)の処理**

第一法と同様の処理を行います。

## 2　仕入の過大計上

### 例18　資産の取得が仕入となっている場合

当期の仕入に計上されている400万円は，工場用地の造成費の支払であることが判明した。

**当期の処理**

**税務上の経理処理**

(借)土　　地　400万円　　　(貸)仕　　入　400万円

**別表四の処理**

| 区分 | | | 総額 ① | 処分 留保 ② | 処分 社外流出 ③ | |
|---|---|---|---|---|---|---|
| 加算 | 仕入中否認 | 10 | 4,000,000 | 4,000,000 | | |
| | | | | | | |
| | | | | | | |

**別表五(一)の処理**

I　利益積立金額の計算に関する明細書

| 区分 | | 期首現在利益積立金額 ① | 当期の増減 減 ② | 当期の増減 増 ③ | 差引翌期首現在利益積立金額 ①－②＋③ ④ |
|---|---|---|---|---|---|
| 利益準備金 | 1 | 円 | 円 | 円 | 円 |
| 積立金 | 2 | | | | |
| 土地 | 3 | | | 4,000,000 | 4,000,000 |
| | 4 | | | | |
| | 5 | | | | |

## 翌期の処理

### 決算上の経理処理

いわば簿外となっている土地を企業会計に受け入れるため，次の経理処理を行います。

(借)土　　地　400万円　　　　(貸)前期損益修正益　400万円

### 別表四の処理

| 区分 | | | 総額 | 処分 | | |
|---|---|---|---|---|---|---|
| | | | | 留保 | 社外流出 | |
| | | | ① | ② | ③ | |
| 減算 | 前期損益修正益否認 | 21 | 4,000,000 | 4,000,000 | | |
| | | | | | | |
| | | | | | | |

### 別表五(一)の処理

| Ⅰ　利益積立金額の計算に関する明細書 | | | | | |
|---|---|---|---|---|---|
| 区分 | | 期首現在利益積立金額 | 当期の増減 | | 差引翌期首現在利益積立金額 ①－②＋③ |
| | | | 減 | 増 | |
| | | ① | ② | ③ | ④ |
| 利益準備金 | 1 | 円 | 円 | 円 | 円 |
| 積立金 | 2 | | | | |
| 土地 | 3 | 4,000,000 | 4,000,000 | | — |
| | 4 | | | | |
| | 5 | | | | |

## 例19 別口預金と給与になっている場合

決算後の内部監査の結果，役員交際費を捻出するために仕入が500万円過大に計上されていることが判明した。

なお，その過大計上額500万円は，別口預金300万円と役員に対する認定給与200万円とする。

### 当期の処理

#### 税務上の経理処理

(借)預　　金　300万円　　　(貸)仕　　入　500万円
　　役員給与　200万円

#### 別表四の処理

| 区分 | | | 総額 | 処分 | | |
|---|---|---|---|---|---|---|
| | | | | 留保 | 社外流出 | |
| | | | ① | ② | ③ | |
| 加算 | 仕入過大計上 | 10 | 5,000,000 | 3,000,000 | その他 | 2,000,000 |
| | | | | | | |
| | | | | | | |

#### 別表五(一)の処理

I　利益積立金額の計算に関する明細書

| 区分 | | 期首現在利益積立金額 | 当期の増減 | | 差引翌期首現在利益積立金額 ①－②＋③ |
|---|---|---|---|---|---|
| | | | 減 | 増 | |
| | | ① | ② | ③ | ④ |
| 利益準備金 | 1 | 円 | 円 | 円 | 円 |
| 積立金 | 2 | | | | |
| 預金 | 3 | | | 3,000,000 | 3,000,000 |
| | 4 | | | | |
| | 5 | | | | |

# 翌期の処理

## 決算上の経理処理

別口預金を企業会計に受け入れるため，次の経理処理を行います。

(借)預　　金　300万円　　　　(貸)前期損益修正益　300万円

## 別表四の処理

| 区分 | | | 総額 | 処分 | |
|---|---|---|---|---|---|
| | | | | 留保 | 社外流出 |
| | | | ① | ② | ③ |
| 減算 | 前期損益修正益否認 | 21 | 3,000,000 | 3,000,000 | |
| | | | | | |
| | | | | | |

## 別表五(一)の処理

| Ⅰ　利益積立金額の計算に関する明細書 | | | | | |
|---|---|---|---|---|---|
| 区分 | | 期首現在利益積立金額 | 当期の増減 | | 差引翌期首現在利益積立金額 ①－②＋③ |
| | | | 減 | 増 | |
| | | ① | ② | ③ | ④ |
| 利益準備金 | 1 | 円 | 円 | 円 | 円 |
| 積立金 | 2 | | | | |
| 預金 | 3 | 3,000,000 | 3,000,000 | | ― |
| | 4 | | | | |
| | 5 | | | | |

## 3　棚　卸　資　産

### 例20 計上もれがある場合

仕入先の倉庫に預けてある商品600万円が期末在庫に計上されていないことが判明した。

#### 当期の処理

**税務上の経理処理**

(借)棚卸資産　600万円　　　(貸)売上原価　600万円

**別表四の処理**

| 区分 | | | 総額 | 処分 | |
|---|---|---|---|---|---|
| | | | | 留保 | 社外流出 |
| | | | ① | ② | ③ |
| 加算 | 棚卸資産計上もれ | 10 | 6,000,000 | 6,000,000 | |
| | | | | | |
| | | | | | |

**別表五(一)の処理**

I　利益積立金額の計算に関する明細書

| 区分 | | 期首現在利益積立金額 | 当期の増減 | | 差引翌期首現在利益積立金額 ①－②＋③ |
|---|---|---|---|---|---|
| | | | 減 | 増 | |
| | | ① | ② | ③ | ④ |
| 利益準備金 | 1 | 円 | 円 | 円 | 円 |
| 積立金 | 2 | | | | |
| 棚卸資産 | 3 | | | 6,000,000 | 6,000,000 |
| | 4 | | | | |
| | 5 | | | | |

#### 翌期の処理

イ　第一法

**決算上の経理処理**

企業会計上は，決算上の前期末の棚卸高がそのまま当期首の棚卸高となり，売上原価が少なくなることによって自動的に修正されますので，特に経理処理は行いません。

**別表四の処理**

| 区分 | | 総額 | 処分 | |
|---|---|---|---|---|
| | | | 留保 | 社外流出 |
| | | ① | ② | ③ |
| 減算 前期棚卸資産計上もれ認容 | 21 | 6,000,000 | 6,000,000 | |
| | | | | |
| | | | | |

**別表五(一)の処理**

| Ⅰ　利益積立金額の計算に関する明細書 | | | | | |
|---|---|---|---|---|---|
| 区分 | | 期首現在利益積立金額 | 当期の増減 | | 差引翌期首現在利益積立金額 ①－②＋③ |
| | | | 減 | 増 | |
| | | ① | ② | ③ | ④ |
| 利益準備金 | 1 | 円 | 円 | 円 | 円 |
| 積立金 | 2 | | | | |
| 棚卸資産 | 3 | 6,000,000 | 6,000,000 | | — |
| | 4 | | | | |
| | 5 | | | | |

**ロ　第二法**

**決算上の経理処理**

第一法によると売上利益率が違ってきますので，計上もれの棚卸資産を企業会計に受け入れるため，決算調整により次の経理処理を行います。

(借)棚卸資産　600万円　　　　(貸)前期損益修正益　600万円

**別表四と別表五(一)の処理**

第一法と同様の処理を行います。

**(注)**　《例20》の処理方法は，付随費用が棚卸資産の取得価額に算入されていない場合，棚卸資産の期末評価額が過少になっている場合及び低価法を採用していないにもかかわらず会計上簿価切下げを行った場合の申告調整についても適用することができます。

### ハ　第三法

**決算上の経理処理**

（借）棚卸資産　600万円　　（貸）繰越利益剰余金　600万円
（過去の誤謬の訂正による影響額）

**別表四の処理**

何ら処理をする必要はありません。

**別表五(一)の処理**

| Ⅰ　利益積立金額の計算に関する明細書 | | | | | |
|---|---|---|---|---|---|
| 区　分 | | 期首現在利益積立金額 | 当期の増減 | | 差引翌期首現在利益積立金額 ①－②＋③ |
| | | | 減 | 増 | |
| | | ① | ② | ③ | ④ |
| 利益準備金 | 1 | 円 | 円 | 円 | 円 |
| 積立金 | 2 | | | | |
| | 3 | | | | |
| 繰越損益金（損は赤） | 25 | 6,000,000 | | | |
| 納税充当金 | 26 | | | | |

## 例21 過大に計上されている場合

集計ミスのため，当期末の棚卸商品700万円が過大に計上されていることが判明した。

### 当期の処理

#### 税務上の経理処理

（借）売上原価　700万円　　　　（貸）棚卸資産　700万円

#### 別表四の処理

| 区分 | | | 総額 | 処分 | |
|---|---|---|---|---|---|
| | | | | 留保 | 社外流出 |
| | | | ① | ② | ③ |
| 減算 | 棚卸資産過大計上 | 21 | 7,000,000 | 7,000,000 | | |
| | | | | | | |
| | | | | | | |

#### 別表五(一)の処理

| Ⅰ　利益積立金額の計算に関する明細書 | | | | | |
|---|---|---|---|---|---|
| 区分 | | 期首現在利益積立金額 | 当期の増減 | | 差引翌期首現在利益積立金額 ①－②＋③ |
| | | | 減 | 増 | |
| | | ① | ② | ③ | ④ |
| 利益準備金 | 1 | 円 | 円 | 円 | 円 |
| 積立金 | 2 | | | | |
| 棚卸資産 | 3 | | | △7,000,000 | △7,000,000 |
| | 4 | | | | |
| | 5 | | | | |

### 翌期の処理

#### イ　第一法

#### 決算上の経理処理

企業会計上は決算上の前期末の棚卸高がそのまま当期首の棚卸高となり，売上原価が多くなることによって自動的に修正されますので，特に経理処理は行いません。

別表四の処理

| 区分 | | | 総額 | 処分 | | |
|---|---|---|---|---|---|---|
| | | | | 留保 | 社外流出 | |
| | | | ① | ② | ③ | |
| 加算 | 前期棚卸資産過大計上戻入 | 10 | *7,000,000* | *7,000,000* | | |
| | | | | | | |
| | | | | | | |

別表五(一)の処理

| Ⅰ　利益積立金額の計算に関する明細書 | | | | | |
|---|---|---|---|---|---|
| 区分 | | 期首現在利益積立金額 | 当期の増減 | | 差引翌期首現在利益積立金額①－②＋③ |
| | | | 減 | 増 | |
| | | ① | ② | ③ | ④ |
| 利益準備金 | 1 | 円 | 円 | 円 | 円 |
| 積立金 | 2 | | | | |
| 棚卸資産 | 3 | △*7,000,000* | △*7,000,000* | | ― |
| | 4 | | | | |
| | 5 | | | | |

**ロ　第二法**

**決算上の経理処理**

第一法によると売上利益率が違ってきますので，企業会計上過大計上の棚卸資産を修正するため，決算調整により次の経理処理を行います。

(借)前期損益修正損　700万円　　　(貸)棚卸資産　700万円

別表四と別表五(一)の処理

第一法と同様の処理を行います。

## 例22　貸方原価差額の調整を行う場合

交際費を製造原価に算入して棚卸製品の期末評価を行っていたところ，税務上，製造原価に算入した交際費の損金不算入額が生じたため，その棚卸製品の期末評価額が800万円過大になった。

### 当期の処理

#### 税務上の経理処理

(借)売上原価　800万円　　　　(貸)棚卸資産　800万円

**(注)**　棚卸資産に係る貸方原価差額（法人の算定した製造原価の額が税務上の製造原価の額を超える場合のその超える部分の金額）については，原則として申告調整により棚卸資産の評価額から減額することはできませんが（令32②），いわゆる税務否認金から成る貸方原価差額については，決算調整により棚卸資産の評価額から減額することは難しいところから，申告調整により減額することが認められています（基通5－3－9）。

なお，資産の取得価額に含まれている交際費等であっても，交際費課税の対象になります（措通61の4(1)－24(1)）。

#### 別表四と別表五(一)の処理

《例*21*》の〔当期の処理〕と同様の処理を行います。

### 翌期の処理

《例*21*》の〔翌期の処理〕と同様の処理を行います。

## 4　仕入割戻し

### 例23　預け保証金となっている場合

仕入先から受けた仕入割戻し800万円が，その仕入先への預け保証金となっていたため，計上されていないことが判明した。

#### 当期の処理

**税務上の経理処理**

（借）預け保証金　800万円　　　　（貸）雑 収 入　800万円

**別表四の処理**

| 区分 | | | 総額 | 処分 | |
|---|---|---|---|---|---|
| | | | | 留保 | 社外流出 |
| | | | ① | ② | ③ |
| 加算 | 仕入割戻し計上もれ | 10 | 8,000,000 | 8,000,000 | |
| | | | | | |
| | | | | | |

**別表五(一)の処理**

| Ⅰ　利益積立金額の計算に関する明細書 | | | | | |
|---|---|---|---|---|---|
| 区分 | | 期首現在利益積立金額 | 当期の増減 | | 差引翌期首現在利益積立金額 ①－②＋③ |
| | | | 減 | 増 | |
| | | ① | ② | ③ | ④ |
| 利益準備金 | 1 | 円 | 円 | 円 | 円 |
| 積立金 | 2 | | | | |
| 預け保証金 | 3 | | | 8,000,000 | 8,000,000 |
| | 4 | | | | |
| | 5 | | | | |

## 翌期の処理

### 決算上の経理処理

いわば簿外となっている預け保証金を企業会計に受け入れるため，次の経理処理を行います。

(借)預け保証金　800万円　　　(貸)前期損益修正益　800万円

### 別表四の処理

| 区分 | | | 総額 | 処分 | |
|---|---|---|---|---|---|
| | | | | 留保 | 社外流出 |
| | | | ① | ② | ③ |
| 減算 | 前期損益修正益否認 | 21 | 8,000,000 | 8,000,000 | |
| | | | | | |
| | | | | | |

### 別表五(一)の処理

| Ⅰ　利益積立金額の計算に関する明細書 | | | | | |
|---|---|---|---|---|---|
| 区分 | | 期首現在利益積立金額 | 当期の増減 | | 差引翌期首現在利益積立金額 ①－②＋③ |
| | | | 減 | 増 | |
| | | ① | ② | ③ | ④ |
| 利益準備金 | 1 | 円 | 円 | 円 | 円 |
| 積立金 | 2 | | | | |
| 預け保証金 | 3 | 8,000,000 | 8,000,000 | | ― |
| | 4 | | | | |
| | 5 | | | | |

**(注)**　仕入割戻しであっても，特約店契約の解約，災害の発生等が生じる時まで又は5年を超える一定の期間が経過するまで相手方が保証金等として預かっているものは，現実に支払を受けた日に計上することができます（基通2－5－2，2－1－1の13)。

# V　販売費及び一般管理費に関する事項の処理

## 1　減価償却費

### 例24　償却超過額が生じる場合

当期（令和X0.4～令和X1.3）に取得した構築物の減価償却等の状況は，次のとおりである。

① 事業供用日　令和X0.8.16
② 取得価額　30,000,000円
③ 耐用年数　24年
④ 償却率（定率法）　0.083
⑤ 保証率　0.02969
⑥ 損金計上償却費　2,500,000円

**当期の処理**

**税務上の経理処理**

(借)構　築　物　84万円　　(貸)減価償却費　84万円

(注)　税務上の減価償却費は，次により計算されます。

$30,000,000円 \times 0.083 \times \frac{8}{12} = 1,660,000円$…………償却限度額

$30,000,000円 \times 0.02969 = 890,700円$………………償却保証額

$2,500,000円 - 1,660,000円 = 840,000円$……………償却超過額

**別表四の処理**

| | 区分 | | 総額 | 処分 | |
|---|---|---|---|---|---|
| | | | | 留保 | 社外流出 |
| | | | ① | ② | ③ |
| 加算 | 減価償却の償却超過額 | 6 | 840,000 | 840,000 | | |
| | 役員給与の損金不算入額 | 7 | | | その他 |
| | 交際費等の損金不算入額 | 8 | | | その他 |
| | | | | | |

## 別表五(一)の処理

| Ⅰ　利益積立金額の計算に関する明細書 | | | | | |
|---|---|---|---|---|---|
| 区　分 | | 期首現在利益積立金額 | 当期の増減 | | 差引翌期首現在利益積立金額 ①－②＋③ |
| | | | 減 | 増 | |
| | | ① | ② | ③ | ④ |
| 利益準備金 | 1 | 円 | 円 | 円 | 円 |
| 積立金 | 2 | | | | |
| 減価償却超過額 | 3 | | | 840,000 | 840,000 |
| | 4 | | | | |
| | 5 | | | | |

## 翌期の処理

### イ　第一法

#### 決算上の経理処理

企業会計上の処理は妥当なものとして，企業会計上と税務上の帳簿価額を合わせるための経理処理は特に行いません。

この場合，企業会計上の償却費は，次のように計算されます。

(30,000,000円－2,500,000円)×0.083＝2,282,500円

これに対して，税務上の償却限度額は，次のように計算されます。

(27,500,000円＋840,000円)×0.083＝2,352,220円

したがって，企業会計上2,282,500円の償却費を計上したとすれば，69,720円（2,352,220円－2,282,500円）の償却不足額が生じます。この償却不足額は，税務上損金に算入されます（法31④)。

別表四の処理

| 区分 | | | 総額 | 処分 | | |
|---|---|---|---|---|---|---|
| | | | | 留保 | 社外流出 | |
| | | | ① | ② | ③ | |
| 減算 | 減価償却超過額の当期認容額 | 12 | 69,720 | 69,720 | | |
| | 納税充当金から支出した事業税等の金額 | 13 | | | | |
| | 受取配当等の益金不算入額（別表八(一)「5」） | 14 | | | ※ | |

別表五(一)の処理

| Ⅰ　利益積立金額の計算に関する明細書 | | | | | |
|---|---|---|---|---|---|
| 区分 | | 期首現在利益積立金額 | 当期の増減 | | 差引翌期首現在利益積立金額 ①－②＋③ |
| | | | 減 | 増 | |
| | | ① | ② | ③ | ④ |
| 利益準備金 | 1 | 円 | 円 | 円 | 円 |
| 積立金 | 2 | | | | |
| 減価償却超過額 | 3 | 840,000 | 69,720 | | 770,280 |
| | 4 | | | | |
| | 5 | | | | |

ロ　第二法

決算上の経理処理

企業会計上と税務上の帳簿価額を合わせるため，決算調整により次の経理処理を行った上，減価償却を行います。

（借）構築物　84万円　　　（貸）前期損益修正益　84万円

V　販売費及び一般管理費に関する事項の処理

**別表四の処理**

| 区分 | | | 総額 | 処分 | | |
|---|---|---|---|---|---|---|
| | | | | 留保 | 社外流出 | |
| | | | ① | ② | ③ | |
| 減算 | 前期損益修正益否認 | 21 | *840,000* | *840,000* | | |
| | | | | | | |
| | | | | | | |

**別表五(一)の処理**

| I　利益積立金額の計算に関する明細書 | | | | | |
|---|---|---|---|---|---|
| 区分 | | 期首現在利益積立金額 | 当期の増減 | | 差引翌期首現在利益積立金額 ①－②＋③ |
| | | | 減 | 増 | |
| | | ① | ② | ③ | ④ |
| 利益準備金 | 1 | 円 | 円 | 円 | 円 |
| 積立金 | 2 | | | | |
| 減価償却超過額 | 3 | *840,000* | *840,000* | | — |
| | 4 | | | | |
| | 5 | | | | |

**(注)**　第二法で処理する場合には，企業会計上の帳簿価額も2,834万円になりますから，減価償却費はこの帳簿価額を基礎にして計算することになり税務計算と一致します。

## 例25 償却超過額のある資産を売却した場合

《例24》の〔翌期の処理〕を第一法で行っている構築物（償却超過額770,280円）を2,800万円で売却した。

### 当期の処理

#### 税務上の経理処理

（借）譲渡原価　770,280円　　　　（貸）構 築 物　770,280円

（注）　企業会計上，減価償却の償却超過額770,280円が譲渡原価となっていませんから，税務上これの申告調整を行います。

#### 別表四の処理

| 区分 | | | 総額 | 処分 | |
|---|---|---|---|---|---|
| | | | | 留保 | 社外流出 |
| | | | ① | ② | ③ |
| 減算 | 減価償却超過額認容 | 21 | 770,280 | 770,280 | |
| | | | | | |
| | | | | | |

#### 別表五(一)の処理

| Ⅰ　利益積立金額の計算に関する明細書 | | | | | |
|---|---|---|---|---|---|
| 区分 | | 期首現在利益積立金額 | 当期の増減 | | 差引翌期首現在利益積立金額 ①－②＋③ |
| | | | 減 | 増 | |
| | | ① | ② | ③ | ④ |
| 利益準備金 | 1 | 円 | 円 | 円 | 円 |
| 積立金 | 2 | | | | |
| 減価償却超過額 | 3 | 770,280 | 770,280 | | — |
| | 4 | | | | |
| | 5 | | | | |

### 翌期の処理

決算上及び税務上とも，何ら処理をする必要はありません。

## 例26　貸付用少額資産を一時損金算入した場合

当社（食品小売業）は，当期首において金属製建設用足場材を5,000万円で取得し，建設業者に賃貸したが，この建設用足場材の単価は10万円未満であるので，その取得価額全額を消耗品費として損金算入をした。

この金属製建設用足場材の耐用年数は３年，償却率（定率法）は0.667，保証率は0.11089である。

### 当期の処理

#### 税務上の経理処理

(借)工　　具　1,665万円　　　　(貸)消耗品費　1,665万円

(注) 1　令和４年の税制改正により，少額減価償却資産の取得価額の損金算入の対象資産の範囲から，貸付け（主要事業として行われるものを除く）の用に供するものが除外されました（令133，規27の17）。この取扱いは，一括償却資産（令133の２）と中小企業者の取得する少額減価償却資産（措法67の５）も同じです。

2　金属製建設用足場材については，「工具」の「金属製柱及びカッペ」の耐用年数３年を適用します（耐通２－６－４）。

3　税務上の減価償却費は，次により計算されます。

50,000,000円×0.667＝33,350,000円 ……………償却限度額

50,000,000円×0.11089＝5,544,500円……………償却保証額

50,000,000円－33,350,000円＝16,650,000円 ……償却超過額

4　少額な資産（おおむね60万円以下）又は耐用年数３年以下の資産の取得価額を消耗品費等として損金経理をした場合，その金額は「償却費として損金経理をした金額」に含まれます（基通７－５－１(6)）。

#### 別表四の処理

| 区　分 | | | 総　額 | 処　分 | | |
|---|---|---|---|---|---|---|
| | | | | 留　保 | 社外流出 | |
| | | | ① | ② | ③ | |
| 加算 | 減価償却の償却超過額 | 6 | *16,650,000* | *16,650,000* | | |
| | 役員給与の損金不算入額 | 7 | | | その他 | |

別表五(一)の処理

| Ⅰ　利益積立金額の計算に関する明細書 | | | | | |
|---|---|---|---|---|---|
| 区分 | | 期首現在利益積立金額 | 当期の増減 | | 差引翌期首現在利益積立金額 ①−②+③ |
| | | | 減 | 増 | |
| | | ① | ② | ③ | ④ |
| 利益準備金 | 1 | 円 | 円 | 円 | 円 |
| 積立金 | 2 | | | | |
| 減価償却超過額 | 3 | | | *16,650,000* | *16,650,000* |

## 翌期の処理

### イ　第一法

**決算上の経理処理**

企業会計上の処理は妥当なものとして，企業会計上と税務上の帳簿価額を合わせるための経理処理は行わず，帳簿価額はゼロですから償却費は計上しません。

これに対し，税務上の償却限度額は，次のように計算されます。

16,650,000円×0.667＝11,105,550円

したがって，この11,105,550円が全額償却不足額となりますから，申告調整により損金算入ができます（法31④)。

別表四の処理

| 区分 | | | 総額 | 処分 | | |
|---|---|---|---|---|---|---|
| | | | | 留保 | 社外流出 | |
| | | | ① | ② | ③ | |
| 減算 | 減価償却超過額の当期認容額 | 12 | *11,105,550* | *11,105,550* | | |
| | 納税充当金から支出した事業税等の金額 | 13 | | | | |

## 別表五(一)の処理

| I　利益積立金額の計算に関する明細書 | | | | | |
|---|---|---|---|---|---|
| 区　　分 | | 期首現在利益積立金額 | 当期の増減 | | 差引翌期首現在利益積立金額 ①－②＋③ |
| | | | 減 | 増 | |
| | | ① | ② | ③ | ④ |
| 利益準備金 | 1 | 円 | 円 | 円 | 円 |
| 積立金 | 2 | | | | |
| 減価償却超過額 | 3 | *16,650,000* | *11,105,550* | | *5,544,450* |

### ロ　第二法

《例24》の第二法と同様の処理を行います。

## 例27 適格合併により損金経理額とみなされる場合

当期中に適格合併により被合併法人から資産，負債等を引き継いだので，次のような経理処理を行っている。

(借)資　　産　5,000万円　　(貸)負　　債　3,500万円
資本金　1,000万円
資本剰余金　500万円

ただし，資産のうち建物の被合併法人における帳簿価額は2,000万円であるが，含み損があるため800万円で受け入れている。企業会計上は，この800万円を基礎に27万2,000円の償却費を計上している。

なお，この建物の被合併法人における取得価額は2,500万円，耐用年数は30年，償却率（定額法）は0.034である。

### 当期の処理

#### 税務上の経理処理

(借)建　　物　12,000,000円　　(貸)資本剰余金　12,000,000円
減価償却費　578,000円　　建　　物　578,000円

**(注)**　税務上の減価償却限度額は，次により計算されます（令54①五）。

25,000,000円×0.034＝850,000円

この場合，企業会計の受入価額800万円と被合併法人における帳簿価額2,000万円との差額1,200万円は，合併の日の属する事業年度前の各事業年度の損金経理額とみなされます（法31⑤，令61の3）。したがって，次により計算される償却不足額57万8,000円は損金に算入されます。

850,000円－272,000円＝578,000円

#### 別表四の処理

| 区分 | | | 総額 | 処分 | |
|---|---|---|---|---|---|
| | | | | 留保 | 社外流出 |
| | | | ① | ② | ③ |
| 減算 | 減価償却超過額の当期認容額 | 12 | *578,000* | *578,000* | |
| | 納税充当金から支出した事業税等の金額 | 13 | | | |

### 別表五(一)の処理

| Ⅰ　利益積立金額の計算に関する明細書 | | | | | |
|---|---|---|---|---|---|
| 区分 | | 期首現在利益積立金額 | 当期の増減 減 | 当期の増減 増 | 差引翌期首現在利益積立金額 ①−②+③ |
| | | ① | ② | ③ | ④ |
| 利益準備金 | 1 | 円 | 円 | 円 | 円 |
| 積立金 | 2 | | | | |
| 建物 | 3 | | *578,000* | | *△578,000* |
| | 4 | | | | |

| Ⅱ　資本金等の額の計算に関する明細書 | | | | | |
|---|---|---|---|---|---|
| 区分 | | 期首現在資本金等の額 | 当期の増減 減 | 当期の増減 増 | 差引翌期首現在資本金等の額 ①−②+③ |
| | | ① | ② | ③ | ④ |
| 資本金又は出資金 | 32 | 円 | 円 | 円 *10,000,000* | 円 *10,000,000* |
| 資本準備金 | 33 | | | | |
| 資本剰余金 | 34 | | | *5,000,000* | *5,000,000* |
| 建物 | 35 | | | *12,000,000* | *12,000,000* |

## 翌期の処理

### 決算上の経理処理

企業会計上の処理は妥当なものとして，企業会計と税務上の帳簿価額を合わせるための経理処理は特に行いません。

この場合，企業会計上の償却費は，次のように計算されたとします。

8,000,000円×0.034＝272,000円

これに対して，税務上の償却限度額は，次のように計算されます。

25,000,000円×0.034＝850,000円

したがって，企業会計上272,000円の償却費を計上したとすれば，578,000円（850,000円−272,000円）の償却不足額が生じます。この償却不足額は，税務上損金に算入されます（法31④）。

## 別表四の処理

| 区分 | | | 総額 | 処分 | |
|---|---|---|---|---|---|
| | | | | 留保 | 社外流出 |
| | | | ① | ② | ③ |
| 減算 | 減価償却超過額の当期認容額 | 12 | 578,000 | 578,000 | |
| | 納税充当金から支出した事業税等の金額 | 13 | | | |

## 別表五(一)の処理

I　利益積立金額の計算に関する明細書

| 区分 | | 期首現在利益積立金額 | 当期の増減 | | 差引翌期首現在利益積立金額 ①－②＋③ |
|---|---|---|---|---|---|
| | | | 減 | 増 | |
| | | ① | ② | ③ | ④ |
| 利益準備金 | 1 | 円 | 円 | 円 | 円 |
| 積立金 | 2 | | | | |
| 建物 | 3 | △578,000 | 578,000 | | △1,156,000 |
| | 4 | | | | |

II　資本金等の額の計算に関する明細書

| 区分 | | 期首現在資本金等の額 | 当期の増減 | | 差引翌期首現在資本金等の額 ①－②＋③ |
|---|---|---|---|---|---|
| | | | 減 | 増 | |
| | | ① | ② | ③ | ④ |
| 資本金又は出資金 | 32 | 10,000,000 円 | 円 | 円 | 10,000,000 円 |
| 資本準備金 | 33 | | | | |
| 資本剰余金 | 34 | 5,000,000 | | | 5,000,000 |
| 建物 | 35 | 12,000,000 | | | 12,000,000 |
| 差引合計額 | 36 | | | | |

## 例28　資本的支出が修繕費となっている場合

当期（令和 X0. 4 ～令和 X1. 3 ）中に次の構築物に加えた改良のための費用200万円が，資本的支出とすべきところ修繕費となっていることが判明した。

なお，この構築物の本体部分の減価償却費は，税務上の償却限度額と一致している。

① 改良をした日　令和 X0.12.16

② 期末帳簿価額　15,000,000円

③ 償却率（定率法）　0.074

### 当期の処理

#### 税務上の経理処理

（借）構　築　物　1,950,667円　　（貸）修　繕　費　1,950,667円

（注）　修繕費とした金額は，償却費として損金経理をしたものと取り扱われますから（基通 7 － 5 － 1 (3)），減価償却の償却超過額（修繕費の損金不算入額）は次のように計算されます。

したがって，修繕費とした200万円全額がそのまま損金不算入となるわけではありません。

$$2{,}000{,}000円 \times 0.074 \times \frac{4}{12} = 49{,}333円 \cdots 償却限度額$$

$$2{,}000{,}000円 - 49{,}333円 = 1{,}950{,}667円 \cdots 償却超過額$$

#### 別表四の処理

| 区分 | | | 総額 | 処分 | | |
|---|---|---|---|---|---|---|
| | | | | 留保 | 社外流出 | |
| | | | ① | ② | ③ | |
| 加算 | 減価償却の償却超過額 | 6 | *1,950,667* | *1,950,667* | | |
| | 役員給与の損金不算入額 | 7 | | | その他 | |
| | 交際費等の損金不算入額 | 8 | | | その他 | |
| | | | | | | |

### 別表五(一)の処理

| I　利益積立金額の計算に関する明細書 | | | | | |
|---|---|---|---|---|---|
| 区　分 | | 期首現在利益積立金額 | 当期の増減 | | 差引翌期首現在利益積立金額①－②＋③ |
| | | | 減 | 増 | |
| | | ① | ② | ③ | ④ |
| 利益準備金 | 1 | 円 | 円 | 円 | 円 |
| 積立金 | 2 | | | | |
| 減価償却超過額 | 3 | | | *1,950,667* | *1,950,667* |
| | 4 | | | | |
| | 5 | | | | |

## 翌期の処理

《例*24*》の〔翌期の処理〕と同様の処理を行います。

**(注)**　資本的支出の金額は，その支出の対象となった減価償却資産と同じ資産を新たに取得したものとして，又はその減価償却資産の取得価額に含めて償却していきます(令55)。

## 例29　資産を高額で取得した場合

当期（令和 X0. 4～令和 X1. 3）に関連会社から取得した構築物の取得価額等の状況は次のとおりであるが，取得価額と時価との差額は，関連会社に対する寄附金とすべきことが判明した。

① 事業供用日　令和 X0. 4 .16
② 取得価額　10,000,000円
③ 時　価　6,000,000円
④ 償却率（定率法）　0.250
⑤ 損金計上償却費　2,500,000円

（注）法人全体の寄附金の損金不算入額は3,712,500円となる。

### 当期の処理

#### 税務上の経理処理

| （借） | | （貸） | |
|---|---|---|---|
| 寄　附　金 | 4,000,000円 | 構　築　物 | 4,000,000円 |
| 構　築　物 | 1,000,000円 | 減価償却費 | 1,000,000円 |

（注）減価償却費は，次のように計算されます。

$(10{,}000{,}000円 - 4{,}000{,}000円) \times 0.250 \times \frac{12}{12} = 1{,}500{,}000円$……償却限度額

$2{,}500{,}000円 - 1{,}500{,}000円 = 1{,}000{,}000円$……償却超過額

## 別表四の処理

| 区分 | | | 総額 | 処分 | | |
|---|---|---|---|---|---|---|
| | | | | 留保 | 社外流出 | |
| | | | ① | ② | ③ | |
| 加算 | 減価償却の償却超過額 | 6 | 1,000,000 | 1,000,000 | | |
| | 役員給与の損金不算入額 | 7 | | | その他 | |
| 減算 | 寄附金認定損 | 21 | 4,000,000 | 4,000,000 | | |
| | | | | | | |
| 仮計 ((23)から(25)までの計) | | 26 | | | 外※ | |
| 寄附金の損金不算入額 (別表十四(二)「24」又は「40」) | | 27 | 3,712,500 | | その他 | 3,712,500 |

## 別表五(一)の処理

| I 利益積立金額の計算に関する明細書 | | | | | |
|---|---|---|---|---|---|
| 区分 | | 期首現在利益積立金額 | 当期の増減 | | 差引翌期首現在利益積立金額 ①−②+③ |
| | | | 減 | 増 | |
| | | ① | ② | ③ | ④ |
| 利益準備金 | 1 | 円 | 円 | 円 | 円 |
| 積立金 | 2 | | | | |
| 構築物 | 3 | | | △4,000,000 | △4,000,000 |
| 減価償却超過額 | 4 | | | 1,000,000 | 1,000,000 |
| | 5 | | | | |

## 翌期の処理

### イ　第一法

#### 決算上の経理処理

企業会計上の処理は妥当なものとして，企業会計上と税務上の帳簿価額を合わせるための経理処理は特に行いません。

この場合，企業会計上の償却費は，次のように計算されます。

(10,000,000円－2,500,000円)×0.250＝1,875,000円

これに対して，税務上の償却限度額は，次のように計算されます。

(6,000,000円－1,500,000円)×0.250＝1,125,000円

したがって，企業会計上1,875,000円の償却費を計上したとすれば，750,000円（1,875,000円－1,125,000円）の償却超過額が生じます。

### 別表四の処理

| 区分 | | | 総額 | 処分 | | |
|---|---|---|---|---|---|---|
| | | | | 留保 | 社外流出 | |
| | | | ① | ② | ③ | |
| 加算 | 減価償却の償却超過額 | 6 | 750,000 | 750,000 | | |
| | 役員給与の損金不算入額 | 7 | | | その他 | |

### 別表五(一)の処理

| Ⅰ　利益積立金額の計算に関する明細書 | | | | | |
|---|---|---|---|---|---|
| 区分 | | 期首現在利益積立金額 | 当期の増減 | | 差引翌期首現在利益積立金額 ①－②＋③ |
| | | | 減 | 増 | |
| | | ① | ② | ③ | ④ |
| 利益準備金 | 1 | 円 | 円 | 円 | 円 |
| 積立金 | 2 | | | | |
| 構築物 | 3 | △4,000,000 | | | △4,000,000 |
| 減価償却超過額 | 4 | 1,000,000 | | 750,000 | 1,750,000 |
| | 5 | | | | |

### ロ　第二法

#### 決算上の経理処理

企業会計上と税務上の帳簿価額を合わせるため，決算調整により次の経理処理を行った上，減価償却を行います。

(借)前期損益修正損　3,000,000円　　　(貸)構　築　物　3,000,000円

## 別表四の処理

| 区分 | | | 総額 | 処分 | | |
|---|---|---|---|---|---|---|
| | | | | 留保 | 社外流出 | |
| | | | ① | ② | ③ | |
| 加算 | 前期損益修正損否認 | 10 | 3,000,000 | 3,000,000 | | |
| | | | | | | |
| | | | | | | |

## 別表五(一)の処理

| I 利益積立金額の計算に関する明細書 | | | | | |
|---|---|---|---|---|---|
| 区分 | | 期首現在利益積立金額 | 当期の増減 | | 差引翌期首現在利益積立金額 ①－②＋③ |
| | | | 減 | 増 | |
| | | ① | ② | ③ | ④ |
| 利益準備金 | 1 | 円 | 円 | 円 | 円 |
| 積立金 | 2 | | | | |
| 構築物 | 3 | △4,000,000 | △4,000,000 | | |
| 減価償却超過額 | 4 | 1,000,000 | 1,000,000 | | |
| | 5 | | | | |

(注)　第二法で処理する場合には，企業会計上の帳簿価額も4,500,000円になりますから，減価償却費はこの帳簿価額を基礎にして計算することになり，税務計算と一致します。

## 例30　資産を低額で取得した場合

《例29》において，その構築物の時価が1,500万円であった場合には，どのような処理になるか。

### 当期の処理

#### 税務上の経理処理

(借)構　築　物　5,000,000円　　(貸)受　贈　益　5,000,000円
　　減価償却費　5,000,000円　　　　構　築　物　5,000,000円
　　構　築　物　3,750,000円　　　　減価償却費　3,750,000円

**(注)**　受贈益に相当する金額は，償却費として損金経理をしたものと取り扱われますから（基通7－5－1(4)），減価償却費は，次のように計算されます。

したがって，計上もれとなっていた受贈益500万円全額がそのまま益金算入となるわけではないことに留意する必要があります。

(10,000,000円＋5,000,000円)×0.250＝3,750,000円……償却限度額

(2,500,000円＋5,000,000円)－3,750,000円＝3,750,000円……償却超過額

#### 別表四の処理

| 区分 | | | 総額 | 処分 | |
|---|---|---|---|---|---|
| | | | | 留保 | 社外流出 |
| | | | ① | ② | ③ |
| 加算 | 減価償却の償却超過額 | 6 | 3,750,000 | 3,750,000 | |
| | 役員給与の損金不算入額 | 7 | | | その他 |

### 別表五(一)の処理

| I　利益積立金額の計算に関する明細書 | | | | | |
|---|---|---|---|---|---|
| 区分 | | 期首現在利益積立金額 | 当期の増減 | | 差引翌期首現在利益積立金額 ①－②＋③ |
| | | | 減 | 増 | |
| | | ① | ② | ③ | ④ |
| 利益準備金 | 1 | 円 | 円 | 円 | 円 |
| 積立金 | 2 | | | | |
| 減価償却超過額 | 3 | | | *3,750,000* | *3,750,000* |
| | 4 | | | | |
| | 5 | | | | |

## 翌期の処理

《例24》の〔翌期の処理〕と同様の処理を行います。

## 例31　完全支配関係会社から資産を低額で取得した場合

当期（令和X1.4～令和X2.3）に完全支配関係がある会社から取得した機械の取得価額等の状況は次のとおりであるが，取得価額と時価との差額は，完全支配関係会社からの受贈益とすべきことが判明した。

① 事業供用日　令和X1.4.20
② 取得価額　8,000,000円
③ 時　価　15,000,000円
④ 償却率（定率法）　0.250
⑤ 損金計上償却費　2,000,000円

### 当期の処理

#### 税務上の経理処理

| (借) | | (貸) | |
|---|---|---|---|
| 機　　械 | 7,000,000円 | 受　贈　益 | 7,000,000円 |
| 減価償却費 | 7,000,000円 | 機　　械 | 7,000,000円 |
| 機　　械 | 5,250,000円 | 減価償却費 | 5,250,000円 |

**(注)**　平成22年の税制改正により，完全支配関係（100％の持株関係）がある法人から受けた受贈益は，益金不算入とされました（法25の２①）。

この場合であっても，受贈益に相当する金額は，償却費として損金経理をしたものとすることができます（基通７－５－１(4)）。したがって，減価償却費は，次のように計算されます。

(8,000,000円＋7,000,000円)×0.250＝3,750,000円…………償却限度額

(2,000,000円＋7,000,000円)－3,750,000円＝5,250,000円 …償却超過額

#### 別表四の処理

| 区分 | | | 総額 ① | 処分 留保 ② | 処分 社外流出 ③ | |
|---|---|---|---|---|---|---|
| 加算 | 減価償却の償却超過額 | 6 | 5,250,000 | 5,250,000 | | |
| | 役員給与の損金不算入額 | 7 | | | その他 | |
| 減算 | 受贈益の益金不算入額 | 16 | 7,000,000 | | ※ | 7,000,000 |
| | 適格現物分配に係る益金不算入額 | 17 | | | ※ | |

### 別表五(一)の処理

| I　利益積立金額の計算に関する明細書 | | | | | |
|---|---|---|---|---|---|
| 区　分 | | 期首現在<br>利益積立金額 | 当期の増減 | | 差引翌期首現在<br>利益積立金額<br>①－②＋③ |
| | | | 減 | 増 | |
| | | ① | ② | ③ | ④ |
| 利益準備金 | 1 | 円 | 円 | 円 | 円 |
| 積立金 | 2 | | | | |
| **減価償却超過額** | 3 | | | *5,250,000* | *5,250,000* |
| | 4 | | | | |

### 翌期の処理

《例*24*》の〔翌期の処理〕と同様の処理を行います。

## 例32　ソフトウエア製作費を損金経理した場合

自ら開発した開発研究用ソフトウエアの製作費900万円が，研究開発費として全額損金経理されていることが判明した。

なお，このソフトウエアは税務上は資産計上すべきもので，期首から事業の用に供されており，その耐用年数は３年（定額法償却率　0.334）である。

## 当期の処理

### 税務上の経理処理

(借)ソフトウエア　5,994,000円　　　(貸)研究開発費　5,994,000円

**(注)**　平成12年の税制改正により，ソフトウエアは自己開発のものか委託開発のものかを問わず，すべて無形減価償却資産として取り扱い，開発研究用ソフトウエアは3年で償却するものとされました（令13，48，48の２，耐令別表六)。したがって，当期に損金となるソフトウエアの償却費は，次により計算されます。

9,000,000円 × 0.334 × $\frac{12}{12}$ = 3,006,000円……償却限度額

9,000,000円 − 3,006,000円 = 5,994,000円……償却限度超過額

### 別表四の処理

| 区分 | | | 総額 | 処分 | | |
|---|---|---|---|---|---|---|
| | | | | 留保 | 社外流出 | |
| | | | ① | ② | ③ | |
| 加算 | 減価償却の償却超過額 | 6 | 5,994,000 | 5,994,000 | | |
| | 役員給与の損金不算入額 | 7 | | | その他 | |

### 別表五(一)の処理

| Ｉ　利益積立金額の計算に関する明細書 | | | | | |
|---|---|---|---|---|---|
| 区分 | | 期首現在利益積立金額 | 当期の増減 | | 差引翌期首現在利益積立金額①－②＋③ |
| | | | 減 | 増 | |
| | | ① | ② | ③ | ④ |
| ソフトウェア | 3 | | | 5,994,000 | 5,994,000 |
| | 4 | | | | |

## 翌期の処理

### イ　第一法

**決算上の経理処理**

ソフトウエアの企業会計上の処理は妥当なものとして，企業会計上と税務上の処理を合わせるための経理処理は特に行わず，また，償却費の計上も行いません。

**別表四の処理**

| 区　分 | | | 総　額 | 処　分 | |
|---|---|---|---|---|---|
| | | | | 留　保 | 社外流出 |
| | | | ① | ② | ③ |
| 減算 | 減価償却超過額の当期認容額 | 12 | 3,006,000 | 3,006,000 | |
| | 納税充当金から支出した事業税等の金額 | 13 | | | |

（注）　税務上の償却限度額は，次のように計算されます。

9,000,000円×0.334× $\frac{12}{12}$ ＝3,006,000円

したがって，企業会計上は償却費を計上していませんから，3,006,000円全額が償却不足額となります。この償却不足額は税務上損金になります（法31④）。

**別表五(一)の処理**

| Ⅰ　利益積立金額の計算に関する明細書 | | | | | |
|---|---|---|---|---|---|
| 区　分 | | 期首現在利益積立金額 | 当期の増減 | | 差引翌期首現在利益積立金額①－②＋③ |
| | | | 減 | 増 | |
| | | ① | ② | ③ | ④ |
| ソフトウェア | 3 | 5,994,000 | 3,006,000 | | 2,988,000 |
| | 4 | | | | |

### ロ　第二法

**決算上の経理処理**

企業会計上と税務上の処理を合わせるため，決算調整により次の経理処理を行った上，償却を行います。

（借）ソフトウエア　5,994,000円　　　（貸）前期損益修正益　5,994,000円

**別表四の処理**

| 区分 | | | 総額 | 処分 | |
|---|---|---|---|---|---|
| | | | | 留保 | 社外流出 |
| | | | ① | ② | ③ |
| 減算 | 前期損益修正益否認 | 21 | *5,994,000* | *5,994,000* | |
| | | | | | |

**別表五(一)の処理**

| I　利益積立金額の計算に関する明細書 | | | | | |
|---|---|---|---|---|---|
| 区分 | | 期首現在利益積立金額 | 当期の増減 | | 差引翌期首現在利益積立金額 ①－②＋③ |
| | | | 減 | 増 | |
| | | ① | ② | ③ | ④ |
| ソフトウェア | 3 | *5,994,000* | *5,994,000* | | — |
| | 4 | | | | |

**(注)**　第二法で処理する場合には，企業会計上の帳簿価額も5,994,000円となりますから，税務計算と一致します。

**(参考)**

1　令和３年の税制改正により，研究開発費として損金経理をした金額で非試験研究用資産の取得価額に含まれるものが，研究開発税制における試験研究費の範囲に加えられる一方，その非試験研究用資産の償却費，譲渡損および除却損は，試験研究費の範囲から除外されました（措法42の４⑲一）。

2　設例のソフトウエアは開発研究用のものですから，その製作費900万円は試験研究費に含まれず，その償却費が試験研究費に含まれます。

## 例33 損金経理により特別償却準備金を設定する場合

当期に機械（耐用年数12年）を取得したので，中小企業者の機械等の特別償却の適用を受けることに代えて，損金経理により特別償却準備金200万円を積み立てた。

なお，その機械の特別償却限度額は140万円である。

### 当期の処理

#### 税務上の経理処理

（借）特別償却準備金　60万円　　　（貸）特別償却準備金積立損　60万円

#### 別表四の処理

| 区分 | | | 総額 | 処分 | | |
|---|---|---|---|---|---|---|
| | | | | 留保 | 社外流出 | |
| | | | ① | ② | ③ | |
| 加算 | 特別償却準備金積立超過 | 10 | 600,000 | 600,000 | | |
| | | | | | | |
| | | | | | | |

#### 別表五(一)の処理

I　利益積立金額の計算に関する明細書

| 区分 | | 期首現在利益積立金額 | 当期の増減 | | 差引翌期首現在利益積立金額 ①－②＋③ |
|---|---|---|---|---|---|
| | | | 減 | 増 | |
| | | ① | ② | ③ | ④ |
| 利益準備金 | 1 | 円 | 円 | 円 | 円 |
| 積立金 | 2 | | | | |
| 特別償却準備金 | 3 | | | 600,000 | 600,000 |
| | 4 | | | | |
| | 5 | | | | |

### 翌期の処理

#### 決算上の経理処理

特別償却準備金のいわゆる７年均等取崩しとその積立限度超過額を企業会計に受け入れ

るため，次の経理処理を行います。

(借)特別償却準備金　80万円　　　　(貸)特別償却準備金取崩益　80万円

**(注)**　特別償却準備金の金額は，その積立てをした事業年度の翌事業年度から原則として７年間（耐用年数10年以上の場合）において均等額ずつを取り崩して各事業年度の益金に算入しなければなりません（措法52の３⑤)。

設例の場合の取崩額は，次のように計算されます。

$$140万円 \times \frac{12(月)}{84(月)} = 20万円$$

**別表四の処理**

| 区分 | | | 総額 | 処分 | | |
|---|---|---|---|---|---|---|
| | | | | 留保 | 社外流出 | |
| | | | ① | ② | ③ | |
| 減算 | 特別償却準備金積立超過認容 | 21 | *600,000* | *600,000* | | |
| | | | | | | |
| | | | | | | |

**(注)**　特別償却準備金の金額をいわゆる７年均等取崩額を超えて取り崩した場合には，その超える部分の金額は任意取崩しとして収益として計上しなければなりませんが，特別償却準備金のうちに積立限度超過額があり，法人がその超える部分の金額をその積立限度超過額の取崩しとして，申告調整により損失として計上したときは，これを認めるものとされています（措通52の３－１)。

**別表五(一)の処理**

| Ⅰ　利益積立金額の計算に関する明細書 | | | | | |
|---|---|---|---|---|---|
| 区分 | | 期首現在利益積立金額 | 当期の増減 | | 差引翌期首現在利益積立金額 ①－②＋③ |
| | | | 減 | 増 | |
| | | ① | ② | ③ | ④ |
| 利益準備金 | 1 | 円 | 円 | 円 | 円 |
| 積立金 | 2 | | | | |
| 特別償却準備金 | 3 | *600,000* | *600,000* | | — |
| | 4 | | | | |
| | 5 | | | | |

## 例34　資産除去債務を計上して償却した場合

⑴　当期（令和 X1.4～令和 X2.3）に取得した機械装置について資産除去債務を計上し減価償却を行ったが，その減価償却等の状況は次のとおりである。

①　事業供用日　令和X1.4.25
②　取得価額　30,000,000円
③　耐用年数　８年
④　償却率（定率法）　0.250
⑤　保証率　0.07909
⑥　資産除去債務　2,400,000円
⑦　経理処理

| | | | |
|---|---|---|---|
| （借）機械装置 | 32,400,000円 | （貸）現金預金 | 30,000,000円 |
| | | 資産除去債務 | 2,400,000円 |
| 繰延税金資産 | 960,000円 | 法人税等調整額 | 960,000円 |
| 法人税等調整額 | 960,000円 | 繰延税金負債 | 960,000円 |
| （借）減価償却費 | 8,100,000円 | （貸）機械装置 | 8,100,000円 |
| 繰延税金負債 | 240,000円 | 法人税等調整額 | 240,000円 |

⑵　翌期（令和X2.4～令和X3.3）に時の経過による資産除去債務の増加と減価償却を行い，次のような経理処理をした。

| | | | |
|---|---|---|---|
| （借）利息費用 | 90,000円 | （貸）資産除去債務 | 90,000円 |
| 繰延税金資産 | 36,000円 | 法人税等調整額 | 36,000円 |
| （借）減価償却費 | 6,075,000円 | （貸）機械装置 | 6,075,000円 |
| 繰延税金負債 | 180,000円 | 法人税等調整額 | 180,000円 |

### 当期の処理

#### 税務上の経理処理

| | | | |
|---|---|---|---|
| （借）資産除去債務 | 2,400,000円 | （貸）機械装置 | 2,400,000円 |
| 機械装置 | 600,000円 | 減価償却費 | 600,000円 |

**（注）**　資産除去債務を計上しても税務上は認められませんから，税務上の減価償却費は，次により計算されます。

(32,400,000円－2,400,000円)×0.250＝7,500,000円 ……償却限度額
(32,400,000円－2,400,000円)×0.07909＝2,372,700円 …償却保証額
8,100,000円－7,500,000円＝600,000円 …………………償却超過額

## 別表四の処理

| 区分 | | | 総額 ① | 処分 留保 ② | 処分 社外流出 ③ | |
|---|---|---|---|---|---|---|
| 加算 | 減価償却の償却超過額 | 6 | 600,000 | 600,000 | | |
| | 役員給与の損金不算入額 | 7 | | | その他 | |
| | 交際費等の損金不算入額 | 8 | | | その他 | |
| 減算 | 法人税等調整額 | 21 | 240,000 | 240,000 | | |
| | | | | | | |
| | | | | | | |

## 別表五(一)の処理

| I　利益積立金額の計算に関する明細書 | | | | | |
|---|---|---|---|---|---|
| 区分 | | 期首現在利益積立金額 ① | 当期の増減 減 ② | 当期の増減 増 ③ | 差引翌期首現在利益積立金額 ①－②＋③ ④ |
| 利益準備金 | 1 | 円 | 円 | 円 | 円 |
| 積立金 | 2 | | | | |
| 機械装置 | 3 | | 2,400,000 | 600,000 | △ 1,800,000 |
| 資産除去債務 | 4 | | | 2,400,000 | 2,400,000 |
| 繰延税金資産 | 5 | | | △ 960,000 | △ 960,000 |
| 繰延税金負債 | 6 | | 240,000 | 960,000 | 720,000 |

## 翌期の処理

### 税務上の経理処理

(借)資産除去債務　90,000円　　(貸)利息費用　90,000円
　　機械装置　450,000円　　　　減価償却費　450,000円

(注)　税務上の減価償却費は，次により計算されます。

(30,000,000円－7,500,000円)×0.250＝5,625,000円………償却限度額

(30,000,000円－7,500,000円)×0.07909＝1,779,525円……償却保証額

6,075,000円－5,625,000円＝450,000円 ……………………償却超過額

## 別表四の処理

| 区分 | | 総額 ① | 処分 留保 ② | 社外流出 ③ | |
|---|---|---|---|---|---|
| 加算 | 減価償却の償却超過額 | 6 | 450,000 | 450,000 | | |
| | 役員給与の損金不算入額 | 7 | | | その他 | |
| | 交際費等の損金不算入額 | 8 | | | その他 | |
| | 通算法人に係る加算額（別表四付表「5」） | 9 | | | 外※ | |
| | 利息費用の損金不算入額 | 10 | 90,000 | 90,000 | | |
| | | | | | | |
| 減算 | 法人税等調整額 | 21 | 216,000 | 216,000 | | |
| | | | | | | |
| | | | | | | |

## 別表五(一)の処理

Ⅰ　利益積立金額の計算に関する明細書

| 区分 | | 期首現在利益積立金額 ① | 当期の増減 減 ② | 当期の増減 増 ③ | 差引翌期首現在利益積立金額 ①－②＋③ ④ |
|---|---|---|---|---|---|
| 利益準備金 | 1 | 円 | 円 | 円 | 円 |
| 積立金 | 2 | | | | |
| 機械装置 | 3 | △ 1,800,000 | | 450,000 | △ 1,350,000 |
| 資産除去債務 | 4 | 2,400,000 | | 90,000 | 2,490,000 |
| 繰延税金資産 | 5 | △ 960,000 | | △ 36,000 | △ 996,000 |
| 繰延税金負債 | 6 | 720,000 | 180,000 | | 540,000 |

## 例35　過年度遡及会計基準を適用し機械に減損損失を計上した場合

保有する機械に対して，前期に減損損失を計上すべきであったことが判明したので，過年度遡及会計基準による修正再表示をするため，3,000万円の減損損失を認識し，その機械の帳簿価額を2,000万円に減額した。

(借)繰越利益剰余金　3,000万円　　　(貸)機　　　械　3,000万円

この機械の耐用年数は8年（定率法の償却率0.313），損金経理した償却費の額は626万円である。

### 当期の処理

#### 別表四の処理

| 区分 | | | 総額 ① | 処分 留保 ② | 処分 社外流出 ③ | |
|---|---|---|---|---|---|---|
| 減算 | 減価償却超過額の当期認容額 | 12 | 9,390,000 | 9,390,000 | | |
| | 納税充当金から支出した事業税等の金額 | 13 | | | | |

（注）　過年度遡及会計基準の適用による資産の修正再表示は，資産に対して損金経理をしたのと同一視され，会計上認識した減損損失は，償却費として損金経理をした金額に含まれます（国税庁法人課税課情報・平成23.10.20「法人が『会計上の変更及び誤謬の訂正に関する会計基準』を適用した場合の税務処理について」問6）。

したがって，会計上認識した減損損失3,000万円は償却超過額となり，次のとおり償却不足額が生じますから，その償却不足額は損金算入が認められます。

2,000万円×0.313＝626万円………会計上の損金経理額

(2,000万円＋3,000万円)×0.313＝1,565万円………税務上の償却限度額

1,565万円－626万円＝939万円………償却不足額

#### 別表五(一)の処理

I　利益積立金額の計算に関する明細書

| 区分 | | 期首現在利益積立金額 ① | 当期の増減 減 ② | 当期の増減 増 ③ | 差引翌期首現在利益積立金額 ①－②＋③ ④ |
|---|---|---|---|---|---|
| 機械償却超過額 | 24 | 30,000,000 | 9,390,000 | | 20,610,000 |
| 繰越損益金（損は赤） | 25 | △30,000,000 | △30,000,000 | | |

## 翌期の処理

### 別表四の処理

| 区分 | | | 総額 | 処分 | | |
|---|---|---|---|---|---|---|
| | | | | 留保 | 社外流出 | |
| | | | ① | ② | ③ | |
| 減算 | 減価償却超過額の当期認容額 | 12 | *6,450,930* | *6,450,930* | | |
| | 納税充当金から支出した事業税等の金額 | 13 | | | | |

（注） 会計上は，次のとおり償却費として損金経理したとします。

(20,000,000円－6,260,000円)×0.313＝4,300,620円

これに対し，税務上の償却限度額は，次のように計算されます。

(13,740,000円＋20,610,000円)×0.313＝10,751,550円

そこで，次のとおり償却不足額が生じ，その償却不足額は損金として認められます（法31④）。

10,751,550円－4,300,620円＝6,450,930円

### 別表五(一)の処理

| Ⅰ 利益積立金額の計算に関する明細書 | | | | | |
|---|---|---|---|---|---|
| 区分 | | 期首現在利益積立金額 | 当期の増減 | | 差引翌期首現在利益積立金額 ①－②＋③ |
| | | | 減 | 増 | |
| | | ① | ② | ③ | ④ |
| 機械償却超過額 | 24 | *20,610,000* | *6,450,930* | | *14,159,070* |
| 繰越損益金（損は赤） | 25 | | | | |

## 例36　事業譲受けに際し資産調整勘定が生じた場合

当期首において親会社から事業を譲り受け，その事業の譲受価額10,000万円と親会社から受け入れる簿価純資産額8,000万円との差額2,000万円は「のれん」として計上し，そののれんは20年で償却するため，次のような経理処理を行っている。

| | | | |
|---|---|---|---|
| (借)資　　　産 | 14,000万円 | (貸)負　　債 | 6,000万円 |
| の　れ　ん | 2,000万円 | 現金預金 | 10,000万円 |
| (借)のれん償却費 | 100万円 | (貸)の れ ん | 100万円 |

なお，親会社から受け入れる資産の時価は，12,000万円である。

## 当期の処理

### 別表四の処理

| 区　分 | | | 総　額 | 処分 留　保 | 処分 社外流出 | |
|---|---|---|---|---|---|---|
| | | | ① | ② | ③ | |
| 減算 | 資産調整勘定の損金算入額 | 21 | 7,000,000 | 7,000,000 | | |
| | | | | | | |

（注）1　税務上は，時価純資産額6,000万円で受け入れ，事業の譲受価額10,000万円との差額4,000万円は「資産調整勘定」として処理し，５年間で均等償却を行います（法62の８①④⑤）から，税務上の経理処理は，次のとおりです。この均等償却は強制適用ですから，償却不足額700万円（800万円－100万円）は，申告調整により損金算入ができます。

| | | | |
|---|---|---|---|
| (借)資　　　産 | 12,000万円 | (貸)負　　　債 | 6,000万円 |
| 資産調整勘定 | 4,000万円 | 現 金 預 金 | 10,000万円 |
| (借)資産調整勘定償却費 | 800万円 | (貸)資産調整勘定 | 800万円 |

2　平成29年の税制改正により，当期が事業譲受けの日の属する事業年度である場合には，資産調整勘定の損金算入額の計算上，いわゆる事業供用期間按分をすべきこととされました（法62の８④）。

別表五(一)の処理

| I 利益積立金額の計算に関する明細書 | | | | | |
|---|---|---|---|---|---|
| 区分 | | 期首現在利益積立金額 | 当期の増減 | | 差引翌期首現在利益積立金額 ①－②＋③ |
| | | | 減 | 増 | |
| | | ① | ② | ③ | ④ |
| 利益準備金 | 1 | 円 | 円 | 円 | 円 |
| 積立金 | 2 | | | | |
| 資産 | 3 | | | △20,000,000 | △20,000,000 |
| 資産調整勘定 | 4 | | 7,000,000 | 20,000,000 | 13,000,000 |

## 翌期の処理

### 決算上の経理処理

企業会計上，のれんとして20年で償却するとすれば，次のような経理処理を行います。

(借)のれん償却費　100万円　　　(貸)の　れ　ん　100万円

これに対して，税務上の資産調整勘定償却費は800万円となり，償却不足額が生じますが，この償却不足額は損金算入されます。

別表四の処理

| 区分 | | | 総額 | 処分 | | |
|---|---|---|---|---|---|---|
| | | | | 留保 | 社外流出 | |
| | | | ① | ② | ③ | |
| 減算 | 資産調整勘定の損金算入額 | 21 | 7,000,000 | 7,000,000 | | |
| | | | | | | |

別表五(一)の処理

| I 利益積立金額の計算に関する明細書 | | | | | |
|---|---|---|---|---|---|
| 区分 | | 期首現在利益積立金額 | 当期の増減 | | 差引翌期首現在利益積立金額 ①－②＋③ |
| | | | 減 | 増 | |
| | | ① | ② | ③ | ④ |
| 利益準備金 | 1 | 円 | 円 | 円 | 円 |
| 積立金 | 2 | | | | |
| 資産 | 3 | △20,000,000 | | | △20,000,000 |
| 資産調整勘定 | 4 | 13,000,000 | 7,000,000 | | 6,000,000 |

## 例37　事業譲受けに際し負債調整勘定が生じた場合

当期首において親会社から事業を譲り受け，その事業の譲受価額10,000万円と親会社から受け入れる簿価純資産額12,000万円との差額2,000万円は「負ののれん」として計上し，その負ののれんは発生時の利益とするため，次のような経理処理を行っている。

| | | | |
|---|---|---|---|
| (借)資　　産 | 16,000万円 | (貸)負　　債 | 4,000万円 |
| | | 現金預金 | 10,000万円 |
| | | 負ののれん | 2,000万円 |
| (借)負ののれん | 2,000万円 | (貸)負ののれん償却益 | 2,000万円 |

なお，親会社から受け入れる資産の時価は，18,000万円である。

### 当期の処理

#### 別表四の処理

| 区分 | | | 総額 | 処分 | | |
|---|---|---|---|---|---|---|
| | | | | 留保 | 社外流出 | |
| | | | ① | ② | ③ | |
| 減算 | 負ののれん償却益の益金不算入額 | 21 | 12,000,000 | 12,000,000 | | |
| | | | | | | |

（注）1　税務上は，時価純資産額14,000万円で受け入れ，事業の譲受価額10,000万円との差額4,000万円は「負債調整勘定」として処理し，5年間で均等額ずつを益金に算入します（法62の8③⑦⑧）から，税務上の経理処理は，次のとおりです。

| | | | |
|---|---|---|---|
| (借)資　　産 | 18,000万円 | (貸)負　　債 | 4,000万円 |
| | | 現金預金 | 10,000万円 |
| | | 負債調整勘定 | 4,000万円 |
| (借)負債調整勘定 | 800万円 | (貸)負債調整勘定償却益 | 800万円 |

2　平成29年の税制改正により，当期が事業譲受けの日の属する事業年度である場合には，負債調整勘定の益金算入額の計算上，いわゆる事業供用期間按分をすべきこととされました（法62の8⑦）。

### 別表五(一)の処理

| I　利益積立金額の計算に関する明細書 | | | | | |
|---|---|---|---|---|---|
| 区分 | | 期首現在利益積立金額 | 当期の増減 | | 差引翌期首現在利益積立金額 ①−②+③ |
| | | | 減 | 増 | |
| | | ① | ② | ③ | ④ |
| 利益準備金 | 1 | 円 | 円 | 円 | 円 |
| 積立金 | 2 | | | | |
| 資産 | 3 | | | 20,000,000 | 20,000,000 |
| 負債調整勘定 | 4 | | △8,000,000 | △40,000,000 | △32,000,000 |

## 翌期の処理

### 決算上の経理処理

企業会計上は，負ののれんの償却益は計上されないのに対し，税務上の負債調整勘定の償却益は800万円となり，益金に算入しなければなりません。

### 別表四の処理

| 区分 | | | 総額 | 処分 | | |
|---|---|---|---|---|---|---|
| | | | | 留保 | 社外流出 | |
| | | | ① | ② | ③ | |
| 加算 | 負債調整勘定の益金算入額 | 10 | 8,000,000 | 8,000,000 | | |
| | | | | | | |

### 別表五(一)の処理

| I　利益積立金額の計算に関する明細書 | | | | | |
|---|---|---|---|---|---|
| 区分 | | 期首現在利益積立金額 | 当期の増減 | | 差引翌期首現在利益積立金額 ①−②+③ |
| | | | 減 | 増 | |
| | | ① | ② | ③ | ④ |
| 利益準備金 | 1 | 円 | 円 | 円 | 円 |
| 積立金 | 2 | | | | |
| 資産 | 3 | 20,000,000 | | | 20,000,000 |
| 負債調整勘定 | 4 | △32,000,000 | 8,000,000 | | △24,000,000 |

## 2　繰延資産の償却費

### 例38　償却超過額が生じる場合

当期（令和 X0.4～令和 X1.3）首において同業者団体へ加入し，その加入金500万円を支払っているが，全額損金経理されていることが判明した。

なお，この同業者団体加入金の償却期間は５年である。

**当期の処理**

**税務上の経理処理**

（借）繰延資産　400万円　　　（貸）繰延資産償却　400万円

（注）　同業者団体への加入金は繰延資産に該当し，その償却期間は５年とされています（令14①六ホ，基通８－１－11，８－２－３）。したがって，当期に損金となる同業者団体加入金の償却費は，次により計算されます。

$$500万円 \times \frac{12月(当期の月数)}{60月(５年)} = 100万円$$

**別表四の処理**

| 区分 | | | 総額 | 処分 | | |
|---|---|---|---|---|---|---|
| | | | | 留保 | 社外流出 | |
| | | | ① | ② | ③ | |
| 加算 | 繰延資産償却超過額 | 10 | *4,000,000* | *4,000,000* | | |
| | | | | | | |

**別表五(一)の処理**

| I　利益積立金額の計算に関する明細書 | | | | | |
|---|---|---|---|---|---|
| 区分 | | 期首現在利益積立金額 | 当期の増減 | | 差引翌期首現在利益積立金額 ①－②＋③ |
| | | | 減 | 増 | |
| | | ① | ② | ③ | ④ |
| 繰延資産 | 3 | | | *4,000,000* | *4,000,000* |
| | 4 | | | | |

## 翌期の処理

### イ　第一法

**決算上の経理処理**

同業者団体加入金は，企業会計上は繰延資産ではありませんから，企業会計上と税務上の処理を合わせるための経理処理は特に行わず，また，償却費の計上も行いません。

**別表四の処理**

| 区分 | | | 総額 | 処分 | | |
|---|---|---|---|---|---|---|
| | | | | 留保 | 社外流出 | |
| | | | ① | ② | ③ | |
| 減算 | 繰延資産償却超過認容 | 21 | 1,000,000 | 1,000,000 | | |
| | | | | | | |

(注)　税務上の償却限度額は，次のように計算されます。

500万円×$\frac{12}{60}$＝100万円

したがって，企業会計上は償却費を計上していませんから，100万円全額が償却不足額となります。この償却不足額は税務上損金になります（法32⑥)。

**別表五(一)の処理**

| I　利益積立金額の計算に関する明細書 | | | | | |
|---|---|---|---|---|---|
| 区分 | | 期首現在利益積立金額 | 当期の増減 | | 差引翌期首現在利益積立金額 ①－②＋③ |
| | | | 減 | 増 | |
| | | ① | ② | ③ | ④ |
| 繰延資産 | 3 | 4,000,000 | 1,000,000 | | 3,000,000 |
| | 4 | | | | |

### ロ　第二法

**決算上の経理処理**

企業会計上と税務上の処理を合わせるため，決算調整により次の経理処理を行った上，償却を行います。

(借)繰延資産　400万円　　　(貸)前期損益修正益　400万円

**別表四の処理**

| 区分 | | 総額 ① | 処分 | |
|---|---|---|---|---|
| | | | 留保 ② | 社外流出 ③ |
| 減算 前期損益修正益否認 | 21 | 4,000,000 | 4,000,000 | |
| | | | | |

**別表五(一)の処理**

| Ⅰ　利益積立金額の計算に関する明細書 | | | | | |
|---|---|---|---|---|---|
| 区分 | | 期首現在利益積立金額 ① | 当期の増減 減 ② | 当期の増減 増 ③ | 差引翌期首現在利益積立金額 ①－②＋③ ④ |
| 繰延資産 | 3 | 4,000,000 | 4,000,000 | | ― |
| | 4 | | | | |

(注)　第二法で処理する場合には，企業会計上の帳簿価額も400万円となりますから，税務計算と一致します。

## 例39 計上もれとなっている場合

当期（令和 X0.4～令和 X1.3）首に入居したビルの賃借のために支払った権利金100万円が，支払家賃として全額損金経理され，繰延資産に計上されていないことが判明した。

なお，この権利金の償却期間は５年である。

### 当期の処理

#### 税務上の経理処理

(借)繰延資産 80万円　　　　(貸)支払家賃 80万円

(注)　支払家賃とした金額は，繰延資産の償却費として損金処理をしたものと取り扱われますから（基通８－３－２），権利金の償却超過額は次のように計算されます。

したがって，支払家賃とした100万円全額が損金不算入となるわけではないことに留意する必要があります。

100万円×$\frac{12}{60}$＝20万円……償却限度額

100万円－20万円＝80万円……償却超過額

#### 別表四の処理

| 区分 | | | 総額 | 処分 | | |
|---|---|---|---|---|---|---|
| | | | | 留保 | 社外流出 | |
| | | | ① | ② | ③ | |
| 加算 | 繰延資産の償却超過額 | 10 | 800,000 | 800,000 | | |
| | | | | | | |

#### 別表五(一)の処理

| Ⅰ　利益積立金額の計算に関する明細書 | | | | | |
|---|---|---|---|---|---|
| 区分 | | 期首現在利益積立金額 | 当期の増減 | | 差引翌期首現在利益積立金額 ①－②＋③ |
| | | | 減 | 増 | |
| | | ① | ② | ③ | ④ |
| 利益準備金 | 1 | 円 | 円 | 円 | 円 |
| 積立金 | 2 | | | | |
| 繰延資産 | 3 | | | 800,000 | 800,000 |
| | 4 | | | | |
| | 5 | | | | |

## 翌期の処理

### イ　第一法

**決算上の経理処理**

借家権利金は，税法独自で繰延資産とされているものですから，企業会計上と税務上の処理を合わせるための経理処理は特に行わず，また，償却費の計上も行いません。

**別表四の処理**

| 区分 | | | 総額 | 処分 | |
|---|---|---|---|---|---|
| | | | | 留保 | 社外流出 |
| | | | ① | ② | ③ |
| 減算 | 繰延資産の償却超過認容 | 21 | 200,000 | 200,000 | |
| | | | | | |
| | | | | | |

（注）　税務上の償却限度額は，次のように計算されます。

$$100万円 \times \frac{12}{60} = 20万円$$

したがって，企業会計上は償却費を計上していませんから，20万円全額が償却不足額となります。この償却不足額は，税務上損金に算入されます（法32⑥）。

**別表五(一)の処理**

| I　利益積立金額の計算に関する明細書 | | | | | |
|---|---|---|---|---|---|
| 区分 | | 期首現在利益積立金額 | 当期の増減 | | 差引翌期首現在利益積立金額 ①－②＋③ |
| | | | 減 | 増 | |
| | | ① | ② | ③ | ④ |
| 利益準備金 | 1 | 円 | 円 | 円 | 円 |
| 積立金 | 2 | | | | |
| 繰延資産 | 3 | 800,000 | 200,000 | | 600,000 |
| | 4 | | | | |
| | 5 | | | | |

**ロ　第二法**

**決算上の経理処理**

企業会計上と税務上の処理を合わせるため，決算調整により次の経理処理を行った上，償却を行います。

（借）繰延資産　80万円　　　　（貸）前期損益修正益　80万円

**別表四の処理**

| 区分 | | 総額 | 処分 | |
|---|---|---|---|---|
| | | | 留保 | 社外流出 |
| | | ① | ② | ③ |
| 減算 前期損益修正益否認 | 21 | 800,000 | 800,000 | |
| | | | | |
| | | | | |

**別表五(一)の処理**

| Ⅰ　利益積立金額の計算に関する明細書 | | | | | |
|---|---|---|---|---|---|
| 区分 | | 期首現在利益積立金額 | 当期の増減 | | 差引翌期首現在利益積立金額 ①－②＋③ |
| | | | 減 | 増 | |
| | | ① | ② | ③ | ④ |
| 利益準備金 | 1 | 円 | 円 | 円 | 円 |
| 積立金 | 2 | | | | |
| 繰延資産 | 3 | 800,000 | 800,000 | | — |
| | 4 | | | | |
| | 5 | | | | |

（注）第二法で処理する場合には，企業会計上の帳簿価額も80万円となりますから，税務計算と一致します。

## 3　控除対象外消費税額等

### 例40　控除対象外消費税額等の損金不算入額がある場合

当社は，消費税等の経理方法として税抜経理方式を適用しており，いわゆる資産に係る控除対象外消費税額等については５年間の均等償却（令139の４）を行うこととしている。

ところが，当期の課税売上割合は60％で，当期に取得した本社ビルに係る消費税額等300万円のうち120万円は消費税額等の計算上控除対象にならないもので均等償却すべきであるにもかかわらず，120万円全額を雑損として損金に算入していることが判明した。

**当期の処理**

**税務上の経理処理**

（借）繰延消費税等　108万円　　　　（貸）雑　　損　108万円

（注）　当期の損金算入額は，次のように計算されます（令139の４③）。

控除対象外消費税額等が生じた事業年度においては，全て既央に生じたものとして，損金算入限度額を計算します。

120万円 × $\frac{12}{60}$ × $\frac{1}{2}$ ＝12万円……損金算入限度額

120万円－12万円＝108万円……損金不算入額

**別表四の処理**

| 区分 | | | 総額 ① | 処分 留保 ② | 社外流出 ③ | |
|---|---|---|---|---|---|---|
| 加算 | 繰延消費税等損金不算入 | 10 | *1,080,000* | *1,080,000* | | |
| | | | | | | |
| | | | | | | |

別表五(一)の処理

| I 利益積立金額の計算に関する明細書 | | | | | | |
|---|---|---|---|---|---|---|
| 区分 | | 期首現在利益積立金額 | 当期の増減 | | 差引翌期首現在利益積立金額 ①－②＋③ |
| | | | 減 | 増 | |
| | | ① | ② | ③ | ④ |
| 利益準備金 | 1 | 円 | 円 | 円 | 円 |
| 積立金 | 2 | | | | |
| 繰延消費税等 | 3 | | | 1,080,000 | 1,080,000 |
| | 4 | | | | |
| | 5 | | | | |

## 翌期の処理

### イ 第一法

**決算上の経理処理**

企業会計上の処理は妥当なものとして，企業会計上と税務上の帳簿価額を合わせるための経理処理は特に行いません。

しかし，税務上は損金算入額が次のように計算されます（令139の４④)。

$120万円 \times \frac{12}{60} = 24万円$

したがって，企業会計上は経費として計上しませんから，24万円全額がいわば償却不足額となります。この償却不足額は，税務上損金に算入されます（令139の４⑭)。

別表四の処理

| 区分 | | | 総額 | 処分 | | |
|---|---|---|---|---|---|---|
| | | | | 留保 | 社外流出 | |
| | | | ① | ② | ③ | |
| 減算 | 繰延消費税等認容 | 21 | 240,000 | 240,000 | | |
| | | | | | | |
| | | | | | | |

別表五(一)の処理

| I　利益積立金額の計算に関する明細書 | | | | | |
|---|---|---|---|---|---|
| 区分 | | 期首現在利益積立金額 | 当期の増減 | | 差引翌期首現在利益積立金額 ①−②+③ |
| | | | 減 | 増 | |
| | | ① | ② | ③ | ④ |
| 利益準備金 | 1 | 円 | 円 | 円 | 円 |
| 積立金 | 2 | | | | |
| 繰延消費税等 | 3 | 1,080,000 | 240,000 | | 840,000 |
| | 4 | | | | |
| | 5 | | | | |

**ロ　第二法**

**決算上の経理処理**

企業会計上と税務上の帳簿価額を合わせるため，決算調整により次の経理処理を行った上，繰延消費税等の損金算入を行います。

(借)繰延消費税等　108万円　　　(貸)前期損益修正益　108万円

別表四の処理

| 区分 | | | 総額 | 処分 | | |
|---|---|---|---|---|---|---|
| | | | | 留保 | 社外流出 | |
| | | | ① | ② | ③ | |
| 減算 | 前期損益修正益否認 | 21 | 1,080,000 | 1,080,000 | | |
| | | | | | | |
| | | | | | | |

**別表五(一)の処理**

| Ⅰ　利益積立金額の計算に関する明細書 | | | | | |
|---|---|---|---|---|---|
| 区　分 | | 期首現在利益積立金額 | 当期の増減 | | 差引翌期首現在利益積立金額 ①－②＋③ |
| | | | 減 | 増 | |
| | | ① | ② | ③ | ④ |
| 利益準備金 | 1 | 円 | 円 | 円 | 円 |
| 積立金 | 2 | | | | |
| 繰延消費税等 | 3 | *1,080,000* | *1,080,000* | | — |
| | 4 | | | | |
| | 5 | | | | |

(**注**)　第二法で処理する場合には，企業会計上も繰延消費税等108万円が計上され，繰延消費税等の損金算入額が費用として計上されることになり，税務計算と一致します。

## 4　報酬，給料，賞与及び退職給与

### (1)　報　酬

**例41**　**定期同額給与の損金不算入額がある場合**

当社（３月末決算）は，社長に対して月額100万円の報酬を支給していたが，業績が好調であるところから，翌年１月から月額150万円に増額していることが判明した。

**当期の処理**

**別表四の処理**

| 区　分 | | | 総　額 | 処分 | | |
|---|---|---|---|---|---|---|
| | | | | 留　保 | 社外流出 | |
| | | | ① | ② | ③ | |
| 加算 | 役員給与の損金不算入額 | 7 | 1,500,000 | | その他 | 1,500,000 |
| | 交際費等の損金不算入額 | 8 | | | その他 | |
| | | | | | | |

（注）　定期同額給与の増額改定が認められない時期にその改定をした場合には，上乗せ支給した給与の部分（50万円×３ヶ月分＝150万円）が損金不算入となります（国税庁・平成20.12「役員給与に関するＱ＆Ａ」Ｑ３・Ｑ４）。

**別表五(一)の処理**

何ら処理をする必要はありません。

**翌期の処理**

決算上及び税務上とも，何ら処理をする必要はありません。

## 例42 過大報酬がある場合

社長に対して支給した報酬（定期同額給与）額は5,000万円であるが，税務上の同人に対する適正報酬額は3,000万円と認められる。

### 当期の処理

#### 別表四の処理

| 区分 | | | 総額 | 処分 | | |
|---|---|---|---|---|---|---|
| | | | | 留保 | 社外流出 | |
| | | | ① | ② | ③ | |
| 加算 | 役員給与の損金不算入額 | 7 | 20,000,000 | | その他 | 20,000,000 |
| | 交際費等の損金不算入額 | 8 | | | その他 | |
| | | | | | | |

（注） 平成18年の税制改正により，従来の役員報酬が「定期同額給与」と定義されましたが，不相当に高額な部分の金額は損金に算入されません（法34②，令70）。

#### 別表五(一)の処理

何ら処理をする必要はありません。

### 翌期の処理

決算上及び税務上とも，何ら処理をする必要はありません。

## 例43 仮装経理した報酬がある場合

社長に対して，売上除外金の中から月々40万円，年間480万円の簿外の報酬を支給していることが判明した。

### 当期の処理

#### 別表四の処理

| 区分 | | | 総額 | 処分 | | |
|---|---|---|---|---|---|---|
| | | | | 留保 | 社外流出 | |
| | | | ① | ② | ③ | |
| 加算 | 役員給与の損金不算入額 | 7 | 4,800,000 | | その他 | 4,800,000 |
| | 交際費等の損金不算入額 | 8 | | | その他 | |
| | | | | | | |

（注） 法人が事実を隠蔽し，又は仮装して役員に支給した給与の額は，損金に算入されません（法34③）。

#### 別表五(一)の処理

何ら処理をする必要はありません。

### 翌期の処理

決算上及び税務上とも，何ら処理をする必要はありません。

## 例44 経済的利益を供与した場合

副社長に対して社宅を貸与し，家賃として月々２万円（年間24万円）を徴収しているが，通常の適正家賃の月額は10万円（年額120万円）である。

### 当期の処理

#### 税務上の経理処理

(借)役員給与　96万円　　　　(貸)家賃収入　96万円

#### 別表四と別表五(一)の処理

課税所得の計算に影響がありませんから，特に処理をする必要はありません。

(注)　事例のような経済的な利益で毎月おおむね一定の額であるものは，定期同額給与となりますが（法34①④，令69①二，基通９－２－９⑹，９－２－11⑵），その全部又は一部が過大給与となる場合には，《例42》の処理と同様の処理を行います。

なお，役員給与96万円については，所得税及び復興特別所得税の源泉徴収をしなければなりません。

### 翌期の処理

決算上及び税務上とも，何ら処理をする必要はありません。

## 例45　役員に報酬対価として譲渡制限付株式を交付した場合

役員に対し２年間の委任報酬2,000万円の対価として，２年間の譲渡制限が付された自社株式を交付した。その交付決議は，職務執行開始日から１月以内に行われている。

その交付時には，次のような会計処理を行う。

(借)前払費用　2,000万円　　　(貸)報酬債務　2,000万円
　　報酬債務　2,000万円　　　(貸)資本金　1,000万円
　　　　　　　　　　　　　　　　　資本準備金　1,000万円

また，１年目及び２年目には，それぞれ次のような会計処理を行う。

(借)役員報酬　1,000万円　　　(貸)前払費用　1,000万円

### １年目の処理

#### 税務上の経理処理

(借)前払費用　1,000万円　　　(貸)役員報酬　1,000万円

**(注)**　平成28年の税制改正により，譲渡制限付株式を対価とする費用の帰属時期の特例制度が創設され，役員に対する特定譲渡制限付株式を対価とする報酬は，給与等課税事由が生じることが確定した日（譲渡制限が解除されることが確定した日）において損金算入することとされました（法54，令111の２，規25の９）。

税務上，１年目には役員報酬1,000万円の損金算入はできません。

#### 別表四の処理

| 区分 | | | 総額 | 処分 | | |
|---|---|---|---|---|---|---|
| | | | | 留保 | 社外流出 | |
| | | | ① | ② | ③ | |
| 加算 | 役員報酬否認 | 10 | 10,000,000 | 10,000,000 | | |
| | | | | | | |

## 別表五(一)の処理

| I 利益積立金額の計算に関する明細書 | | | | | |
|---|---|---|---|---|---|
| 区分 | | 期首現在利益積立金額 | 当期の増減 | | 差引翌期首現在利益積立金額 ①－②＋③ |
| | | | 減 | 増 | |
| | | ① | ② | ③ | ④ |
| 利益準備金 | 1 | 円 | 円 | 円 | 円 |
| 積立金 | 2 | | | | |
| 前払費用 | 3 | | | 10,000,000 | 10,000,000 |
| | 4 | | | | |

II 資本金等の額の計算に関する明細書

| 区分 | | 期首現在資本金等の額 | 当期の増減 | | 差引翌期首現在資本金等の額 ①－②＋③ |
|---|---|---|---|---|---|
| | | | 減 | 増 | |
| | | ① | ② | ③ | ④ |
| 資本金又は出資金 | 32 | 円 | 円 | 円 10,000,000 | 円 |
| 資本準備金 | 33 | | | 10,000,000 | |
| | 34 | | | | |

## 2年目の処理

### 決算上の経理処理

(借)役員報酬　1,000万円　　(貸)前払費用　1,000万円

### 税務上の経理処理

(借)役員報酬　2,000万円　　(貸)前払費用　2,000万円

**(注)**　税務上は，２年目の譲渡制限が解除されることが確定した日の属する事業年度に役員報酬2,000万円の損金算入を行います。

## 別表四の処理

| 区分 | | | 総額 | 処分 | | |
|---|---|---|---|---|---|---|
| | | | | 留保 | 社外流出 | |
| | | | ① | ② | ③ | |
| 減算 | 役員報酬認容 | 21 | *10,000,000* | *10,000,000* | | |
| | | | | | | |

## 別表五(一)の処理

| I　利益積立金額の計算に関する明細書 | | | | | |
|---|---|---|---|---|---|
| 区分 | | 期首現在利益積立金額 | 当期の増減 | | 差引翌期首現在利益積立金額 ①−②+③ |
| | | | 減 | 増 | |
| | | ① | ② | ③ | ④ |
| 利益準備金 | 1 | 円 | 円 | 円 | 円 |
| 積立金 | 2 | | | | |
| 前払費用 | 3 | *10,000,000* | *10,000,000* | | — |
| | 4 | | | | |
| | | | | | |

**(注)**　譲渡制限付株式を対価とする報酬等については，役務提供期間に応じて費用計上することから，所得税では退職所得に該当するものであっても，法人税では退職給与としての損金算入は認められません（基通９－２－27の２）。その損金算入のためには，事前確定届出給与として，所定の手続をする必要があります（法34①二，令69③）。

## 例46 役員に報酬対価としてストック・オプションを付与した場合

⑴ 役員に対し次の条件により，税制非適格のストック・オプションとして譲渡制限付新株予約権を付与した。

① 権利付与日 令和 X0年４月１日

② 権利付与数 1,000個

③ 権利付与日の公正な評価額 2,000円

④ 対象勤務期間 令和 X0年４月１日～令和 X1年３月31日

⑤ 権利確定日 令和 X1年４月１日

⑥ 権利行使日 令和 X1年５月８日

⑦ 権利行使価格 3,000円

⑵ 対象勤務期間において，次のような経理処理を行う。

| (借)役員給与 | 200万円 | (貸)新株予約権 | 200万円 |
|---|---|---|---|

⑶ 権利行使日において，時価が5,000円であり，次のような経理処理を行う。

| (借)新株予約権 | 200万円 | (貸)資本金等の額 | 500万円 |
|---|---|---|---|
| 現金預金 | 300万円 | | |

### 権利付与(勤務期間)期の処理

**税務上の経理処理**

| (借)前払費用 | 200万円 | (貸)新株予約権債務 | 200万円 |
|---|---|---|---|
| (借)新株予約権 | 200万円 | (貸)役員給与 | 200万円 |

**(注)** 法人が役員等に対して役務提供を受ける対価として譲渡制限付新株予約権を交付した場合には，その役員等に給与等の課税が生じるときに，役員給与等として損金算入ができます（法54の２，令111の３）。

**別表四の処理**

| 区分 | | | 総額 | 処分 | | |
|---|---|---|---|---|---|---|
| | | | | 留保 | 社外流出 | |
| | | | ① | ② | ③ | |
| 加算 | 役員給与否認 | 10 | *2,000,000* | *2,000,000* | | |
| | | | | | | |
| | | | | | | |

## 別表五(一)の処理

| Ⅰ　利益積立金額の計算に関する明細書 | | | | | |
|---|---|---|---|---|---|
| 区分 | | 期首現在利益積立金額 | 当期の増減 | | 差引翌期首現在利益積立金額 ①－②＋③ |
| | | | 減 | 増 | |
| | | ① | ② | ③ | ④ |
| 利益準備金 | 1 | 円 | 円 | 円 | 円 |
| 積立金 | 2 | | | | |
| 前払費用 | 3 | | | 2,000,000 | 2,000,000 |
| 新株予約権 | 4 | | △2,000,000 | △2,000,000 | ― |
| | | | | | |

## 権利行使期の処理

### 税務上の経理処理

(借)新株予約権債務　200万円　　(貸)資本金等の額　500万円
　　現金預金　　　　300万円
(借)役員給与　　　　200万円　　(貸)前払費用　　　200万円

## 別表四の処理

| 区分 | | | 総額 | 処分 | | |
|---|---|---|---|---|---|---|
| | | | | 留保 | 社外流出 | |
| | | | ① | ② | ③ | |
| 減算 | 役員給与認容 | 21 | 2,000,000 | 2,000,000 | | |
| | | | | | | |
| | | | | | | |

## 別表五(一)の処理

Ⅰ　利益積立金額の計算に関する明細書

| 区分 | | 期首現在利益積立金額 ① | 当期の増減 減 ② | 当期の増減 増 ③ | 差引翌期首現在利益積立金額 ①－②＋③ ④ |
|---|---|---|---|---|---|
| 利益準備金 | 1 | 円 | 円 | 円 | 円 |
| 積立金 | 2 | | | | |
| 前払費用 | 3 | *2,000,000* | *2,000,000* | | — |
| | 4 | | | | |

Ⅱ　資本金等の額の計算に関する明細書

| 区分 | | 期首現在資本金等の額 ① | 当期の増減 減 ② | 当期の増減 増 ③ | 差引翌期首現在資本金等の額 ①－②＋③ ④ |
|---|---|---|---|---|---|
| 資本金又は出資金 | 32 | 円 | 円 | *5,000,000* 円 | 円 |
| 資本準備金 | 33 | | | | |
| | 34 | | | | |

## (2) 給　料

### 例47 過大使用人給料がある場合

社長の長男（使用人）に対して支給した給料の額は2,400万円であるが，税務上の同人に対する適正な給料の額は1,800万円と認められる。

#### 当期の処理

**別表四の処理**

| 区分 | | | 総額 | 処分 | | |
|---|---|---|---|---|---|---|
| | | | | 留保 | 社外流出 | |
| | | | ① | ② | ③ | |
| 加算 | 過大使用人給料 | 10 | 6,000,000 | | その他 | 6,000,000 |
| | | | | | | |
| | | | | | | |

（注）　平成10年の税制改正により，役員の親族等である使用人に対する給料の額のうち，不相当に高額な部分の金額は，損金に算入されないこととされました（法36，令72の２）。

**別表五(一)の処理**

何ら処理をする必要はありません。

#### 翌期の処理

決算上及び税務上とも，何ら処理をする必要はありません。

## (3) 賞　与

### 例48 損金計上の役員賞与がある場合

専務取締役に対して300万円の賞与を損金経理により支給した。ただし，その賞与の支給につき事前に税務署長に届出はしていない。

**当期の処理**

**別表四の処理**

| 区　分 | | | 総　額 | 処　分 | | |
|---|---|---|---|---|---|---|
| | | | | 留　保 | 社外流出 | |
| | | | ① | ② | ③ | |
| 加算 | 役員給与の損金不算入額 | 7 | *3,000,000* | | その他 | *3,000,000* |
| | 交際費等の損金不算入額 | 8 | | | その他 | |
| | | | | | | |

（注） 平成18年の税制改正により，役員に支給する賞与であっても，その支給時期や支給金額などを事前に税務署長に届け出ておけば損金算入ができることになりました（法34①）。事例の場合には，その届出をしていませんので，従来どおり損金算入はできません。

**別表五(一)の処理**

何ら処理をする必要はありません。

**翌期の処理**

決算上及び税務上とも，何ら処理をする必要はありません。

## 例49　役員賞与引当金の設定後，役員賞与の損金算入ができる場合

当期の役員に対する賞与を発生時に費用処理するため，損金経理により1,000万円の役員賞与引当金を設定した。

なお，翌期において役員賞与引当金を取り崩して役員に賞与を支給した。その賞与の支給に関し，事前に税務署長に届出をしている。

### 当期の処理

#### 税務上の経理処理

(借)役員賞与引当金　1,000万円　　　(貸)役員賞与　1,000万円

(注)　上記税務上の経理処理は，役員賞与引当金を設定したときに，次のような処理を行っていますから，これを修正するという意味です。

(借)役員賞与　1,000万円　　　(貸)役員賞与引当金　1,000万円

#### 別表四の処理

| 区分 | | | 総額 | 処分 | | |
|---|---|---|---|---|---|---|
| | | | | 留保 | 社外流出 | |
| | | | ① | ② | ③ | |
| 加算 | 役員賞与損金不算入額 | 10 | 10,000,000 | 10,000,000 | | |
| | | | | | | |
| | | | | | | |

#### 別表五(一)の処理

| I　利益積立金額の計算に関する明細書 | | | | | |
|---|---|---|---|---|---|
| 区分 | | 期首現在利益積立金額 | 当期の増減 | | 差引翌期首現在利益積立金額 ①－②＋③ |
| | | | 減 | 増 | |
| | | ① | ② | ③ | ④ |
| 利益準備金 | 1 | 円 | 円 | 円 | 円 |
| 積立金 | 2 | | | | |
| 役員賞与引当金 | 3 | | | 10,000,000 | 10,000,000 |
| | 4 | | | | |

## 翌期の処理

### 決算上の経理処理

(借)役員賞与引当金　1,000万円　　　　(貸)現金預金　1,000万円

### 別表四の処理

| 区分 | | | 総額 | 処分 | | |
|---|---|---|---|---|---|---|
| | | | | 留保 | 社外流出 | |
| | | | ① | ② | ③ | |
| 減算 | 役員賞与損金算入額 | 21 | *10,000,000* | *10,000,000* | | |
| | | | | | | |

**(注)**　平成18年の税制改正により，賞与を支給する旨の定めに基づき支給時期や支給額を税務署長に届け出た役員賞与は，損金として認められることになりました（法34①二，令69③～⑧）。

### 別表五(一)の処理

| Ⅰ　利益積立金額の計算に関する明細書 | | | | | |
|---|---|---|---|---|---|
| 区分 | | 期首現在利益積立金額 | 当期の増減 | | 差引翌期首現在利益積立金額 ①－②＋③ |
| | | | 減 | 増 | |
| | | ① | ② | ③ | ④ |
| 利益準備金 | 1 | 円 | 円 | 円 | 円 |
| 積立金 | 2 | | | | |
| 役員賞与引当金 | 3 | *10,000,000* | *10,000,000* | | — |
| | 4 | | | | |

## 例50　役員賞与引当金の設定後，役員賞与の損金算入ができない場合

《例49》において，その役員に対する賞与について事前に税務署長に届出をしていない場合の処理はどうなるか。

### 当期の処理

《例49》の〔当期の処理〕と同様の処理を行います。

### 翌期の処理

#### 決算上の経理処理

(借)役員賞与引当金　1,000万円　　　(貸)現金預金　1,000万円

#### 別表四の処理

| 区分 | | | 総額 | 処分 | | |
|---|---|---|---|---|---|---|
| | | | | 留保 | 社外流出 | |
| | | | ① | ② | ③ | |
| 加算 | 役員給与の損金不算入額 | 7 | 10,000,000 | | その他 | 10,000,000 |
| | 交際費等の損金不算入額 | 8 | | | その他 | |
| 減算 | 役員賞与引当金認容 | 21 | 10,000,000 | 10,000,000 | | |
| | | | | | | |

#### 別表五(一)の処理

I　利益積立金額の計算に関する明細書

| 区分 | | 期首現在利益積立金額 | 当期の増減 | | 差引翌期首現在利益積立金額 ①－②＋③ |
|---|---|---|---|---|---|
| | | | 減 | 増 | |
| | | ① | ② | ③ | ④ |
| 利益準備金 | 1 | 円 | 円 | 円 | 円 |
| 積立金 | 2 | | | | |
| 役員賞与引当金 | 3 | 10,000,000 | 10,000,000 | | — |
| | 4 | | | | |

## 例51 役員の業績連動給与を賞与引当金に設定した場合

役員に対して当期及び翌期の株価を算定指標とする業績連動給与を現金で支給することを決議し，当期の業績連動給与の発生額1,000万円について，次のような経理処理を行っている。

（借）役員賞与　1,000万円　　　（貸）役員賞与引当金　1,000万円

なお，この業績連動給与の翌期の発生額は1,200万円であり，合計2,200万円が翌期に確定した。

### 当期の処理

#### 税務上の経理処理

（借）役員賞与引当金　1,000万円　　　（貸）役員賞与　1,000万円

**（注）** 平成29年の税制改正により，業績連動給与の損金算入のための損金経理要件について，業績連動給与の見込額として損金経理により引当金勘定に繰り入れた金額を取り崩す方法により経理していることを含むものとされましたが（令69⑲二），当期においては，債務として確定していませんので，役員賞与の損金算入はできません。

#### 別表四の処理

| 区分 | | | 総額 | 処分 | | |
|---|---|---|---|---|---|---|
| | | | | 留保 | 社外流出 | |
| | | | ① | ② | ③ | |
| 加算 | 役員賞与損金不算入額 | 10 | *10,000,000* | *10,000,000* | | |
| | | | | | | |

#### 別表五(一)の処理

| Ⅰ　利益積立金額の計算に関する明細書 | | | | | |
|---|---|---|---|---|---|
| 区分 | | 期首現在利益積立金額 | 当期の増減 | | 差引翌期首現在利益積立金額 ①－②＋③ |
| | | | 減 | 増 | |
| | | ① | ② | ③ | ④ |
| 利益準備金 | 1 | 円 | 円 | 円 | 円 |
| 積立金 | 2 | | | | |
| 役員賞与引当金 | 3 | | | *10,000,000* | *10,000,000* |

## 翌期の処理

### 決算上の経理処理

（借）役員賞与引当金　1,000万円　　（貸）未払役員賞与　2,200万円
　　　役　員　賞　与　1,200万円

### 別表四の処理

| 区分 | | | 総額 | 処分 | |
|---|---|---|---|---|---|
| | | | | 留保 | 社外流出 |
| | | | ① | ② | ③ |
| 減算 | 役員賞与損金算入額 | 10 | 10,000,000 | 10,000,000 | |
| | | | | | |

### 別表五(一)の処理

I　利益積立金額の計算に関する明細書

| 区分 | | 期首現在利益積立金額 | 当期の増減 | | 差引翌期首現在利益積立金額 ①－②＋③ |
|---|---|---|---|---|---|
| | | | 減 | 増 | |
| | | ① | ② | ③ | ④ |
| 利益準備金 | 1 | 円 | 円 | 円 | 円 |
| 積立金 | 2 | | | | |
| 役員賞与引当金 | 3 | 10,000,000 | 10,000,000 | | — |

## 例52 役員に資産を低額で譲渡した場合

常務取締役に対し簿価400万円の土地を簿価そのままで譲渡していることが判明した。なお，この土地の時価は，1,000万円と見込まれる。

### 当期の処理

**税務上の経理処理**

(借)役員給与　600万円　　　(貸)譲 渡 益　600万円

**別表四の処理**

| 区分 | | | 総額 | 処分 | | |
|---|---|---|---|---|---|---|
| | | | | 留保 | 社外流出 | |
| | | | ① | ② | ③ | |
| 加算 | 土地譲渡益計上もれ | 10 | 6,000,000 | | その他 | 6,000,000 |
| | | | | | | |
| | | | | | | |

(注)　役員に対する経済的な利益の額が毎月一定でなく，また税務署長に届出をしていませんので，その役員給与は損金に算入されません（法34①④，令69①二，基通9－2－9(2)，9－2－11(1)）。

**別表五(一)の処理**

何ら処理をする必要はありません。

### 翌期の処理

決算上及び税務上とも，何ら処理をする必要はありません。

## 例53 使用人兼務役員賞与を未払金に計上した場合

取締役経理部長に対する使用人分賞与100万円が，一般従業員に対する賞与の支給時期に未払金として損金計上されていることが判明した。

なお，この賞与は，翌期における役員賞与の支給時期にその未払金を取り崩して支給した。

### 当期の処理

#### 税務上の経理処理

(借)未 払 金　100万円　　　(貸)役員給与　100万円

**(注)**　使用人兼務役員に対する使用人分賞与の損金算入は，一般使用人に対する賞与の支給時期に実際に支給することが必要であり，使用人賞与の支給時期に未払金に計上し，後日その未払金を取り崩して支給しても損金算入は認められません（法34②，令70三，基通9－2－26）。

#### 別表四の処理

| 区分 | | | 総額 | 処分 | | |
|---|---|---|---|---|---|---|
| | | | | 留保 | 社外流出 | |
| | | | ① | ② | ③ | |
| 加算 | 損金計上役員賞与 | 10 | 1,000,000 | 1,000,000 | | |
| | | | | | | |
| | | | | | | |

#### 別表五(一)の処理

I　利益積立金額の計算に関する明細書

| 区分 | | 期首現在利益積立金額 | 当期の増減 | | 差引翌期首現在利益積立金額 ①－②＋③ |
|---|---|---|---|---|---|
| | | | 減 | 増 | |
| | | ① | ② | ③ | ④ |
| 利益準備金 | 1 | 円 | 円 | 円 | 円 |
| 積立金 | 2 | | | | |
| 未払金 | 3 | | | 1,000,000 | 1,000,000 |
| | 4 | | | | |
| | 5 | | | | |

## 翌期の処理

### 決算上の経理処理

既に前期に役員給与として計上済みですから，特に経理処理は行いません。

### 別表四の処理

| 区分 | | | 総額 | 処分 | | |
|---|---|---|---|---|---|---|
| | | | | 留保 | 社外流出 | |
| | | | ① | ② | ③ | |
| 加算 | 役員給与の損金不算入額 | 7 | 1,000,000 | | その他 | 1,000,000 |
| | 交際費等の損金不算入額 | 8 | | | その他 | |
| | | | | | | |
| 減算 | 前期否認損金計上役員賞与認容 | 21 | 1,000,000 | 1,000,000 | | |
| | | | | | | |
| | | | | | | |

### 別表五(一)の処理

Ⅰ　利益積立金額の計算に関する明細書

| 区分 | | 期首現在利益積立金額 | 当期の増減 | | 差引翌期首現在利益積立金額 ①－②＋③ |
|---|---|---|---|---|---|
| | | | 減 | 増 | |
| | | ① | ② | ③ | ④ |
| 利益準備金 | 1 | 円 | 円 | 円 | 円 |
| 積立金 | 2 | | | | |
| 未払金 | 3 | 1,000,000 | 1,000,000 | | — |
| | 4 | | | | |
| | 5 | | | | |

## 例54　過大使用人賞与がある場合

社長の長女（使用人）に対して支給した賞与の額は500万円であるが，税務上の同人に対する適正な賞与の額は300万円と認められる。

### 当期の処理

#### 別表四の処理

| 区分 | | | 総額 | 処分 | | |
|---|---|---|---|---|---|---|
| | | | | 留保 | 社外流出 | |
| | | | ① | ② | ③ | |
| 加算 | 過大使用人賞与 | 10 | 2,000,000 | | その他 | 2,000,000 |
| | | | | | | |
| | | | | | | |

（注）　平成10年の税制改正により，役員の親族等である使用人に対する賞与の額のうち，不相当に高額な部分の金額は，損金に算入されないこととされました（法36，令72，72の２）。

#### 別表五(一)の処理

何ら処理をする必要はありません。

### 翌期の処理

決算上及び税務上とも，何ら処理をする必要はありません。

## 例55 使用人賞与を未払費用に計上した場合

使用人に対して翌期すぐに支払う賞与3,000万円は，既に支給すべき金額が確定しているとして，当期において未払費用に計上し損金経理したが，当期末にはまだ使用人に対して各人別に支給額を通知していないことが判明した。

なお，この賞与3,000万円は翌期に未払費用を取り崩して支給した。

### 当期の処理

#### 税務上の経理処理

（借）未払費用　3,000万円　　　（貸）使用人賞与　3,000万円

（注）　平成10年の税制改正により，賞与引当金が廃止されたことに伴い使用人賞与の損金算入時期が明確にされ，翌期首から１月以内に支払う賞与は，使用人のすべてに各人別に支給額を通知すれば，その通知をした年度において損金算入をしてよいこととされました（令72の３）。

#### 別表四の処理

| 区分 | | | 総額 | 処分 | | |
|---|---|---|---|---|---|---|
| | | | | 留保 | 社外流出 | |
| | | | ① | ② | ③ | |
| 加算 | 使用人賞与損金不算入 | 10 | 30,000,000 | 30,000,000 | | |
| | | | | | | |
| | | | | | | |

#### 別表五(一)の処理

| Ⅰ　利益積立金額の計算に関する明細書 | | | | | |
|---|---|---|---|---|---|
| 区分 | | 期首現在利益積立金額 | 当期の増減 | | 差引翌期首現在利益積立金額①−②＋③ |
| | | | 減 | 増 | |
| | | ① | ② | ③ | ④ |
| 未払費用 | 3 | | | 30,000,000 | 30,000,000 |
| | 4 | | | | |

## 翌期の処理

### 決算上の経理処理

（借）未払費用　3,000万円　　　　（貸）現金預金　3,000万円

### 別表四の処理

| 区分 | | 総額 | 処分 | |
|---|---|---|---|---|
| | | | 留保 | 社外流出 |
| | | ① | ② | ③ |
| 減算 使用人賞与損金算入 | 21 | *30,000,000* | *30,000,000* | |
| | | | | |

### 別表五(一)の処理

| I　利益積立金額の計算に関する明細書 | | | | | |
|---|---|---|---|---|---|
| 区分 | | 期首現在利益積立金額 | 当期の増減 | | 差引翌期首現在利益積立金額 ①－②＋③ |
| | | | 減 | 増 | |
| | | ① | ② | ③ | ④ |
| 未払費用 | 3 | *30,000,000* | *30,000,000* | | — |
| | 4 | | | | |

## (4) 退職給与

### 例56 過大役員退職給与がある場合

退任した社長に対して退職金１億円を支給したが，税務上の適正な退職金は5,000万円である。

#### 当期の処理

**別表四の処理**

| 区分 | | | 総額 | 処分 | | |
|---|---|---|---|---|---|---|
| | | | | 留保 | 社外流出 | |
| | | | ① | ② | ③ | |
| 加算 | 役員給与の損金不算入額 | 7 | *50,000,000* | | その他 | *50,000,000* |
| | 交際費等の損金不算入額 | 8 | | | その他 | |
| | | | | | | |

（注） 役員に対する退職給与の額のうち，不相当に高額な部分の金額は，損金に算入されません（法34②，令70）。

**別表五(一)の処理**

何ら処理をする必要はありません。

#### 翌期の処理

決算上及び税務上とも，何ら処理をする必要はありません。

## 例57　内定額を未払金に計上した場合

死亡退職した副社長に対して退職金4,000万円を支給することを取締役会において内定したので，損金経理により未払金に計上した。

なお，この退職金は，翌期の株主総会において内定額どおりの支給決議を行い，翌期に遺族に対して支給した。

### 当期の処理

#### 税務上の経理処理

（借）未払退職金　4,000万円　　（貸）退　職　金　4,000万円

（注）　役員退職金は，その額が具体的に確定した日又は実際に支給した日の属する事業年度において損金算入が認められ，単に内定しただけでは損金算入は認められません（基通９－２－28）。

#### 別表四の処理

| 区分 | | | 総額 | 処分 | | |
|---|---|---|---|---|---|---|
| | | | | 留保 | 社外流出 | |
| | | | ① | ② | ③ | |
| 加算 | 未払退職金否認 | 10 | 40,000,000 | 40,000,000 | | |
| | | | | | | |
| | | | | | | |

#### 別表五(一)の処理

| Ⅰ　利益積立金額の計算に関する明細書 | | | | | |
|---|---|---|---|---|---|
| 区分 | | 期首現在利益積立金額 | 当期の増減 | | 差引翌期首現在利益積立金額 ①－②＋③ |
| | | | 減 | 増 | |
| | | ① | ② | ③ | ④ |
| 利益準備金 | 1 | 円 | 円 | 円 | 円 |
| 積立金 | 2 | | | | |
| 未払退職金 | 3 | | | 40,000,000 | 40,000,000 |
| | 4 | | | | |
| | 5 | | | | |

## 翌期の処理

### 決算上の経理処理

既に前期において退職金として計上済みですから，特に経理処理は行いません。

（注） 当期において現に退職金として支給決議を行い，支給していますから，当期において損金算入することができます。

### 別表四の処理

| 区分 | | | 総額 | 処分 | | |
|---|---|---|---|---|---|---|
| | | | | 留保 | 社外流出 | |
| | | | ① | ② | ③ | |
| 減算 | 前期退職金認定損 | 21 | 40,000,000 | 40,000,000 | | |
| | | | | | | |
| | | | | | | |

### 別表五(一)の処理

| Ⅰ　利益積立金額の計算に関する明細書 | | | | | |
|---|---|---|---|---|---|
| 区分 | | 期首現在利益積立金額 | 当期の増減 | | 差引翌期首現在利益積立金額 ①－②＋③ |
| | | | 減 | 増 | |
| | | ① | ② | ③ | ④ |
| 利益準備金 | 1 | 円 | 円 | 円 | 円 |
| 積立金 | 2 | | | | |
| 未払退職金 | 3 | 40,000,000 | 40,000,000 | | — |
| | 4 | | | | |
| | 5 | | | | |

## 例58 退職年金を未払計上した場合

退職した取締役に対して年額120万円の退職年金を翌期以降10年間支給することを決議したので，その総額1,200万円を損金経理により未払金に計上した。

### 当期の処理

#### 税務上の経理処理

（借）未 払 金　1,200万円　　　　（貸）退 職 金　1,200万円

（注）　退職年金は，その支給すべき時の損金に算入すべきものですから，未払金に計上しても損金算入は認められません（基通９－２－29）。

#### 別表四の処理

| 区分 | | | 総額 | 処分 | | |
|---|---|---|---|---|---|---|
| | | | | 留保 | 社外流出 | |
| | | | ① | ② | ③ | |
| 加算 | 未払退職金否認 | 10 | 12,000,000 | 12,000,000 | | |
| | | | | | | |
| | | | | | | |

#### 別表五(一)の処理

| Ⅰ　利益積立金額の計算に関する明細書 | | | | | |
|---|---|---|---|---|---|
| 区分 | | 期首現在利益積立金額 | 当期の増減 | | 差引翌期首現在利益積立金額①－②＋③ |
| | | | 減 | 増 | |
| | | ① | ② | ③ | ④ |
| 利益準備金 | 1 | 円 | 円 | 円 | 円 |
| 積立金 | 2 | | | | |
| 未払金 | 3 | | | 12,000,000 | 12,000,000 |
| | 4 | | | | |
| | 5 | | | | |

## 翌期の処理

### 決算上の経理処理

既に前期において退職金（未払金）として計上済みですから，実際に退職年金を支給したときは，次の経理処理を行います。

(借)未 払 金　120万円　　　(貸)現金預金　120万円

(注)　当期において退職年金としての経理をせず，退職年金の支給の都度上記のような経理処理をしても，その退職年金については損金算入をすることができます。

### 別表四の処理

| 区分 | | | 総額 | 処分 | | |
|---|---|---|---|---|---|---|
| | | | | 留保 | 社外流出 | |
| | | | ① | ② | ③ | |
| 減算 | 退職年金認定損 | 21 | 1,200,000 | 1,200,000 | | |
| | | | | | | |
| | | | | | | |

### 別表五(一)の処理

Ⅰ　利益積立金額の計算に関する明細書

| 区分 | | 期首現在利益積立金額 | 当期の増減 | | 差引翌期首現在利益積立金額 ①－②＋③ |
|---|---|---|---|---|---|
| | | | 減 | 増 | |
| | | ① | ② | ③ | ④ |
| 利益準備金 | 1 | 円 | 円 | 円 | 円 |
| 積立金 | 2 | | | | |
| 未払金 | 3 | 12,000,000 | 1,200,000 | | 10,800,000 |
| | 4 | | | | |
| | 5 | | | | |

## 例59 現物で支給した場合

退職した常務取締役に対して退職金として時価5,000万円（簿価1,000万円）の土地を交付し，1,000万円を役員退職金として損金経理した。

### 当期の処理

#### 税務上の経理処理

（借）役員退職金　4,000万円　　　（貸）譲　渡　益　4,000万円

**（注）** 平成18年の税制改正により，役員退職給与は損金経理をしなくても損金算入が認められることになりました（法34①）。事例の役員退職金5,000万円が不相当に高額でない限り，その全額が損金算入されます。

#### 別表四の処理

| 区分 | | | 総額 | 処分 | | |
|---|---|---|---|---|---|---|
| | | | | 留保 | 社外流出 | |
| | | | ① | ② | ③ | |
| 加算 | 土地譲渡益計上もれ | 10 | 40,000,000 | | その他 | 40,000,000 |
| | | | | | | |
| | | | | | | |
| 減算 | 役員退職金の損金算入 | 21 | 40,000,000 | | その他 | 40,000,000 |
| | | | | | | |
| | | | | | | |

**（注）** 課税所得の計算に影響がありませんので，強いて別表四の記載をする必要はありません。

#### 別表五(一)の処理

何ら処理をする必要はありません。

### 翌期の処理

決算上及び税務上とも，何ら処理をする必要はありません。

## 例60 利益剰余金から支給した場合

退職した取締役に対する退職金2,000万円は利益剰余金の一つである役員退職積立金から支給し，次のような経理処理を行った。

(借)役員退職積立金　2,000万円　　　(貸)現　金　預　金　2,000万円

### 当期の処理

#### 別表四の処理

| 区分 | | | 総額 | 処分 | |
|---|---|---|---|---|---|
| | | | | 留保 | 社外流出 |
| | | | ① | ② | ③ |
| 減算 | 役員退職金の損金算入 | 21 | 20,000,000 | 20,000,000 | |
| | | | | | |
| | | | | | |

(注)　役員退職金2,000万円は，損金経理がなくても損金に算入されますから，申告調整（減算）を行います。

#### 別表五(一)の処理

| Ⅰ　利益積立金額の計算に関する明細書 | | | | | |
|---|---|---|---|---|---|
| 区分 | | 期首現在利益積立金額 | 当期の増減 | | 差引翌期首現在利益積立金額 ①－②＋③ |
| | | | 減 | 増 | |
| | | ① | ② | ③ | ④ |
| 利益準備金 | 1 | 円 | 円 | 円 | 円 |
| 役員退職積立金 | 2 | 20,000,000 | 20,000,000 | | — |
| | 3 | | | | |
| | 4 | | | | |
| | 5 | | | | |

### 翌期の処理

決算上及び税務上とも，何ら処理をする必要はありません。

(注)　平成29年の税制改正により，役員に対する退職給与で業績連動給与に該当するもののうち，業績連動給与の損金算入要件を満たさないものは，損金不算入とされました（法34①）。

## 例61　過大使用人退職給与がある場合

社長の妻（使用人）に対して支給した退職給与の額は3,000万円であるが，税務上の同人に対する適正な退職給与の額は1,500万円と認められる。

### 当期の処理

#### 別表四の処理

| 区分 | | | 総額 | 処分 | | |
|---|---|---|---|---|---|---|
| | | | | 留保 | 社外流出 | |
| | | | ① | ② | ③ | |
| 加算 | 過大使用人退職給与 | 10 | 15,000,000 | | その他 | 15,000,000 |
| | | | | | | |
| | | | | | | |

（注）　平成10年の税制改正により，役員の親族等である使用人に対する退職給与の額のうち，不相当に高額な部分の金額は，損金に算入されないこととされました（法36，令72，72の２）。

#### 別表五(一)の処理

何ら処理をする必要はありません。

### 翌期の処理

決算上及び税務上とも，何ら処理をする必要はありません。

## 5 保　険　料

### 例62 養老保険に加入した場合

当期首において，従業員の福利厚生の一環として，次のような内容の養老保険に加入し，毎年200万円の保険料を支払うこととなったので，当期分の保険料は費用として計上した。

① 保険契約者　当社
② 被保険者　全従業員
③ 保険金受取人　死亡保険金　被保険者の遺族
　　　　　　　　生存保険金　当社

**当期の処理**

**税務上の経理処理**

(借)保険積立金　100万円　　　(貸)保　険　料　100万円

**(注)** 法人が自己を契約者とし，従業員を被保険者とする養老保険に加入して，その保険料を支払った場合，その死亡保険金の受取人が被保険者の遺族で，生存保険金の受取人が法人であるときは，その支払った保険料のうち２分の１は資産に計上し，残額は期間の経過に応じて損金算入します（基通９－３－４）。

**別表四の処理**

| 区分 | | | 総額 | 処分 | | |
|---|---|---|---|---|---|---|
| | | | | 留保 | 社外流出 | |
| | | | ① | ② | ③ | |
| 加算 | 保険料の損金不算入額 | 10 | *1,000,000* | *1,000,000* | | |
| | | | | | | |

別表五(一)の処理

| I　利益積立金額の計算に関する明細書 | | | | | |
|---|---|---|---|---|---|
| 区分 | | 期首現在利益積立金額 | 当期の増減 | | 差引翌期首現在利益積立金額 ①－②＋③ |
| | | | 減 | 増 | |
| | | ① | ② | ③ | ④ |
| 利益準備金 | 1 | 円 | 円 | 円 | 円 |
| 積立金 | 2 | | | | |
| 保険積立金 | 3 | | | 1,000,000 | 1,000,000 |

## 翌期の処理

### 税務上の経理処理

(借)保険積立金　100万円　　　(貸)保　険　料　100万円

**(注)**　前期と同様の処理を行います。

別表四の処理

| 区分 | | | 総額 | 処分 | |
|---|---|---|---|---|---|
| | | | | 留保 | 社外流出 |
| | | | ① | ② | ③ |
| 加算 | 保険料の損金不算入額 | 10 | 1,000,000 | 1,000,000 | |
| | | | | | |

別表五(一)の処理

| I　利益積立金額の計算に関する明細書 | | | | | |
|---|---|---|---|---|---|
| 区分 | | 期首現在利益積立金額 | 当期の増減 | | 差引翌期首現在利益積立金額 ①－②＋③ |
| | | | 減 | 増 | |
| | | ① | ② | ③ | ④ |
| 利益準備金 | 1 | 円 | 円 | 円 | 円 |
| 積立金 | 2 | | | | |
| 保険積立金 | 3 | 1,000,000 | | 1,000,000 | 2,000,000 |

## 例63 第三分野保険に加入した場合

当期首において，次のような内容の医療保険（第三分野保険）に加入し，毎年500万円の保険料を支払うこととなったので，当期分の保険料は費用として計上した。

① 保険契約者　当社

② 被保険者　全従業員

③ 保険期間　10年

④ 最高解約返戻率　80%

⑤ 保険金受取人　当社

### 当期の処理

#### 税務上の経理処理

(借)保険積立金　300万円　　　(貸)保　険　料　300万円

**(注)**　法人が自己を契約者とし，従業員を被保険者とする保険期間が３年以上の第三分野保険で最高解約返戻率が50%超のものに加入して，その保険料を支払った場合，その最高解約返戻率が70%超85%以下であるときは，当期分の支払保険料の60%相当額は資産として計上し，残額を損金算入します（基通９－３－５の２）。

#### 別表四の処理

| 区分 | | | 総額 | 処分 | | |
|---|---|---|---|---|---|---|
| | | | | 留保 | 社外流出 | |
| | | | ① | ② | ③ | |
| 加算 | 保険料の損金不算入額 | 10 | 3,000,000 | 3,000,000 | | |
| | | | | | | |

#### 別表五(一)の処理

| Ⅰ　利益積立金額の計算に関する明細書 | | | | | |
|---|---|---|---|---|---|
| 区分 | | 期首現在利益積立金額 | 当期の増減 | | 差引翌期首現在利益積立金額 ①－②＋③ |
| | | | 減 | 増 | |
| | | ① | ② | ③ | ④ |
| 利益準備金 | 1 | 円 | 円 | 円 | 円 |
| 積立金 | 2 | | | | |
| 保険積立金 | 3 | | | 3,000,000 | 3,000,000 |

## 翌期の処理

### 税務上の経理処理

(借)保険積立金　300万円　　　　(貸)保　険　料　300万円

(注)　保険期間の開始日から，その保険期間の40%相当期間を経過する日まで，当期分の支払保険料の60%相当額は資産として計上し，残額を損金算入します。そして，その資産計上した金額は，保険期間の75%相当期間経過後から，保険期間の終了の日まで均等に取り崩して損金算入します（基通9－3－5の2）。

### 別表四の処理

| 区分 | | | 総額 | 処分 | | |
|---|---|---|---|---|---|---|
| | | | | 留保 | 社外流出 | |
| | | | ① | ② | ③ | |
| 加算 | 保険料の損金不算入額 | 10 | 3,000,000 | 3,000,000 | | |
| | | | | | | |

### 別表五(一)の処理

| I　利益積立金額の計算に関する明細書 | | | | | |
|---|---|---|---|---|---|
| 区分 | | 期首現在利益積立金額 | 当期の増減 | | 差引翌期首現在利益積立金額 ①－②＋③ |
| | | | 減 | 増 | |
| | | ① | ② | ③ | ④ |
| 利益準備金 | 1 | 円 | 円 | 円 | 円 |
| 積立金 | 2 | | | | |
| 保険積立金 | 3 | 3,000,000 | | 3,000,000 | 6,000,000 |

## 例64　長期損害保険の保険料を支払った場合

当期において，次のような内容の満期返戻金のある損害保険について保険料を支払ったので，費用として計上した。

① 保険契約者　当社
② 保険期間　３年
③ 保険料の額　年50万円
④ 積立保険料相当額　25万円
⑤ 保険金受取人　当社

### 当期の処理

#### 税務上の経理処理

（借）保険積立金　25万円　　（貸）保　険　料　25万円

（注）　法人が，保険期間が３年以上で，かつ，その保険期間満了後に満期返戻金が支払われる損害保険契約について保険料を支払った場合，その保険料の額のうち積立保険料相当部分の額は資産に計上し，残額は期間の経過に応じて損金算入します（基通９－３－９）。この場合，その残額は短期の前払費用の取扱い（基通２－２－14）により，一時の損金算入ができます。

#### 別表四の処理

| 区分 | | | 総額 | 処分 | | |
|---|---|---|---|---|---|---|
| | | | | 留保 | 社外流出 | |
| | | | ① | ② | ③ | |
| 加算 | 保険料の損金不算入額 | 10 | 250,000 | 250,000 | | |
| | | | | | | |

#### 別表五(一)の処理

| Ⅰ　利益積立金額の計算に関する明細書 | | | | | |
|---|---|---|---|---|---|
| 区分 | | 期首現在利益積立金額 | 当期の増減 | | 差引翌期首現在利益積立金額 ①－②＋③ |
| | | | 減 | 増 | |
| | | ① | ② | ③ | ④ |
| 利益準備金 | 1 | 円 | 円 | 円 | 円 |
| 積立金 | 2 | | | | |
| 保険積立金 | 3 | | | 250,000 | 250,000 |

## 翌期の処理

### 税務上の経理処理

(借)保険積立金　25万円　　　　(貸)保　険　料　25万円

**(注)**　支払保険料の額のうち積立保険料に相当する部分の金額は，保険期間の満了又は保険契約の解除・失効の時までは資産に計上します（基通９－３－９）。

### 別表四の処理

| 区分 | | | 総額 | 処分 | |
|---|---|---|---|---|---|
| | | | | 留保 | 社外流出 |
| | | | ① | ② | ③ |
| 加算 | 保険料の損金不算入額 | 10 | 250,000 | 250,000 | |
| | | | | | |

### 別表五(一)の処理

| Ⅰ　利益積立金額の計算に関する明細書 | | | | | |
|---|---|---|---|---|---|
| 区分 | | 期首現在利益積立金額 | 当期の増減 | | 差引翌期首現在利益積立金額 ①－②＋③ |
| | | | 減 | 増 | |
| | | ① | ② | ③ | ④ |
| 利益準備金 | 1 | 円 | 円 | 円 | 円 |
| 積立金 | 2 | | | | |
| 保険積立金 | 3 | 250,000 | | 250,000 | 500,000 |

## 6 寄　附　金

### 例65　未払，仮払の寄附金がある場合

寄附金勘定に計上した金額は100万円であるが，このうちには次のものが含まれている。

① 社長の出身高校に対する寄附金で社長個人が負担すべきもの　　30万円

② 神社の春祭りに対する寄附金で未払金に計上されているもの　　50万円

なお，仮払金勘定の中に政治団体に対して支払った寄附金100万円が含まれている。

（注）1 仮払寄附金100万円は，翌期において損金経理により消却する。

2 寄附金は，すべて一般寄附金である。

3 法人全体の寄附金の損金不算入額は76万2,500円になる。

#### 当期の処理

**税務上の経理処理**

| (借) | | (貸) | |
|---|---|---|---|
| 役員給与 | 30万円 | 寄附金 | 80万円 |
| 未払金 | 50万円 | | |
| 寄附金 | 100万円 | 仮払金 | 100万円 |

**別表四の処理**

| 区分 | | | 総額 | 処分 | | |
|---|---|---|---|---|---|---|
| | | | | 留保 | 社外流出 | |
| | | | ① | ② | ③ | |
| 加算 | 役員給与の損金不算入額 | 7 | 300,000 | | その他 | 300,000 |
| | 交際費等の損金不算入額 | 8 | | | その他 | |
| | 未払寄附金否認 | 10 | 500,000 | 500,000 | | |
| 減算 | 仮払寄附金認定損 | 21 | 1,000,000 | 1,000,000 | | |
| | | | | | | |
| 寄附金の損金不算入額（別表十四(二)「24」又は「40」） | | 27 | 762,500 | | その他 | 762,500 |

**別表五(一)の処理**

| I　利益積立金額の計算に関する明細書 | | | | | |
|---|---|---|---|---|---|
| 区分 | | 期首現在利益積立金額 | 当期の増減 | | 差引翌期首現在利益積立金額<br>①－②＋③ |
| | | | 減 | 増 | |
| | | ① | ② | ③ | ④ |
| 利益準備金 | 1 | 円 | 円 | 円 | 円 |
| 積立金 | 2 | | | | |
| 未払寄附金 | 3 | | | *500,000* | *500,000* |
| 仮払金 | 4 | | | △*1,000,000* | △*1,000,000* |
| | 5 | | | | |

## 翌期の処理

### イ　第一法

**決算上の経理処理**

既に前期及び当期の寄附金に計上済みですから，特に経理処理は行いません。

**別表四の処理**

| 区分 | | | 総額 | 処分 | | |
|---|---|---|---|---|---|---|
| | | | | 留保 | 社外流出 | |
| | | | ① | ② | ③ | |
| 加算 | 前期仮払寄附金否認 | 10 | *1,000,000* | *1,000,000* | | |
| | | | | | | |
| | | | | | | |
| 減算 | 前期未払寄附金認定損 | 21 | *500,000* | *500,000* | | |
| | | | | | | |
| | | | | | | |

(注)　前期の未払寄附金50万円は，当期において寄附金の損金不算入額の計算対象に含めなければなりません（令78)。

別表五(一)の処理

| I　利益積立金額の計算に関する明細書 | | | | | | |
|---|---|---|---|---|---|---|
| 区分 | | 期首現在利益積立金額 | 当期の増減 | | 差引翌期首現在利益積立金額 ①－②＋③ |
| | | | 減 | 増 | |
| | | ① | ② | ③ | ④ |
| 利益準備金 | 1 | 円 | 円 | 円 | 円 |
| 積立金 | 2 | | | | |
| 未払寄附金 | 3 | *500,000* | *500,000* | | — |
| 仮払金 | 4 | △*1,000,000* | △*1,000,000* | | — |
| | 5 | | | | |

ロ　第二法

決算上の経理処理

企業会計上と税務上の寄附金を合わせるため，決算調整により次の経理処理を行います。

(借)寄　附　金　50万円　　(貸)前期損益修正益　50万円
　　前期損益修正損　100万円　　寄　附　金　100万円

別表四と別表五(一)の処理

第一法と同様の処理を行います。

## 例66　経済的利益を無償供与した場合

関連会社に対し無利息融資を行っており，その通常収受すべき利息200万円は，関連会社に対する贈与（寄附金）とすべきであることが判明した。

この場合，寄附金の損金不算入額は75万円と計算される。

### 当期の処理

#### 税務上の経理処理

（借）寄　附　金　200万円　　　（貸）受取利息　200万円

#### 別表四の処理

| 区　分 | | 総　額 | 処　分 | | |
|---|---|---|---|---|---|
| | | | 留　保 | 社外流出 | |
| | | ① | ② | ③ | |
| 仮　計<br>((23)から(25)までの計) | 26 | | | 外 ※ | |
| 寄附金の損金不算入額<br>(別表十四(二)「24」又は「40」) | 27 | 750,000 | | その他 | 750,000 |

#### 別表五(一)の処理

何ら処理をする必要はありません。

### 翌期の処理

決算上及び税務上とも，何ら処理をする必要はありません。

（注）　完全支配関係子会社に対する寄附金がある場合の処理については，《例68》を参照してください。

## 例67 完全支配関係子会社に対する資産譲渡の寄附金がある場合

当社は完全支配関係がある子会社に対して，帳簿価額7,000万円の土地を3,000万円で譲渡し，次のような経理処理を行っている。

| (借)現金預金 | 3,000万円 | (貸)土　　地 | 7,000万円 |
|---|---|---|---|
| 固定資産譲渡損 | 4,000万円 | | |

なお，この土地の時価は5,000万円と見込まれ，子会社は長期的に保有する予定である。

### 当期の処理

#### 税務上の経理処理

| (借)寄 附 金 | 2,000万円 | (貸)固定資産譲渡損 | 2,000万円 |
|---|---|---|---|
| 譲渡損益調整勘定 | 2,000万円 | 譲渡損益調整勘定繰入額 | 2,000万円 |
| 有価証券 | 2,000万円 | 利益積立金額 | 2,000万円 |

**(注)**　平成22年の税制改正により，完全支配関係（100％の持株関係）がある法人に対する寄附金は，全額損金不算入とされました（法37②）。この場合，子会社に生じる受贈益相当額は，利益積立金額の増加として処理するとともに（令９七），子会社株式の帳簿価額に加算します（令119の３⑨，119の４①）。

また，完全支配関係がある法人間における譲渡損益調整資産（帳簿価額が1,000万円以上の固定資産，土地，有価証券，金銭債権，繰延資産）の譲渡にあっては，その譲渡損益は益金又は損金に算入しないこととされています（法61の11①）。

#### 別表四の処理

| 区　分 | | | 総　額 | 処　分 | | |
|---|---|---|---|---|---|---|
| | | | | 留　保 | 社外流出 | |
| | | | ① | ② | ③ | |
| 加算 | 固定資産譲渡損の損金不算入額 | 10 | 20,000,000 | | その他 | 20,000,000 |
| | 譲渡損益調整勘定繰入額 | | 20,000,000 | 20,000,000 | | |
| 減算 | 寄附金の認定損 | 21 | 20,000,000 | | その他 | 20,000,000 |
| 寄附金の損金不算入額<br>（別表十四(二)「24」又は「40」） | | 27 | 20,000,000 | | その他 | 20,000,000 |

## 別表五(一)の処理

| I　利益積立金額の計算に関する明細書 | | | | | |
|---|---|---|---|---|---|
| 区分 | | 期首現在利益積立金額 | 当期の増減 | | 差引翌期首現在利益積立金額 ①－②＋③ |
| | | | 減 | 増 | |
| | | ① | ② | ③ | ④ |
| 利益準備金 | 1 | 円 | 円 | 円 | 円 |
| 積立金 | 2 | | | | |
| 有価証券 | 3 | | | *20,000,000* | *20,000,000* |
| 譲渡損益調整勘定 | 4 | | | *20,000,000* | *20,000,000* |

**(注)**「有価証券」の「当期の増減」の「増」20,000,000円は，子会社株式の簿価修正をする（令９七，119の３⑨，119の４①）ということですが，別表四の記入と関係なく記入しますから，別表四と別表五(一)の検算式はその分一致しません。

## 翌期の処理

### 決算上の経理処理

企業会計上の処理は妥当なものとして，企業会計上と税務上の処理を合わせるための経理処理は特に行いません。

### 別表四と別表五(一)の処理

この有価証券の売却や子会社における土地の譲渡等があるまでは，何ら処理をする必要はありません。

子会社において，この土地の譲渡又は評価換えがあったときに，譲渡損益調整勘定の戻入れを行い，固定資産譲渡損の損金算入をします（法61の11②，令122の12④）。その場合の処理については，《例*204*》を参照してください。

**(注)**　贈与を受けた子会社における処理については，《例*156*》を参照してください。

## 例68 完全支配関係子会社に対する経済的利益供与の寄附金がある場合

当社は，完全支配関係がある子会社に対して無利息融資を行い，360万円の利息を収受すべきであるが，何ら経理処理を行っていない。

### 当期の処理

#### 税務上の経理処理

(借)未　収　収　益　360万円　　　(貸)受　取　利　息　360万円
　　寄　　附　　金　360万円　　　　　未　収　収　益　360万円
　　有　価　証　券　360万円　　　　　利益積立金額　360万円

（注）　平成22年の税制改正により創設された完全支配関係（100％の持株関係）がある法人に対する寄附金の全額損金不算入の特例は，金銭の無利息貸付け等の経済的利益の供与又は役務の無償提供などによる寄附金にも適用されます（法37②，基通４－２－６）。

#### 別表四の処理

| 区分 | | | 総額 | 処分 留保 | 処分 社外流出 | |
|---|---|---|---|---|---|---|
| | | | ① | ② | ③ | |
| 加算 | 受取利息の益金算入額 | 10 | 3,600,000 | | その他 | 3,600,000 |
| 加算 | | | | | | |
| 減算 | 寄附金の損金算入額 | 21 | 3,600,000 | | その他 | 3,600,000 |
| 減算 | | | | | | |
| 寄附金の損金不算入額<br>（別表十四(二)「24」又は「40」） | | 27 | 3,600,000 | | その他 | 3,600,000 |

（注）「加算⑩」及び「減算㉑」の各欄は，強いて記入しなくても差し支えありません。

### 別表五(一)の処理

| I 利益積立金額の計算に関する明細書 | | | | | | |
|---|---|---|---|---|---|---|
| 区分 | | 期首現在利益積立金額 | 当期の増減 | | 差引翌期首現在利益積立金額 ①－②＋③ |
| | | | 減 | 増 | |
| | | ① | ② | ③ | ④ |
| 利益準備金 | 1 | 円 | 円 | 円 | 円 |
| 積立金 | 2 | | | | |
| 有価証券 | 3 | | | *3,600,000* | *3,600,000* |
| | 4 | | | | |

**(注)** 「有価証券」の「当期の増減」の「増」3,600,000円は，子会社株式の簿価修正をする（令9七，119の3⑨，119の4①）ということですが，別表四の記入と関係なく記入しますから，別表四と別表五(一)の検算式はその分一致しません。

## 翌期の処理

### 決算上の経理処理

企業会計上の処理は妥当なものとして，企業会計上と税務上の処理を合わせるための経理処理は特に行いません。

### 別表四と別表五(一)の処理

この子会社株式につき譲渡，評価換え等があるまでは，決算上及び税務上とも何ら処理をする必要はありません。

**(注)** 贈与を受けた子会社における処理については，《例*157*》を参照してください。

## 例69 完全支配関係親会社に対する寄附金がある場合

当社は完全支配関係がある親会社に対して，帳簿価額8,000万円の土地を3,000万円で譲渡し，次のような経理処理を行っている。

（借）現　金　預　金　3,000万円　　　（貸）土　　　地　8,000万円
　　固定資産譲渡損　5,000万円

なお，この土地の時価は5,000万円と見込まれ，親会社は長期的に保有する予定である。

### 当期の処理

#### 税務上の経理処理

（借）寄附金　2,000万円　　　（貸）固定資産譲渡損　2,000万円
　　譲渡損益調整勘定　3,000万円　　　譲渡損益調整勘定繰入額　3,000万円

（注）　平成22年の税制改正により，完全支配関係（100％の持株関係）がある法人に対する寄附金は，全額損金不算入とされました（法37②）。

この場合，完全支配関係がある子会社から親会社に対する贈与は，寄附金ではなく，配当の支払として処理すべきではないかという議論がありますが，ここでは寄附金とするときの処理を示しています。

#### 別表四の処理

| 区分 | | | 総額 | 処分 | | |
|---|---|---|---|---|---|---|
| | | | | 留保 | 社外流出 | |
| | | | ① | ② | ③ | |
| 加算 | 固定資産譲渡損の損金不算入額 | 10 | 20,000,000 | | その他 | 20,000,000 |
| | 譲渡損益調整勘定繰入額 | | 30,000,000 | 30,000,000 | | |
| 減算 | 寄附金の認定損 | 21 | 20,000,000 | | その他 | 20,000,000 |
| | | | | | | |
| 寄附金の損金不算入額（別表十四(二)「24」又は「40」） | | 27 | 20,000,000 | | その他 | 20,000,000 |

**別表五(一)の処理**

| I　利益積立金額の計算に関する明細書 | | | | | |
|---|---|---|---|---|---|
| 区分 | | 期首現在利益積立金額 | 当期の増減 | | 差引翌期首現在利益積立金額 ①－②＋③ |
| | | | 減 | 増 | |
| | | ① | ② | ③ | ④ |
| 利益準備金 | 1 | 円 | 円 | 円 | 円 |
| 積立金 | 2 | | | | |
| 譲渡損益調整勘定 | 3 | | | *30,000,000* | *30,000,000* |
| | 4 | | | | |

## 翌期の処理

**決算上の経理処理**

企業会計上の処理は妥当なものとして，企業会計上と税務上の処理を合わせるため経理処理は特に行いません。

**別表四と別表五(一)の処理**

この土地につき親会社において譲渡等があるまでは，何ら処理をする必要はありません。

親会社において，この土地の譲渡又は評価換えがあったときに，譲渡損益調整勘定の戻入れを行い，固定資産譲渡損の損金算入をします（法61の11②，令122の12④）。その場合の処理については《例*204*》を参照してください。

**(注)**　贈与を受けた親会社における処理については，《例*158*》を参照してください。

## 7 租 税 公 課

### (1) 損金経理による納付

**例70** **法人税等を損金経理により納付した場合**

前期分の法人税100万円・地方法人税５万円と県民税６万円及び市民税12万円を損金経理により納付した。

**当期の処理**

**別表四の処理**

| 区分 | | | 総額 | 処分 | |
|---|---|---|---|---|---|
| | | | | 留保 | 社外流出 |
| | | | ① | ② | ③ |
| 加算 | 損金経理をした法人税及び地方法人税(附帯税を除く。) | 2 | *1,050,000* | *1,050,000* | |
| | 損金経理をした道府県民税及び市町村民税 | 3 | *180,000* | *180,000* | |
| | 損金経理をした納税充当金 | 4 | | | |

**別表五(一)の処理**

I 利益積立金額の計算に関する明細書

| 区分 | | | 期首現在利益積立金額 | 当期の増減 | | 差引翌期首現在利益積立金額 ①－②＋③ |
|---|---|---|---|---|---|---|
| | | | | 減 | 増 | |
| | | | ① | ② | ③ | ④ |
| 繰越損益金(損は赤) | | 25 | | | | |
| 納税充当金 | | 26 | | | | |
| 未納法人税等(各事業年度の所得に対するものに限る。) | 未納法人税及び未納地方法人税(附帯税を除く。) | 27 | △ *1,050,000* | △ *1,050,000* | 中間 △<br>確定 △ | △ |
| | 未払通算税効果額(附帯税の額に係る部分の金額を除く。) | 28 | | | 中間<br>確定 | |
| | 未納道府県民税(均等割を含む。) | 29 | △ *60,000* | △ *60,000* | 中間 △<br>確定 △ | △ |
| | 未納市町村民税(均等割を含む。) | 30 | △ *120,000* | △ *120,000* | 中間 △<br>確定 △ | △ |
| 差引合計額 | | 31 | | | | |

## 別表五(二)の処理

| 税目及び事業年度 | | | 期首現在未納税額 ① | 当期発生税額 ② | 当期中の納付税額 充当金取崩しによる納付 ③ | 仮払経理による納付 ④ | 損金経理による納付 ⑤ | 期末現在未納税額 ①+②-③-④-⑤ ⑥ |
|---|---|---|---|---|---|---|---|---|
| 法人税及び地方法人税 | ・　・ | 1 | 円 | | 円 | 円 | 円 | 円 |
| | X0・4・1<br>X1・3・31 | 2 | *1,050,000* | | | | *1,050,000* | － |
| | 当期分 中間 | 3 | | 円 | | | | |
| | 当期分 確定 | 4 | | | | | | |
| | 計 | 5 | | | | | | |
| 道府県民税 | ・　・ | 6 | | | | | | |
| | X0・4・1<br>X1・3・31 | 7 | *60,000* | | | | *60,000* | － |
| | 当期分 中間 | 8 | | | | | | |
| | 当期分 確定 | 9 | | | | | | |
| | 計 | 10 | | | | | | |
| 市町村民税 | ・　・ | 11 | | | | | | |
| | X0・4・1<br>X1・3・31 | 12 | *120,000* | | | | *120,000* | － |
| | 当期分 中間 | 13 | | | | | | |
| | 当期分 確定 | 14 | | | | | | |
| | 計 | 15 | | | | | | |

## 翌期の処理

決算上及び税務上とも，何ら処理をする必要はありません。

## 例71 加算税等を損金経理により納付した場合

前期分の法人税の更正決定に伴って，過少申告加算税６万円及び延滞税２万円，また，法人税に係る利子税３万円を損金経理により納付した。

### 当期の処理

#### 別表四の処理

| 区分 | | | 総額 | 処分 | | |
|---|---|---|---|---|---|---|
| | | | | 留保 | 社外流出 | |
| | | | ① | ② | ③ | |
| 加算 | 損金経理をした納税充当金 | 4 | | | | |
| | 損金経理をした附帯税(利子税を除く。)，加算金，延滞金(延納分を除く。)及び過怠税 | 5 | *80,000* | | その他 | *80,000* |

(注) 利子税３万円は，課税所得の計算上，損金算入ができますから，所得金額に加算する必要はありません。

#### 別表五(一)の処理

何ら処理をする必要はありません。

### 翌期の処理

決算上及び税務上とも，何ら処理をする必要はありません。

## 例72　事業税及び延滞金を損金経理により納付した場合

前期分の確定申告事業税及び特別法人事業税の合計200万円及び事業税に係る延滞金10万円（うち納期限延長に係る延滞金３万円）を損金経理により納付した。

### 当期の処理

#### 別表四の処理

| 区分 | | | 総額 | 処分 | | |
|---|---|---|---|---|---|---|
| | | | | 留保 | 社外流出 | |
| | | | ① | ② | ③ | |
| 加算 | 損金経理をした附帯税(利子税を除く。)，加算金，延滞金(延納分を除く。)及び過怠税 | 5 | 70,000 | | その他 | 70,000 |
| | 減価償却の償却超過額 | 6 | | | | |

（注）　事業税200万円及び納期限延長に係る延滞金３万円は，課税所得の計算上，損金の額に算入することができます。したがって，損金不算入になるのは延滞金のうちの７万円（10万円－３万円）だけです。

#### 別表五(一)の処理

何ら処理をする必要はありません。

### 翌期の処理

決算上及び税務上とも，何ら処理をする必要はありません。

## 例73 外国源泉税等を損金経理により納付した場合

当期に外国子会社から受けた配当金につき益金不算入の適用を受けることとしたが，その配当金から源泉徴収された外国法人税額は，200万円である。

### 当期の処理

#### 別表四の処理

| 区分 | | | 総額 | 処分 | | |
|---|---|---|---|---|---|---|
| | | | | 留保 | 社外流出 | |
| | | | ① | ② | ③ | |
| 加算 | 外国源泉税等の損金不算入額 | 10 | 2,000,000 | | その他 | 2,000,000 |
| | | | | | | |
| | | | | | | |

（注） 平成21年の税制改正により，外国子会社から受ける配当等は益金不算入とすることができるものとされましたが（法23の２），その益金不算入の適用を受ける配当等に課される外国源泉税等の額は，損金の額に算入されないこととされました（法39の２）。

#### 別表五(一)の処理

何ら処理をする必要はありません。

### 翌期の処理

決算上及び税務上とも，何ら処理をする必要はありません。

（注） 平成28年４月１日以後に開始する事業年度にあっては，外国子会社から受ける配当等の額の全部又は一部がその外国子会社の本店所在地国で損金算入される場合には，その配当等は益金不算入の対象になりません。ただし，これは平成28年４月１日に外国子会社の株式等を有する場合は，平成30年４月１日以後に開始する事業年度から適用されます（法23の２②，平成27年改正法附則１五ロ，24）。

## 例74　第二次納税義務により他社の滞納国税等を納付した場合

当社は，ある合同会社の業務執行社員になっているところ，同社が不正の行為により法人税等を免れ，滞納している法人税等200万円につき第二次納税義務が課され納付したので，同社に対する求償権として計上した。

（借）求 償 権　200万円　　　　（貸）現金預金　200万円

同社は業績不振で解散することが検討されているので，その求償権は回収不能として翌期に貸倒損失に計上する予定である。

### 当期の処理

#### 別表四と別表五(一)の処理

何ら処理をする必要はありません。

（注）1　令和６年の税制改正により，偽りその他不正の行為によって国税等を免れた株式会社，合資会社又は合同会社で滞納国税等があるものの役員は，その役員が移転を受けた資産又は移転をした資産等の額の範囲内で，その滞納国税等につき第二次納税義務を負うこととされました（国徴40，地法11の９）。この第二次納税義務により納付する滞納国税等の額は，損金の額に算入されません（法39①）。

2　持分会社（合名会社，合資会社，合同会社）の社員には，法人もなることができますので，合同会社の業務執行社員である法人は，法人税法上，役員に該当します（法２十五，基通９－２－２）。

### 翌期の処理

#### 決算上の経理処理

（借）貸倒損失　200万円　　　　（貸）求 償 権　200万円

#### 別表四の処理

| 区分 | | | 総額 | 処分 | | |
|---|---|---|---|---|---|---|
| | | | | 留保 | 社外流出 | |
| | | | ① | ② | ③ | |
| 加算 | 貸倒損失の損金不算入 | 10 | 2,000,000 | | その他 | 2,000,000 |
| | | | | | | |
| | | | | | | |

(注)　第二次納税義務により納付した滞納国税等を損金経理した場合はもとより，いったん本来の納税者に対する求償権として経理し，その後貸倒損失等の損失に計上しても，その損失の損金算入は認められません（法39①）。

## 別表五(一)の処理

何ら処理をする必要はありません。

(注) 1　《例74》の処理方法は，合名会社の社員の第二次納税義務等（国徴33，35～39，41，地法11の２，11の４～11の８，12の２）により納付する国税等にあっても同じです。

2　上記の取扱いは，令和７年１月１日以後に開始する事業年度から適用されます。

## (2) 仮払経理による納付

### 例75 法人税等を仮払納付した場合

前期分の確定申告法人税300万円，地方法人税15万円，県民税15万円及び市民税36万円を仮払経理により納付した。

#### 当期の処理

**別表四の処理**

| 区分 | | | 総額 | 処分 | | |
|---|---|---|---|---|---|---|
| | | | | 留保 | 社外流出 | |
| | | | ① | ② | ③ | |
| 加算 | 損金経理をした法人税及び地方法人税(附帯税を除く。) | 2 | 3,150,000 | 3,150,000 | | |
| | 損金経理をした道府県民税及び市町村民税 | 3 | 510,000 | 510,000 | | |
| 減算 | 仮払法人税等認容 | 21 | 3,660,000 | 3,660,000 | | |
| | | | | | | |

（注） 別表四については，課税所得の計算に影響がありませんから，強いて記入しなくても差し支えありません。

## 別表五(一)の処理

| I 利益積立金額の計算に関する明細書 | | | | | | |
|---|---|---|---|---|---|---|
| 区分 | | 期首現在利益積立金額 | 当期の増減 | | 差引翌期首現在利益積立金額 ①－②＋③ |
| | | | 減 | 増 | |
| | | ① | ② | ③ | ④ |
| 仮払法人税等 | 22 | | | △3,150,000 | △3,150,000 |
| 仮払県民税 | 23 | | | △150,000 | △150,000 |
| 仮払市民税 | 24 | | | △360,000 | △360,000 |
| 繰越損益金（損は赤） | 25 | | | | |
| 納税充当金 | 26 | | | | |
| 未納法人税等（各事業年度の所得に対するものに限る。） 未納法人税及び未納地方法人税（附帯税を除く。） | 27 | △ 3,150,000 | △ 3,150,000 | 中間 △<br>確定 △ | △ |
| 未払通算税効果額（附帯税の額に係る部分の金額を除く。） | 28 | | | 中間<br>確定 | |
| 未納道府県民税（均等割を含む。） | 29 | △ 150,000 | △ 150,000 | 中間 △<br>確定 △ | △ |
| 未納市町村民税（均等割を含む。） | 30 | △ 360,000 | △ 360,000 | 中間 △<br>確定 △ | △ |
| 差引合計額 | 31 | | | | |

## 別表五(二)の処理

| 税目及び事業年度 | | | 期首現在未納税額 | 当期発生税額 | 当期中の納付税額 充当金取崩しによる納付 | 仮払経理による納付 | 損金経理による納付 | 期末現在未納税額 ①+②-③-④-⑤ |
|---|---|---|---|---|---|---|---|---|
| | | | ① | ② | ③ | ④ | ⑤ | ⑥ |
| 法人税及び地方法人税 | ・ ・ | 1 | 円 | | 円 | 円 | 円 | 円 |
| | X0・4・1<br>X1・3・31 | 2 | 3,150,000 | | | 3,150,000 | | — |
| | 当期分 中間 | 3 | | 円 | | | | |
| | 当期分 確定 | 4 | | | | | | |
| | 計 | 5 | | | | | | |
| 道府県民税 | ・ ・ | 6 | | | | | | |
| | X0・4・1<br>X1・3・31 | 7 | 150,000 | | | 150,000 | | — |
| | 当期分 中間 | 8 | | | | | | |
| | 当期分 確定 | 9 | | | | | | |
| | 計 | 10 | | | | | | |
| 市町村民税 | ・ ・ | 11 | | | | | | |
| | X0・4・1<br>X1・3・31 | 12 | 360,000 | | | 360,000 | | — |
| | 当期分 中間 | 13 | | | | | | |
| | 当期分 確定 | 14 | | | | | | |
| | 計 | 15 | | | | | | |

## 翌期の処理

### イ　損金経理により消却する方法

**決算上の経理処理**

(借)租税公課　366万円　　　　(貸)仮払法人税等　366万円

**別表四の処理**

| 区分 | | | 総額 | 処分 | | |
|---|---|---|---|---|---|---|
| | | | | 留保 | 社外流出 | |
| | | | ① | ② | ③ | |
| 加算 | 仮払法人税等消却否認 | 10 | 3,660,000 | 3,660,000 | | |
| | | | | | | |
| | | | | | | |

**別表五(一)の処理**

| I　利益積立金額の計算に関する明細書 | | | | | |
|---|---|---|---|---|---|
| 区分 | | 期首現在利益積立金額 | 当期の増減 | | 差引翌期首現在利益積立金額 ①－②＋③ |
| | | | 減 | 増 | |
| | | ① | ② | ③ | ④ |
| 仮払法人税等 | 22 | △3,150,000 | △3,150,000 | | |
| 仮払県民税 | 23 | △150,000 | △150,000 | | |
| 仮払市民税 | 24 | △360,000 | △360,000 | | |
| 繰越損益金（損は赤） | 25 | | | | |
| 納税充当金 | 26 | | | | |

ロ　法人税等未払金により消却する方法

**決算上の経理処理**

（借）法人税等未払金　366万円　　（貸）仮払法人税等　366万円

**別表四の処理**

何ら処理をする必要はありません。

**別表五(一)の処理**

| Ⅰ　利益積立金額の計算に関する明細書 | | | | | |
|---|---|---|---|---|---|
| 区分 | | 期首現在利益積立金額 | 当期の増減 | | 差引翌期首現在利益積立金額 ①－②＋③ |
| | | | 減 | 増 | |
| | | ① | ② | ③ | ④ |
| 仮払法人税等 | 22 | △3,150,000 | △3,150,000 | | |
| 仮払県民税 | 23 | △150,000 | △150,000 | | |
| 仮払市民税 | 24 | △360,000 | △360,000 | | |
| 繰越損益金（損は赤） | 25 | | | | |
| 納税充当金 | 26 | | 3,660,000 | | |

**別表五(二)の処理**

| 納税充当金の計算 | | | | | | | |
|---|---|---|---|---|---|---|---|
| 期首納税充当金 | | 30 | 円 | 取崩額 | その他 損金算入のもの | 36 | 円 |
| 繰入額 | 損金経理をした納税充当金 | 31 | | | その他 損金不算入のもの | 37 | |
| 繰入額 | | 32 | | | その他 | 38 | |
| 繰入額 | 計 (31) ＋ (32) | 33 | | | その他 仮払税金消却 | 39 | 3,660,000 |
| 取崩額 | 法人税額等 (5の③)＋(10の③)＋(15の③) | 34 | | | 計 (34)＋(35)＋(36)＋(37)＋(38)＋(39) | 40 | |
| 取崩額 | 事業税及び特別法人事業税 (19の③) | 35 | | 期末納税充当金 (30) ＋ (33) － (40) | | 41 | |

## 例76　加算税等を仮払納付した場合

前期分の法人税の更正決定に伴って，重加算税10万円及び延滞税２万円を仮払経理により納付した。

### 当期の処理

#### 別表四の処理

| | 区分 | | 総額 | 処分 | | |
|---|---|---|---|---|---|---|
| | | | | 留保 | 社外流出 | |
| | | | ① | ② | ③ | |
| 加算 | 損金経理をした納税充当金 | 4 | | | | |
| | 損金経理をした附帯税（利子税を除く。），加算金，延滞金（延納分を除く。）及び過怠税 | 5 | 120,000 | | その他 | 120,000 |
| 減算 | 仮払加算税等認容 | 21 | 120,000 | 120,000 | | |
| | | | | | | |

#### 別表五(一)の処理

| Ⅰ　利益積立金額の計算に関する明細書 | | | | | |
|---|---|---|---|---|---|
| 区分 | | 期首現在利益積立金額 | 当期の増減 | | 差引翌期首現在利益積立金額 ①－②＋③ |
| | | | 減 | 増 | |
| | | ① | ② | ③ | ④ |
| | 22 | | | | |
| | 23 | | | | |
| 仮払加算税等 | 24 | | | △120,000 | △120,000 |
| 繰越損益金（損は赤） | 25 | | | | |
| 納税充当金 | 26 | | | | |

## 別表五(二)の処理

| 税目及び事業年度 | | | | 期首現在未納税額 | 当期発生税額 | 当期中の納付税額 | | | 期末現在未納税額 ①+②−③−④−⑤ |
|---|---|---|---|---|---|---|---|---|---|
| | | | | | | 充当金取崩しによる納付 | 仮払経理による納付 | 損金経理による納付 | |
| | | | | ① | ② | ③ | ④ | ⑤ | ⑥ |
| その他 | 損金算入のもの | 利子税 | 20 | | | | | | |
| | | 延滞金（延納に係るもの） | 21 | | | | | | |
| | | | 22 | | | | | | |
| | | | 23 | | | | | | |
| | 損金不算入のもの | 加算税及び加算金 | 24 | | 100,000 | | 100,000 | | — |
| | | 延滞税 | 25 | | 20,000 | | 20,000 | | — |
| | | 延滞金（延納分を除く。） | 26 | | | | | | |
| | | 過怠税 | 27 | | | | | | |
| | | | 28 | | | | | | |
| | | | 29 | | | | | | |

## 翌期の処理

### イ　損金経理により消却する方法

**決算上の経理処理**

（借）租税公課　12万円　　　（貸）仮払加算税等　12万円

**別表四の処理**

| 区分 | | 総額 | 処分 | |
|---|---|---|---|---|
| | | | 留保 | 社外流出 |
| | | ① | ② | ③ |
| 加算 仮払加算税等消却否認 | 10 | 120,000 | 120,000 | |
| | | | | |
| | | | | |

別表五(一)の処理

| Ⅰ　利益積立金額の計算に関する明細書 | | | | | |
|---|---|---|---|---|---|
| 区　　　分 | | 期首現在利益積立金額 | 当期の増減 | | 差引翌期首現在利益積立金額 ①－②＋③ |
| | | | 減 | 増 | |
| | | ① | ② | ③ | ④ |
| | 22 | | | | |
| | 23 | | | | |
| 仮払加算税等 | 24 | △120,000 | △120,000 | | |
| 繰越損益金（損は赤） | 25 | | | | |
| 納税充当金 | 26 | | | | |

### ロ　法人税等未払金により消却する方法

**決算上の経理処理**

(借)法人税等未払金　12万円　　　(貸)仮払加算税等　12万円

別表四の処理

何ら処理をする必要はありません。

別表五(一)の処理

| Ⅰ　利益積立金額の計算に関する明細書 | | | | | |
|---|---|---|---|---|---|
| 区　　　分 | | 期首現在利益積立金額 | 当期の増減 | | 差引翌期首現在利益積立金額 ①－②＋③ |
| | | | 減 | 増 | |
| | | ① | ② | ③ | ④ |
| | 22 | | | | |
| | 23 | | | | |
| 仮払加算税等 | 24 | △120,000 | △120,000 | | |
| 繰越損益金（損は赤） | 25 | | | | |
| 納税充当金 | 26 | | 120,000 | | |

別表五(二)の処理

| 納税充当金の計算 | | | | | | | |
|---|---|---|---|---|---|---|---|
| 期首納税充当金 | | 30 | 円 | 取崩額 | その他 損金算入のもの | 36 | 円 |
| 繰入額 | 損金経理をした納税充当金 | 31 | | | 損金不算入のもの | 37 | *120,000* |
| | | 32 | | | | 38 | |
| | 計 (31) ＋ (32) | 33 | | | 仮払税金消却 | 39 | |
| 取崩額 | 法人税額等 (５の③)＋(10の③)＋(15の③) | 34 | | | 計 (34)＋(35)＋(36)＋(37)＋(38)＋(39) | 40 | |
| | 事業税及び特別法人事業税 (19の③) | 35 | | 期末納税充当金 (30) ＋ (33) － (40) | | 41 | |

## 例77　利子税を仮払納付した場合

前期分の確定申告法人税に係る利子税10万円を仮払経理により納付した。

### 当期の処理

#### 別表四の処理

| 区分 | | | 総額 | 処分 | |
|---|---|---|---|---|---|
| | | | | 留保 | 社外流出 |
| | | | ① | ② | ③ |
| 減算 | 仮払利子税認容 | 21 | 100,000 | 100,000 | | |
| | | | | | | |
| | | | | | | |

（注）　利子税は，課税所得の計算上，損金の額に算入することができますから，仮払経理により納付した場合には，所得金額から減算します。

#### 別表五(一)の処理

| I　利益積立金額の計算に関する明細書 | | | | | |
|---|---|---|---|---|---|
| 区分 | | 期首現在利益積立金額 | 当期の増減 | | 差引翌期首現在利益積立金額 ①－②＋③ |
| | | | 減 | 増 | |
| | | ① | ② | ③ | ④ |
| 仮払利子税 | 24 | | | △100,000 | △100,000 |
| 繰越損益金（損は赤） | 25 | | | | |
| 納税充当金 | 26 | | | | |

### 翌期の処理

《例76》の〔翌期の処理〕と同様の処理を行います。

## 例78 事業税及び延滞金を仮払納付した場合

前期分の確定申告事業税及び特別法人事業税の合計200万円及び事業税に係る延滞金10万円（うち納期限延長に係る延滞金３万円）を仮払経理により納付した。

### 当期の処理

#### 別表四の処理

| 区分 | | 総額 ① | 処分 留保 ② | 処分 社外流出 ③ | |
|---|---|---|---|---|---|
| 加算 損金経理をした附帯税(利子税を除く。), 加算金, 延滞金(延納分を除く。)及び過怠税 | 5 | 70,000 | | その他 | 70,000 |
| 減算 仮払事業税等認定損 | 21 | 2,100,000 | 2,100,000 | | |
| | | | | | |

（注） 事業税200万円及び納期限延長に係る延滞金３万円は，課税所得の計算上，損金の額に算入することができますから，仮払経理により納付した場合であっても，所得金額から減算します。損金不算入になるのは延滞金のうちの７万円（10万円－３万円）だけです。

#### 別表五(一)の処理

Ⅰ　利益積立金額の計算に関する明細書

| 区分 | | 期首現在利益積立金額 ① | 当期の増減 減 ② | 当期の増減 増 ③ | 差引翌期首現在利益積立金額 ①－②＋③ ④ |
|---|---|---|---|---|---|
| 仮払事業税等 | 24 | | | △2,100,000 | △2,100,000 |
| 繰越損益金（損は赤） | 25 | | | | |
| 納税充当金 | 26 | | | | |

## 翌期の処理

### イ　損金経理により消却する方法

**決算上の経理処理**

(借)租税公課　210万円　　　(貸)仮払事業税等　210万円

**別表四の処理**

| 区分 | | 総額 | 処分 | |
|---|---|---|---|---|
| | | | 留保 | 社外流出 |
| | | ① | ② | ③ |
| 加算 | 仮払事業税等消却否認 | 10 | *2,100,000* | *2,100,000* | |
| | | | | | |
| | | | | | |

**別表五(一)の処理**

| I　利益積立金額の計算に関する明細書 | | | | | |
|---|---|---|---|---|---|
| 区分 | | 期首現在利益積立金額 | 当期の増減 | | 差引翌期首現在利益積立金額 ①−②+③ |
| | | | 減 | 増 | |
| | | ① | ② | ③ | ④ |
| 仮払事業税等 | 24 | *△2,100,000* | *△2,100,000* | | — |
| 繰越損益金（損は赤） | 25 | | | | |
| 納税充当金 | 26 | | | | |

### ロ　法人税等未払金により消却する方法

**決算上の経理処理**

(借)法人税等未払金　210万円　　　(貸)仮払事業税等　210万円

**別表四の処理**

何ら処理をする必要はありません。

## 別表五(一)の処理

| I　利益積立金額の計算に関する明細書 | | | | | |
|---|---|---|---|---|---|
| 区　分 | | 期首現在利益積立金額 | 当期の増減 | | 差引翌期首現在利益積立金額 ①－②＋③ |
| | | | 減 | 増 | |
| | | ① | ② | ③ | ④ |
| 仮払事業税等 | 24 | △2,100,000 | △2,100,000 | | |
| 繰越損益金（損は赤） | 25 | | | | |
| 納税充当金 | 26 | | 2,100,000 | | |

## (3)　法人税等未払金による納付

### 例79　当期分の法人税等の引当てをし，翌期に納付した場合

当期分の確定申告により納付すべき法人税200万円，地方法人税20万円，県民税10万円及び市民税30万円の合計260万円が確定したので，この金額を損金経理により「法人税等未払金」として計上した。この法人税，県民税及び市民税は，翌期にこの法人税等未払金を取り崩して納付した。

#### 当期の処理

**別表四の処理**

| 区分 | | | 総額 | 処分 | |
|---|---|---|---|---|---|
| | | | | 留保 | 社外流出 |
| | | | ① | ② | ③ |
| 加算 | 損金経理をした道府県民税及び市町村民税 | 3 | | | |
| | 損金経理をした納税充当金 | 4 | 2,600,000 | 2,600,000 | |

**別表五(一)の処理**

| I　利益積立金額の計算に関する明細書 | | | | | | |
|---|---|---|---|---|---|---|
| 区分 | | | 期首現在利益積立金額 | 当期の増減 | | 差引翌期首現在利益積立金額 ①－②＋③ |
| | | | | 減 | 増 | |
| | | | ① | ② | ③ | ④ |
| 納税充当金 | | 26 | | | 2,600,000 | 2,600,000 |
| 未納法人税等（各事業年度の所得に対するものに限る。） | 未納法人税及び未納地方法人税（附帯税を除く。） | 27 | △ | △ | 中間 △<br>確定 △ 2,200,000 | △ 2,200,000 |
| | 未払通算税効果額（附帯税の額に係る部分の金額を除く。） | 28 | | | 中間<br>確定 | |
| | 未納道府県民税（均等割を含む。） | 29 | △ | △ | 中間 △<br>確定 △ 100,000 | △ 100,000 |
| | 未納市町村民税（均等割を含む。） | 30 | △ | △ | 中間 △<br>確定 △ 300,000 | △ 300,000 |

### 別表五(二)の処理

| 税目及び事業年度 | | | | 期首現在未納税額 ① | 当期発生税額 ② | 当期中の納付税額 充当金取崩しによる納付 ③ | 仮払経理による納付 ④ | 損金経理による納付 ⑤ | 期末現在未納税額 ①+②−③−④−⑤ ⑥ |
|---|---|---|---|---|---|---|---|---|---|
| 法人税及び地方法人税 | ・　・ | | 1 | 円 | | 円 | 円 | 円 | 円 |
| | ・　・ | | 2 | | | | | | |
| | 当期分 | 中間 | 3 | | 円 | | | | |
| | | 確定 | 4 | | 2,200,000 | | | | 2,200,000 |
| | 計 | | 5 | | | | | | |
| 道府県民税 | ・　・ | | 6 | | | | | | |
| | ・　・ | | 7 | | | | | | |
| | 当期分 | 中間 | 8 | | | | | | |
| | | 確定 | 9 | | 100,000 | | | | 100,000 |
| | 計 | | 10 | | | | | | |
| 市町村民税 | ・　・ | | 11 | | | | | | |
| | ・　・ | | 12 | | | | | | |
| | 当期分 | 中間 | 13 | | | | | | |
| | | 確定 | 14 | | 300,000 | | | | 300,000 |
| | 計 | | 15 | | | | | | |

| 納税充当金の計算 | | | | | | | |
|---|---|---|---|---|---|---|---|
| 期首納税充当金 | | 30 | 円 | 取崩額 その他 | 損金算入のもの | 36 | 円 |
| 繰入額 | 損金経理をした納税充当金 | 31 | 2,600,000 | | 損金不算入のもの | 37 | |
| | | 32 | | | | 38 | |
| | 計 (31) ＋ (32) | 33 | 2,600,000 | | 仮払税金消却 | 39 | |
| 取崩額 | 法人税額等 (5の③)＋(10の③)＋(15の③) | 34 | | | 計 (34)＋(35)＋(36)＋(37)＋(38)＋(39) | 40 | |
| | 事業税及び特別法人事業税 (19の③) | 35 | | 期末納税充当金 (30) ＋ (33) − (40) | | 41 | |

## 翌期の処理

### 別表四の処理

何ら処理をする必要はありません。

## 別表五(一)の処理

Ⅰ　利益積立金額の計算に関する明細書

| 区分 | | | 期首現在利益積立金額 ① | 当期の増減 減 ② | 当期の増減 増 ③ | | 差引翌期首現在利益積立金額 ①－②＋③ ④ |
|---|---|---|---|---|---|---|---|
| 納税充当金 | | 26 | 2,600,000 | 2,600,000 | | | |
| 未納法人税等（各事業年度の所得に対するものに限る。） | 未納法人税及び未納地方法人税（附帯税を除く。） | 27 | △ 2,200,000 | △ 2,200,000 | 中間 | △ | △ |
| | | | | | 確定 | △ | |
| | 未払通算税効果額（附帯税の額に係る部分の金額を除く。） | 28 | | | 中間 | | |
| | | | | | 確定 | | |
| | 未納道府県民税（均等割を含む。） | 29 | △ 100,000 | △ 100,000 | 中間 | △ | △ |
| | | | | | 確定 | △ | |
| | 未納市町村民税（均等割を含む。） | 30 | △ 300,000 | △ 300,000 | 中間 | △ | △ |
| | | | | | 確定 | △ | |
| 差引合計額 | | 31 | | | | | |

## 別表五(二)の処理

| 税目及び事業年度 | | | | 期首現在未納税額 ① | 当期発生税額 ② | 当期中の納付税額 充当金取崩しによる納付 ③ | 仮払経理による納付 ④ | 損金経理による納付 ⑤ | 期末現在未納税額 ①+②-③-④-⑤ ⑥ |
|---|---|---|---|---|---|---|---|---|---|
| 法人税及び地方法人税 | ・　・<br>・　・ | | 1 | 円 | | 円 | 円 | 円 | 円 |
| | X1・4・1<br>X2・3・31 | | 2 | 2,200,000 | | 2,200,000 | | | ― |
| | 当期分 | 中間 | 3 | | 円 | | | | |
| | | 確定 | 4 | | | | | | |
| | 計 | | 5 | | | 2,200,000 | | | |
| 道府県民税 | ・　・<br>・　・ | | 6 | | | | | | |
| | X1・4・1<br>X2・3・31 | | 7 | 100,000 | | 100,000 | | | ― |
| | 当期分 | 中間 | 8 | | | | | | |
| | | 確定 | 9 | | | | | | |
| | 計 | | 10 | | | 100,000 | | | |
| 市町村民税 | ・　・<br>・　・ | | 11 | | | | | | |
| | X1・4・1<br>X2・3・31 | | 12 | 300,000 | | 300,000 | | | ― |
| | 当期分 | 中間 | 13 | | | | | | |
| | | 確定 | 14 | | | | | | |
| | 計 | | 15 | | | 300,000 | | | |

納税充当金の計算

| | | | | | | | | |
|---|---|---|---|---|---|---|---|---|
| 期首納税充当金 | | 30 | 円 | 取崩額 | その他 | 損金算入のもの | 36 | 円 |
| 繰入額 | 損金経理をした納税充当金 | 31 | | | | 損金不算入のもの | 37 | |
| | | 32 | | | | | 38 | |
| | 計 (31)＋(32) | 33 | | | | 仮払税金消却 | 39 | |
| 取崩額 | 法人税額等 (5の③)＋(10の③)＋(15の③) | 34 | 2,600,000 | | 計 (34)＋(35)＋(36)＋(37)＋(38)＋(39) | | 40 | |
| | 事業税及び特別法人事業税 (19の③) | 35 | | 期末納税充当金 (30)＋(33)－(40) | | | 41 | |

## 例80 加算税等を法人税等未払金から納付した場合

前期分の法人税の更正決定に伴って，過少申告加算税20万円及び延滞税３万円を，前期に損金経理により計上した法人税等未払金500万円のうちから取り崩して納付した。

### 当期の処理

#### 別表四の処理

| 区分 | | | 総額 | 処分 | | |
|---|---|---|---|---|---|---|
| | | | | 留保 | 社外流出 | |
| | | | ① | ② | ③ | |
| 加算 | 損金経理をした納税充当金 | 4 | | | | |
| | 損金経理をした附帯税(利子税を除く。)，加算金，延滞金(延納分を除く。)及び過怠税 | 5 | 230,000 | | その他 | 230,000 |
| 減算 | 減価償却超過額の当期認容額 | 12 | | | | |
| | 納税充当金から支出した事業税等の金額 | 13 | 230,000 | 230,000 | | |

#### 別表五(一)の処理

Ⅰ　利益積立金額の計算に関する明細書

| 区分 | | | 期首現在利益積立金額 | 当期の増減 | | | 差引翌期首現在利益積立金額 ①－②＋③ |
|---|---|---|---|---|---|---|---|
| | | | | 減 | 増 | | |
| | | | ① | ② | ③ | | ④ |
| 納税充当金 | | 26 | 5,000,000 | 230,000 | | | |
| 未納法人税等(各事業年度の所得に対するものに限る。) | 未納法人税及び未納地方法人税(附帯税を除く。) | 27 | △ | △ | 中間 | △ | △ |
| | | | | | 確定 | △ | |
| | 未払通算税効果額(附帯税の額に係る部分の金額を除く。) | 28 | | | 中間 | | |
| | | | | | 確定 | | |
| | 未納道府県民税(均等割を含む。) | 29 | △ | △ | 中間 | △ | △ |
| | | | | | 確定 | △ | |
| | 未納市町村民税(均等割を含む。) | 30 | △ | △ | 中間 | △ | △ |
| | | | | | 確定 | △ | |
| 差引合計額 | | 31 | | | | | |

### 翌期の処理

決算上及び税務上とも，何ら処理をする必要はありません。

## 例81　利子税を法人税等未払金から納付した場合

前期分の確定申告法人税に係る利子税10万円を，前期に損金経理した法人税等未払金700万円のうちから取り崩して納付した。

### 当期の処理

#### 別表四の処理

| 区分 | | | 総額 | 処分 | |
|---|---|---|---|---|---|
| | | | | 留保 | 社外流出 |
| | | | ① | ② | ③ |
| 減算 | 納税充当金から支出した事業税等の金額 | 13 | 100,000 | 100,000 | |
| | 受取配当等の益金不算入額<br>（別表八(一)「5」） | 14 | | | ※ |

（注）　利子税は，課税所得の計算上，損金の額に算入することができますから，法人税等未払金から納付した場合には，所得金額から減算します。

#### 別表五(一)の処理

| Ⅰ　利益積立金額の計算に関する明細書 | | | | | | |
|---|---|---|---|---|---|---|
| 区分 | | | 期首現在<br>利益積立金額 | 当期の増減 | | 差引翌期首現在<br>利益積立金額<br>①－②＋③ |
| | | | | 減 | 増 | |
| | | | ① | ② | ③ | ④ |
| 納税充当金 | | 26 | 7,000,000 | 100,000 | | |
| | 未納法人税及び未納地方法人税<br>（附帯税を除く。） | 27 | △ | △ | 中間 △<br>確定 △ | △ |

### 翌期の処理

決算上及び税務上とも，何ら処理をする必要はありません。

## 例82 当期分の事業税の引当てをし，翌期に納付した場合

当期分の確定申告により納付すべき事業税及び特別法人事業税の見積額として500万円を，当期分の法人税，地方法人税及び住民税に含めて，損金経理により「法人税等未払金」として計上した。

翌期において，この法人税等未払金を取り崩して前期分事業税の確定申告額450万円と延滞金20万円（うち納期限延長に係る延滞金７万円）の合計額470万円を納付した。

### 当期の処理

#### 別表四の処理

| 区分 | | | 総額 ① | 処分 留保 ② | 社外流出 ③ | |
|---|---|---|---|---|---|---|
| 加算 | 損金経理をした納税充当金 | 4 | 5,000,000 | 5,000,000 | | |
| | 損金経理をした附帯税(利子税を除く。)，加算金，延滞金(延納分を除く。)及び過怠税 | 5 | | | その他 | |

#### 別表五(一)の処理

Ⅰ 利益積立金額の計算に関する明細書

| 区分 | | | 期首現在利益積立金額 ① | 当期の増減 減 ② | 当期の増減 増 ③ | | 差引翌期首現在利益積立金額 ①－②＋③ ④ |
|---|---|---|---|---|---|---|---|
| 納税充当金 | | 26 | | | | 5,000,000 | 5,000,000 |
| 未納法人税等（各事業年度） | 未納法人税及び未納地方法人税(附帯税を除く。) | 27 | △ | △ | 中間 | △ | △ |
| | | | | | 確定 | △ | |

#### 別表五(二)の処理

納税充当金の計算

| | | | | | | | | |
|---|---|---|---|---|---|---|---|---|
| 期首納税充当金 | | 30 | 円 | 取崩額 | その他 | 損金算入のもの | 36 | 円 |
| 繰入額 | 損金経理をした納税充当金 | 31 | 5,000,000 | | | 損金不算入のもの | 37 | |
| | | 32 | | | | | 38 | |
| | 計 (31) ＋ (32) | 33 | 5,000,000 | | | 仮払税金消却 | 39 | |
| 取崩額 | 法人税額等 (５の③)＋(10の③)＋(15の③) | 34 | | | 計 (34)＋(35)＋(36)＋(37)＋(38)＋(39) | | 40 | |
| | 事業税及び特別法人事業税 (19の③) | 35 | | 期末納税充当金 (30) ＋ (33) － (40) | | | 41 | |

## 翌期の処理

### 別表四の処理

| 区分 | | | 総額 | 処分 留保 | 処分 社外流出 | |
|---|---|---|---|---|---|---|
| | | | ① | ② | ③ | |
| 加算 | 損金経理をした附帯税(利子税を除く。), 加算金, 延滞金(延納分を除く。)及び過怠税 | 5 | 130,000 | | その他 | 130,000 |
| | 減価償却の償却超過額 | 6 | | | | |
| 減算 | 納税充当金から支出した事業税等の金額 | 13 | 4,700,000 | 4,700,000 | | |
| | 受取配当等の益金不算入額 (別表八(一)「5」) | 14 | | | ※ | |

（注）　事業税450万円及び納期限延長に係る延滞金７万円は，課税所得の計算上，損金の額に算入することができますから，法人税等未払金を取り崩して納付した場合には，所得金額から減算します。損金不算入になるのは延滞金の13万円（20万円－７万円）だけです。

### 別表五(一)の処理

Ⅰ　利益積立金額の計算に関する明細書

| 区分 | | | 期首現在利益積立金額 | 当期の増減 減 | 当期の増減 増 | | 差引翌期首現在利益積立金額 ①－②＋③ |
|---|---|---|---|---|---|---|---|
| | | | ① | ② | ③ | | ④ |
| 納税充当金 | | 26 | 5,000,000 | 4,700,000 | | | |
| 未納法人税等（各事業年度） | 未納法人税及び未納地方法人税（附帯税を除く。） | 27 | △ | △ | 中間 | △ | △ |
| | | | | | 確定 | △ | |

## 別表五(二)の処理

| 税目及び事業年度 | | | | 期首現在未納税額 ① | 当期発生税額 ② | 当期中の納付税額 充当金取崩しによる納付 ③ | 仮払経理による納付 ④ | 損金経理による納付 ⑤ | 期末現在未納税額 ①+②−③−④−⑤ ⑥ |
|---|---|---|---|---|---|---|---|---|---|
| 事業税及び特別法人事業税 | ・ ・<br>・ ・ | | 16 | | | | | | |
| | X1・4・1<br>X2・3・31 | | 17 | 4,500,000 | | 4,500,000 | | | — |
| | 当期中間分 | | 18 | | | | | | |
| | 計 | | 19 | 4,500,000 | | 4,500,000 | | | |
| その他 | 損金算入のもの | 利子税 | 20 | | | | | | |
| | | 延滞金（延納に係るもの） | 21 | 70,000 | | 70,000 | | | |
| | | | 22 | | | | | | |
| | | | 23 | | | | | | |
| | 損金不算入のもの | 加算税及び加算金 | 24 | | | | | | |
| | | 延滞税 | 25 | | | | | | |
| | | 延滞金（延納分を除く。） | 26 | 130,000 | | 130,000 | | | |
| | | 過怠税 | 27 | | | | | | |
| | | | 28 | | | | | | |
| | | | 29 | | | | | | |

納税充当金の計算

| | | | | | | | | |
|---|---|---|---|---|---|---|---|---|
| 期首納税充当金 | | 30 | 円 | 取崩額 | その他 | 損金算入のもの | 36 | 70,000 円 |
| 繰入額 | 損金経理をした納税充当金 | 31 | | | | 損金不算入のもの | 37 | 130,000 |
| | | 32 | | | | | 38 | |
| | 計 (31) ＋ (32) | 33 | | | | 仮払税金消却 | 39 | |
| 取崩額 | 法人税額等 (5の③)＋(10の③)＋(15の③) | 34 | | | 計 (34)＋(35)＋(36)＋(37)＋(38)＋(39) | | 40 | |
| | 事業税及び特別法人事業税 (19の③) | 35 | 4,500,000 | 期末納税充当金 (30) ＋ (33) − (40) | | | 41 | |

## 例83　残余財産が確定し，納付すべき事業税がある場合

当期（残余財産の確定の日の属する事業年度）分の納付すべき事業税及び特別法人事業税の合計額は50万円であるが，何ら経理処理を行っていない。

### 当期の処理

#### 税務上の経理処理

(借)租税公課　50万円　　　　(貸)未払事業税　50万円

(注)　平成22年の税制改正により，残余財産の確定の日の属する事業年度に係る事業税及び特別法人事業税の額は，その事業年度の損金に算入してよいこととされました(法62の5⑤)。

#### 別表四の処理

| 区分 | | 総額 | 処分 | | |
|---|---|---|---|---|---|
| | | | 留保 | 社外流出 | |
| | | ① | ② | ③ | |
| 残余財産の確定の日の属する事業年度に係る事業税及び特別法人事業税の損金算入額 | 51 | △　500,000 | △　500,000 | | |
| 所得金額又は欠損金額 | 52 | | | 外※ | |

#### 別表五(一)の処理

| Ｉ　利益積立金額の計算に関する明細書 | | | | | |
|---|---|---|---|---|---|
| 区分 | | 期首現在利益積立金額 | 当期の増減 | | 差引翌期首現在利益積立金額①－②＋③ |
| | | | 減 | 増 | |
| | | ① | ② | ③ | ④ |
| 利益準備金 | 1 | 円 | 円 | 円 | 円 |
| 積立金 | 2 | | | | |
| 未払事業税 | 3 | | | △　500,000 | △　500,000 |
| | 4 | | | | |

## (4) 還　付　金

### 例84 中間還付法人税等を雑収入に計上する場合

当期分の中間申告法人税550万円，地方法人税50万円，県民税30万円及び市民税70万円を損金経理により納付していたが，確定申告により，このうち法人税180万円，地方法人税20万円，県民税10万円及び市民税25万円は還付されることになった。

なお，この還付法人税等235万円は，翌期に還付を受け，雑収入に計上している。

#### 当期の処理

**別表四の処理**

| 区分 | | | 総額 ① | 処分 留保 ② | 処分 社外流出 ③ | |
|---|---|---|---|---|---|---|
| 加算 | 損金経理をした法人税及び地方法人税(附帯税を除く。) | 2 | 6,000,000 | 6,000,000 | | |
| | 損金経理をした道府県民税及び市町村民税 | 3 | 1,000,000 | 1,000,000 | | |
| | 損金経理をした納税充当金 | 4 | | | | |

**別表五(一)の処理**

Ⅰ 利益積立金額の計算に関する明細書

| 区分 | | | | 期首現在利益積立金額 ① | 当期の増減 減 ② | 当期の増減 増 ③ | | 差引翌期首現在利益積立金額 ①－②＋③ ④ |
|---|---|---|---|---|---|---|---|---|
| 還付法人税等 | | | 22 | | | | 2,000,000 | 2,000,000 |
| 還付県民税 | | | 23 | | | | 100,000 | 100,000 |
| 還付市民税 | | | 24 | | | | 250,000 | 250,000 |
| 繰越損益金(損は赤) | | | 25 | | | | | |
| 納税充当金 | | | 26 | | | | | |
| 未納法人税等 | (各事業年度の所得に対するものに限る。) | 未納法人税及び未納地方法人税(附帯税を除く。) | 27 | △ | △ 6,000,000 | 中間 | △ 6,000,000 | △ |
| | | | | | | 確定 | △ | |
| | | 未払通算税効果額(附帯税の額に係る部分の金額を除く。) | 28 | | | 中間 | | |
| | | | | | | 確定 | | |
| | | 未納道府県民税(均等割を含む。) | 29 | △ | △ 300,000 | 中間 | △ 300,000 | △ |
| | | | | | | 確定 | △ | |
| | | 未納市町村民税(均等割を含む。) | 30 | △ | △ 700,000 | 中間 | △ 700,000 | △ |
| | | | | | | 確定 | △ | |

## 翌期の処理

### 別表四の処理

| 区分 | | | 総額 ① | 処分 留保 ② | 社外流出 ③ | |
|---|---|---|---|---|---|---|
| 減算 | 法人税等の中間納付額及び過誤納に係る還付金額 | 18 | 2,350,000 | 2,350,000 | | |
| | 所得税額等及び欠損金の繰戻しによる還付金額等 | 19 | | | ※ | |
| | | | | | | |

### 別表五(一)の処理

I　利益積立金額の計算に関する明細書

| 区分 | | 期首現在利益積立金額 ① | 当期の増減 減 ② | 当期の増減 増 ③ | 差引翌期首現在利益積立金額 ①－②＋③ ④ |
|---|---|---|---|---|---|
| 還付法人税等 | 22 | 2,000,000 | 2,000,000 | | |
| 還付県民税 | 23 | 100,000 | 100,000 | | |
| 還付市民税 | 24 | 250,000 | 250,000 | | |
| 繰越損益金（損は赤） | 25 | | | | |
| 納税充当金 | 26 | | | | |

## 例85 中間還付法人税等を仮払金に計上する場合

当期分の中間申告法人税370万円，地方法人税30万円，県民税20万円及び市民税48万円を損金経理により納付していたが，確定申告により，このうち法人税90万円，地方法人税10万円，県民税５万円及び市民税15万円は還付されることになった。そこで，この還付法人税等120万円は仮払金に振替えた。

なお，この還付法人税等120万円は，翌期に還付を受け，仮払金を取り崩す経理処理を行っている。

### 当期の処理

#### 別表四の処理

| 区分 | | | 総額 ① | 処分 留保 ② | 社外流出 ③ | |
|---|---|---|---|---|---|---|
| 加算 | 損金経理をした法人税及び地方法人税(附帯税を除く。) | 2 | 4,000,000 | 4,000,000 | | |
| | 損金経理をした道府県民税及び市町村民税 | 3 | 680,000 | 680,000 | | |
| 減算 | 仮払法人税等認容 | 21 | 1,200,000 | 1,200,000 | | |
| | | | | | | |

#### 別表五(一)の処理

Ⅰ　利益積立金額の計算に関する明細書

| 区分 | | | | 期首現在利益積立金額 ① | 当期の増減 減 ② | 当期の増減 増 ③ | | 差引翌期首現在利益積立金額 ①－②＋③ ④ |
|---|---|---|---|---|---|---|---|---|
| 仮払法人税等 | | 21 | | | | | △1,000,000 | △1,000,000 |
| 仮払県民税 | | 22 | | | | | △50,000 | △50,000 |
| 仮払市民税 | | 23 | | | | | △150,000 | △150,000 |
| 還付法人税等 | | 24 | | | | | 1,200,000 | 1,200,000 |
| 繰越損益金（損は赤） | | 25 | | | | | | |
| 納税充当金 | | 26 | | | | | | |
| 未納法人税等（各事業年度の所得に対するものに限る。） | 未納法人税及び未納地方法人税（附帯税を除く。） | 27 | △ | △ 4,000,000 | 中間 | △ 4,000,000 | △ |
| | | | | | 確定 | △ | |
| | 未払通算税効果額（附帯税の額に係る部分の金額を除く。） | 28 | | | 中間 | | |
| | | | | | 確定 | | |
| | 未納道府県民税（均等割を含む。） | 29 | △ | △ 200,000 | 中間 | △ 200,000 | △ |
| | | | | | 確定 | △ | |
| | 未納市町村民税（均等割を含む。） | 30 | △ | △ 480,000 | 中間 | △ 480,000 | △ |
| | | | | | 確定 | △ | |

## 翌期の処理

### 別表四の処理

| 区分 | | | 総額 | 処分 | | |
|---|---|---|---|---|---|---|
| | | | | 留保 | 社外流出 | |
| | | | ① | ② | ③ | |
| 加算 | 仮払法人税等取崩し | 10 | 1,200,000 | 1,200,000 | | |
| | | | | | | |
| 減算 | 法人税等の中間納付額及び過誤納に係る還付金額 | 18 | 1,200,000 | 1,200,000 | | |
| | 所得税額等及び欠損金の繰戻しによる還付金額等 | 19 | | | ※ | |

（注）　別表四については，課税所得の計算に影響がありませんので，強いて記入しなくても差し支えありません。

### 別表五(一)の処理

| Ⅰ　利益積立金額の計算に関する明細書 | | | | | |
|---|---|---|---|---|---|
| 区分 | | 期首現在利益積立金額 | 当期の増減 | | 差引翌期首現在利益積立金額 ①－②＋③ |
| | | | 減 | 増 | |
| | | ① | ② | ③ | ④ |
| 仮払法人税等 | 21 | △1,000,000 | △1,000,000 | | |
| 仮払県民税 | 22 | △50,000 | △50,000 | | |
| 仮払市民税 | 23 | △150,000 | △150,000 | | |
| 還付法人税等 | 24 | 1,200,000 | 1,200,000 | | |
| 繰越損益金（損は赤） | 25 | | | | |
| 納税充当金 | 26 | | | | |

## 例86 中間還付法人税等を法人税等未払金に戻し入れる場合

当期分の中間申告法人税480万円，地方法人税20万円，県民税25万円及び市民税60万円を前期に損金経理により計上した法人税等未払金1,000万円のうちから納付していたが，確定申告により，これらのうち法人税140万円，地方法人税10万円，県民税７万円及び市民税18万円が還付されることになった。

なお，これらの還付金175万円は，翌期に還付を受け，法人税等未払金に戻し入れる経理処理をした。

### 当期の処理

#### 別表四の処理

何ら処理をする必要はありません。

#### 別表五(一)の処理

| Ⅰ　利益積立金額の計算に関する明細書 | | | | | |
|---|---|---|---|---|---|
| 区　　　分 | | 期首現在利益積立金額 | 当期の増減 減 | 当期の増減 増 | 差引翌期首現在利益積立金額 ①－②＋③ |
| | | ① | ② | ③ | ④ |
| 還付法人税等 | 22 | | | 1,500,000 | 1,500,000 |
| 還付県民税 | 23 | | | 70,000 | 70,000 |
| 還付市民税 | 24 | | | 180,000 | 180,000 |
| 繰越損益金（損は赤） | 25 | | | | |
| 納税充当金 | 26 | 10,000,000 | 5,850,000 | | |
| 未納法人税等（各事業年度の所得に対するものに限る。） 未納法人税及び未納地方法人税（附帯税を除く。） | 27 | △ | △ 5,000,000 | 中間 △ 5,000,000<br>確定 △ | △ |
| 未払通算税効果額（附帯税の額に係る部分の金額を除く。） | 28 | | | 中間<br>確定 | |
| 未納道府県民税（均等割を含む。） | 29 | △ | △ 250,000 | 中間 △ 250,000<br>確定 △ | △ |
| 未納市町村民税（均等割を含む。） | 30 | △ | △ 600,000 | 中間 △ 600,000<br>確定 △ | △ |

## 翌期の処理

### 別表四の処理

| 区分 | | 総額 | 処分 | | |
|---|---|---|---|---|---|
| | | | 留保 | 社外流出 | |
| | | ① | ② | ③ | |
| 加算 納税充当金繰入額 | 10 | 1,750,000 | 1,750,000 | | |
| | | | | | |
| 減算 法人税等の中間納付額及び過誤納に係る還付金額 | 18 | 1,750,000 | 1,750,000 | | |
| 所得税額等及び欠損金の繰戻しによる還付金額等 | 19 | | | ※ | |
| | | | | | |

(注)　別表四については，課税所得の計算に影響がありませんので，強いて記入しなくても差し支えありません。

### 別表五(一)の処理

| I　利益積立金額の計算に関する明細書 | | | | | |
|---|---|---|---|---|---|
| 区分 | | 期首現在利益積立金額 | 当期の増減 | | 差引翌期首現在利益積立金額 ①－②＋③ |
| | | | 減 | 増 | |
| | | ① | ② | ③ | ④ |
| 還付法人税等 | 22 | 1,500,000 | 1,500,000 | | |
| 還付県民税 | 23 | 70,000 | 70,000 | | |
| 還付市民税 | 24 | 180,000 | 180,000 | | |
| 繰越損益金（損は赤） | 25 | | | | |
| 納税充当金 | 26 | | | 1,750,000 | |

## 例87 加算税等の還付を受けた場合

当期において，法人税の過少申告加算税の賦課決定処分につき不服申立てをしていたところ，その主張が認められ，同加算税50万円及び延滞税３万円が還付されることが確定した。

なお，これらの還付金額53万円は，翌期に還付を受け，雑収入に計上している。

### 当期の処理

#### 税務上の経理処理

(借)未収還付金　53万円　　　(貸)雑 収 入　53万円

**(注)**　加算税及び延滞税の還付金は，その還付が確定したときに益金に計上し，益金不算入の適用を行います。

#### 別表四の処理

| 区分 | | | 総額 | 処分 | | |
|---|---|---|---|---|---|---|
| | | | | 留保 | 社外流出 | |
| | | | ① | ② | ③ | |
| 加算 | 未収還付金 | 10 | 530,000 | 530,000 | | |
| | | | | | | |
| 減算 | 法人税等の中間納付額及び過誤納に係る還付金額 | 18 | | | | |
| | 所得税額等及び欠損金の繰戻しによる還付金額等 | 19 | 530,000 | | ※ | 530,000 |
| | | | | | | |

#### 別表五(一)の処理

| Ⅰ　利益積立金額の計算に関する明細書 | | | | | |
|---|---|---|---|---|---|
| 区分 | | 期首現在利益積立金額 | 当期の増減 | | 差引翌期首現在利益積立金額 ①－②＋③ |
| | | | 減 | 増 | |
| | | ① | ② | ③ | ④ |
| 利益準備金 | 1 | 円 | 円 | 円 | 円 |
| 積立金 | 2 | | | | |
| | 3 | | | | |
| 未収還付金 | 4 | | | 530,000 | 530,000 |
| | 5 | | | | |

## 翌期の処理

### 別表四の処理

| 区分 | | | 総額 | 処分 | | |
|---|---|---|---|---|---|---|
| | | | | 留保 | 社外流出 | |
| | | | ① | ② | ③ | |
| 減算 | 加算税等還付金 | 21 | 530,000 | 530,000 | | |
| | | | | | | |
| | | | | | | |

### 別表五(一)の処理

I　利益積立金額の計算に関する明細書

| 区分 | | 期首現在利益積立金額 | 当期の増減 | | 差引翌期首現在利益積立金額 ①－②＋③ |
|---|---|---|---|---|---|
| | | | 減 | 増 | |
| | | ① | ② | ③ | ④ |
| 利益準備金 | 1 | 円 | 円 | 円 | 円 |
| 積立金 | 2 | | | | |
| | 3 | | | | |
| 未収還付金 | 4 | 530,000 | 530,000 | | ― |
| | 5 | | | | |

## 例88 所得税額等の還付を受けた場合

当期の確定申告により法人税額から控除しきれなかった所得税額100万円及び復興特別所得税額10万円が還付されることになった。

なお，この還付所得税額等110万円は，翌期に還付を受け，雑収入に計上している。

### 当期の処理

決算上及び税務上とも，何ら処理をする必要はありません。

### 翌期の処理

#### 別表四の処理

| 区分 | | | 総額 | 処分 | | |
|---|---|---|---|---|---|---|
| | | | | 留保 | 社外流出 | |
| | | | ① | ② | ③ | |
| 減算 | 法人税等の中間納付額及び過誤納に係る還付金額 | 18 | | | | |
| | 所得税額等及び欠損金の繰戻しによる還付金額等 | 19 | 1,100,000 | | ※ | 1,100,000 |
| | | | | | | |

#### 別表五(一)の処理

何ら処理をする必要はありません。

（注） 平成29年の税制改正に伴い，災害（震災，風水害，火災等）により，中間申告書を提出すべき中間期間において災害損失欠損金額が生じた場合において，仮決算による中間申告書を提出するときは，その中間申告により納付すべき法人税額から控除しきれなかった所得税額は，還付されることとされました（法72④，78①）。

「災害損失欠損金」には，新型コロナウイルス感染症の影響による損失（例えば，飲食業者等の食材の廃棄損，感染により廃棄処分した器具備品等の除却損，施設等の消毒費用，マスク・消毒液の購入費用）が含まれます。

## 例89　確定申告で欠損金の繰戻し還付を受けた場合

当期において，欠損金額が生じたので，前期に納付した法人税760万円及び地方法人税40万円につき欠損金の繰戻しによる還付を請求した。

この還付請求により法人税570万円及び地方法人税30万円が翌期に還付され，雑収入に計上している。

### 当期の処理

決算上及び税務上とも，何ら処理をする必要はありません。

**(注)**　欠損金の繰戻しによる還付請求（法80①）は，平成4年4月1日から令和8年3月31日までの間に終了する各事業年度において生じた欠損金額については，適用されません。ただし，資本金が1億円以下の中小企業者（資本金の額が5億円以上の法人の100％子会社を除く）などについては，繰戻し還付が認められます（措法66の12）。

### 翌期の処理

#### 別表四の処理

| 区分 | | | 総額 | 処分 | | |
|---|---|---|---|---|---|---|
| | | | | 留保 | 社外流出 | |
| | | | ① | ② | ③ | |
| 減算 | 法人税等の中間納付額及び過誤納に係る還付金額 | 18 | | | | |
| | 所得税額等及び欠損金の繰戻しによる還付金額等 | 19 | 6,000,000 | | ※ | 6,000,000 |
| | | | | | | |

#### 別表五(一)の処理

何ら処理をする必要はありません。

## 例90 災害に伴い中間申告で欠損金の繰戻し還付を受けた場合

当期の中間期間において火災により商品や資産が焼失し災害損失欠損金額が生じたので，仮決算による中間申告を行い，その災害損失欠損金額1,000万円を基礎とした欠損金の繰戻しにより200万円の還付を受け，雑収入に計上した。

### 当期の処理

#### 別表四の処理

| 区分 | | | 総額 | 処分 | | |
|---|---|---|---|---|---|---|
| | | | | 留保 | 社外流出 | |
| | | | ① | ② | ③ | |
| 減算 | 所得税額等及び欠損金の繰戻しによる還付金額等 | 19 | 2,000,000 | | ※ | 2,000,000 |
| | | | | | | |
| 中間申告における繰戻しによる還付に係る災害損失欠損金額の益金算入額 | | 37 | 10,000,000 | | ※ | 10,000,000 |
| 非適格合併又は残余財産の全部分配等による移転資産等の譲渡利益額又は譲渡損失額 | | 38 | | | ※ | |

（注） 平成29年の税制改正に伴い，災害（震災，風水害，火災，新型コロナ禍等）により，中間申告書を提出すべき中間期間において災害損失欠損金額が生じた場合において，仮決算による中間申告書を提出するときは，欠損金の繰戻しによる還付を請求することができることとされました（法80⑤）。

一方，その仮決算による中間申告書の提出により還付を受けるべき金額の計算の基礎となった災害損失欠損金額に相当する金額は，益金の額に算入しなければなりません（法27）。

### 翌期の処理

決算上及び税務上とも，何ら処理をする必要はありません。

## 例91　中間納付事業税の還付を受けた場合

当期において損金経理により納付した中間申告分の事業税及び特別法人事業税の合計800万円のうち，350万円が確定申告により還付されることになった。この還付される事業税は，期末の決算整理により次のような処理を行っている。

(借)未収還付事業税　350万円　　　(貸)租税公課　350万円

なお，この未収還付事業税350万円は，翌期において還付を受け，次のような処理をした。

(借)現金預金　350万円　　　(貸)未収還付事業税　350万円

### 当期の処理

#### 別表四の処理

| 区分 | | | 総額 | 処分 | | |
|---|---|---|---|---|---|---|
| | | | | 留保 | 社外流出 | |
| | | | ① | ② | ③ | |
| 減算 | 未収還付事業税認容 | 21 | 3,500,000 | 3,500,000 | | |
| | | | | | | |

(注)　事業税の還付金は，現に還付を受けた事業年度において益金に計上すればよいので，当期においては所得金額から減算します。

#### 別表五(一)の処理

Ⅰ　利益積立金額の計算に関する明細書

| 区分 | | 期首現在利益積立金額 | 当期の増減 | | 差引翌期首現在利益積立金額 ①－②＋③ |
|---|---|---|---|---|---|
| | | | 減 | 増 | |
| | | ① | ② | ③ | ④ |
| 未収還付事業税 | 24 | | | △3,500,000 | △3,500,000 |
| 繰越損益金（損は赤） | 25 | | | | |
| 納税充当金 | 26 | | | | |

## 翌期の処理

### 別表四の処理

| 区分 | | | 総額 | 処分 | | |
|---|---|---|---|---|---|---|
| | | | | 留保 | 社外流出 | |
| | | | ① | ② | ③ | |
| 加算 | 還付事業税 | 10 | 3,500,000 | 3,500,000 | | |
| | | | | | | |
| | | | | | | |

### 別表五(一)の処理

| I　利益積立金額の計算に関する明細書 | | | | | |
|---|---|---|---|---|---|
| 区分 | | 期首現在利益積立金額 | 当期の増減 | | 差引翌期首現在利益積立金額 ①－②＋③ |
| | | | 減 | 増 | |
| | | ① | ② | ③ | ④ |
| 未収還付事業税 | 24 | △3,500,000 | △3,500,000 | | — |
| 繰越損益金（損は赤） | 25 | | | | |
| 納税充当金 | 26 | | | | |

## 例92　外国源泉税等が減額された場合

前期に外国子会社から受けた配当金に課された外国源泉税額200万円が150万円に減額され還付を受けたので，その差額50万円は租税公課勘定を減額する処理を行っている。

### 当期の処理

#### 別表四の処理

| 区分 | | | 総額 | 処分 | | |
|---|---|---|---|---|---|---|
| | | | | 留保 | 社外流出 | |
| | | | ① | ② | ③ | |
| 減算 | 適格現物分配に係る益金不算入額 | 17 | | | ※ | |
| | 法人税等の中間納付額及び過誤納に係る還付金額 | 18 | | | | |
| | 所得税額等及び欠損金の繰戻しによる還付金額等 | 19 | 500,000 | | ※ | 500,000 |

（注）　平成21年の税制改正により，損金不算入とされる外国子会社からの配当等に課された外国源泉税等の額が減額された場合には，その減額された金額は，益金不算入とすることとされました（法26②）。

#### 別表五(一)の処理

何ら処理をする必要はありません。

### 翌期の処理

決算上及び税務上とも，何ら処理をする必要はありません。

## (5) 税　額　控　除

### 例93 損金計上源泉所得税等に所得税額等控除の適用を受ける場合

当期に収入した銀行預金利子に対する源泉徴収された所得税2,000,000円及び復興特別所得税42,000円について，所得税額等控除の適用を受けることにした。

なお，この源泉徴収された所得税等2,042,000円は損金として経理されている。

#### 当期の処理

##### 別表四の処理

| 区分 | | 総額 | 処分 | | |
|---|---|---|---|---|---|
| | | | 留保 | 社外流出 | |
| | | ① | ② | ③ | |
| 法人税額から控除される所得税額（別表六(一)「6の③」） | 29 | 2,042,000 | | その他 | 2,042,000 |
| 税額控除の対象となる外国法人税の額（別表六(二の二)「7」） | 30 | | | その他 | |

（注） 平成26年の税制改正により，復興特別所得税額は所得税額とみなして法人税額から控除できることとされました（復興財源確保法33②）。

##### 別表五(一)の処理

何ら処理をする必要はありません。

#### 翌期の処理

決算上及び税務上とも，何ら処理をする必要はありません。

## 例94　仮払源泉所得税等に所得税額等控除の適用を受ける場合

当期に収入した銀行預金利子に対する源泉徴収された所得税額1,500,000円及び復興特別所得税額31,500円について，所得税額等控除の適用を受けることにした。

なお，この源泉徴収された所得税等1,531,500円は仮払金として経理されている。

### 当期の処理

#### 別表四の処理

| 区分 | | | 総額 | 処分 | | |
|---|---|---|---|---|---|---|
| | | | | 留保 | 社外流出 | |
| | | | ① | ② | ③ | |
| 減算 | 仮払源泉税認容 | 21 | 1,531,500 | 1,531,500 | | |
| | | | | | | |
| 法人税額から控除される所得税額（別表六(一)「6の③」） | | 29 | 1,531,500 | | その他 | 1,531,500 |
| 税額控除の対象となる外国法人税の額（別表六(二の二)「7」） | | 30 | | | その他 | |

#### 別表五(一)の処理

| I　利益積立金額の計算に関する明細書 | | | | | |
|---|---|---|---|---|---|
| 区分 | | 期首現在利益積立金額 | 当期の増減 | | 差引翌期首現在利益積立金額 ①－②＋③ |
| | | | 減 | 増 | |
| | | ① | ② | ③ | ④ |
| 仮払源泉税 | 24 | | | △1,531,500 | △1,531,500 |
| 繰越損益金（損は赤） | 25 | | | | |

### 翌期の処理

《例76》の〔翌期の処理〕と同様の処理を行います。

## 例95 外国税額控除の適用を受ける場合

当社の外国支店の所得に対して課された外国法人税額500万円について，外国税額控除の適用を受けることにした。

### 当期の処理

#### 別表四の処理

| 区分 | | 総額 | 処分 | | |
|---|---|---|---|---|---|
| | | | 留保 | 社外流出 | |
| | | ① | ② | ③ | |
| 法人税額から控除される所得税額（別表六(一)「6の③」） | 29 | | | その他 | |
| 税額控除の対象となる外国法人税の額（別表六(二の二)「7」） | 30 | *5,000,000* | | その他 | *5,000,000* |

#### 別表五(一)の処理

何ら処理をする必要はありません。

### 翌期の処理

決算上及び税務上とも，何ら処理をする必要はありません。

## 例96　分配時調整外国税相当額の控除の適用を受ける場合

当期において，集団投資信託の収益の分配を受けたので，その収益の分配に係る分配時調整外国税相当額50万円について，法人税額からの控除を受けることとした。

### 当期の処理

#### 別表四の処理

| 区分 | | 総額 | 処分 | | |
|---|---|---|---|---|---|
| | | | 留保 | 社外流出 | |
| | | ① | ② | ③ | |
| 税額控除の対象となる外国法人税の額（別表六(二の二)「7」） | 30 | | | その他 | |
| 分配時調整外国税相当額及び外国関係会社等に係る控除対象所得税額等相当額（別表六(五の二)「5の②」）＋（別表十七(三の六)「1」） | 31 | 500,000 | | その他 | 500,000 |

（注）　平成30年の税制改正により，令和２年１月１日以後，集団投資信託の収益の分配を受ける場合には，その収益の分配に係る分配時調整外国税相当額について法人税額からの控除ができるようになりましたが（法69の２），その控除の適用を受ける場合には，その分配時調整外国税相当額は損金の額に算入されないこととされました（法41の２）。

#### 別表五(一)の処理

何ら処理をする必要はありません。

### 翌期の処理

決算上及び税務上とも，何ら処理をする必要はありません。

## (6) 罰科金の納付等

### 例97 罰金等を納付した場合

損金経理した租税公課勘定の中に，次の金額が含まれていることが判明した。

① 当社運転手が得意先への荷物運送中に起こした交通事故に伴い納付した罰金　5万円

② 外国政府から課された罰金　10万円

③ 社長が休日の家族ドライブ中に起こした交通違反に伴い納付した交通反則金　1万円

④ 印紙税　10万円（過怠税2万円を含む。）

⑤ 社長の認定賞与について強制徴収された源泉所得税等　3万630円

#### 当期の処理

**別表四の処理**

| 区分 | | | 総額 | 処分 | | |
|---|---|---|---|---|---|---|
| | | | | 留保 | 社外流出 | |
| | | | ① | ② | ③ | |
| 加算 | 損金経理をした附帯税(利子税を除く。)，加算金，延滞金(延納分を除く。)及び過怠税 | 5 | 20,000 | | その他 | 20,000 |
| | 減価償却の償却超過額 | 6 | | | | |
| | 役員給与の損金不算入額 | 7 | 40,630 | | その他 | 40,630 |
| | 交際費等の損金不算入額 | 8 | | | その他 | |
| | 罰金の損金不算入額 | 10 | 150,000 | | その他 | 150,000 |

（注） ①の罰金は会社が負担することができますが，罰金ですから損金不算入になり，③の交通反則金は，社長個人が負担すべきものであり，役員給与として損金不算入になります（法55④一，⑤一，基通9－5－12）。

**別表五(一)の処理**

何ら処理をする必要はありません。

#### 翌期の処理

決算上及び税務上とも，何ら処理をする必要はありません。

## 例98　脱税経費等を支出した場合

商品の仕入勘定の中に，仕入先に支払った架空仕入れのための協力費20万円が含まれていることが判明した。

### 当期の処理

#### 別表四の処理

| 区分 | | | 総額 | 処分 | | |
|---|---|---|---|---|---|---|
| | | | | 留保 | 社外流出 | |
| | | | ① | ② | ③ | |
| 加算 | 脱税経費の損金不算入 | 10 | 200,000 | | その他 | 200,000 |
| | | | | | | |
| | | | | | | |

（注）　平成18年の税制改正により，いわゆる脱税するための費用や刑法上の賄賂金，外国公務員に対する不正の利益供与金は，損金にならないことが明らかにされました（法55①②⑥）。

#### 別表五(一)の処理

何ら処理をする必要はありません。

### 翌期の処理

決算上及び税務上とも，何ら処理をする必要はありません。

## 例99 隠蔽仮装による簿外経費がある場合

税務調査により売上除外300万円を指摘されたので，同時に簿外の各種経費100万円があることを主張したが，証拠書類もなくその損金算入は認められないことになった。

この簿外取引による利益は，簿外の株式投資に充てている。

### 当期の処理

#### 税務上の経理処理

（借）経　　費　100万円　　　　（貸）売　　上　300万円
　　有価証券　200万円

**（注）** 令和４年の税制改正により，隠蔽仮装行為に基づき確定申告書を提出し，又は無申告である場合には，簿外の原価（販売・譲渡資産の取得に直接要した額等を除く），費用及び損失の額は，帳簿書類等により，その取引の存在と金額が明らかにされたときを除き，損金の額に算入できないこととされました（法55③，令111の４①）。

#### 別表四の処理

| 区分 | | | 総額 | 処分 | | |
|---|---|---|---|---|---|---|
| | | | | 留保 | 社外流出 | |
| | | | ① | ② | ③ | |
| 加算 | 売上計上もれ | 10 | 3,000,000 | 3,000,000 | | |
| | 経費損金不算入 | | 1,000,000 | | その他 | 1,000,000 |
| 減算 | 経費計上もれ | 21 | 1,000,000 | 1,000,000 | | |
| | | | | | | |

#### 別表五(一)の処理

| Ⅰ　利益積立金額の計算に関する明細書 | | | | | |
|---|---|---|---|---|---|
| 区分 | | 期首現在利益積立金額 | 当期の増減 | | 差引翌期首現在利益積立金額 ①－②＋③ |
| | | | 減 | 増 | |
| | | ① | ② | ③ | ④ |
| 利益準備金 | 1 | 円 | 円 | 円 | 円 |
| 積立金 | 2 | | | | |
| 有価証券 | 3 | | | 2,000,000 | 2,000,000 |

## 翌期の処理

### 決算上の経理処理

（借）有価証券　200万円　　　　（貸）前期損益修正益　200万円

### 別表四の処理

| 区分 | | | 総額 | 処分 | |
|---|---|---|---|---|---|
| | | | | 留保 | 社外流出 |
| | | | ① | ② | ③ |
| 減算 | 前期損益修正益否認 | 21 | 2,000,000 | 2,000,000 | |
| | | | | | |

### 別表五(一)の処理

| I　利益積立金額の計算に関する明細書 | | | | | |
|---|---|---|---|---|---|
| 区分 | | 期首現在利益積立金額 | 当期の増減 | | 差引翌期首現在利益積立金額 ①－②＋③ |
| | | | 減 | 増 | |
| | | ① | ② | ③ | ④ |
| 利益準備金 | 1 | 円 | 円 | 円 | 円 |
| 積立金 | 2 | | | | |
| 有価証券 | 3 | 2,000,000 | 2,000,000 | | ― |

## 例100　2期同時修正に伴い事業税を認容する場合

令和 X0年３月期及び令和X1年３月期の法人税について課税所得の計算に誤りがあり，２期同時に修正申告することとしたが，令和X0年３月期及び令和X1年３月期の所得金額の増加に伴い各期の事業税・特別法人事業税の額もそれぞれ400万円及び500万円増加し，新たに納付すべきことになった。

なお，この事業税額400万円及び500万円は，令和X2年３月期中において修正申告を行い，損金経理により納付した。

### 令和X1年３月期の処理

#### 税務上の経理処理

(借)租税公課　400万円　　　　(貸)未払事業税　400万円

**(注)**　その事業年度の直前の事業年度分の事業税及び特別法人事業税の額については，その事業年度終了の日までにその全部又は一部につき申告，更正又は決定がされていないため確定していない場合であっても，その事業年度の損金に算入することができます（基通９－５－２）。

したがって，事例の場合には，令和X1年３月期の法人税の修正申告に当たって，令和X0年３月期分の増加事業税額400万円を損金に算入することができます。

#### 別表四の処理

| 区分 | | | 総額 | 処分 | | |
|---|---|---|---|---|---|---|
| | | | | 留保 | 社外流出 | |
| | | | ① | ② | ③ | |
| 減算 | 前期未納事業税 | 21 | *4,000,000* | *4,000,000* | | |
| | | | | | | |
| | | | | | | |

別表五(一)の処理

| I　利益積立金額の計算に関する明細書 | | | | | | |
|---|---|---|---|---|---|---|
| 区分 | | 期首現在利益積立金額 | 当期の増減 | | 差引翌期首現在利益積立金額 ①－②＋③ |
| | | | 減 | 増 | |
| | | ① | ② | ③ | ④ |
| 利益準備金 | 1 | 円 | 円 | 円 | 円 |
| 積立金 | 2 | | | | |
| 未納事業税 | 3 | | | △4,000,000 | △4,000,000 |
| | 4 | | | | |

## 令和X2年3月期の処理

別表四の処理

| 区分 | | | 総額 | 処分 | |
|---|---|---|---|---|---|
| | | | | 留保 | 社外流出 |
| | | | ① | ② | ③ |
| 加算 | 前期未納事業税否認 | 10 | 4,000,000 | 4,000,000 | |
| | | | | | |
| | | | | | |

別表五(一)の処理

| I　利益積立金額の計算に関する明細書 | | | | | |
|---|---|---|---|---|---|
| 区分 | | 期首現在利益積立金額 | 当期の増減 | | 差引翌期首現在利益積立金額 ①－②＋③ |
| | | | 減 | 増 | |
| | | ① | ② | ③ | ④ |
| 利益準備金 | 1 | 円 | 円 | 円 | 円 |
| 積立金 | 2 | | | | |
| 未納事業税 | 3 | △4,000,000 | △4,000,000 | | — |
| | 4 | | | | |
| | 5 | | | | |

## (7) 税効果会計

### 例101 将来減算一時差異（引当金繰入超過額）がある場合

(1) 当期において設定した貸倒引当金1,000万円につき繰入限度超過額200万円が生じたので，これに係る税効果相当額80万円を「法人税等調整額」に計上した。

〔税効果会計の仕訳〕

(借)繰延税金資産 80万円　　(貸)法人税等調整額 80万円

なお，当期の税引前当期純利益金額は2,000万円，損金経理した法人税等（法人税等未払金）は953万円（法人税780万円，地方法人税23万円，県民税50万円，市民税100万円）である。

(2) 当期に貸倒引当金の設定対象にした貸金は翌期において決済され，又は貸倒れとなったので，当期に設定した貸倒引当金は翌期において全額を取り崩し，益金に戻し入れている。

なお，翌期の税引前当期純利益金額は2,500万円，損金経理した法人税等（法人税等未払金）は995万円（法人税790万円，地方法人税35万円，県民税55万円，市民税115万円）である。

#### 当期（発生時）の処理

**税務上の経理処理**

(借)貸倒引当金 200万円　　(貸)貸倒引当金繰入損 200万円

**別表四の処理**

| 区分 | | | 総額 | 処分 | |
|---|---|---|---|---|---|
| | | | | 留保 | 社外流出 |
| | | | ① | ② | ③ |
| 加算 | 損金経理をした納税充当金 | 4 | 9,530,000 | 9,530,000 | |
| 加算 | 貸倒引当金繰入超過額 | 10 | 2,000,000 | 2,000,000 | |
| 減算 | 法人税等調整額 | 21 | 800,000 | 800,000 | |
| 減算 | | | | | |

## 別表五(一)の処理

| Ⅰ　利益積立金額の計算に関する明細書 | | | | | | |
|---|---|---|---|---|---|---|
| 区分 | | | 期首現在利益積立金額 ① | 当期の増減 減 ② | 当期の増減 増 ③ | 差引翌期首現在利益積立金額 ①－②＋③ ④ |
| 貸倒引当金 | | 23 | | | 2,000,000 | 2,000,000 |
| 繰延税金資産 | | 24 | | | △800,000 | △800,000 |
| 繰越損益金（損は赤） | | 25 | | | | |
| 納税充当金 | | 26 | | | 9,530,000 | 9,530,000 |
| 未納法人税等（各事業年度の所得に対するものに限る。） | 未納法人税及び未納地方法人税（附帯税を除く。） | 27 | △ | △ | 中間 △<br>確定 △ 8,030,000 | △ 8,030,000 |
| | 未払通算税効果額（附帯税の額に係る部分の金額を除く。） | 28 | | | 中間<br>確定 | |
| | 未納道府県民税（均等割を含む。） | 29 | △ | △ | 中間 △<br>確定 △ 500,000 | △ 500,000 |
| | 未納市町村民税（均等割を含む。） | 30 | △ | △ | 中間 △<br>確定 △ 1,000,000 | △ 1,000,000 |

## 翌期（解消時）の処理

### 決算上の経理処理

(借)貸倒引当金　1,000万円　　(貸)貸倒引当金戻入益　1,000万円
(借)法人税等　995万円　　(貸)法人税等未払金　995万円
　　法人税等調整額　80万円　　　繰延税金資産　80万円

## 別表四の処理

| 区分 | | | 総額 ① | 処分 留保 ② | 処分 社外流出 ③ | |
|---|---|---|---|---|---|---|
| 加算 | 損金経理をした納税充当金 | 4 | 9,950,000 | 9,950,000 | | |
| | 法人税等調整額 | 10 | 800,000 | 800,000 | | |
| 減算 | 貸倒引当金戻入益認容 | 21 | 2,000,000 | 2,000,000 | | |
| | | | | | | |

## 別表五(一)の処理

| Ⅰ 利益積立金額の計算に関する明細書 | | | | | |
|---|---|---|---|---|---|
| 区分 | | 期首現在利益積立金額 | 当期の増減 減 | 当期の増減 増 | 差引翌期首現在利益積立金額 ①－②＋③ |
| | | ① | ② | ③ | ④ |
| 貸倒引当金 | 23 | 2,000,000 | 2,000,000 | | — |
| 繰延税金資産 | 24 | △800,000 | △800,000 | | — |
| 繰越損益金（損は赤） | 25 | | | | |
| 納税充当金 | 26 | 9,530,000 | 9,530,000 | 9,950,000 | 9,950,000 |
| 未納法人税等（各事業年度の所得に対するものに限る。） 未納法人税及び未納地方法人税（附帯税を除く。） | 27 | △ 8,030,000 | △ 8,030,000 | 中間 △<br>確定 △ 8,250,000 | △ 8,250,000 |
| 未払通算税効果額（附帯税の額に係る部分の金額を除く。） | 28 | | | 中間<br>確定 | |
| 未納道府県民税（均等割を含む。） | 29 | △ 500,000 | △ 500,000 | 中間 △<br>確定 △ 550,000 | △ 550,000 |
| 未納市町村民税（均等割を含む。） | 30 | △ 1,000,000 | △ 1,000,000 | 中間 △<br>確定 △ 1,150,000 | △ 1,150,000 |

(注) 1　税効果会計において，将来減算一時差異として次のような項目があります。したがって，これらの項目に係る税効果会計の結果は，この《例101》に準じて申告調整すればよいことになります。

① 減価償却資産及び繰延資産の償却限度超過額

② 引当金の繰入限度超過額

③ 資産の評価損否認額

④ 貸倒償却否認額

⑤ 未払事業税及び特別法人事業税

⑥ 繰越欠損金（繰越期間内に課税所得と相殺可能なもの）

⑦ 完全支配関係法人間の譲渡損益調整資産の譲渡損の繰延額

⑧ 完全支配関係法人間の贈与・寄附に伴う子会社株式の簿価修正額

2 「法人税等調整額」は，会計上，当期純利益への「加算」又は「減算」項目ですが，税務上はその加算又は減算はできませんので，「減算」又は「加算」の申告調整を行います。

## 例102　将来減算一時差異（未払事業税）がある場合

(1)　当期分の確定申告により納付すべき法人税310万円，地方法人税20万円，県民税30万円，市民税40万円，事業税37万円及び特別法人事業税13万円の合計額450万円を，損金経理により「法人税等未払金」として計上した。これに伴い，事業税に係る税効果相当額20万円を「法人税等調整額」として経理した。

〔税効果会計の仕訳〕

(借)繰延税金資産　20万円　　　　(貸)法人税等調整額　20万円

(2)　これら法人税等は翌期において「法人税等未払金」を取り崩して納付した。

### 当期(発生時)の処理

#### 別表四の処理

| 区分 | | | 総額 | 処分 | | |
|---|---|---|---|---|---|---|
| | | | | 留保 | 社外流出 | |
| | | | ① | ② | ③ | |
| 加算 | 損金経理をした納税充当金 | 4 | 4,500,000 | 4,500,000 | | |
| | 損金経理をした附帯税(利子税を除く。)，加算金，延滞金(延納分を除く。)及び過怠税 | 5 | | | その他 | |
| 減算 | 法人税等調整額 | 21 | 200,000 | 200,000 | | |
| | | | | | | |

## 別表五(一)の処理

| I　利益積立金額の計算に関する明細書 | | | | | | |
|---|---|---|---|---|---|---|
| 区分 | | 期首現在利益積立金額 | 当期の増減 減 | 当期の増減 増 | | 差引翌期首現在利益積立金額 ①－②＋③ |
| | | ① | ② | ③ | | ④ |
| | 23 | | | | | |
| 繰延税金資産 | 24 | | | | △200,000 | △200,000 |
| 繰越損益金（損は赤） | 25 | | | | | |
| 納税充当金 | 26 | | | | 4,500,000 | 4,500,000 |
| 未納法人税等（各事業年度の所得に対するものに限る。） 未納法人税及び未納地方法人税（附帯税を除く。） | 27 | △ | △ | 中間 | △ | △ 3,300,000 |
| | | | | 確定 | △ 3,300,000 | |
| 未払通算税効果額（附帯税の額に係る部分の金額を除く。） | 28 | | | 中間 | | |
| | | | | 確定 | | |
| 未納道府県民税（均等割を含む。） | 29 | △ | △ | 中間 | △ | △ 300,000 |
| | | | | 確定 | △ 300,000 | |
| 未納市町村民税（均等割を含む。） | 30 | △ | △ | 中間 | △ | △ 400,000 |
| | | | | 確定 | △ 400,000 | |

## 翌期（解消時）の処理

### 決算上の経理処理

（借）法人税等未払金　450万円　　　（貸）現　金　預　金　450万円

（借）法人税等調整額　 20万円　　　（貸）繰延税金資産　 20万円

## 別表四の処理

| 区分 | | | 総額 | 処分 留保 | 処分 社外流出 | |
|---|---|---|---|---|---|---|
| | | | ① | ② | ③ | |
| 加算 | 法人税等調整額 | 10 | 200,000 | 200,000 | | |
| | | | | | | |
| 減算 | 減価償却超過額の当期認容額 | 12 | | | | |
| | 納税充当金から支出した事業税等の金額 | 13 | 500,000 | 500,000 | | |

## 別表五(一)の処理

Ⅰ　利益積立金額の計算に関する明細書

| 区分 | | | 期首現在利益積立金額 ① | 当期の増減 減 ② | 当期の増減 増 ③ | | 差引翌期首現在利益積立金額 ①－②＋③ ④ |
|---|---|---|---|---|---|---|---|
| | | 23 | | | | | |
| 繰延税金資産 | | 24 | △200,000 | △200,000 | | | |
| 繰越損益金（損は赤） | | 25 | | | | | |
| 納税充当金 | | 26 | 4,500,000 | 4,500,000 | | | |
| 未納法人税等（各事業年度の所得に対するものに限る。） | 未納法人税及び未納地方法人税（附帯税を除く。） | 27 | △ 3,300,000 | △ 3,300,000 | 中間 | △ | △ |
| | | | | | 確定 | △ | |
| | 未払通算税効果額（附帯税の額に係る部分の金額を除く。） | 28 | | | 中間 | | |
| | | | | | 確定 | | |
| | 未納道府県民税（均等割を含む。） | 29 | △ 300,000 | △ 300,000 | 中間 | △ | △ |
| | | | | | 確定 | △ | |
| | 未納市町村民税（均等割を含む。） | 30 | △ 400,000 | △ 400,000 | 中間 | △ | △ |
| | | | | | 確定 | △ | |

## 例103　将来加算一時差異（積立金経理準備金）がある場合

(1)　当期において特定機械装置等を取得し事業の用に供したので，特別償却の適用を受けるため積立金経理により特別償却準備金294万円を積み立てるとともに，これに係る税効果相当額196万円を「法人税等調整額」として計上した。準備金積立額294万円は，税務上の積立限度額490万円から税効果相当額196万円を控除した後の金額である。

〔税効果会計の仕訳〕

| | | | |
|---|---|---|---|
| (借)法人税等調整額 | 196万円 | (貸)繰延税金負債 | 196万円 |
| 繰越利益剰余金 | 294万円 | 特別償却準備金 | 294万円 |

なお，当期の税引前当期純利益金額は2,000万円，損金経理した法人税等（法人税等未払金）は654万円（法人税530万円，地方法人税20万円，県民税30万円，市民税74万円）である。

(2)　当期に積み立てた税務上の特別償却準備金は翌期以降７年間において均等額ずつを取り崩すこととし，翌期には70万円を取り崩した。

なお，翌期の税引前当期純利益金額は2,500万円，損金経理した法人税等（法人税等未払金）は1,113万円（法人税900万円，地方法人税35万円，県民税60万円，市民税118万円）である。

### 当期（発生時）の処理

#### 別表四の処理

| 区分 | | | 総額 ① | 処分 留保 ② | 処分 社外流出 ③ | |
|---|---|---|---|---|---|---|
| 加算 | 損金経理をした納税充当金 | 4 | 6,540,000 | 6,540,000 | | |
| 加算 | 法人税等調整額 | 10 | 1,960,000 | 1,960,000 | | |
| 減算 | 特別償却準備金認容 | 21 | 4,900,000 | 4,900,000 | | |
| 減算 | | | | | | |

(注)　税効果会計を適用する場合には，積立金経理による特別償却準備金の積立額は，税務上積み立てようとする金額から税効果相当額を控除した後の金額となります。しかし，この場合であっても，法人税申告書に税務上の準備金積立額を明らかにするための明細書を添付すれば，積立金経理による積立額（294万円）とこれに係る

税効果相当額（196万円）との合計額（490万円）を積み立てたものとして取り扱われます。

**別表五(一)の処理**

I　利益積立金額の計算に関する明細書

| 区分 | | | 期首現在利益積立金額 | 当期の増減 減 | 当期の増減 増 | | 差引翌期首現在利益積立金額 ①－②＋③ |
|---|---|---|---|---|---|---|---|
| | | | ① | ② | ③ | | ④ |
| 繰延税金負債 | | 22 | | | | 1,960,000 | 1,960,000 |
| 特別償却準備金 | | 23 | | | | 2,940,000 | 2,940,000 |
| 特別償却準備金認容 | | 24 | | 4,900,000 | | | △4,900,000 |
| 繰越損益金（損は赤） | | 25 | | | | | |
| 納税充当金 | | 26 | | | | 6,540,000 | 6,540,000 |
| 未納法人税等（各事業年度の所得に対するものに限る。） | 未納法人税及び未納地方法人税（附帯税を除く。） | 27 | △ | △ | 中間 | △ | △　5,500,000 |
| | | | | | 確定 | △ 5,500,000 | |
| | 未払通算税効果額（附帯税の額に係る部分の金額を除く。） | 28 | | | 中間 | | |
| | | | | | 確定 | | |
| | 未納道府県民税（均等割を含む。） | 29 | △ | △ | 中間 | △ | △　300,000 |
| | | | | | 確定 | △　300,000 | |
| | 未納市町村民税（均等割を含む。） | 30 | △ | △ | 中間 | △ | △　740,000 |
| | | | | | 確定 | △　740,000 | |

## 翌期（解消時）の処理

### 決算上の経理処理

| | | | |
|---|---|---|---|
| （借）特別償却準備金 | 42万円 | （貸）繰越利益剰余金 | 42万円 |
| （借）法人税等 | 1,113万円 | （貸）法人税等未払金 | 1,113万円 |
| 繰延税金負債 | 28万円 | 法人税等調整額 | 28万円 |

**別表四の処理**

| 区分 | | 総額 | 処分 | |
|---|---|---|---|---|
| | | | 留保 | 社外流出 |
| | | ① | ② | ③ |
| 加算 損金経理をした納税充当金 | 4 | 11,130,000 | 11,130,000 | |
| 加算 特別償却準備金等取崩額 | 10 | 700,000 | 700,000 | |
| 減算 法人税等調整額 | 21 | 280,000 | 280,000 | |
| 減算 | | | | |

**別表五(一)の処理**

I　利益積立金額の計算に関する明細書

| 区分 | | 期首現在利益積立金額 ① | 当期の増減 減 ② | 当期の増減 増 ③ | 差引翌期首現在利益積立金額 ①－②＋③ ④ |
|---|---|---|---|---|---|
| 繰延税金負債 | 22 | 1,960,000 | 280,000 | | 1,680,000 |
| 特別償却準備金 | 23 | 2,940,000 | | △420,000 | 2,520,000 |
| 特別償却準備金等認容額 | 24 | △4,900,000 | △700,000 | | △4,200,000 |
| 繰越損益金（損は赤） | 25 | | | | |
| 納税充当金 | 26 | 6,540,000 | 6,540,000 | 11,130,000 | 11,130,000 |
| 未納法人税等（各事業年度の所得に対するものに限る。） 未納法人税及び未納地方法人税（附帯税を除く。） | 27 | △　5,500,000 | △　5,500,000 | 中間 △<br>確定 △ 9,350,000 | △　9,350,000 |
| 未払通算税効果額（附帯税の額に係る部分の金額を除く。） | 28 | | | 中間<br>確定 | |
| 未納道府県民税（均等割を含む。） | 29 | △　300,000 | △　300,000 | 中間 △<br>確定 △ 600,000 | △　600,000 |
| 未納市町村民税（均等割を含む。） | 30 | △　740,000 | △　740,000 | 中間 △<br>確定 △ 1,180,000 | △　1,180,000 |

（注）　税効果会計において，将来加算一時差異として次のような項目があります。したがって，これらの項目に係る税効果会計の結果は，この《例103》に準じて申告調整すればよいことになります。

① 積立金経理による圧縮積立金

② 積立金経理による租税特別措置法上の準備金

③ 資産の評価益否認額

④ 完全支配関係法人間の譲渡損益調整資産の譲渡益の繰延額

⑤ 完全支配関係法人間の贈与・寄附に伴う子会社株式の簿価修正額

## 例104　将来加算一時差異（積立金経理圧縮記帳）がある場合

(1)　当期において建物を取得し事業の用に供したので，圧縮記帳の適用を受けるため積立金経理により圧縮積立金1,800万円を積み立てるとともに，これに係る税効果相当額1,200万円を「法人税等調整額」として計上した。圧縮積立金1,800万円は，税務上の圧縮限度額3,000万円から税効果相当額1,200万円を控除した後の金額である。

〔税効果会計の第一次仕訳〕

| | | | |
|---|---|---|---|
| (借)法人税等調整額 | 1,200万円 | (貸)繰延税金負債 | 1,200万円 |
| 繰越利益剰余金 | 1,800万円 | 圧 縮 積 立 金 | 1,800万円 |

(2)　この建物の圧縮記帳前の取得価額，耐用年数等は次のとおりであり，当期において350万円（7,000万円×0.050×$\frac{12}{12}$）の減価償却費を計上している。

取得価額　　7,000万円

耐用年数　　20年

償却方法　　定額法

償却率　　0.050

しかし，税務上の償却限度額は200万円（(7,000万円－3,000万円)×0.050×$\frac{12}{12}$）である。そこで償却超過額150万円（350万円－200万円）に係る税効果相当額の調整を行っている。

〔税効果会計の第二次仕訳〕

| | | | |
|---|---|---|---|
| (借)繰延税金負債 | 60万円 | (貸)法人税等調整額 | 60万円 |
| (借)圧 縮 積 立 金 | 90万円 | (貸)繰越利益剰余金 | 90万円 |

なお，当期の税引前当期純利益金額は8,000万円，損金経理した法人税等（法人税等未払金）は2,224万円（法人税1,700万円，地方法人税170万円，県民税100万円，市民税254万円）である。

### 当期（発生時）の処理

#### 税務上の経理処理

| | | | |
|---|---|---|---|
| (借)建　　物 | 150万円 | (貸)減価償却費 | 150万円 |

## 別表四の処理

| 区分 | | 総額 | 処分 | | |
|---|---|---|---|---|---|
| | | | 留保 | 社外流出 | |
| | | ① | ② | ③ | |
| 加算 損金経理をした納税充当金 | 4 | 22,240,000 | 22,240,000 | | |
| 損金経理をした附帯税(利子税を除く。)、加算金、延滞金(延納分を除く。)及び過怠税 | 5 | | | その他 | |
| 減価償却の償却超過額 | 6 | 1,500,000 | 1,500,000 | | |
| 役員給与の損金不算入額 | 7 | | | その他 | |
| 交際費等の損金不算入額 | 8 | | | その他 | |
| 通算法人に係る加算額(別表四付表「5」) | 9 | | | 外※ | |
| 法人税等調整額 | 10 | 11,400,000 | 11,400,000 | | |
| 圧縮積立金取崩し | | 1,500,000 | 1,500,000 | | |
| 減算 減価償却超過額の当期認容額 | 12 | 1,500,000 | 1,500,000 | | |
| 圧縮積立金認容額 | 21 | 30,000,000 | 30,000,000 | | |

(注) 税効果会計を適用する場合には，積立金経理による圧縮積立金の積立額は，税務上積み立てようとする金額から税効果相当額を控除した後の金額となります。しかし，この場合であっても，法人税申告書に税務上の圧縮積立金積立額を明らかにするための明細書を添付すれば，積立金経理による積立額（1,800万円）とこれに係る税効果相当額（1,200万円）との合計額（3,000万円）を積み立てたものとして取り扱われます。

## 別表五(一)の処理

| Ⅰ　利益積立金額の計算に関する明細書 | | | | | | | |
|---|---|---|---|---|---|---|---|
| 区分 | | | 期首現在利益積立金額 ① | 当期の増減 減 ② | 当期の増減 増 ③ | | 差引翌期首現在利益積立金額 ①－②＋③ ④ |
| 繰延税金負債 | | 21 | | | | 11,400,000 | 11,400,000 |
| 圧縮積立金 | | 22 | | | | 17,100,000 | 17,100,000 |
| 圧縮積立金認容額 | | 23 | | △1,500,000 | | △30,000,000 | △28,500,000 |
| 減価償却超過額 | | 24 | | 1,500,000 | | 1,500,000 | |
| 繰越損益金（損は赤） | | 25 | | | | | |
| 納税充当金 | | 26 | | | | 22,240,000 | 22,240,000 |
| 未納法人税等（各事業年度の所得に対するものに限る。） | 未納法人税及び未納地方法人税（附帯税を除く。） | 27 | △ | △ | 中間 | △ | △ 18,700,000 |
| | | | | | 確定 | △18,700,000 | |
| | 未払通算税効果額（附帯税の額に係る部分の金額を除く。） | 28 | | | 中間 | | |
| | | | | | 確定 | | |
| | 未納道府県民税（均等割を含む。） | 29 | △ | △ | 中間 | △ | △ 1,000,000 |
| | | | | | 確定 | △ 1,000,000 | |
| | 未納市町村民税（均等割を含む。） | 30 | △ | △ | 中間 | △ | △ 2,540,000 |
| | | | | | 確定 | △ 2,540,000 | |

## 翌期（解消時）の処理

### 決算上の経理処理

(借)減価償却費　350万円　　(貸)建　　　物　350万円
(借)繰延税金負債　60万円　　(貸)法人税等調整額　60万円
(借)圧縮積立金　90万円　　(貸)繰越利益剰余金　90万円

## 別表四の処理

| 区分 | | | 総額 ① | 処分 留保 ② | 処分 社外流出 ③ | |
|---|---|---|---|---|---|---|
| 加算 | 減価償却の償却超過額 | 6 | 1,500,000 | 1,500,000 | | |
| | 役員給与の損金不算入額 | 7 | | | その他 | |
| | 交際費等の損金不算入額 | 8 | | | その他 | |
| | 通算法人に係る加算額（別表四付表「5」） | 9 | | | 外※ | |
| | 圧縮積立金取崩し | 10 | 1,500,000 | 1,500,000 | | |
| 減算 | 減価償却超過額の当期認容額 | 12 | 1,500,000 | 1,500,000 | | |
| | 法人税等調整額 | 21 | 600,000 | 600,000 | | |

## 別表五(一)の処理

I　利益積立金額の計算に関する明細書

| 区分 | | | 期首現在利益積立金額 ① | 当期の増減 減 ② | 当期の増減 増 ③ | 差引翌期首現在利益積立金額 ①－②＋③ ④ |
|---|---|---|---|---|---|---|
| 繰延税金負債 | | 21 | 11,400,000 | 600,000 | | 10,800,000 |
| 圧縮積立金 | | 22 | 17,100,000 | | △900,000 | 16,200,000 |
| 圧縮積立金認容額 | | 23 | △28,500,000 | △1,500,000 | | △27,000,000 |
| 減価償却超過額 | | 24 | | 1,500,000 | 1,500,000 | |
| 繰越損益金（損は赤） | | 25 | | | | |
| 納税充当金 | | 26 | 22,240,000 | | | |
| 未納法人税等（各事業年度の所得に対するものに限る。） | 未納法人税及び未納地方法人税（附帯税を除く。） | 27 | △ 18,700,000 | △ | 中間 △<br>確定 △ | △ |
| | 未払通算税効果額（附帯税の額に係る部分の金額を除く。） | 28 | | | 中間<br>確定 | |
| | 未納道府県民税（均等割を含む。） | 29 | △ 1,000,000 | △ | 中間 △<br>確定 △ | △ |
| | 未納市町村民税（均等割を含む。） | 30 | △ 2,540,000 | △ | 中間 △<br>確定 △ | △ |

## 例105　過年度税効果調整額（将来減算一時差異）がある場合

(1)　当期から税効果会計を適用することとしたので，前期から繰り越してきた減価償却超過額400万円に係る税効果相当額160万円を「過年度税効果調整額」として前期繰越利益に加算した。

この減価償却超過額400万円のうち当期において損金として認容される金額は150万円であり，これに係る税効果相当額60万円を「法人税等調整額」として計上している。

〔税効果会計の仕訳〕

| (借)繰延税金資産 | 160万円 | (貸)過年度税効果調整額 | 160万円 |
|---|---|---|---|
| 法人税等調整額 | 60万円 | 繰延税金資産 | 60万円 |

なお，前期末繰越利益剰余金は3,000万円，当期の税引前当期純利益金額は2,000万円，損金経理した法人税等（法人税等未払金）は800万円（法人税630万円，地方法人税30万円，県民税40万円，市民税100万円），当期末繰越利益剰余金は2,000万円である。

(2)　当期から繰り越す減価償却超過額250万円のうち翌期において損金として認容される金額は80万円で，これに係る税効果相当額は32万円である。

なお，翌期の税引前当期純利益金額は2,500万円，損金経理した法人税等（法人税等未払金）は1,048万円（法人税850万円，地方法人税30万円，県民税50万円，市民税118万円）である。

## 当期（適用初年度）の処理

### 別表四の処理

| 区分 | | | 総額 ① | 処分 留保 ② | 処分 社外流出 ③ |
|---|---|---|---|---|---|
| 加算 | 損金経理をした納税充当金 | 4 | 8,000,000 | 8,000,000 | |
| 加算 | 法人税等調整額 | 10 | 600,000 | 600,000 | |
| 減算 | 減価償却超過額の当期認容額 | 12 | 1,500,000 | 1,500,000 | |
| 減算 | 納税充当金から支出した事業税等の金額 | 13 | | | |

## 別表五(一)の処理

| I　利益積立金額の計算に関する明細書 | | | | | | |
|---|---|---|---|---|---|---|
| 区分 | | | 期首現在利益積立金額 | 当期の増減 | | 差引翌期首現在利益積立金額 ①－②＋③ |
| | | | | 減 | 増 | |
| | | | ① | ② | ③ | ④ |
| 減価償却超過額 | | 23 | 4,000,000 | 1,500,000 | | 2,500,000 |
| 繰延税金資産 | | 24 | | △600,000 | △1,600,000 | △1,000,000 |
| 繰越損益金（損は赤） | | 25 | 30,000,000 | 30,000,000 | 20,000,000 | 20,000,000 |
| 納税充当金 | | 26 | | | 8,000,000 | 8,000,000 |
| 未納法人税等（各事業年度の所得に対するものに限る。） | 未納法人税及び未納地方法人税（附帯税を除く。） | 27 | △ | △ | 中間 △<br>確定 △ 6,600,000 | △ 6,600,000 |
| | 未払通算税効果額（附帯税の額に係る部分の金額を除く。） | 28 | | | 中間<br>確定 | |
| | 未納道府県民税（均等割を含む。） | 29 | △ | △ | 中間 △<br>確定 △ 400,000 | △ 400,000 |
| | 未納市町村民税（均等割を含む。） | 30 | △ | △ | 中間 △<br>確定 △ 1,000,000 | △ 1,000,000 |

## 翌期（解消時）の処理

### 決算上の経理処理

| | | | |
|---|---|---|---|
| (借)法　人　税　等 | 1,048万円 | (貸)法人税等未払金 | 1,048万円 |
| 法人税等調整額 | 32万円 | 繰延税金資産 | 32万円 |

V　販売費及び一般管理費に関する事項の処理

## 別表四の処理

| 区分 | | | 総額 | 処分 | |
|---|---|---|---|---|---|
| | | | | 留保 | 社外流出 |
| | | | ① | ② | ③ |
| 加算 | 損金経理をした納税充当金 | 4 | 10,480,000 | 10,480,000 | |
| | 法人税等調整額 | 10 | 320,000 | 320,000 | |
| 減算 | 減価償却超過額の当期認容額 | 12 | 800,000 | 800,000 | |
| | 納税充当金から支出した事業税等の金額 | 13 | | | |

## 別表五(一)の処理

I　利益積立金額の計算に関する明細書

| 区分 | | | 期首現在利益積立金額 | 当期の増減 | | 差引翌期首現在利益積立金額 ①－②＋③ |
|---|---|---|---|---|---|---|
| | | | | 減 | 増 | |
| | | | ① | ② | ③ | ④ |
| 減価償却超過額 | | 23 | 2,500,000 | 800,000 | | 1,700,000 |
| 繰延税金資産 | | 24 | △1,000,000 | △320,000 | | △680,000 |
| 繰越損益金（損は赤） | | 25 | 20,000,000 | 20,000,000 | | |
| 納税充当金 | | 26 | 8,000,000 | 8,000,000 | 10,480,000 | 10,480,000 |
| 未納法人税等（各事業年度の所得に対するものに限る。） | 未納法人税及び未納地方法人税（附帯税を除く。） | 27 | △ 6,600,000 | △ 6,600,000 | 中間 △<br>確定 △ 8,800,000 | △ 8,800,000 |
| | 未払通算税効果額（附帯税の額に係る部分の金額を除く。） | 28 | | | 中間<br>確定 | |
| | 未納道府県民税（均等割を含む。） | 29 | △ 400,000 | △ 400,000 | 中間 △<br>確定 △ 500,000 | △ 500,000 |
| | 未納市町村民税（均等割を含む。） | 30 | △ 1,000,000 | △ 1,000,000 | 中間 △<br>確定 △ 1,180,000 | △ 1,180,000 |

## 例106 過年度税効果調整額（将来加算一時差異）がある場合

(1) 当期から税効果会計を適用することとしたので，前期に積立金経理により設定した土地圧縮積立金700万円に係る税効果相当額280万円を「過年度税効果調整額」として前期末繰越利益剰余金から減算するとともに，同額を土地圧縮積立金から取り崩して前期末繰越利益剰余金に加算した。

〔税効果会計の仕訳〕

| | | | |
|---|---|---|---|
| (借)過年度税効果調整額 | 280万円 | (貸)繰延税金負債 | 280万円 |
| 土地圧縮積立金 | 280万円 | 繰越利益剰余金 | 280万円 |

なお，前期末繰越利益剰余金は3,000万円，当期の税引前当期純利益金額は2,000万円，損金経理した法人税等（法人税等未払金）は864万円（法人税670万円，地方法人税34万円，県民税50万円，市民税110万円），当期末繰越利益剰余金は2,000万円である。

(2) 翌期においてこの圧縮記帳を受けた土地を売却した。

なお，翌期の税引前当期純利益金額は2,500万円，損金経理した法人税等（法人税等未払金）は1,380万円（法人税1,000万円，地方法人税100万円，県民税80万円，市民税200万円）である。

### 当期（適用初年度）の処理

#### 別表四の処理

| 区分 | | | 総額 | 処分 | | |
|---|---|---|---|---|---|---|
| | | | | 留保 | 社外流出 | |
| | | | ① | ② | ③ | |
| 加算 | 損金経理をした納税充当金 | 4 | *8,640,000* | *8,640,000* | | |
| | 損金経理をした附帯税(利子税を除く。)，加算金，延滞金(延納分を除く。)及び過怠税 | 5 | | | その他 | |

## 別表五(一)の処理

| Ⅰ　利益積立金額の計算に関する明細書 | | | | | | |
|---|---|---|---|---|---|---|
| 区分 | | | 期首現在利益積立金額 | 当期の増減 | | 差引翌期首現在利益積立金額 ①−②+③ |
| | | | | 減 | 増 | |
| | | | ① | ② | ③ | ④ |
| 土地圧縮積立金 | | 22 | 7,000,000 | | △2,800,000 | 4,200,000 |
| 土地圧縮積立金認容 | | 23 | △7,000,000 | | | △7,000,000 |
| 繰延税金負債 | | 24 | | | 2,800,000 | 2,800,000 |
| 繰越損益金（損は赤） | | 25 | 30,000,000 | 30,000,000 | 20,000,000 | 20,000,000 |
| 納税充当金 | | 26 | | | 8,640,000 | 8,640,000 |
| 未納法人税等（各事業年度の所得に対するものに限る。） | 未納法人税及び未納地方法人税（附帯税を除く。） | 27 | △ | △ | 中間 △<br>確定 △ 7,040,000 | △ 7,040,000 |
| | 未払通算税効果額（附帯税の額に係る部分の金額を除く。） | 28 | | | 中間<br>確定 | |
| | 未納道府県民税（均等割を含む。） | 29 | △ | △ | 中間 △<br>確定 △ 500,000 | △ 500,000 |
| | 未納市町村民税（均等割を含む。） | 30 | △ | △ | 中間 △<br>確定 △ 1,100,000 | △ 1,100,000 |

## 翌期（解消時）の処理

### 決算上の経理処理

| | |
|---|---|
| (借)法人税等　1,380万円 | (貸)法人税等未払金　1,380万円 |
| (借)繰延税金負債　280万円 | (貸)法人税等調整額　280万円 |
| 土地圧縮積立金　420万円 | 繰越利益剰余金　420万円 |

## 別表四の処理

| 区分 | | | 総額 | 処分 | | |
|---|---|---|---|---|---|---|
| | | | | 留保 | 社外流出 | |
| | | | ① | ② | ③ | |
| 加算 | 損金経理をした納税充当金 | 4 | 13,800,000 | 13,800,000 | | |
| | 土地圧縮積立金取崩額 | 10 | 7,000,000 | 7,000,000 | | |
| 減算 | 法人税等調整額 | 21 | 2,800,000 | 2,800,000 | | |
| | | | | | | |

## 別表五(一)の処理

| I 利益積立金額の計算に関する明細書 | | | | | | | |
|---|---|---|---|---|---|---|---|
| 区分 | | | 期首現在利益積立金額 | 当期の増減 | | | 差引翌期首現在利益積立金額 ①－②＋③ |
| | | | | 減 | 増 | | |
| | | | ① | ② | ③ | | ④ |
| 土地圧縮積立金 | | 22 | 4,200,000 | | △4,200,000 | | — |
| 土地圧縮積立金認容 | | 23 | △7,000,000 | △7,000,000 | | | — |
| 繰延税金負債 | | 24 | 2,800,000 | 2,800,000 | | | — |
| 繰越損益金（損は赤） | | 25 | 20,000,000 | 20,000,000 | | | |
| 納税充当金 | | 26 | 8,640,000 | 8,640,000 | 13,800,000 | | 13,800,000 |
| 未納法人税等（各事業年度の所得に対するものに限る。） | 未納法人税及び未納地方法人税（附帯税を除く。） | 27 | △ 7,040,000 | △ 7,040,000 | 中間 | △ | △ 11,000,000 |
| | | | | | 確定 | △ 11,000,000 | |
| | 未払通算税効果額（附帯税の額に係る部分の金額を除く。） | 28 | | | 中間 | | |
| | | | | | 確定 | | |
| | 未納道府県民税（均等割を含む。） | 29 | △ 500,000 | △ 500,000 | 中間 | △ | △ 800,000 |
| | | | | | 確定 | △ 800,000 | |
| | 未納市町村民税（均等割を含む。） | 30 | △ 1,100,000 | △ 1,100,000 | 中間 | △ | △ 2,000,000 |
| | | | | | 確定 | △ 2,000,000 | |

## 8 貸倒損失

### 例107 計上時期尚早の場合

貸倒損失に計上した貸付金100万円については，抵当権が設定されており，まだ貸倒損失としては計上できないことが判明した。

#### 当期の処理

**税務上の経理処理**

(借)貸 付 金　100万円　　　(貸)貸倒損失　100万円

(注)　金銭債権に担保物があるときは，その担保物を処分した後でなければ，貸倒れとすることはできません（基通9－6－2）。

**別表四の処理**

| 区分 | | | 総額 | 処分 | | |
|---|---|---|---|---|---|---|
| | | | | 留保 | 社外流出 | |
| | | | ① | ② | ③ | |
| 加算 | 貸倒損失否認 | 10 | *1,000,000* | *1,000,000* | | |
| | | | | | | |
| | | | | | | |

**別表五(一)の処理**

| Ⅰ　利益積立金額の計算に関する明細書 | | | | | | |
|---|---|---|---|---|---|---|
| 区分 | | 期首現在利益積立金額 | 当期の増減 | | 差引翌期首現在利益積立金額 ①－②＋③ |
| | | | 減 | 増 | |
| | | ① | ② | ③ | ④ |
| 利益準備金 | 1 | 円 | 円 | 円 | 円 |
| 積立金 | 2 | | | | |
| 貸付金 | 3 | | | *1,000,000* | *1,000,000* |
| | 4 | | | | |
| | 5 | | | | |

## 翌期の処理

### イ　第一法

**決算上の経理処理**

企業会計上の処理は妥当なものとして，税務上の処理と合わせるための経理処理は特に行いません。

**別表四と別表五(一)の処理**

何ら処理をする必要はありません。

### ロ　第二法

**決算上の経理処理**

企業会計上と税務上の貸付金額を合わせるため, 決算調整により次の経理処理を行います。

(借)貸　付　金　100万円　　　(貸)前期損益修正益　100万円

**別表四の処理**

| 区分 | | | 総額 | 処分 | | |
|---|---|---|---|---|---|---|
| | | | | 留保 | 社外流出 | |
| | | | ① | ② | ③ | |
| 減算 | 前期損益修正益否認 | 21 | 1,000,000 | 1,000,000 | | |
| | | | | | | |

**別表五(一)の処理**

| I　利益積立金額の計算に関する明細書 | | | | | |
|---|---|---|---|---|---|
| 区分 | | 期首現在利益積立金額 | 当期の増減 | | 差引翌期首現在利益積立金額 ①－②＋③ |
| | | | 減 | 増 | |
| | | ① | ② | ③ | ④ |
| 利益準備金 | 1 | 円 | 円 | 円 | 円 |
| 積立金 | 2 | | | | |
| 貸付金 | 3 | 1,000,000 | 1,000,000 | | — |

## 例108　債権放棄を寄附金とする場合

関連会社に対する貸付金200万円について債権放棄をしたが，これは，まだ回収の可能性が十分あることから，当該関連会社に対する贈与（寄附金）とすべきことが判明した。

なお，この貸付金免除額を寄附金とした場合の法人全体の寄附金の損金不算入額は160万円と計算される。

### 当期の処理

#### 税務上の経理処理

(借)寄　附　金　200万円　　　　(貸)貸倒損失　200万円

#### 別表四の処理

| 区分 | | | 総額 | 処分 | | |
|---|---|---|---|---|---|---|
| | | | | 留保 | 社外流出 | |
| | | | ① | ② | ③ | |
| 加算 | 貸倒損失否認 | 10 | *2,000,000* | | その他 | *2,000,000* |
| | | | | | | |
| | | | | | | |
| 減算 | 寄附金計上もれ | 21 | *2,000,000* | | その他 | *2,000,000* |
| | | | | | | |
| 寄附金の損金不算入額<br>（別表十四(二)「24」又は「40」） | | 27 | *1,600,000* | | その他 | *1,600,000* |

(注)「加算⑩」及び「減算㉑」の各欄は，強いて記入しなくて差し支えありません。

#### 別表五(一)の処理

何ら処理をする必要はありません。

### 翌期の処理

決算上及び税務上とも，何ら処理をする必要はありません。

(注)　完全支配関係会社に対する寄附金は，その全額が損金不算入とされます（法37②）。

## 例109　売上金額から貸倒見込額を控除した場合

当社（資本金１億円）は，海外のＡ社に対して商品1,000万円を売り上げたが，同社の支払能力等からみて売掛金全額の回収は困難であると予想し，貸倒れを400万円と見積り，次のような会計処理を行った。

（借）売　　掛　　金　600万円　　　（貸）売　　　上　600万円

なお，翌期に，売掛金1,000万円の全額を回収した。

### 当期の処理

#### 税務上の経理処理

（借）売　　掛　　金　400万円　　　（貸）売　　　上　400万円
　　　貸倒引当金繰入額　400万円　　　　　貸倒引当金　400万円

**（注）** 企業会計上は，商品売上げに係る売掛金について，貸倒見込額を控除した金額を売掛金とし，回収可能性が高いと見積もった金額を収益として認識します。

しかし，税務上は，平成30年の税制改正により，譲渡資産の時価につきその売掛金に貸倒れが生ずる可能性があっても，その可能性はないとした場合の価額とされる一方（法22の２⑤一），売掛金勘定につき貸倒見込額を控除している場合であっても，控除前の金額とすることとされました（令18の２④）。

この場合，貸倒見込額の控除前と控除後の売掛金の差額（金銭債権計上差額）相当額は，損金経理による貸倒引当金勘定の繰入額とみなされます（令99）。

#### 別表四の処理

| 区分 | | | 総額<br>① | 処分 留保<br>② | 処分 社外流出<br>③ | |
|---|---|---|---|---|---|---|
| 加算 | 売上計上もれ | 10 | 4,000,000 | 4,000,000 | | |
| 加算 | | | | | | |
| 減算 | 貸倒引当金繰入額 | 21 | 4,000,000 | 4,000,000 | | |
| 減算 | | | | | | |

### 別表五(一)の処理

| I　利益積立金額の計算に関する明細書 | | | | | |
|---|---|---|---|---|---|
| 区分 | | 期首現在利益積立金額 | 当期の増減 | | 差引翌期首現在利益積立金額 ①－②＋③ |
| | | | 減 | 増 | |
| | | ① | ② | ③ | ④ |
| 利益準備金 | 1 | 円 | 円 | 円 | 円 |
| 積立金 | 2 | | | | |
| 売掛金 | 3 | | | 4,000,000 | 4,000,000 |
| 貸倒引当金 | 4 | | | △ 4,000,000 | △ 4,000,000 |

**(注)**　一般事業大法人には，貸倒引当金の設定は認められませんから，貸倒引当金に繰入限度超過額が生じる場合には，別途所得金額に加算する必要があります（法52①②)。

## 翌期の処理

### 決算上の経理処理

(借)現金預金　1,000万円　　　(貸)売　　掛　　金　600万円
前期損益修正益　400万円

### 別表四の処理

| 区分 | | | 総額 | 処分 | |
|---|---|---|---|---|---|
| | | | | 留保 | 社外流出 |
| | | | ① | ② | ③ |
| 加算 | 貸倒引当金戻入額 | 10 | 4,000,000 | 4,000,000 | |
| | | | | | |
| 減算 | 前期損益修正益否認 | 21 | 4,000,000 | 4,000,000 | |
| | | | | | |

## 別表五(一)の処理

| Ⅰ　利益積立金額の計算に関する明細書 | | | | | |
|---|---|---|---|---|---|
| 区　分 | | 期首現在利益積立金額 | 当期の増減 | | 差引翌期首現在利益積立金額 ①－②＋③ |
| | | | 減 | 増 | |
| | | ① | ② | ③ | ④ |
| 利益準備金 | 1 | 円 | 円 | 円 | 円 |
| 積立金 | 2 | | | | |
| 売掛金 | 3 | 4,000,000 | 4,000,000 | | — |
| 貸倒引当金 | 4 | △ 4,000,000 | △ 4,000,000 | | — |

## 9 引　当　金

### 例110 貸倒引当金の繰入限度超過額がある場合

貸倒引当金勘定へ損金経理により100万円を繰り入れたが，税務上の繰入限度額は80万円である。

なお，この貸倒引当金勘定の金額は，翌期において100万円全額を取り崩して益金に算入している。

#### 当期の処理

**税務上の経理処理**

(借)貸倒引当金 20万円　　　(貸)貸倒引当金繰入損 20万円

**別表四の処理**

| 区分 | | | 総額 | 処分 | | |
|---|---|---|---|---|---|---|
| | | | | 留保 | 社外流出 | |
| | | | ① | ② | ③ | |
| 加算 | 貸倒引当金繰入超過 | 10 | *200,000* | *200,000* | | |
| | | | | | | |
| | | | | | | |

**別表五(一)の処理**

| I 利益積立金額の計算に関する明細書 | | | | | |
|---|---|---|---|---|---|
| 区分 | | 期首現在利益積立金額 | 当期の増減 | | 差引翌期首現在利益積立金額 ①－②＋③ |
| | | | 減 | 増 | |
| | | ① | ② | ③ | ④ |
| 利益準備金 | 1 | 円 | 円 | 円 | 円 |
| 積立金 | 2 | | | | |
| 貸倒引当金 | 3 | | | *200,000* | *200,000* |
| | 4 | | | | |
| | 5 | | | | |

## 翌期の処理

### 決算上の経理処理

（借）貸倒引当金　100万円　　　（貸）貸倒引当金戻入益　100万円

### 別表四の処理

| 区分 | | | 総額 | 処分 | |
|---|---|---|---|---|---|
| | | | | 留保 | 社外流出 |
| | | | ① | ② | ③ |
| 減算 | 貸倒引当金戻入益認容 | 21 | 200,000 | 200,000 | |
| | | | | | |
| | | | | | |

### 別表五(一)の処理

| I　利益積立金額の計算に関する明細書 | | | | | |
|---|---|---|---|---|---|
| 区分 | | 期首現在利益積立金額 | 当期の増減 | | 差引翌期首現在利益積立金額 ①－②＋③ |
| | | | 減 | 増 | |
| | | ① | ② | ③ | ④ |
| 利益準備金 | 1 | 円 | 円 | 円 | 円 |
| 積立金 | 2 | | | | |
| 貸倒引当金 | 3 | 200,000 | 200,000 | | — |
| | 4 | | | | |
| | 5 | | | | |

（注）《例110》の処理方法は，返品調整引当金についても，適用することができます。

## 例111　返金負債を返品調整引当金として損金算入する場合

当社は出版業を営み，書店等への販売については買戻特約を結んでいるため，売り上げた書籍については，次のような経理処理を行っている。

| | | | |
|---|---|---|---|
| (借)売掛金 | 20,000万円 | (貸)売　上 | 19,400万円 |
| | | 返金負債 | 600万円 |
| (借)売上原価 | 11,640万円 | (貸)棚卸資産 | 12,000万円 |
| 返品資産 | 360万円 | | |

なお，返金負債勘定と返品資産勘定との差額は，返品調整引当金の繰入限度額と一致している。

### 当期の処理

#### 税務上の経理処理

| | | | |
|---|---|---|---|
| (借)返金負債 | 600万円 | (貸)売　上 | 600万円 |
| 売上原価 | 360万円 | 返品資産 | 360万円 |
| (借)返品調整引当金繰入額 | 240万円 | (貸)返品調整引当金 | 240万円 |

**(注)**　平成30年の税制改正により，返品調整引当金（旧法53）は廃止されましたが，経過措置適用年度（令和12年３月31日まで開始年度）に返品調整引当金の対象事業の商品を販売した場合において，返金負債勘定を設けているときは，その返金負債勘定の金額から返品資産勘定の金額を控除した金額相当額は，損金経理により返品調整引当金勘定に繰り入れた金額とみなすこととされました（平成30年改正法令附則9③）。

#### 別表四の処理

| 区分 | | | 総額 | 処分 | | |
|---|---|---|---|---|---|---|
| | | | | 留保 | 社外流出 | |
| | | | ① | ② | ③ | |
| 加算 | 売上計上もれ | 10 | 6,000,000 | 6,000,000 | | |
| | | | | | | |
| 減算 | 売上原価計上もれ | 21 | 3,600,000 | 3,600,000 | | |
| | 返品調整引当金繰入額 | | 2,400,000 | 2,400,000 | | |

## 別表五(一)の処理

| I 利益積立金額の計算に関する明細書 | | | | | |
|---|---|---|---|---|---|
| 区分 | | 期首現在利益積立金額 | 当期の増減 | | 差引翌期首現在利益積立金額 ①－②＋③ |
| | | | 減 | 増 | |
| | | ① | ② | ③ | ④ |
| 利益準備金 | 1 | 円 | 円 | 円 | 円 |
| 積立金 | 2 | | | | |
| 返金負債 | 3 | | | 6,000,000 | 6,000,000 |
| 返品資産 | 4 | | | △ 3,600,000 | △ 3,600,000 |
| 返品調整引当金 | 5 | | | △ 2,400,000 | △ 2,400,000 |

## 翌期の処理

### 決算上の経理処理

(借)返金負債　600万円　　　(貸)返　品　資　産　360万円
　　　　　　　　　　　　　　　　　前期損益修正益　240万円

### 別表四の処理

| 区分 | | | 総額 | 処分 | | |
|---|---|---|---|---|---|---|
| | | | | 留保 | 社外流出 | |
| | | | ① | ② | ③ | |
| 加算 | 返品調整引当金戻入額 | 10 | 2,400,000 | 2,400,000 | | |
| | | | | | | |
| 減算 | 前期損益修正益否認 | 21 | 2,400,000 | 2,400,000 | | |
| | | | | | | |

## 別表五(一)の処理

| Ⅰ　利益積立金額の計算に関する明細書 | | | | | |
|---|---|---|---|---|---|
| 区　　分 | | 期首現在利益積立金額 | 当期の増減 減 | 当期の増減 増 | 差引翌期首現在利益積立金額 ①－②＋③ |
| | | ① | ② | ③ | ④ |
| 利益準備金 | 1 | 円 | 円 | 円 | 円 |
| 積立金 | 2 | | | | |
| 返金負債 | 3 | *6,000,000* | *6,000,000* | | — |
| 返品資産 | 4 | △ *3,600,000* | △ *3,600,000* | | — |
| 返品調整引当金 | 5 | △ *2,400,000* | △ *2,400,000* | | — |

## 例112 退職給付会計で一時金制度と年金制度がある場合

当社は退職給付会計を適用しており，当期及び翌期の退職給付引当金の状況（明細書）は次のとおりである。

(1) 退職一時金制度の退職給付引当金

| 区　　　分 | 当　期 | 翌　期 | （参考）会計上の経理処理 |
|---|---|---|---|
| ① 前期末残高 | 3,000,000 | 3,825,000 | |
| ② 退職給付費用合計(内訳省略) | 1,260,000 | 630,000 | (借)退職給付費用　×××(貸)退職給付引当金××× |
| ③ 退職金支給額 | 435,000 | 1,380,000 | (借)退職給付引当金×××(貸)現金預金　××× |
| ④ 期末残高(①＋②－③) | 3,825,000 | 3,075,000 | |
| ⑤ 上記④のうち無税引当分 | 3,225,000 | 2,355,000 | |

(2) 適格退職年金制度の退職給付引当金

| 区　　　分 | 当　期 | 翌　期 | （参考）会計上の経理処理 |
|---|---|---|---|
| ① 前期末残高 | 0 | 1,176,000 | |
| ② 退職給付費用合計(内訳省略) | 7,176,000 | 5,535,000 | (借)退職給付費用　×××(貸)退職給付引当金××× |
| ③ 掛金拠出額 | 6,000,000 | 4,500,000 | (借)退職給付引当金×××(貸)現金預金　××× |
| ④ 期末残高(①＋②－③) | 1,176,000 | 2,211,000 | |

### 当期の処理

#### 税務上の経理処理

(借)退職給付引当金　1,260,000円　　(貸)退職給付費用　1,260,000円
(借)退職給与　435,000円　　(貸)退職給付引当金　435,000円
(借)退職給付引当金　7,176,000円　　(貸)退職給付費用　7,176,000円
(借)退職年金掛金　6,000,000円　　(貸)退職給付引当金　6,000,000円

**(注)** 法人が退職給付会計の適用にあたり計上する「退職給付引当金」は，原則として税務上の「退職給与引当金」として取り扱われていました。しかし，平成14年の税制改正により退職給与引当金制度は廃止されましたので，税務上，退職給付引当金の繰入額は全額損金に算入されませんが，一方，退職金支給額及び退職年金掛金が損金に算入されることになります（平12.3.30課法2－3「退職給付会計に係る税務上の取扱い」通達参照）。

## 別表四の処理

| 区分 | | 総額 ① | 処分 留保 ② | 社外流出 ③ | |
|---|---|---|---|---|---|
| 加算 退職給付引当金否認 | 10 | 1,260,000 | 1,260,000 | | |
| 退職給付費用否認 | | 7,176,000 | 7,176,000 | | |
| | | | | | |
| 減算 退職給与認容 | 21 | 435,000 | 435,000 | | |
| 退職年金掛金認容 | | 6,000,000 | 6,000,000 | | |

## 別表五(一)の処理

I　利益積立金額の計算に関する明細書

| 区分 | | 期首現在利益積立金額 ① | 当期の増減 減 ② | 当期の増減 増 ③ | 差引翌期首現在利益積立金額 ①－②＋③ ④ |
|---|---|---|---|---|---|
| 利益準備金 | 1 | 円 | 円 | 円 | 円 |
| 積立金 | 2 | | | | |
| 退職給付引当金（一時金） | 3 | | 435,000 | 1,260,000 | 825,000 |
| 退職給付引当金（年金） | 4 | | 6,000,000 | 7,176,000 | 1,176,000 |

## 翌期の処理

### 税務上の経理処理

(借)退職給付引当金　630,000円　　(貸)退職給付費用　630,000円
(借)退職給与　1,380,000円　　(貸)退職給付引当金　1,380,000円
(借)退職給付引当金　5,535,000円　　(貸)退職給付費用　5,535,000円
(借)退職年金掛金　4,500,000円　　(貸)退職給付引当金　4,500,000円

## 別表四の処理

| 区分 | | | 総額 | 処分 | | |
|---|---|---|---|---|---|---|
| | | | | 留保 | 社外流出 | |
| | | | ① | ② | ③ | |
| 加算 | 退職給付引当金否認 | 10 | 630,000 | 630,000 | | |
| | 退職給付費用否認 | | 5,535,000 | 5,535,000 | | |
| | | | | | | |
| 減算 | 退職給与認容 | 21 | 1,380,000 | 1,380,000 | | |
| | 退職年金掛金認容 | | 4,500,000 | 4,500,000 | | |

## 別表五(一)の処理

| Ⅰ　利益積立金額の計算に関する明細書 | | | | | |
|---|---|---|---|---|---|
| 区分 | | 期首現在利益積立金額 | 当期の増減 | | 差引翌期首現在利益積立金額 ①－②＋③ |
| | | | 減 | 増 | |
| | | ① | ② | ③ | ④ |
| 利益準備金 | 1 | 円 | 円 | 円 | 円 |
| 積立金 | 2 | | | | |
| 退職給付引当金（一時金） | 3 | 825,000 | 1,380,000 | 630,000 | 75,000 |
| 退職給付引当金（年金） | 4 | 1,176,000 | 4,500,000 | 5,535,000 | 2,211,000 |

## 例113　退職給付会計で退職給付信託を設定している場合

当社は退職給付会計の適用及び退職給付信託の設定を行っており，当期及び翌期の退職給付引当金の状況（明細書）等は次のとおりである。

(1)　退職一時金制度の退職給付引当金

| 区　　　分 | 当　期 | 翌　期 | （参考）会計上の経理処理 |
|---|---|---|---|
| ①　前期末残高 | 内<br>3,000,000 | 内 429,000<br>3,825,000 | |
| ②　退職給付費用合計(内訳省略) | 1,260,000 | 630,000 | (借)退職給付費用　×××(貸)退職給付引当金××× |
| ③　退職金支給額 | 内 435,000<br>435,000 | 内 780,000<br>1,380,000 | 当社が支給した部分につき<br>(借)退職給付引当金×××(貸)現金預金　××× |
| ④　期末残高(①＋②－③) | 内 429,000<br>3,825,000 | 内1,350,000<br>3,075,000 | |
| ⑤　上記④のうち無税引当分 | 3,225,000 | 2,355,000 | |

**(注)**　内書きは，退職給付信託に資産を拠出したことにより，相殺されている退職給付引当金に係る金額である。

(2)　退職給付信託の年金資産

| 区　　　分 | | 当　期 | 翌　期 | （参考）会計上の経理処理 |
|---|---|---|---|---|
| ① | 前期末残高 | 0 | 429,000 | |
| ② | 信託設定額合計 | 750,000 | 1,500,000 | (借) 退職給付引当金×××<br>(貸) 有価証券　×××<br>信託設定損益××× |
| 内 | 信託設定簿価 | 600,000 | 1,200,000 | |
| 訳 | 信託設定損益 | 150,000 | 300,000 | |
| ③ | 期待運用収益 | 114,000 | 210,000 | (借) 退職給付引当金×××<br>(貸) 退職給付費用××× |
| 内 | 実際運用収益 | 54,000 | 168,000 | |
| 訳 | 運用収益差異 | 60,000 | 42,000 | |
| ④ | 数理計算上の差異の費用処理額 | 0 | △　9,000 | |
| ⑤ | 退職金支給額 | 435,000 | 780,000 | |
| ⑥ | 期末残高(①＋②＋③＋④－⑤) | 429,000 | 1,350,000 | |
| ⑦ | 実際運用収益に含まれる受取配当金 | 42,000 | 114,000 | |

**(注)**　「⑦実際運用収益に含まれる受取配当金」のうち，益金不算入となるのはその80％相当額である。

## 当期の処理

### 税務上の経理処理

| | | | |
|---|---|---|---|
| (借)退職給付引当金 | 1,260,000円 | (貸)退職給付費用 | 1,260,000円 |
| (借)諸資産 | 600,000円 | (貸)退職給付引当金 | 750,000円 |
| 信託設定損益 | 150,000円 | | |
| (借)退職金 | 435,000円 | (貸)諸資産 | 435,000円 |
| (借)退職給付費用 | 114,000円 | (貸)退職給付引当金 | 114,000円 |
| 諸資産 | 54,000円 | 実際運用収益 | 54,000円 |

### 別表四の処理

| 区分 | | | 総額 ① | 処分 留保 ② | 社外流出 ③ | |
|---|---|---|---|---|---|---|
| 加算 | 退職給付引当金否認 | 10 | 1,260,000 | 1,260,000 | | |
| | 実際運用収益もれ | | 54,000 | 54,000 | | |
| | | | | | | |
| 減算 | 受取配当等の益金不算入額(別表八(一)「5」) | 14 | 33,600 | | ※ | 33,600 |
| | 信託設定損益否認 | 21 | 150,000 | 150,000 | | |
| | 退職金認容 | | 435,000 | 435,000 | | |
| | 退職給付費用認容 | | 114,000 | 114,000 | | |

## 別表五(一)の処理

| I　利益積立金額の計算に関する明細書 | | | | | |
|---|---|---|---|---|---|
| 区分 | | 期首現在利益積立金額 | 当期の増減 | | 差引翌期首現在利益積立金額 ①－②＋③ |
| | | | 減 | 増 | |
| | | ① | ② | ③ | ④ |
| 利益準備金 | 1 | 円 | 円 | 円 | 円 |
| 積立金 | 2 | | | | |
| 退職給付引当金 | 3 | | 750,000<br>114,000 | 1,260,000 | 396,000 |
| 諸資産 | 4 | | 435,000 | 600,000<br>54,000 | 219,000 |

## 翌期の処理

### 税務上の経理処理

| | | | |
|---|---|---|---|
| (借)退職給付引当金 | 630,000円 | (貸)退職給付費用 | 630,000円 |
| (借)退職金 | 600,000円 | (貸)退職給付引当金 | 600,000円 |
| (借)諸資産 | 1,200,000円 | (貸)退職給付引当金 | 1,500,000円 |
| 信託設定損益 | 300,000円 | | |
| (借)退職金 | 780,000円 | (貸)諸資産 | 780,000円 |
| (借)退職給付費用 | 201,000円 | (貸)退職給付引当金 | 201,000円 |
| 諸資産 | 168,000円 | 実際運用収益 | 168,000円 |

## 別表四の処理

| 区分 | | | 総額<br>① | 処分<br>留保<br>② | 社外流出<br>③ | |
|---|---|---|---|---|---|---|
| 加算 | 退職給付引当金否認 | 10 | 630,000 | 630,000 | | |
| | 実際運用収益もれ | | 168,000 | 168,000 | | |
| | | | | | | |
| 減算 | 受取配当等の益金不算入額<br>(別表八(一)「5」) | 14 | 91,200 | | ※ | 91,200 |
| | 信託設定損益否認 | 21 | 300,000 | 300,000 | | |
| | 退職金認容 | | 1,380,000 | 1,380,000 | | |
| | 退職給付費用認容 | | 201,000 | 201,000 | | |

## 別表五(一)の処理

I　利益積立金額の計算に関する明細書

| 区分 | | 期首現在利益積立金額<br>① | 当期の増減<br>減<br>② | 当期の増減<br>増<br>③ | 差引翌期首現在利益積立金額<br>①－②＋③<br>④ |
|---|---|---|---|---|---|
| 利益準備金 | 1 | 円 | 円 | 円 | 円 |
| 積立金 | 2 | | | | |
| 退職給付引当金 | 3 | 396,000 | 1,500,000<br>201,000 | 630,000 | △675,000 |
| 諸資産 | 4 | 219,000 | 1,380,000 | 1,200,000<br>168,000 | 207,000 |

## 10 準　　備　　金

### 例114　海外投資等損失準備金の積立てができない場合

当期において資源開発事業法人の株式を取得したので，その取得価額の20％相当額の2,000万円を損金経理により海外投資等損失準備金に積み立てたが，その株式は独立行政法人エネルギー・金属鉱物資源機構から交付を受けた助成金をもって取得したものであるため，その積立てはできないことが判明した。

その海外投資等損失準備金の積立額は，処理を誤ったので翌期において取り崩す。

#### 当期の処理

**別表四の処理**

| 区分 | | | 総額 | 処分 | | |
|---|---|---|---|---|---|---|
| | | | | 留保 | 社外流出 | |
| | | | ① | ② | ③ | |
| 加算 | 海外投資等損失準備金の損金不算入 | 10 | *20,000,000* | *20,000,000* | | |
| | | | | | | |
| | | | | | | |

（注）　令和６年の税制改正により，独立行政法人エネルギー・金属鉱物資源機構から交付を受けた助成金をもって取得した資源開発事業法人などの株式等は，海外投資等損失準備金の積立対象から除外されました（措法55①②，措令32の２⑦）。

**別表五(一)の処理**

| Ⅰ　利益積立金額の計算に関する明細書 | | | | | | |
|---|---|---|---|---|---|---|
| 区分 | | 期首現在利益積立金額 | 当期の増減 | | 差引翌期首現在利益積立金額 ①－②＋③ | |
| | | | 減 | 増 | | |
| | | ① | ② | ③ | ④ | |
| 利益準備金 | 1 | 円 | 円 | 円 | 円 | |
| 積立金 | 2 | | | | | |
| 海外投資等損失準備金 | 3 | | | *20,000,000* | *20,000,000* | |

## 翌期の処理

### 決算上の経理処理

（借）海外投資等損失準備金　2,000万円　　　（貸）繰越利益剰余金　2,000万円

### 別表四の処理

何ら処理をする必要はありません。

### 別表五(一)の処理

| Ⅰ　利益積立金額の計算に関する明細書 | | | | | |
|---|---|---|---|---|---|
| 区　分 | | 期首現在利益積立金額 | 当期の増減 | | 差引翌期首現在利益積立金額 ①－②＋③ |
| | | | 減 | 増 | |
| | | ① | ② | ③ | ④ |
| 利益準備金 | 1 | 円 | 円 | 円 | 円 |
| 積立金 | 2 | | | | |
| 繰越損益金（損は赤） | 25 | 20,000,000 | | | |
| 納税充当金 | 26 | | | | |

## 例115　農業経営基盤強化準備金積立額を損金経理した場合

当期において，損金経理の方法により農業経営基盤強化準備金として500万円を積み立てた。

なお，農業経営基盤強化準備金の積立限度額は，400万円である。

### 当期の処理

#### 別表四の処理

| 区分 | | | 総額 | 処分 | |
|---|---|---|---|---|---|
| | | | | 留保 | 社外流出 |
| | | | ① | ② | ③ |
| 加算 | 損金経理した農業経営基盤強化準備金 | 10 | 5,000,000 | 5,000,000 | |
| | | | | | |
| 農業経営基盤強化準備金積立額の損金算入額（別表十二(十三)「10」） | | 47 | △ 4,000,000 | △ 4,000,000 | |
| 農用地等を取得した場合の圧縮額の損金算入額（別表十二(十三)「43の計」） | | 48 | △ | △ | |

（注）　農業経営基盤強化準備金を損金経理により積み立てた場合には，必ずその損金経理をした積立額について「加算⑩」の処理をしなければなりません（別表四の記載要領4(4)）。

#### 別表五(一)の処理

I　利益積立金額の計算に関する明細書

| 区分 | | 期首現在利益積立金額 | 当期の増減 | | 差引翌期首現在利益積立金額 ①－②＋③ |
|---|---|---|---|---|---|
| | | | 減 | 増 | |
| | | ① | ② | ③ | ④ |
| 利益準備金 | 1 | 円 | 円 | 円 | 円 |
| 積立金 | 2 | | | | |
| 農業経営基盤強化準備金 | 3 | | | 1,000,000 | 1,000,000 |
| | 4 | | | | |

## 取崩期の処理

### 決算上の経理処理

(借)農業経営基盤強化準備金　500万円　(貸)農業経営基盤強化準備金取崩益　500万円

**(注)**　農業経営基盤強化準備金は，その積立事業年度終了の日の翌日から５年経過後に取り崩して益金の額に算入します（措法61の２②)。

### 別表四の処理

| 区分 | | | 総額 | 処分 | | |
|---|---|---|---|---|---|---|
| | | | | 留保 | 社外流出 | |
| | | | ① | ② | ③ | |
| 減算 | 農業経営基盤強化準備金取崩益認容 | 21 | *1,000,000* | *1,000,000* | | |
| | | | | | | |

### 別表五(一)の処理

| Ⅰ　利益積立金額の計算に関する明細書 | | | | | |
|---|---|---|---|---|---|
| 区分 | | 期首現在利益積立金額 | 当期の増減 | | 差引翌期首現在利益積立金額 ①－②＋③ |
| | | | 減 | 増 | |
| | | ① | ② | ③ | ④ |
| 利益準備金 | 1 | 円 | 円 | 円 | 円 |
| 積立金 | 2 | | | | |
| 農業経営基盤強化準備金 | 3 | *1,000,000* | *1,000,000* | | — |

**(注)**　農業経営基盤強化準備金を剰余金処分により積み立てた場合の処理については，《例*232*》を参照してください。

## 例116 関西国際空港用地整備準備金積立額を損金経理した場合

当期において，損金経理の方法により関西国際空港用地整備準備金として5,000万円を積み立てた。

なお，関西国際空港用地整備準備金の積立限度額は，5,000万円である。

### 当期の処理

#### 別表四の処理

| 区分 | | | 総額 | 処分 | | |
|---|---|---|---|---|---|---|
| | | | | 留保 | 社外流出 | |
| | | | ① | ② | ③ | |
| 加算 | 損金経理した関西国際空港用地整備準備金 | 10 | 50,000,000 | 50,000,000 | | |
| | | | | | | |
| 関西国際空港用地整備準備金積立額，中部国際空港整備準備金積立額又は再投資等準備金積立額の損金算入額（別表十二（十）「15」，別表十二（十一）「10」又は別表十二（十四）「12」） | | 49 | △ 50,000,000 | △ 50,000,000 | | |

（注）関西国際空港用地整備準備金を損金経理により積み立てた場合には，必ずその損金経理をした積立額について「加算⑩」の処理をしなければなりません（別表四の記載要領４(2)）。

#### 別表五(一)の処理

何ら処理をする必要はありません。

### 翌期の処理

関西国際空港用地整備準備金は，その適用事業年度の最後の事業年度後の各事業年度において取り崩して益金算入を行いますから（措法57の７），翌期に取り崩しを行わない限り，決算上及び税務上とも何ら処理をする必要はありません。

（注）関西国際空港用地整備準備金を剰余金処分により積み立てた場合の処理については，《例233》を参照してください。

## 例117 中部国際空港整備準備金積立額を損金経理した場合

当期において，損金経理の方法により中部国際空港整備準備金として8,000万円を積み立てた。

なお，中部国際空港整備準備金の積立限度額は，8,000万円である。

### 当期の処理

#### 別表四の処理

| 区分 | | | 総額 ① | 処分 留保 ② | 社外流出 ③ | |
|---|---|---|---|---|---|---|
| 加算 | 損金経理した中部国際空港整備準備金 | 10 | 80,000,000 | 80,000,000 | | |
| | | | | | | |
| 関西国際空港用地整備準備金積立額，中部国際空港整備準備金積立額又は再投資等準備金積立額の損金算入額(別表十二(十)「15」，別表十二(十一)「10」又は別表十二(十四)「12」) | | 49 | △80,000,000 | △80,000,000 | | |

（注） 中部国際空港整備準備金を損金経理により積み立てた場合には，必ずその損金経理をした積立額について「加算⑩」の処理をしなければなりません（別表四の記載要領4(3)）。

#### 別表五(一)の処理

何ら処理をする必要はありません。

### 翌期の処理

中部国際空港整備準備金は，その適用事業年度の最後の事業年度後の各事業年度において取り崩して益金算入を行いますから（措法57の7の2），翌期に取り崩しを行わない限り，決算上及び税務上とも何ら処理をする必要はありません。

（注） 中部国際空港整備準備金を剰余金処分により積み立てた場合の処理については，《例234》を参照してください。

## 例118　再投資等準備金積立額を損金経理した場合

当期において，損金経理の方法により再投資等準備金として1,000万円を積み立てた。

なお，再投資等準備金の積立限度額は，800万円である。

### 当期の処理

#### 別表四の処理

| 区分 | | | 総額 | 処分 | | |
|---|---|---|---|---|---|---|
| | | | | 留保 | 社外流出 | |
| | | | ① | ② | ③ | |
| 加算 | 損金経理した再投資等準備金 | 10 | 10,000,000 | 10,000,000 | | |
| | | | | | | |
| | 関西国際空港用地整備準備金積立額，中部国際空港整備準備金積立額又は再投資等準備金積立額の損金算入額（別表十二（十）「15」，別表十二（十一）「10」又は別表十二（十四）「12」） | 49 | △8,000,000 | △8,000,000 | | |

（注）1　再投資等準備金を損金経理により積み立てた場合には，必ずその損金経理をした積立額について「加算⑩」の処理をしなければなりません（別表四の記載要領4(7)）。

2　令和６年の税制改正により，再投資等準備金制度は廃止されましたが，令和６年４月１日前に指定を受けた法人の積立額は，従来どおり取り扱われます（令和６年改正法附則59）。

#### 別表五(一)の処理

| Ⅰ　利益積立金額の計算に関する明細書 | | | | | |
|---|---|---|---|---|---|
| 区分 | | 期首現在利益積立金額 | 当期の増減 | | 差引翌期首現在利益積立金額 ①－②＋③ |
| | | | 減 | 増 | |
| | | ① | ② | ③ | ④ |
| 利益準備金 | 1 | 円 | 円 | 円 | 円 |
| 積立金 | 2 | | | | |
| 再投資等準備金 | 3 | | | 2,000,000 | 2,000,000 |

### 翌期の処理

再投資等準備金は，認定地方公共団体の指定の日から10年経過後の各事業年度において取り崩して益金算入を行いますから（旧震災特例法18の３），翌期に取り崩しを行わない限り，決算上及び税務上とも何ら処理をする必要はありません。

なお，取崩期には，《例*115*》の〔取崩期の処理〕と同様の処理を行います。

（**注**） 再投資等準備金を剰余金処分により積み立てた場合の処理については，《例*235*》を参照してください。

## 11 交　際　費

### 例119 損金不算入額がある場合

当社（資本金２億円）の当期の交際費等の金額は1,500万円（うち接待飲食費1,000万円）である。

#### 当期の処理

**別表四の処理**

| 区分 | | | 総額 | 処分 | | |
|---|---|---|---|---|---|---|
| | | | | 留保 | 社外流出 | |
| | | | ① | ② | ③ | |
| 加算 | 役員給与の損金不算入額 | 7 | | | その他 | |
| | 交際費等の損金不算入額 | 8 | *10,000,000* | | その他 | *10,000,000* |
| | | | | | | |

（注）　交際費等の損金不算入額は，次により計算されます（措法61の４①）。
　1,500万円－1,000万円×50％＝1,000万円

**別表五(一)の処理**

何ら処理をする必要はありません。

#### 翌期の処理

決算上及び税務上とも，何ら処理をする必要はありません。

（注）　令和２年の税制改正により，資本（出資）金の額が100億円を超える法人は，接待飲食費の50％相当額の損金算入の特例は適用できないこととされました（措法61の４①）。

## 例120 仮払又は未払の交際費がある場合

当社（年１回決算，資本金1,500万円）の当期の交際費勘定の金額は400万円（うち接待飲食費200万円）であるが，このほかに当期中において得意先を接待した費用で①仮払金に計上しているもの200万円及び②期末現在未払いで未払金に計上していないもの300万円がある。

なお，これら仮払及び未払の交際費（うち接待飲食費250万円）は，翌期に交際費勘定に計上している。

### 当期の処理

#### 税務上の経理処理

（借）交 際 費　500万円　　　（貸）仮 払 金　200万円

　　　　　　　　　　　　　　　　　未 払 金　300万円

（注）　交際費の損金不算入額は，次により計算されます（措法61の４①②，措通61の４(1)－24）。

(400万円＋500万円)－450万円×50％＝675万円　又は

(400万円＋500万円)－800万円＝100万円　　∴100万円

#### 別表四の処理

| 区分 | | | 総額 | 処分 | | |
|---|---|---|---|---|---|---|
| | | | | 留保 | 社外流出 | |
| | | | ① | ② | ③ | |
| 加算 | 役員給与の損金不算入額 | 7 | | | その他 | |
| | 交際費等の損金不算入額 | 8 | 1,000,000 | | その他 | 1,000,000 |
| 減算 | 仮払交際費等認定損 | 21 | 5,000,000 | 5,000,000 | | |
| | | | | | | |

#### 別表五(一)の処理

| Ⅰ　利益積立金額の計算に関する明細書 | | | | | |
|---|---|---|---|---|---|
| 区分 | | 期首現在利益積立金額 | 当期の増減 | | 差引翌期首現在利益積立金額 ①－②＋③ |
| | | | 減 | 増 | |
| | | ① | ② | ③ | ④ |
| 利益準備金 | 1 | 円 | 円 | 円 | 円 |
| 積立金 | 2 | | | | |
| 仮払金 | 3 | | | △2,000,000 | △2,000,000 |
| 未払金 | 4 | | | △3,000,000 | △3,000,000 |

## 翌期の処理

### 決算上の経理処理

(借)交 際 費　500万円　　　(貸)仮 払 金　200万円
　　　　　　　　　　　　　　　　未 払 金　300万円
(借)未 払 金　300万円　　　(貸)現金預金　300万円

### 別表四の処理

| 区分 | | | 総額 | 処分 | |
|---|---|---|---|---|---|
| | | | | 留保 | 社外流出 |
| | | | ① | ② | ③ |
| 加算 | 仮払交際費等戻入 | 10 | 5,000,000 | 5,000,000 | | |
| | | | | | | |
| | | | | | | |

### 別表五(一)の処理

I　利益積立金額の計算に関する明細書

| 区分 | | 期首現在利益積立金額 | 当期の増減 | | 差引翌期首現在利益積立金額 ①－②＋③ |
|---|---|---|---|---|---|
| | | | 減 | 増 | |
| | | ① | ② | ③ | ④ |
| 利益準備金 | 1 | 円 | 円 | 円 | 円 |
| 積立金 | 2 | | | | |
| 仮払金 | 3 | △2,000,000 | △2,000,000 | | ― |
| 未払金 | 4 | △3,000,000 | △3,000,000 | | ― |
| | 5 | | | | |

## 例121 簿外の交際費がある場合

当期において計上すべき売上100万円が計上されていないので調査したところ，すべて得意先に対する交際費として使用していることが判明した。

なお，この100万円を交際費に加算することにより，新たな交際費等の損金不算入額90万円が生じる。

### 当期の処理

#### 税務上の経理処理

（借）交 際 費　100万円　　　（貸）売　　上　100万円

#### 別表四の処理

| 区分 | | | 総額 | 処分 | | |
|---|---|---|---|---|---|---|
| | | | | 留保 | 社外流出 | |
| | | | ① | ② | ③ | |
| 加算 | 交際費等の損金不算入額 | 8 | 900,000 | | その他 | 900,000 |
| 加算 | 通算法人に係る加算額（別表四付表「5」） | 9 | | | 外※ | |
| 加算 | 売上計上もれ | 10 | 1,000,000 | | その他 | 1,000,000 |
| 減算 | 交際費等の認定損 | 21 | 1,000,000 | | その他 | 1,000,000 |

（注）「加算⑩」及び「減算㉑」の各欄は，強いて記入しなくて差し支えありません。

#### 別表五(一)の処理

何ら処理をする必要はありません。

### 翌期の処理

決算上及び税務上とも，何ら処理をする必要はありません。

## 例122　原価に算入された交際費がある場合

当期に取得した土地の取得価額に算入されている交際費200万円のうち，損金不算入額から成る部分の金額として土地の取得価額を減額することができる金額が40万円ある。

### 当期の処理

#### 税務上の経理処理

(借)雑　損　40万円　　　(貸)土　　地　40万円

**(注)**　法人が適用年度において支出した交際費等のうちに棚卸資産，固定資産等の取得価額に含めたため損金算入されていないものがある場合において，当該交際費等のうちに損金算入限度超過額があるときは，その損金算入限度超過額のうち資産の取得価額に含めたものから成る部分の金額は，申告調整によりその資産の取得価額を減額することができます（措通61の４(2)－７）。

#### 別表四の処理

| 区分 | | | 総額 | 処分 | | |
|---|---|---|---|---|---|---|
| | | | | 留保 | 社外流出 | |
| | | | ① | ② | ③ | |
| 減算 | 土地認定損 | 21 | 400,000 | 400,000 | | |
| | | | | | | |
| | | | | | | |

#### 別表五(一)の処理

| I　利益積立金額の計算に関する明細書 | | | | | |
|---|---|---|---|---|---|
| 区分 | | 期首現在利益積立金額 | 当期の増減 | | 差引翌期首現在利益積立金額 ①－②＋③ |
| | | | 減 | 増 | |
| | | ① | ② | ③ | ④ |
| 利益準備金 | 1 | 円 | 円 | 円 | 円 |
| 積立金 | 2 | | | | |
| 土地 | 3 | | | △400,000 | △400,000 |
| | 4 | | | | |
| | 5 | | | | |

## 翌期の処理

### 決算上の経理処理

企業会計上と税務上の土地の価額を合わせるため，決算調整により次の経理処理を行います。

（借）前期損益修正損　40万円　　　（貸）土　　地　40万円

**（注）** 前期において土地の価額を減額したときは，必ずこのような決算調整をしなければなりません（措通61の4(2)－7（注））。

### 別表四の処理

| 区分 | | | 総額 | 処分 | | |
|---|---|---|---|---|---|---|
| | | | | 留保 | 社外流出 | |
| | | | ① | ② | ③ | |
| 加算 | 土地認定損戻入 | 10 | 400,000 | 400,000 | | |
| | | | | | | |
| | | | | | | |

### 別表五(一)の処理

I　利益積立金額の計算に関する明細書

| 区分 | | 期首現在利益積立金額 | 当期の増減 | | 差引翌期首現在利益積立金額 ①－②＋③ |
|---|---|---|---|---|---|
| | | | 減 | 増 | |
| | | ① | ② | ③ | ④ |
| 利益準備金 | 1 | 円 | 円 | 円 | 円 |
| 積立金 | 2 | | | | |
| 土地 | 3 | △400,000 | △400,000 | | — |
| | 4 | | | | |
| | 5 | | | | |

## 12 使途不明金

### 例123 交際費のうちに使途不明金がある場合

当社（年1回決算，資本金5,000万円）の当期の交際費等の金額は950万円（うち接待飲食費500万円）であるが，このうち50万円は使途不明であることが判明した。

**当期の処理**

**税務上の経理処理**

(借)使途不明金　50万円　　　　(貸)交 際 費　50万円

(注)　使途不明金は全額が損金不算入になり（基通9－7－20），交際費等の損金不算入額は，次により計算されます（措法61の4①②）。

(950万円－50万円)－500万円×50％＝650万円　又は

(950万円－50万円)－800万円＝100万円　　　∴100万円

**別表四の処理**

| 区分 | | | 総額 | 処分 | | |
|---|---|---|---|---|---|---|
| | | | | 留保 | 社外流出 | |
| | | | ① | ② | ③ | |
| 加算 | 交際費等の損金不算入額 | 8 | 1,000,000 | | その他 | 1,000,000 |
| | 通算法人に係る加算額（別表四付表「5」） | 9 | | | 外※ | |
| | 使途不明金損金不算入 | 10 | 500,000 | | その他 | 500,000 |

**別表五(一)の処理**

何ら処理をする必要はありません。

**翌期の処理**

決算上及び税務上とも，何ら処理をする必要はありません。

## 例124 棚卸資産の取得価額に算入した場合

当期末に計上した未成工事支出金のうちに1,000万円の使途不明金が含まれていることが判明した。

なお，この未成工事支出金に係る工事は翌期に完成した。

### 当期の処理

**税務上の経理処理**

(借)使途不明金　1,000万円　　　(貸)未成工事支出金　1,000万円

**別表四の処理**

| 区分 | | | 総額 | 処分 | | |
|---|---|---|---|---|---|---|
| | | | | 留保 | 社外流出 | |
| | | | ① | ② | ③ | |
| 加算 | 使途不明金損金不算入 | 10 | *10,000,000* | | その他 | *10,000,000* |
| | | | | | | |
| | | | | | | |
| 減算 | 未成工事支出金認定損 | 21 | *10,000,000* | *10,000,000* | | |
| | | | | | | |
| | | | | | | |

**別表五(一)の処理**

| Ⅰ　利益積立金額の計算に関する明細書 | | | | | |
|---|---|---|---|---|---|
| 区分 | | 期首現在利益積立金額 | 当期の増減 | | 差引翌期首現在利益積立金額 ①−②+③ |
| | | | 減 | 増 | |
| | | ① | ② | ③ | ④ |
| 利益準備金 | 1 | 円 | 円 | 円 | 円 |
| 積立金 | 2 | | | | |
| 未成工事支出金 | 3 | | | △10,000,000 | △10,000,000 |
| | 4 | | | | |
| | 5 | | | | |

### 翌期の処理

《例21》の〔翌期の処理〕と同様の処理を行います。

## 例125　減価償却資産の取得価額に算入した場合

当期（令和 X0.4～令和 X1.3）に取得した構築物の取得価額等の状況は次のとおりであるが，その取得価額に含めた付随費用のうちに800万円の使途不明金が含まれていることが判明した。

①　事業供用日　　　令和 X0.9.16
②　取得価額　　　　88,000,000円
③　償却率（定率法）　0.063
④　損金計上償却費　　3,234,000円

### 当期の処理

#### 税務上の経理処理

（借）使途不明金　8,000,000円　　（貸）構　築　物　8,000,000円
　　構　築　物　　294,000円　　　　減価償却費　　294,000円

**（注）**　減価償却費は，次のように計算されます。

$$(88{,}000{,}000円 - 8{,}000{,}000円) \times 0.063 \times \frac{7}{12} = 2{,}940{,}000円$$……償却限度額

$3{,}234{,}000円 - 2{,}940{,}000円 = 294{,}000円$……償却超過額

#### 別表四の処理

| 区分 | | | 総額 | 処分 | | |
|---|---|---|---|---|---|---|
| | | | | 留保 | 社外流出 | |
| | | | ① | ② | ③ | |
| 加算 | 減価償却の償却超過額 | 6 | 294,000 | 294,000 | | |
| | 役員給与の損金不算入額 | 7 | | | その他 | |
| | 交際費等の損金不算入額 | 8 | | | その他 | |
| | 通算法人に係る加算額（別表四付表「5」） | 9 | | | 外※ | |
| | 使途不明金損金不算入 | 10 | 8,000,000 | | その他 | 8,000,000 |
| 減算 | 構築物認定損 | 21 | 8,000,000 | 8,000,000 | | |
| | | | | | | |
| | | | | | | |

## 別表五(一)の処理

| I　利益積立金額の計算に関する明細書 | | | | | |
|---|---|---|---|---|---|
| 区分 | | 期首現在利益積立金額 | 当期の増減 減 | 当期の増減 増 | 差引翌期首現在利益積立金額 ①－②＋③ |
| | | ① | ② | ③ | ④ |
| 利益準備金 | 1 | 円 | 円 | 円 | 円 |
| 積立金 | 2 | | | | |
| 構築物 | 3 | | | △8,000,000 | △8,000,000 |
| 減価償却超過額 | 4 | | | 294,000 | 294,000 |
| | 5 | | | | |

## 翌期の処理

《例29》の〔翌期の処理〕と同様の処理を行います。

## 例126 土地の取得価額に算入した場合

当期に取得した土地の取得価額に含めた付随費用のうちに使途不明金1,200万円が含まれていることが判明した。

なお，この土地は翌期に譲渡し，使途不明金は譲渡原価になっている。

### 当期の処理

#### 税務上の経理処理

(借)使途不明金　1,200万円　　　　(貸)土　　地　1,200万円

#### 別表四の処理

| 区分 | | | 総額 | 処分 | | |
|---|---|---|---|---|---|---|
| | | | | 留保 | 社外流出 | |
| | | | ① | ② | ③ | |
| 加算 | 使途不明金損金不算入 | 10 | 12,000,000 | | その他 | 12,000,000 |
| | | | | | | |
| | | | | | | |
| 減算 | 土地認定損 | 21 | 12,000,000 | 12,000,000 | | |
| | | | | | | |
| | | | | | | |

#### 別表五(一)の処理

| I　利益積立金額の計算に関する明細書 | | | | | |
|---|---|---|---|---|---|
| 区分 | | 期首現在利益積立金額 | 当期の増減 | | 差引翌期首現在利益積立金額 ①－②＋③ |
| | | | 減 | 増 | |
| | | ① | ② | ③ | ④ |
| 利益準備金 | 1 | 円 | 円 | 円 | 円 |
| 積立金 | 2 | | | | |
| 土地 | 3 | | | △12,000,000 | △12,000,000 |
| | 4 | | | | |
| | 5 | | | | |

## 翌期の処理

### 決算上の経理処理

既に使途不明金部分は譲渡原価になっていますので，改めて経理処理はしません。

### 別表四の処理

| 区分 | | | 総額 | 処分 | | |
|---|---|---|---|---|---|---|
| | | | | 留保 | 社外流出 | |
| | | | ① | ② | ③ | |
| 加算 | 土地譲渡原価過大 | 10 | *12,000,000* | *12,000,000* | | |
| | | | | | | |
| | | | | | | |

### 別表五(一)の処理

| Ⅰ　利益積立金額の計算に関する明細書 | | | | | |
|---|---|---|---|---|---|
| 区分 | | 期首現在利益積立金額 | 当期の増減 | | 差引翌期首現在利益積立金額 ①－②＋③ |
| | | | 減 | 増 | |
| | | ① | ② | ③ | ④ |
| 利益準備金 | 1 | 円 | 円 | 円 | 円 |
| 積立金 | 2 | | | | |
| 土地 | 3 | *△12,000,000* | *△12,000,000* | | — |
| | 4 | | | | |
| | 5 | | | | |

## 13　リース料

### 例127　リース取引が売買とされる場合

次のような条件で機械の賃借をし，当期分のリース料500万円を経費（賃借料）として計上しているが，税務上このリース取引は所有権移転リース取引であり，機械の売買として取り扱うべきことが判明した。

①　リース期間　5年
②　リース料　1年当たり500万円（総額2,500万円）
③　機械の償却率　0.133（定率法）

**当期の処理**

**税務上の経理処理**

（借）機　　械　20,000,000円　　　（貸）未払金　20,000,000円
　　　機　　械　1,675,000円　　　　　　賃借料　1,675,000円

（注）賃借料とした金額は，償却費として損金経理をしたものとして取り扱われますから（令131の2③），減価償却の償却超過額（賃借料の損金不算入額）は，次のように計算されます。

したがって，賃借料とした500万円全額が損金不算入となるわけではありません。

25,000,000円×0.133＝3,325,000円……償却限度額

5,000,000円－3,325,000円＝1,675,000円……償却超過額

**別表四の処理**

| 区分 | | | 総額 | 処分 | | |
|---|---|---|---|---|---|---|
| | | | | 留保 | 社外流出 | |
| | | | ① | ② | ③ | |
| 加算 | 減価償却の償却超過額 | 6 | 1,675,000 | 1,675,000 | | |
| | 役員給与の損金不算入額 | 7 | | | その他 | |
| | 交際費等の損金不算入額 | 8 | | | その他 | |

### 別表五(一)の処理

| I 利益積立金額の計算に関する明細書 | | | | | |
|---|---|---|---|---|---|
| 区分 | | 期首現在利益積立金額 | 当期の増減 | | 差引翌期首現在利益積立金額 ①－②＋③ |
| | | | 減 | 増 | |
| | | ① | ② | ③ | ④ |
| 利益準備金 | 1 | 円 | 円 | 円 | 円 |
| 積立金 | 2 | | | | |
| 機械 | 3 | | | 21,675,000 | 21,675,000 |
| 未払金 | 4 | | | △20,000,000 | △20,000,000 |
| | 5 | | | | |

## 翌期の処理

### イ 第一法

#### 決算上の経理処理

企業会計上の処理は妥当なものとして，企業会計上と税務上の帳簿価額を合わせるための経理処理は行わないとともに，当期においても賃借料500万円を，次のとおり経費として計上します。

(借)賃 借 料　500万円　　　(貸)現金預金　500万円

この場合，税務上の償却費は，次のように計算されます。

(25,000,000円－3,325,000円)×0.133＝2,882,775円……償却限度額

5,000,000円－2,882,775円＝2,117,225円……償却超過額

### 別表四の処理

| 区分 | | | 総額 | 処分 | | |
|---|---|---|---|---|---|---|
| | | | | 留保 | 社外流出 | |
| | | | ① | ② | ③ | |
| 加算 | 減価償却の償却超過額 | 6 | 2,117,225 | 2,117,225 | | |
| | 役員給与の損金不算入額 | 7 | | | その他 | |
| | 交際費等の損金不算入額 | 8 | | | その他 | |

**別表五(一)の処理**

| Ⅰ　利益積立金額の計算に関する明細書 | | | | | |
|---|---|---|---|---|---|
| 区分 | | 期首現在利益積立金額 ① | 当期の増減 減 ② | 当期の増減 増 ③ | 差引翌期首現在利益積立金額 ①－②＋③ ④ |
| 利益準備金 | 1 | 円 | 円 | 円 | 円 |
| 積立金 | 2 | | | | |
| 機械 | 3 | 21,675,000 | 5,000,000 | 2,117,225 | 18,792,225 |
| 未払金 | 4 | △20,000,000 | △5,000,000 | | △15,000,000 |
| | 5 | | | | |

**ロ　第二法**

**決算上の経理処理**

企業会計上と税務上の帳簿価額を合わせるため，決算調整により次の経理処理を行った上，賃借料500万円は未払金に充当するとともに，減価償却を行います。

| | | | |
|---|---|---|---|
| (借)機械 | 21,675,000円 | (貸)前期損益修正益 | 21,675,000円 |
| 前期損益修正損 | 20,000,000円 | 未払金 | 20,000,000円 |
| (借)未払金 | 5,000,000円 | (貸)現金預金 | 5,000,000円 |
| 減価償却費 | 2,882,775円 | 機械 | 2,882,775円 |

**別表四の処理**

| 区分 | | | 総額 ① | 処分 留保 ② | 処分 社外流出 ③ | |
|---|---|---|---|---|---|---|
| 加算 | 前期未払金認定損否認 | 10 | 20,000,000 | 20,000,000 | | |
| | | | | | | |
| 減算 | 前期機械計上もれ認容 | 21 | 21,675,000 | 21,675,000 | | |
| | | | | | | |

## 別表五(一)の処理

| I　利益積立金額の計算に関する明細書 | | | | | |
|---|---|---|---|---|---|
| 区分 | | 期首現在利益積立金額 | 当期の増減 | | 差引翌期首現在利益積立金額 ①－②＋③ |
| | | | 減 | 増 | |
| | | ① | ② | ③ | ④ |
| 利益準備金 | 1 | 円 | 円 | 円 | 円 |
| 積立金 | 2 | | | | |
| 機械 | 3 | *21,675,000* | *21,675,000* | | — |
| 未払金 | 4 | △*20,000,000* | △*20,000,000* | | — |
| | 5 | | | | |

（注）　第二法で処理する場合には，企業会計上の機械の帳簿価額も21,675,000円になりますから，減価償却費はこの帳簿価額を基礎にして計算することになり，税務計算と一致します。

## 例128　リース取引が金融とされる場合

当期に甲リース会社との間で機械を対象に次のような，いわゆるリース・バック取引を行い，機械の売買及びリースとして処理していたが，この取引は金銭の貸借として処理すべきことが判明した。

①　機械の売買価額　5,000万円
②　機械の帳簿価額　2,000万円
③　リース期間　５年
④　リース料　１年当たり1,200万円（うち元本返済額1,000万円）
⑤　機械の償却率　0.200（定率法）

### 当期の処理

#### 税務上の経理処理

| | | | | |
|---|---|---|---|---|
| (借)機　　　械 | 2,000万円 | | (貸)借　入　金 | 5,000万円 |
| 機械売買益 | 3,000万円 | | | |
| (借)借　入　金 | 1,000万円 | | (貸)賃　借　料 | 600万円 |
| | | | 機　　　械 | 400万円 |

(注)　貸方・機械400万円は，次により計算されます。これは，賃借料のうち元本返済額部分は償却費として損金経理したものとした場合の当期の減価償却費相当額ということです（基通12の５－２－２，12の５－２－３）。

2,000万円×0.200＝400万円

#### 別表四の処理

| 区分 | | | 総額 | 処分 | | |
|---|---|---|---|---|---|---|
| | | | | 留保 | 社外流出 | |
| | | | ① | ② | ③ | |
| 加算 | 賃借料中否認 | 10 | 6,000,000 | 6,000,000 | | |
| | | | | | | |
| 減算 | 機械売買益否認 | 21 | 30,000,000 | 30,000,000 | | |
| | | | | | | |

## 別表五(一)の処理

| Ⅰ　利益積立金額の計算に関する明細書 | | | | | |
|---|---|---|---|---|---|
| 区分 | | 期首現在利益積立金額 | 当期の増減 | | 差引翌期首現在利益積立金額 ①－②＋③ |
| | | | 減 | 増 | |
| | | ① | ② | ③ | ④ |
| 利益準備金 | 1 | 円 | 円 | 円 | 円 |
| 積立金 | 2 | | | | |
| 機械 | 3 | | | *16,000,000* | *16,000,000* |
| 借入金 | 4 | | | △*40,000,000* | △*40,000,000* |

## 翌期の処理

《例*127*》の〔翌期の処理〕と同様の処理を行います。

## 14 支払地代

### 例129 前払地代がある場合

当期に損金計上した支払地代240万円のうち80万円は，翌期に損金算入すべきものであることが判明した。

**当期の処理**

**税務上の経理処理**

(借)前払地代 80万円　　　(貸)支払地代　80万円

**別表四の処理**

| 区分 | | | 総額 | 処分 | |
|---|---|---|---|---|---|
| | | | | 留保 | 社外流出 |
| | | | ① | ② | ③ |
| 加算 | 支払地代中否認 | 10 | 800,000 | 800,000 | |
| | | | | | |

**別表五(一)の処理**

| Ⅰ　利益積立金額の計算に関する明細書 | | | | | |
|---|---|---|---|---|---|
| 区分 | | 期首現在利益積立金額 | 当期の増減 | | 差引翌期首現在利益積立金額 ①－②＋③ |
| | | | 減 | 増 | |
| | | ① | ② | ③ | ④ |
| 利益準備金 | 1 | 円 | 円 | 円 | 円 |
| 積立金 | 2 | | | | |
| 前払地代 | 3 | | | 800,000 | 800,000 |
| | 4 | | | | |

(注)　短期の前払費用に該当する支払地代については，前払処理をすることなく，その支払った日に損金算入をすることができます（基通２－２－14）。

## 翌期の処理

### イ　第一法

**決算上の経理処理**

既に前期において支払地代として計上済みですから，特に経理処理は行いません。

**別表四の処理**

| 区分 | | 総額 | 処分 | |
|---|---|---|---|---|
| | | | 留保 | 社外流出 |
| | | ① | ② | ③ |
| 減算　前払地代認容 | 21 | *800,000* | *800,000* | |
| | | | | |
| | | | | |

**別表五(一)の処理**

| I　利益積立金額の計算に関する明細書 | | | | | |
|---|---|---|---|---|---|
| 区分 | | 期首現在利益積立金額 | 当期の増減 | | 差引翌期首現在利益積立金額 ①－②＋③ |
| | | | 減 | 増 | |
| | | ① | ② | ③ | ④ |
| 利益準備金 | 1 | 円 | 円 | 円 | 円 |
| 積立金 | 2 | | | | |
| 前払地代 | 3 | *800,000* | *800,000* | | — |

### ロ　第二法

**決算上の経理処理**

この支払地代は，当期の支払地代ですから，当期の支払地代とするため，決算調整により次の経理処理を行います。

(借)支払地代　80万円　　　　(貸)前期損益修正益　80万円

**別表四と別表五(一)の処理**

第一法と同様の処理を行います。

**(注)**　《例*129*》の処理方法は，前払家賃等の地代以外の賃借料についても適用することができます。

## 例130 未払地代がある場合

翌期に損金計上されている支払地代240万円のうち60万円は，当期に損金算入すべきものであることが判明した。

### 当期の処理

#### 税務上の経理処理

(借)支払地代　60万円　　　　(貸)未払地代　60万円

#### 別表四の処理

| 区分 | | | 総額 | 処分 | |
|---|---|---|---|---|---|
| | | | | 留保 | 社外流出 |
| | | | ① | ② | ③ |
| 減算 | 支払地代認容 | 21 | 600,000 | 600,000 | |
| | | | | | |

#### 別表五(一)の処理

I　利益積立金額の計算に関する明細書

| 区分 | | 期首現在利益積立金額 | 当期の増減 | | 差引翌期首現在利益積立金額 ①－②＋③ |
|---|---|---|---|---|---|
| | | | 減 | 増 | |
| | | ① | ② | ③ | ④ |
| 利益準備金 | 1 | 円 | 円 | 円 | 円 |
| 積立金 | 2 | | | | |
| 未払地代 | 3 | | | △600,000 | △600,000 |
| | 4 | | | | |

## 翌期の処理

### イ　第一法

**決算上の経理処理**

既に当期において支払地代として計上済みですから，特に経理処理は行いません。

**別表四の処理**

| 区分 | | | 総額 | 処分 | |
|---|---|---|---|---|---|
| | | | | 留保 | 社外流出 |
| | | | ① | ② | ③ |
| 加算 | 支払地代中否認 | 10 | *600,000* | *600,000* | |
| | | | | | |

**別表五(一)の処理**

| Ⅰ　利益積立金額の計算に関する明細書 | | | | | |
|---|---|---|---|---|---|
| 区分 | | 期首現在利益積立金額 | 当期の増減 | | 差引翌期首現在利益積立金額 ①－②＋③ |
| | | | 減 | 増 | |
| | | ① | ② | ③ | ④ |
| 利益準備金 | 1 | 円 | 円 | 円 | 円 |
| 積立金 | 2 | | | | |
| 未払地代 | 3 | △*600,000* | △*600,000* | | — |
| | 4 | | | | |

### ロ　第二法

**決算上の経理処理**

この支払地代は，前期の支払地代ですから，当期の支払地代に関係させないようにするため，決算調整により次の経理処理を行います。

(借)前期損益修正損　60万円　　　　(貸)支払地代　60万円

**別表四と別表五(一)の処理**

第一法と同様の処理を行います。

**(注)**　《例*130*》の処理方法は，未払家賃等の地代以外の賃借料についても適用することができます。

## 例131 更新料を支払った場合

当期に借地権の存続期間を更新するため，地主に対して更新料1,000万円を支払ったが，支払地代として損金経理されていることが判明した。

なお，この借地権の帳簿価額は6,000万円，時価は1億円である。

### 当期の処理

#### 税務上の経理処理

(借)借　地　権　1,000万円　　(貸)支払地代　1,000万円
　　借地権原価　　600万円　　　　借 地 権　　600万円

(注)　更新料は借地権の帳簿価額に加算する一方，次の算式により計算した借地権の帳簿価額は損金算入されます（令139)。

$$6{,}000\text{万円} \times \frac{1{,}000\text{万円}}{1\text{億円}} = 600\text{万円}$$

#### 別表四の処理

| 区分 | | | 総額 | 処分 | | |
|---|---|---|---|---|---|---|
| | | | | 留保 | 社外流出 | |
| | | | ① | ② | ③ | |
| 加算 | 支払地代否認 | 10 | 10,000,000 | 10,000,000 | | |
| | | | | | | |
| 減算 | 借地権の損金算入 | 21 | 6,000,000 | 6,000,000 | | |
| | | | | | | |

#### 別表五(一)の処理

I　利益積立金額の計算に関する明細書

| 区分 | | 期首現在利益積立金額 | 当期の増減 | | 差引翌期首現在利益積立金額 ①－②＋③ |
|---|---|---|---|---|---|
| | | | 減 | 増 | |
| | | ① | ② | ③ | ④ |
| 利益準備金 | 1 | 円 | 円 | 円 | 円 |
| 積立金 | 2 | | | | |
| 借地権 | 3 | | | 4,000,000 | 4,000,000 |

## 翌期の処理

### イ　第一法

**決算上の経理処理**

企業会計上と税務上の帳簿価額を合わせるための経理処理は，特に行いません。

**別表四と別表五(一)の処理**

この借地権の返還，譲渡等があるまでは，何ら処理をする必要はありません。

### ロ　第二法

**決算上の経理処理**

企業会計上と税務上の帳簿価額を合わせるため，決算調整により次の経理処理を行います。

(借)借 地 権　400万円　　　　(貸)前期損益修正益　400万円

**別表四の処理**

| 区分 | | | 総額 | 処分 | | |
|---|---|---|---|---|---|---|
| | | | | 留保 | 社外流出 | |
| | | | ① | ② | ③ | |
| 減算 | 前期損益修正益否認 | 21 | *4,000,000* | *4,000,000* | | |
| | | | | | | |

**別表五(一)の処理**

| Ⅰ　利益積立金額の計算に関する明細書 | | | | | |
|---|---|---|---|---|---|
| 区分 | | 期首現在利益積立金額 | 当期の増減 | | 差引翌期首現在利益積立金額 ①－②＋③ |
| | | | 減 | 増 | |
| | | ① | ② | ③ | ④ |
| 利益準備金 | 1 | 円 | 円 | 円 | 円 |
| 積立金 | 2 | | | | |
| 借地権 | 3 | *4,000,000* | *4,000,000* | | — |

# Ⅵ　営業外収益等に関する事項の処理

## 1　受　取　利　息

**例132**　**未収利息がある場合**

翌期に収益計上されている受取利息50万円のうち30万円は，当期の収益として計上すべきものであることが判明した。

**当期の処理**

**税務上の経理処理**

(借)未収利息　30万円　　　(貸)受取利息　30万円

**別表四の処理**

| 区分 | | | 総額 | 処分 | | |
|---|---|---|---|---|---|---|
| | | | | 留保 | 社外流出 | |
| | | | ① | ② | ③ | |
| 加算 | 受取利息計上もれ | 10 | 300,000 | 300,000 | | |
| | | | | | | |
| | | | | | | |

**別表五(一)の処理**

Ⅰ　利益積立金額の計算に関する明細書

| 区分 | | 期首現在利益積立金額 | 当期の増減 | | 差引翌期首現在利益積立金額 ①－②＋③ |
|---|---|---|---|---|---|
| | | | 減 | 増 | |
| | | ① | ② | ③ | ④ |
| 利益準備金 | 1 | 円 | 円 | 円 | 円 |
| 積立金 | 2 | | | | |
| 未収利息 | 3 | | | 300,000 | 300,000 |
| | 4 | | | | |
| | 5 | | | | |

## 翌期の処理

### イ　第一法

**決算上の経理処理**

既に当期の収益に計上済みですから，特に経理処理は行いません。

**別表四の処理**

| 区分 | | | 総額 | 処分 | |
|---|---|---|---|---|---|
| | | | | 留保 | 社外流出 |
| | | | ① | ② | ③ |
| 減算 | 受取利息認容 | 21 | 300,000 | 300,000 | |
| | | | | | |
| | | | | | |

**別表五(一)の処理**

| Ⅰ　利益積立金額の計算に関する明細書 | | | | | |
|---|---|---|---|---|---|
| 区分 | | 期首現在利益積立金額 | 当期の増減 | | 差引翌期首現在利益積立金額 ①－②＋③ |
| | | | 減 | 増 | |
| | | ① | ② | ③ | ④ |
| 利益準備金 | 1 | 円 | 円 | 円 | 円 |
| 積立金 | 2 | | | | |
| 未収利息 | 3 | 300,000 | 300,000 | | — |

### ロ　第二法

**決算上の経理処理**

この受取利息は，前期の収益ですから，当期の収益に関係させないようにするため，決算調整により次の経理処理を行います。

(借)受取利息　30万円　　　　(貸)前期損益修正益　30万円

**別表四と別表五(一)の処理**

第一法と同様の処理を行います。

**(注)**　《例132》の処理方法は，未収地代・家賃等の賃貸料についても適用することができます。

## 例133 前受利息がある場合

当期に収益計上されている受取利息120万円のうち20万円は，翌期の収益として計上すべきものであることが判明した。

### 当期の処理

#### 税務上の経理処理

(借)受取利息　20万円　　　　(貸)前受利息　20万円

#### 別表四の処理

| 区分 | | | 総額 | 処分 | | |
|---|---|---|---|---|---|---|
| | | | | 留保 | 社外流出 | |
| | | | ① | ② | ③ | |
| 減算 | 受取利息否認 | 21 | 200,000 | 200,000 | | |
| | | | | | | |

#### 別表五(一)の処理

| Ⅰ　利益積立金額の計算に関する明細書 | | | | | |
|---|---|---|---|---|---|
| 区分 | | 期首現在利益積立金額 | 当期の増減 | | 差引翌期首現在利益積立金額 ①−②+③ |
| | | | 減 | 増 | |
| | | ① | ② | ③ | ④ |
| 利益準備金 | 1 | 円 | 円 | 円 | 円 |
| 積立金 | 2 | | | | |
| 前受利息 | 3 | | | △200,000 | △200,000 |
| | 4 | | | | |

## 翌期の処理

### イ　第一法

**決算上の経理処理**

既に前期において受取利息として計上済みですから，特に経理処理は行いません。

**別表四の処理**

| 区分 | | | 総額 | 処分 | |
|---|---|---|---|---|---|
| | | | | 留保 | 社外流出 |
| | | | ① | ② | ③ |
| 加算 | 受取利息計上もれ | 10 | 200,000 | 200,000 | |
| | | | | | |

**別表五(一)の処理**

| Ⅰ　利益積立金額の計算に関する明細書 | | | | | |
|---|---|---|---|---|---|
| 区分 | | 期首現在利益積立金額 | 当期の増減 | | 差引翌期首現在利益積立金額 ①－②＋③ |
| | | | 減 | 増 | |
| | | ① | ② | ③ | ④ |
| 利益準備金 | 1 | 円 | 円 | 円 | 円 |
| 積立金 | 2 | | | | |
| 前受利息 | 3 | △200,000 | △200,000 | | — |
| | 4 | | | | |

### ロ　第二法

**決算上の経理処理**

この受取利息は，当期の収益ですから，当期の収益とするため，決算調整により次の経理処理を行います。

（借）前期損益修正損　20万円　　　（貸）受取利息　20万円

**別表四と別表五(一)の処理**

第一法と同様の処理を行います。

（注）《例133》の処理方法は，前受地代・家賃等の賃貸料についても適用することができます。

## 例134　売買目的外社債に調整差益を計上すべき場合

当期（令和 X0.4.1～令和 X1.3.31）において満期まで保有する目的で取得したＡ社債の取得価額等は次のとおりであるが，期末にはその取得価額のまま記帳されていることが判明した。

①　取得価額　　960万円
②　償還金額　1,000万円
③　取得日　　令和 X0.4.1
④　発行日　　令和 X0.4.1
⑤　償還日　　令和 X5.3.31

なお，前期末においてはＡ社債は有していない。

### 当期の処理

#### 税務上の経理処理

（借）有価証券　８万円　　　　（貸）有価証券利息（調整差益）　８万円

**（注）**　平成12年の税制改正により，売買目的外有価証券のうち償還期限及び償還金額の定めのあるものについては，償還金額が帳簿価額を超える部分の金額（調整差益）はその取得日から償還日までの期間に配分して，益金に算入すべきこととされました（法61の３①，令119の14，139の２）。

有価証券利息（調整差益）は，次により計算されます。

$$(1{,}000\text{万円}-960\text{万円})\times\frac{1{,}000\text{万円}}{1{,}000\text{万円}}\times\frac{12}{12+48}=8\text{万円}$$

#### 別表四の処理

| 区分 | | | 総額 ① | 処分 留保 ② | 社外流出 ③ | |
|---|---|---|---|---|---|---|
| 加算 | 有価証券利息計上もれ | 10 | 80,000 | 80,000 | | |
| | | | | | | |

別表五(一)の処理

| I 利益積立金額の計算に関する明細書 | | | | | |
|---|---|---|---|---|---|
| 区分 | | 期首現在利益積立金額 | 当期の増減 | | 差引翌期首現在利益積立金額 ①－②＋③ |
| | | | 減 | 増 | |
| | | ① | ② | ③ | ④ |
| 利益準備金 | 1 | 円 | 円 | 円 | 円 |
| 積立金 | 2 | | | | |
| 有価証券 | 3 | | | 80,000 | 80,000 |
| | 4 | | | | |

## 翌期の処理

### 決算上の経理処理

(借)有　価　証　券　8万円　　　(貸)前期損益修正益　　　　　8万円

(借)有　価　証　券　8万円　　　(貸)有価証券利息（調整差益）8万円

**(注)**　有価証券利息（調整差益）は，次により計算されます（令139の2）。

$$(1{,}000万円-(960万円+8万円))\times\frac{12}{12+36}=8万円$$

別表四の処理

| 区分 | | 総額 | 処分 | |
|---|---|---|---|---|
| | | | 留保 | 社外流出 |
| | | ① | ② | ③ |
| 減算 前期損益修正益否認 | 21 | 80,000 | 80,000 | |
| 減算 | | | | |

別表五(一)の処理

| I 利益積立金額の計算に関する明細書 | | | | | |
|---|---|---|---|---|---|
| 区分 | | 期首現在利益積立金額 | 当期の増減 | | 差引翌期首現在利益積立金額 ①－②＋③ |
| | | | 減 | 増 | |
| | | ① | ② | ③ | ④ |
| 利益準備金 | 1 | 円 | 円 | 円 | 円 |
| 積立金 | 2 | | | | |
| 有価証券 | 3 | 80,000 | 80,000 | | — |
| | 4 | | | | |

## 2　受取配当金

### 例135　内国会社配当の益金不算入額がある場合

当期における内国会社からの受取配当等の益金不算入額は，100万円である。

**当期の処理**

**別表四の処理**

| 区分 | | | 総額 | 処分 | | |
|---|---|---|---|---|---|---|
| | | | | 留保 | 社外流出 | |
| | | | ① | ② | ③ | |
| 減算 | 減価償却超過額の当期認容額 | 12 | | | | |
| | 納税充当金から支出した事業税等の金額 | 13 | | | | |
| | 受取配当等の益金不算入額<br>(別表八(一)「5」) | 14 | *1,000,000* | | ※ | *1,000,000* |

**別表五(一)の処理**

何ら処理をする必要はありません。

**翌期の処理**

決算上及び税務上とも，何ら処理をする必要はありません。

(注)　特定関係子法人から多額の配当を受けた場合には，益金不算入額相当額をその子法人株式の帳簿価額から減算しなければならないことがあります(《例*144*》参照)。

## 例136 合併によりみなし配当を受けた場合

当社が株式を保有している関連会社が合併したことにより合併法人の発行株式の交付を受け，みなし配当700万円が生じていたが，当社は何ら処理を行っていないことが判明した。

なお，この受取配当等の益金不算入額は，600万円である。

## 当期の処理

### 税務上の経理処理

（借）有価証券　700万円　　　　（貸）受取配当金　700万円

**（注）** 自己が保有する株式の発行法人が合併したことにより生じたみなし配当についても，受取配当等の益金不算入の適用を受けることができます（法24①一）。この場合，利益の配当とみなされる金額は，その保有株式の帳簿価額に加算するものとされています（令119①五）。

### 別表四の処理

| 区分 | | | 総額 | 処分 | | |
|---|---|---|---|---|---|---|
| | | | | 留保 | 社外流出 | |
| | | | ① | ② | ③ | |
| 加算 | 受取配当金計上もれ | 10 | 7,000,000 | 7,000,000 | | |
| | | | | | | |
| 減算 | 納税充当金から支出した事業税等の金額 | 13 | | | | |
| | 受取配当等の益金不算入額（別表八(一)「5」） | 14 | 6,000,000 | | ※ | 6,000,000 |
| | 外国子会社から受ける剰余金の配当等の益金不算入額（別表八(二)「26」） | 15 | | | ※ | |

**別表五(一)の処理**

| Ⅰ　利益積立金額の計算に関する明細書 | | | | | |
|---|---|---|---|---|---|
| 区　　　分 | | 期首現在利益積立金額 | 当期の増減 | | 差引翌期首現在利益積立金額<br>①－②＋③ |
| | | | 減 | 増 | |
| | | ① | ② | ③ | ④ |
| 利益準備金 | 1 | 円 | 円 | 円 | 円 |
| 積立金 | 2 | | | | |
| 有価証券 | 3 | | | *7,000,000* | *7,000,000* |
| | 4 | | | | |
| | 5 | | | | |

## 翌期の処理

### イ　第一法

**決算上の経理処理**

企業会計上と税務上の帳簿価額を合わせるための経理処理は，特に行いません。

この株式の売却等があるまでは，何ら処理をする必要はありません。

**別表四と別表五(一)の処理**

仮に，この株式を売却した場合には，別表五㈠に計上されている700万円のうち売却した株式に対応する部分の金額は，申告調整により所得金額から減算します（《例*25*》の〔当期の処理〕と同様の処理を行います。)。

### ロ　第二法

**決算上の経理処理**

いわば簿外となっている部分の株式を企業会計に受け入れるため，決算調整により次の経理処理を行います。

(借)有価証券　700万円　　　　(貸)前期損益修正益　700万円

## 別表四の処理

| 区分 | | | 総額 | 処分 | | |
|---|---|---|---|---|---|---|
| | | | | 留保 | 社外流出 | |
| | | | ① | ② | ③ | |
| 減算 | 前期損益修正益否認 | 21 | 7,000,000 | 7,000,000 | | |
| | | | | | | |
| | | | | | | |

## 別表五(一)の処理

| Ⅰ　利益積立金額の計算に関する明細書 | | | | | |
|---|---|---|---|---|---|
| 区分 | | 期首現在利益積立金額 | 当期の増減 | | 差引翌期首現在利益積立金額①－②＋③ |
| | | | 減 | 増 | |
| | | ① | ② | ③ | ④ |
| 利益準備金 | 1 | 円 | 円 | 円 | 円 |
| 積立金 | 2 | | | | |
| 有価証券 | 3 | 7,000,000 | 7,000,000 | | — |
| | 4 | | | | |
| | 5 | | | | |

## 例137　外国子会社配当の益金不算入額がある場合

当期に外国子会社（持株割合100％）から配当金1,000万円を受けたので，益金不算入の適用を受けることとした。

なお，この配当金は子会社の所在地国で損金算入されるものではない。

### 当期の処理

#### 別表四の処理

| 区分 | | | 総額 | 処分 | | |
|---|---|---|---|---|---|---|
| | | | | 留保 | 社外流出 | |
| | | | ① | ② | ③ | |
| 減算 | 受取配当等の益金不算入額（別表八(一)「5」） | 14 | | | ※ | |
| | 外国子会社から受ける剰余金の配当等の益金不算入額（別表八(二)「26」） | 15 | 9,500,000 | | ※ | 9,500,000 |
| | 受贈益の益金不算入額 | 16 | | | ※ | |

（注）　平成21年の税制改正により，外国子会社（持株割合25％以上）から受ける配当等は益金不算入とすることができるものとされました。その益金不算入となる金額は，次により計算されます（法23の２，令22の４）。

1,000万円－(1,000万円×５％)＝950万円

#### 別表五(一)の処理

何ら処理をする必要はありません。

### 翌期の処理

決算上及び税務上とも，何ら処理をする必要はありません。

（注）　平成28年４月１日以後に開始する事業年度にあっては，外国子会社から受ける配当等の額の全部又は一部がその外国子会社の本店所在地国で損金算入される場合には，その配当等は益金不算入の対象になりません。ただし，これは平成28年４月１日に外国子会社の株式等を有する場合は，平成30年４月１日以後に開始する事業年度から適用されます（法23の２②，平成27年改正法附則１五ロ，24）。

## 例138 受取配当金を見積計上した場合

当期において，上場株式につき配当落ち日に予想配当額に基づき未収配当金200万円を見積計上した。この配当金は，実際には翌期に220万円で確定したので，その差額20万円は，翌期の収益に計上する。

なお，この配当金については，翌期に受取配当等の益金不算入の適用を受けることとし，その益金不算入額は210万円である。

### 当期の処理

#### 税務上の経理処理

(借)受取配当金　200万円　　　　(貸)未収配当金　200万円

(注)　法人が配当落ち日に未収配当金の見積計上をしている場合（金融商品会計実務指針94，286）であっても，その未収配当金は，未確定の収益として配当落ち日の属する事業年度の益金にはなりません（基通2－1－27(1)(注)）。

#### 別表四の処理

| 区分 | | | 総額 | 処分 | | |
|---|---|---|---|---|---|---|
| | | | | 留保 | 社外流出 | |
| | | | ① | ② | ③ | |
| 減算 | 受取配当金否認 | 21 | 2,000,000 | 2,000,000 | | |
| | | | | | | |
| | | | | | | |

#### 別表五(一)の処理

| Ⅰ　利益積立金額の計算に関する明細書 | | | | | |
|---|---|---|---|---|---|
| 区分 | | 期首現在利益積立金額 | 当期の増減 | | 差引翌期首現在利益積立金額 ①－②＋③ |
| | | | 減 | 増 | |
| | | ① | ② | ③ | ④ |
| 利益準備金 | 1 | 円 | 円 | 円 | 円 |
| 積立金 | 2 | | | | |
| 未収配当金 | 3 | | | △2,000,000 | △2,000,000 |

# 翌期の処理

## 決算上の経理処理

| | | | |
|---|---|---|---|
| (借)現金預金 | 1,863,070円 | (貸)未収配当金 | 2,000,000円 |
| 租税公課 | 336,930円 | 受取配当金 | 200,000円 |

## 別表四の処理

| 区分 | | | 総額 | 処分 | | |
|---|---|---|---|---|---|---|
| | | | | 留保 | 社外流出 | |
| | | | ① | ② | ③ | |
| 加算 | 受取配当金計上もれ | 10 | 2,000,000 | 2,000,000 | | |
| | | | | | | |
| | | | | | | |
| 減算 | 納税充当金から支出した事業税等の金額 | 13 | | | | |
| | 受取配当等の益金不算入額(別表八(一)「5」) | 14 | 2,100,000 | | ※ | 2,100,000 |
| | 外国子会社から受ける剰余金の配当等の益金不算入額(別表八(二)「26」) | 15 | | | ※ | |

## 別表五(一)の処理

Ⅰ　利益積立金額の計算に関する明細書

| 区分 | | 期首現在利益積立金額 | 当期の増減 減 | 当期の増減 増 | 差引翌期首現在利益積立金額 ①－②＋③ |
|---|---|---|---|---|---|
| | | ① | ② | ③ | ④ |
| 利益準備金 | 1 | 円 | 円 | 円 | 円 |
| 積立金 | 2 | | | | |
| 未収配当金 | 3 | △2,000,000 | △2,000,000 | | — |

## 例139 資本剰余金を原資とする配当を受けた場合

当期に「その他有価証券」として保有している上場株式（帳簿価額1,500万円）について資本剰余金を原資とする配当金を受け取り，次のような経理処理を行っている。

（借）現金預金　2,816,220円　　　（貸）その他有価証券　3,000,000円
　　　租税公課　　183,780円

この配当に関しては，株式の発行会社から，みなし配当は120万円，純資産減少割合は0.005との通知を受けた。

なお，このみなし配当の益金不算入額は100万円である。

### 当期の処理

#### 税務上の経理処理

（借）その他有価証券　2,925,000円　　　（貸）受取配当金　　　1,200,000円
　　　　　　　　　　　　　　　　　　　　　　　有価証券売却益　1,725,000円

**（注）** 税務上は，みなし配当1,200,000円と有価証券売却益1,725,000円（(3,000,000円－1,200,000円)－15,000,000円×0.005）を益金に算入しなければなりません（法24①四，61の2①⑱，令119の9①）。

#### 別表四の処理

| 区分 | | | 総額 | 処分 | | |
|---|---|---|---|---|---|---|
| | | | | 留保 | 社外流出 | |
| | | | ① | ② | ③ | |
| 加算 | 受取配当金計上もれ | 10 | 1,200,000 | 1,200,000 | | |
| | 有価証券売却益計上もれ | | 1,725,000 | 1,725,000 | | |
| | | | | | | |
| 減算 | 納税充当金から支出した事業税等の金額 | 13 | | | | |
| | 受取配当等の益金不算入額（別表八(一)「5」） | 14 | 1,000,000 | | ※ | 1,000,000 |
| | 外国子会社から受ける剰余金の配当等の益金不算入額（別表八(二)「26」） | 15 | | | ※ | |

**別表五(一)の処理**

| Ⅰ　利益積立金額の計算に関する明細書 | | | | | |
|---|---|---|---|---|---|
| 区　　　分 | | 期首現在<br>利益積立金額<br>① | 当期の増減<br>減<br>② | 当期の増減<br>増<br>③ | 差引翌期首現在<br>利益積立金額<br>①－②＋③<br>④ |
| 利益準備金 | 1 | 円 | 円 | 円 | 円 |
| 積立金 | 2 | | | | |
| 有価証券 | 3 | | | *2,925,000* | *2,925,000* |
| | 4 | | | | |

## 翌期の処理

《例*136*》の〔翌期の処理〕と同様の処理を行います。

（注）　資本剰余金を原資とする配当を行った場合の処理については，《例*270*》を参照してください。

## 例140 完全支配関係子会社株式の自己株譲渡により譲渡損が生じた場合

10年来保有する完全支配関係がある子会社の株式を，その子会社に対して自己株式として譲渡し，次のような経理処理を行っている。

| (借)現金預金 | 55,916,000円 | (貸)有価証券 | 70,000,000円 |
|---|---|---|---|
| 租税公課 | 4,084,000円 | | |
| 有価証券譲渡損 | 10,000,000円 | | |

なお，この株式の譲渡により，税務上はみなし配当が2,000万円生じる。

### 当期の処理

#### 税務上の経理処理

| (借)資本金等の額 | 3,000万円 | (貸)受取配当金 | 2,000万円 |
|---|---|---|---|
| | | 有価証券譲渡損 | 1,000万円 |

**(注)** 平成22年の税制改正により，完全支配関係（100％の持株関係）がある法人の株式を，その法人に自己株式として譲渡した場合には，株式の譲渡損益は計上しない一方（法61の2⑰），その譲渡損益に相当する金額は資本金等の額の増減として処理することとされました（令8①二十）。

#### 別表四の処理

| 区分 | | | 総額 ① | 処分 留保 ② | 処分 社外流出 ③ | |
|---|---|---|---|---|---|---|
| 加算 | 受取配当金計上もれ | 10 | 20,000,000 | 20,000,000 | | |
| 加算 | 有価証券譲渡損否認 | | 10,000,000 | 10,000,000 | | |
| 加算 | | | | | | |
| 減算 | 受取配当等の益金不算入額（別表八(一)「5」） | 14 | 20,000,000 | | ※ | 20,000,000 |
| 減算 | 外国子会社から受ける剰余金の配当等の益金不算入額（別表八(二)「26」） | 15 | | | ※ | |

## 別表五(一)の処理

| Ⅰ　利益積立金額の計算に関する明細書 | | | | | |
|---|---|---|---|---|---|
| 区分 | | 期首現在利益積立金額 | 当期の増減 | | 差引翌期首現在利益積立金額 ①－②＋③ |
| | | | 減 | 増 | |
| | | ① | ② | ③ | ④ |
| 利益準備金 | 1 | 円 | 円 | 円 | 円 |
| 積立金 | 2 | | | | |
| 資本金等の額 | 3 | | | *30,000,000* | *30,000,000* |
| | 4 | | | | |

| Ⅱ　資本金等の額の計算に関する明細書 | | | | | |
|---|---|---|---|---|---|
| 区分 | | 期首現在資本金等の額 | 当期の増減 | | 差引翌期首現在資本金等の額 ①－②＋③ |
| | | | 減 | 増 | |
| | | ① | ② | ③ | ④ |
| 資本金又は出資金 | 32 | 円 | 円 | 円 | 円 |
| 資本準備金 | 33 | | | | |
| 利益積立金額 | 34 | | | *△30,000,000* | *△30,000,000* |
| | 35 | | | | |
| 差引合計額 | 36 | | | | |

## 翌期の処理

資本金等の額について異動がない限り，決算上及び税務上とも何ら処理をする必要はありません。

**(注)**　法人が支払を受ける完全子法人株式等（法23①）に該当する株式等に係る配当等について，令和５年10月１日以後に支払を受けるものは，所得税等の源泉徴収は要しません（所法177，212③）。

## 例141 完全支配関係子会社株式の自己株譲渡により譲渡益が生じた場合

当社は従来から保有する完全支配関係がある子会社の株式を，その子会社に対して自己株式として譲渡し，次のような経理処理を行っている。

(借)現金預金　67,958,000円　　(貸)有価証券　50,000,000円
　　租税公課　2,042,000円　　　　有価証券譲渡益　20,000,000円

なお，この株式の譲渡により，税務上はみなし配当が1,000万円生じる。

### 当期の処理

#### 税務上の経理処理

(借)有価証券譲渡益　2,000万円　　(貸)受取配当金　1,000万円
　　　　　　　　　　　　　　　　　　資本金等の額　1,000万円

**(注)**　平成22年の税制改正により，完全支配関係がある子会社株式を自己株式として譲渡し，税務上，譲渡益が生じる場合には，株式の譲渡益は計上せず（法61の2⑰），利益積立金額を減額する一方，資本金等の額を増額します（令8①二十）。

#### 別表四の処理

| 区分 | | | 総額 | 処分 | | |
|---|---|---|---|---|---|---|
| | | | | 留保 | 社外流出 | |
| | | | ① | ② | ③ | |
| 加算 | 受取配当金計上もれ | 10 | 10,000,000 | 10,000,000 | | |
| | | | | | | |
| 減算 | 受取配当等の益金不算入額(別表八(一)「5」) | 14 | 10,000,000 | | ※ | 10,000,000 |
| | 外国子会社から受ける剰余金の配当等の益金不算入額(別表八(二)「26」) | 15 | | | ※ | |
| | 有価証券譲渡益否認 | 21 | 20,000,000 | 20,000,000 | | |
| | | | | | | |

## 別表五(一)の処理

Ⅰ　利益積立金額の計算に関する明細書

| 区分 | | 期首現在利益積立金額 | 当期の増減 | | 差引翌期首現在利益積立金額 ①－②＋③ |
|---|---|---|---|---|---|
| | | | 減 | 増 | |
| | | ① | ② | ③ | ④ |
| 利益準備金 | 1 | 円 | 円 | 円 | 円 |
| 積立金 | 2 | | | | |
| **資本金等の額** | 3 | | *10,000,000* | | *△10,000,000* |
| | 4 | | | | |

Ⅱ　資本金等の額の計算に関する明細書

| 区分 | | 期首現在資本金等の額 | 当期の増減 | | 差引翌期首現在資本金等の額 ①－②＋③ |
|---|---|---|---|---|---|
| | | | 減 | 増 | |
| | | ① | ② | ③ | ④ |
| 資本金又は出資金 | 32 | 円 | 円 | 円 | 円 |
| 資本準備金 | 33 | | | | |
| **利益積立金額** | 34 | | | *10,000,000* | *10,000,000* |
| | 35 | | | | |

## 翌期の処理

資本金等の額について異動がない限り，決算上及び税務上とも何ら処理をする必要はありません。

## 例142 適格現物分配により配当を受けた場合

当社は組織再編成のため，完全支配関係がある子会社から，剰余金の配当としてその子会社の子会社（当社の孫会社）の株式の適格現物分配を受けた。

なお，この孫会社株式の子会社における帳簿価額は1,000万円，時価は1,500万円であり，次のような経理処理を行っている。

(借)有価証券　1,500万円　　　(貸)受取配当金　1,500万円

### 当期の処理

#### 税務上の経理処理

(借)受取配当金　500万円　　　(貸)有価証券　500万円

(注)　平成22年の税制改正により，適格現物分配により資産の移転を受けたことによる収益は，益金に算入しないこととされました（法２十二の十五，62の５③④）。この場合，現物分配を受けた資産の取得価額は，現物分配法人（子会社）における現物分配直前のその資産の帳簿価額相当額とします（令123の６①）。

企業会計においても，企業集団内の企業へ現物配当を行う場合には，現物配当を受けた資産の帳簿価額は，現物配当をした法人の配当財産の適正な帳簿価額を付するものとされています（自己株式及び準備金の額の減少等に関する会計基準の適用指針38項）。

#### 別表四の処理

| 区分 | | | 総額 | 処分 | | |
|---|---|---|---|---|---|---|
| | | | | 留保 | 社外流出 | |
| | | | ① | ② | ③ | |
| 減算 | 適格現物分配に係る益金不算入額 | 17 | 10,000,000 | | ※ | 10,000,000 |
| | 法人税等の中間納付額及び過誤納に係る還付金額 | 18 | | | | |
| | 所得税額等及び欠損金の繰戻しによる還付金額等 | 19 | | | ※ | |
| | 通算法人に係る減算額（別表四付表「10」） | 20 | | | ※ | |
| | 受取配当金の益金不算入額 | 21 | 5,000,000 | 5,000,000 | | |

別表五(一)の処理

| Ⅰ　利益積立金額の計算に関する明細書 | | | | | |
|---|---|---|---|---|---|
| 区分 | | 期首現在利益積立金額 | 当期の増減 | | 差引翌期首現在利益積立金額 ①－②＋③ |
| | | | 減 | 増 | |
| | | ① | ② | ③ | ④ |
| 利益準備金 | 1 | 円 | 円 | 円 | 円 |
| 積立金 | 2 | | | | |
| 有価証券 | 3 | | | △5,000,000 | △5,000,000 |
| | 4 | | | | |

## 翌期の処理

### イ　第一法

決算上の経理処理

企業会計上の処理と税務上の処理とを合わせるための経理処理は，特に行いません。

別表四と別表五(一)の処理

何ら処理する必要はありません。

### ロ　第二法

決算上の経理処理

企業会計上と税務上の有価証券の価額を合わせるため，決算調整により次のような経理処理を行います。

(借)前期損益修正損　500万円　　　(貸)有価証券　500万円

別表四の処理

| 区分 | | | 総額 | 処分 | |
|---|---|---|---|---|---|
| | | | | 留保 | 社外流出 |
| | | | ① | ② | ③ |
| 加算 | 前期損益修正損否認 | 10 | 5,000,000 | 5,000,000 | |
| | | | | | |

**別表五(一)の処理**

| I 利益積立金額の計算に関する明細書 | | | | | |
|---|---|---|---|---|---|
| 区分 | | 期首現在利益積立金額 | 当期の増減 | | 差引翌期首現在利益積立金額 ①－②＋③ |
| | | | 減 | 増 | |
| | | ① | ② | ③ | ④ |
| 利益準備金 | 1 | 円 | 円 | 円 | 円 |
| 積立金 | 2 | | | | |
| 有価証券 | 3 | △5,000,000 | △5,000,000 | | — |
| | 4 | | | | |

(注)　子会社における処理については，《例170》を参照してください。

## 例143 適格株式分配により配当を受けた場合

当社はＡ社株式（帳簿価額1,000万円）を有しているが，Ａ社がスピンオフのために行った適格株式分配により完全子法人であるＢ社株式（時価1,500万円）の交付を受け，次のような経理処理を行っている。

（借）Ｂ社株式　1,500万円　　　　（貸）受取配当金　1,500万円

この株式分配に関して，Ａ社から現物分配割合は0.01であるとの通知を受けた。

### 当期の処理

#### 税務上の経理処理

（借）受取配当金　1,500万円　　　　（貸）Ｂ社株式　1,490万円
　　　　　　　　　　　　　　　　　　　　　Ａ社株式　　10万円

（注）平成29年の税制改正により，所有株式を発行した法人の行った株式分配により完全子法人の株式の交付を受けた場合には，その所有株式のうち完全子法人の株式に対応する部分の譲渡を行ったものとみなされますが，完全子法人の株式のみの交付を受けたときは，譲渡損益は生じないものとされました（法61の２⑧，令119の８の２）。

この場合，交付を受けた完全子法人の株式の取得価額は，現物分配法人の株式の帳簿価額に現物分配割合（純資産の価額に対する完全子法人株式の帳簿価額の割合）を乗じて計算した金額とします（令119①八）。

#### 別表四の処理

| 区分 | | | 総額 | 処分 | | |
|---|---|---|---|---|---|---|
| | | | | 留保 | 社外流出 | |
| | | | ① | ② | ③ | |
| 減算 | 受取配当金の益金不算入額 | 21 | *15,000,000* | *15,000,000* | | |
| | | | | | | |

別表五(一)の処理

| I 利益積立金額の計算に関する明細書 | | | | | |
|---|---|---|---|---|---|
| 区分 | | 期首現在利益積立金額 | 当期の増減 | | 差引翌期首現在利益積立金額 ①−②＋③ |
| | | | 減 | 増 | |
| | | ① | ② | ③ | ④ |
| 利益準備金 | 1 | 円 | 円 | 円 | 円 |
| 積立金 | 2 | | | | |
| B社株式 | 3 | | | △14,900,000 | △14,900,000 |
| A社株式 | 4 | | | △ 100,000 | △ 100,000 |

## 翌期の処理

### イ 第一法

決算上の経理処理

企業会計上の処理は妥当なものとして，企業会計上と税務上の処理を合わせるための経理処理は特に行いません。この場合には，別表四及び別表五(一)は何ら処理をする必要はありません。

### ロ 第二法

決算上の経理処理

企業会計上と税務上のB社株式の価額を合わせるため，決算調整により次のような経理処理を行います。

(借)前期損益修正損 1,500万円　　(貸)B社株式 1,490万円
　　　　　　　　　　　　　　　　　A社株式 10万円

別表四の処理

| 区分 | | | 総額 | 処分 | |
|---|---|---|---|---|---|
| | | | | 留保 | 社外流出 |
| | | | ① | ② | ③ |
| 加算 | 前期損益修正損否認 | 10 | 15,000,000 | 15,000,000 | |
| | | | | | |

## 別表五(一)の処理

| Ⅰ　利益積立金額の計算に関する明細書 | | | | | |
|---|---|---|---|---|---|
| 区　　分 | | 期首現在利益積立金額 | 当期の増減 | | 差引翌期首現在利益積立金額 ①－②＋③ |
| | | | 減 | 増 | |
| | | ① | ② | ③ | ④ |
| 利益準備金 | 1 | 円 | 円 | 円 | 円 |
| 積立金 | 2 | | | | |
| B社株式 | 3 | △14,900,000 | △14,900,000 | | — |
| A社株式 | 4 | △　100,000 | △　100,000 | | — |

(注)　スピンオフを行ったA社における処理については，《例172》を参照してください。

## 例144 特定関係子法人から多額の配当を受けた場合

当社は，子会社（当社の持株割合100%）から5,000万円の配当を受け，全額受取配当等の益金不算入の適用を受けるが，その受取配当の額が子会社株式の帳簿価額8,000万円の10% 相当額を超えるため，益金不算入相当額5,000万円を子会社株式の帳簿価額から減算すべきことが判明した。

この子会社株式は，翌期に3,000万円で第三者に譲渡した。

### 当期の処理

#### 税務上の経理処理

（借）利益積立金額　5,000万円　　　（貸）子会社株式　5,000万円

**（注）**　令和２年の税制改正により，特定関係子法人（持株割合が50% 超の子法人）から受ける配当等の額が，2,000万円を超えるとともに，その特定関係子法人株式の帳簿価額の10% 相当額を超える場合には，その配当等の益金不算入相当額を，その特定関係子法人株式の帳簿価額から減算すべきこととされました（令119の３⑩～⑯，119の４①）。

この場合，特定関係子法人株式の帳簿価額から減算する金額は，利益積立金額の減少として処理します（令９一ネ）。

#### 別表四の処理

| 区分 | | | 総額 | 処分 | | |
|---|---|---|---|---|---|---|
| | | | | 留保 | 社外流出 | |
| | | | ① | ② | ③ | |
| 減算 | 納税充当金から支出した事業税等の金額 | 13 | | | | |
| | 受取配当等の益金不算入額（別表八(一)「5」） | 14 | 50,000,000 | | ※ | 50,000,000 |
| | 外国子会社から受ける剰余金の配当等の益金不算入額（別表八(二)「26」） | 15 | | | ※ | |

### 別表五(一)の処理

| Ⅰ　利益積立金額の計算に関する明細書 | | | | | |
|---|---|---|---|---|---|
| 区　分 | | 期首現在利益積立金額 | 当期の増減 | | 差引翌期首現在利益積立金額 ①－②＋③ |
| | | | 減 | 増 | |
| | | ① | ② | ③ | ④ |
| 利益準備金 | 1 | 円 | 円 | 円 | 円 |
| 積立金 | 2 | | | | |
| 子会社株式 | 3 | | | △50,000,000 | △50,000,000 |

(注)「子会社株式」の「当期の増減」の「増」△50,000,000は，別表四の記入と関係なく記入しますから，別表四と別表五(一)の検算式はその分一致しません。

## 翌期の処理

### 決算上の経理処理

(借)現金預金　3,000万円　　(貸)子会社株式　8,000万円
　　株式譲渡損　5,000万円

### 別表四の処理

| 区　分 | | | 総額 | 処分 | |
|---|---|---|---|---|---|
| | | | | 留保 | 社外流出 |
| | | | ① | ② | ③ |
| 加算 | 株式譲渡損否認 | 10 | 50,000,000 | 50,000,000 | |
| | | | | | |

(注)　その子会社株式を譲渡した場合，子会社株式の税務上の帳簿価額は3,000万円(8,000万円－5,000万円)ですから，株式譲渡損5,000万円は生じないことになります。その子会社株式の譲渡時に，過年度の受取配当等の益金不算入額は，取り戻されるということです。

別表五(一)の処理

| I　利益積立金額の計算に関する明細書 | | | | | |
|---|---|---|---|---|---|
| 区分 | | 期首現在利益積立金額 | 当期の増減 | | 差引翌期首現在利益積立金額 ①－②＋③ |
| | | | 減 | 増 | |
| | | ① | ② | ③ | ④ |
| 利益準備金 | 1 | 円 | 円 | 円 | 円 |
| 積立金 | 2 | | | | |
| 子会社株式 | 3 | △*50,000,000* | △*50,000,000* | | — |

## 3　社債の発行差益

### 例145　一時の収益に計上した場合

当期首において社債をいわゆる打歩発行し，発行価額と額面金額との差額1,000万円を全額当期の収益として計上していることが判明した。

なお，この社債の償還期限は５年である。

**当期の処理**

**税務上の経理処理**

(借)社債発行差益　800万円　　　(貸)前受収益　800万円

(注)　平成10年の税制改正により，社債をいわゆる打歩発行した場合に生じる発行差益については，その社債の償還期間にわたって均等額ずつを益金算入すればよいこととされました（令136の２）。

**別表四の処理**

| 区分 | | | 総額 | 処分 | | |
|---|---|---|---|---|---|---|
| | | | | 留保 | 社外流出 | |
| | | | ① | ② | ③ | |
| 減算 | 社債発行差益否認 | 21 | 8,000,000 | 8,000,000 | | |
| | | | | | | |

**別表五(一)の処理**

| Ⅰ　利益積立金額の計算に関する明細書 | | | | | |
|---|---|---|---|---|---|
| 区分 | | 期首現在利益積立金額 | 当期の増減 | | 差引翌期首現在利益積立金額①－②＋③ |
| | | | 減 | 増 | |
| | | ① | ② | ③ | ④ |
| 利益準備金 | 1 | 円 | 円 | 円 | 円 |
| 積立金 | 2 | | | | |
| 前受収益 | 3 | | | △8,000,000 | △8,000,000 |
| | 4 | | | | |

## 翌期の処理

### イ　第一法

**決算上の経理処理**

企業会計上の処理は妥当なものとして，税務上の処理と合わせるための経理処理は特に行いません。

**別表四の処理**

| 区分 | | | 総額 | 処分 | |
|---|---|---|---|---|---|
| | | | | 留保 | 社外流出 |
| | | | ① | ② | ③ |
| 加算 | 社債発行差益計上もれ | 10 | 2,000,000 | 2,000,000 | |
| | | | | | |

**別表五(一)の処理**

| Ⅰ　利益積立金額の計算に関する明細書 | | | | | |
|---|---|---|---|---|---|
| 区分 | | 期首現在利益積立金額 | 当期の増減 | | 差引翌期首現在利益積立金額 ①－②＋③ |
| | | | 減 | 増 | |
| | | ① | ② | ③ | ④ |
| 利益準備金 | 1 | 円 | 円 | 円 | 円 |
| 積立金 | 2 | | | | |
| 前受収益 | 3 | △8,000,000 | △2,000,000 | | △6,000,000 |
| | 4 | | | | |

### ロ　第二法

**決算上の経理処理**

企業会計上と税務上の処理を合わせるため，決算調整により次の経理処理を行います。

(借)前期損益修正損　800万円　　(貸)前　受　収　益　800万円
　　前　受　収　益　200万円　　　　社債発行差益　200万円

**別表四の処理**

| 区分 | | 総額 | 処分 | |
|---|---|---|---|---|
| | | | 留保 | 社外流出 |
| | | ① | ② | ③ |
| 加算 前期損益修正損否認 | 10 | 8,000,000 | 8,000,000 | |
| | | | | |
| | | | | |

**別表五(一)の処理**

| Ⅰ　利益積立金額の計算に関する明細書 | | | | | |
|---|---|---|---|---|---|
| 区分 | | 期首現在利益積立金額 | 当期の増減 | | 差引翌期首現在利益積立金額 ①－②＋③ |
| | | | 減 | 増 | |
| | | ① | ② | ③ | ④ |
| 利益準備金 | 1 | 円 | 円 | 円 | 円 |
| 積立金 | 2 | | | | |
| 前受収益 | 3 | △8,000,000 | △8,000,000 | | — |
| | 4 | | | | |

(注)　社債の発行差損の処理については，《例189》を参照してください。

## 4　資産の評価益

### 例146　評価益の計上が認められない場合

当期において，次の構築物について評価益200万円を計上したが，税務上は評価益の計上は認められないことが判明した。

① 当期首の帳簿価額　1,000万円

② 償却率（定率法）　0.050

③ 損金計上償却費　60万円

**当期の処理**

**税務上の経理処理**

（借）評　価　益　200万円　　（貸）構　築　物　200万円

　　　構　築　物　10万円　　　　　減価償却費　10万円

（注）減価償却費は，次により計算されます。

(1,200万円－200万円)×0.050＝50万円…償却限度額

60万円－50万円＝10万円…償却超過額

これは，評価益の計上は認められるが，資産の時価を超えて過大に評価益を計上した場合も同様です（基通４－１－２）。

**別表四の処理**

| 区分 | | | 総額 | 処分 | | |
|---|---|---|---|---|---|---|
| | | | | 留保 | 社外流出 | |
| | | | ① | ② | ③ | |
| 加算 | 減価償却の償却超過額 | 6 | 100,000 | 100,000 | | |
| | 役員給与の損金不算入額 | 7 | | | その他 | |
| | 交際費等の損金不算入額 | 8 | | | その他 | |
| 減算 | 評価益益金不算入 | 21 | 2,000,000 | 2,000,000 | | |
| | | | | | | |

**別表五(一)の処理**

| Ⅰ　利益積立金額の計算に関する明細書 | | | | | |
|---|---|---|---|---|---|
| 区分 | | 期首現在利益積立金額 | 当期の増減 | | 差引翌期首現在利益積立金額 ①－②＋③ |
| | | | 減 | 増 | |
| | | ① | ② | ③ | ④ |
| 利益準備金 | 1 | 円 | 円 | 円 | 円 |
| 積立金 | 2 | | | | |
| 減価償却超過額 | 3 | | | 100,000 | 100,000 |
| 構築物 | 4 | | | △2,000,000 | △2,000,000 |
| | 5 | | | | |

## 翌期の処理

### イ　第一法

**決算上の経理処理**

企業会計上の処理は妥当なものとして，企業会計上と税務上の帳簿価額を合わせるための経理処理は特に行いません。

この場合の企業会計上の減価償却費は，次により計算されます。

(1,200万円－60万円)×0.050＝57万円

これに対して，税務上の減価償却費は，次により計算されます。

(1,000万円－50万円)×0.050＝47万5,000円

したがって，企業会計上57万円の減価償却費を計上するものとすれば，９万5,000円(57万円－47万5,000円）の償却超過額が生じます。

**別表四の処理**

| 区分 | | | 総額 | 処分 | | |
|---|---|---|---|---|---|---|
| | | | | 留保 | 社外流出 | |
| | | | ① | ② | ③ | |
| 加算 | 減価償却の償却超過額 | 6 | 95,000 | 95,000 | | |
| | 役員給与の損金不算入額 | 7 | | | その他 | |
| | 交際費等の損金不算入額 | 8 | | | その他 | |

別表五(一)の処理

| I　利益積立金額の計算に関する明細書 | | | | | |
|---|---|---|---|---|---|
| 区分 | | 期首現在利益積立金額 | 当期の増減 | | 差引翌期首現在利益積立金額 ①－②＋③ |
| | | | 減 | 増 | |
| | | ① | ② | ③ | ④ |
| 利益準備金 | 1 | 円 | 円 | 円 | 円 |
| 積立金 | 2 | | | | |
| 減価償却超過額 | 3 | *100,000* | | *95,000* | *195,000* |
| 構築物 | 4 | △*2,000,000* | | | △*2,000,000* |

**ロ　第二法**

**決算上の経理処理**

企業会計上と税務上の構築物の帳簿価額を合わせるため，決算調整により次の経理処理を行います。

(借)前期損益修正損　190万円　　　　(貸)構　築　物　190万円

別表四の処理

| 区分 | | | 総額 | 処分 | | |
|---|---|---|---|---|---|---|
| | | | | 留保 | 社外流出 | |
| | | | ① | ② | ③ | |
| 加算 | 前期損益修正損否認 | 10 | *1,900,000* | *1,900,000* | | |
| | | | | | | |
| | | | | | | |

別表五(一)の処理

| I　利益積立金額の計算に関する明細書 | | | | | |
|---|---|---|---|---|---|
| 区分 | | 期首現在利益積立金額 | 当期の増減 | | 差引翌期首現在利益積立金額 ①－②＋③ |
| | | | 減 | 増 | |
| | | ① | ② | ③ | ④ |
| 利益準備金 | 1 | 円 | 円 | 円 | 円 |
| 積立金 | 2 | | | | |
| 減価償却超過額 | 3 | *100,000* | *100,000* | | — |
| 構築物 | 4 | △*2,000,000* | △*2,000,000* | | — |

(注)　企業会計上と税務上の構築物の帳簿価額は一致しますから，通常は償却超過額は生じません。

## 例147　評価益否認金のある資産を売却した場合

《例146》の構築物を翌期に500万円で売却し，次のような会計処理を行っている。

(借)現金預金　500万円　　　(貸)構　築　物　1,140万円
　　売 却 損　640万円

### 当期の処理

#### 税務上の経理処理

(借)構　築　物　190万円　　　(貸)譲渡原価　190万円

(注)　企業会計上，評価益否認金190万円相当額だけ譲渡原価が過大で，売却損が同額過大になっていますので，税務上，これの申告調整を行います。

#### 別表四の処理

| 区分 | | | 総額 | 処分 | | |
|---|---|---|---|---|---|---|
| | | | | 留保 | 社外流出 | |
| | | | ① | ② | ③ | |
| 加算 | 譲渡原価の損金不算入額 | 10 | *1,900,000* | *1,900,000* | | |
| | | | | | | |

#### 別表五(一)の処理

| Ⅰ　利益積立金額の計算に関する明細書 | | | | | |
|---|---|---|---|---|---|
| 区分 | | 期首現在利益積立金額 | 当期の増減 | | 差引翌期首現在利益積立金額 ①－②＋③ |
| | | | 減 | 増 | |
| | | ① | ② | ③ | ④ |
| 利益準備金 | 1 | 円 | 円 | 円 | 円 |
| 積立金 | 2 | | | | |
| 減価償却超過額 | 3 | *100,000* | *100,000* | | — |
| 構築物 | 4 | *△2,000,000* | *△2,000,000* | | — |

### 翌期の処理

決算上及び税務上とも，何ら処理する必要はありません。

## 例148 短期売買商品に評価益を計上すべき場合

当期末において有する短期売買商品について，期末に時価評価をすべきであるところ，取得価額500万円のまま記帳されていることが判明した。

なお，この短期売買商品の時価評価額は当期末が700万円，翌期末が600万円である。

### 当期の処理

#### 税務上の経理処理

(借)短期売買商品 200万円　　　(貸)短期売買商品評価益 200万円

**(注)** 平成19年の税制改正により，短期的な価格の変動を利用して利益を得る目的で取得した短期売買商品については，期末に時価評価を行い，その結果生じた評価益は益金に算入すべきこととされました（法61②③）。

#### 別表四の処理

| 区分 | | | 総額 | 処分 | | |
|---|---|---|---|---|---|---|
| | | | | 留保 | 社外流出 | |
| | | | ① | ② | ③ | |
| 加算 | 短期売買商品評価益 | 10 | 2,000,000 | 2,000,000 | | |
| | | | | | | |

#### 別表五(一)の処理

| I 利益積立金額の計算に関する明細書 | | | | | |
|---|---|---|---|---|---|
| 区分 | | 期首現在利益積立金額 | 当期の増減 | | 差引翌期首現在利益積立金額 ①－②＋③ |
| | | | 減 | 増 | |
| | | ① | ② | ③ | ④ |
| 利益準備金 | 1 | 円 | 円 | 円 | 円 |
| 積立金 | 2 | | | | |
| 短期売買商品 | 3 | | | 2,000,000 | 2,000,000 |
| | 4 | | | | |

## 翌期の処理

### 決算上の経理処理

(借)短期売買商品　100万円　　　　(貸)短期売買商品評価益　100万円

**(注)**　税務上，前期において益金に算入した評価益に相当する金額は翌期において損金に算入され，また，その短期売買商品の翌期首における帳簿価額は評価益を計上する前の金額とされます（令118の９）。

### 別表四の処理

| 区分 | | | 総額 | 処分 | | |
|---|---|---|---|---|---|---|
| | | | | 留保 | 社外流出 | |
| | | | ① | ② | ③ | |
| 減算 | 短期売買商品評価益否認 | 21 | *2,000,000* | *2,000,000* | | |
| | | | | | | |

### 別表五(一)の処理

| Ⅰ　利益積立金額の計算に関する明細書 | | | | | |
|---|---|---|---|---|---|
| 区分 | | 期首現在利益積立金額 | 当期の増減 | | 差引翌期首現在利益積立金額 ①－②＋③ |
| | | | 減 | 増 | |
| | | ① | ② | ③ | ④ |
| 利益準備金 | 1 | 円 | 円 | 円 | 円 |
| 積立金 | 2 | | | | |
| 短期売買商品 | 3 | *2,000,000* | *2,000,000* | | — |
| | 4 | | | | |

**(注)**　短期売買商品に評価損を計上すべき場合の処理については，《例*194*》を参照してください。

## 例149 暗号資産に評価益を計上すべき場合

当期末において有する暗号資産について，期末に時価評価をすべきであるところ，取得価額600万円のまま記帳されていることが判明した。

なお，この暗号資産の時価評価額は当期末が800万円，翌期末が700万円である。

### 当期の処理

#### 税務上の経理処理

(借)暗号資産　200万円　　　　(貸)暗号資産評価益　200万円

**(注)**　平成31年及び令和６年の税制改正により，市場暗号資産（活発な市場が存在する暗号資産）については，時価法を適用して期末に時価評価を行い，評価益は益金に算入すべきこととされました（法61②③）。

ただし，令和５年及び令和６年の税制改正により，特定自己発行暗号資産（その法人が発行し，かつ，その発行時から継続保有する暗号資産であって，その時から継続して譲渡制限等が付されているもの）については，原価法を適用し，期末時価評価を要しないこととされました（法61②）。

#### 別表四の処理

| 区分 | | | 総額 | 処分 | | |
|---|---|---|---|---|---|---|
| | | | | 留保 | 社外流出 | |
| | | | ① | ② | ③ | |
| 加算 | 暗号資産評価益 | 10 | 2,000,000 | 2,000,000 | | |
| | | | | | | |

#### 別表五(一)の処理

| Ⅰ　利益積立金額の計算に関する明細書 | | | | | |
|---|---|---|---|---|---|
| 区分 | | 期首現在利益積立金額 | 当期の増減 | | 差引翌期首現在利益積立金額 ①－②＋③ |
| | | | 減 | 増 | |
| | | ① | ② | ③ | ④ |
| 利益準備金 | 1 | 円 | 円 | 円 | 円 |
| 積立金 | 2 | | | | |
| 暗号資産 | 3 | | | 2,000,000 | 2,000,000 |
| | 4 | | | | |

## 翌期の処理

### 決算上の経理処理

(借)暗号資産　100万円　　　　(貸)暗号資産評価益　100万円

(注)　税務上，前期において益金に算入した評価益に相当する金額は翌期において損金に算入され，また，その暗号資産の翌期首における帳簿価額は評価益を計上する前の金額とされます（令118の9）。

### 別表四の処理

| 区分 | | | 総額 | 処分 | |
|---|---|---|---|---|---|
| | | | | 留保 | 社外流出 |
| | | | ① | ② | ③ |
| 減算 | 暗号資産評価益否認 | 21 | 2,000,000 | 2,000,000 | |
| | | | | | |

### 別表五(一)の処理

Ⅰ　利益積立金額の計算に関する明細書

| 区分 | | 期首現在利益積立金額 | 当期の増減 | | 差引翌期首現在利益積立金額 ①－②＋③ |
|---|---|---|---|---|---|
| | | | 減 | 増 | |
| | | ① | ② | ③ | ④ |
| 利益準備金 | 1 | 円 | 円 | 円 | 円 |
| 積立金 | 2 | | | | |
| 暗号資産 | 3 | 2,000,000 | 2,000,000 | | — |
| | 4 | | | | |

(注)　暗号資産に評価損を計上すべき場合の処理については，《例195》を参照してください。

## 例150 売買目的株式に評価益を計上すべき場合

当期末において有する売買目的の上場株式について，期末に時価評価すべきであるところ，取得価額300万円のまま記帳されていることが判明した。

なお，この上場株式の時価評価金額は当期末が500万円，翌期末が400万円である。

### 当期の処理

#### 税務上の経理処理

（借）有 価 証 券　200万円　　　（貸）有価証券評価益　200万円

（注） 平成12年３月の税制改正により，短期的な価格の変動を利用して利益を得る目的で取得した売買目的有価証券については，期末に時価評価を行い，その結果生じた評価益は益金に算入すべきこととされました（法61の３）。

#### 別表四の処理

| 区分 | | | 総額 | 処分 | | |
|---|---|---|---|---|---|---|
| | | | | 留保 | 社外流出 | |
| | | | ① | ② | ③ | |
| 加算 | 有価証券評価益計上もれ | 10 | 2,000,000 | 2,000,000 | | |
| | | | | | | |

#### 別表五(一)の処理

| Ⅰ　利益積立金額の計算に関する明細書 | | | | | |
|---|---|---|---|---|---|
| 区分 | | 期首現在利益積立金額 | 当期の増減 | | 差引翌期首現在利益積立金額 ①－②＋③ |
| | | | 減 | 増 | |
| | | ① | ② | ③ | ④ |
| 利益準備金 | 1 | 円 | 円 | 円 | 円 |
| 積立金 | 2 | | | | |
| 有価証券 | 3 | | | 2,000,000 | 2,000,000 |
| | 4 | | | | |

## 翌期の処理

### 決算上の経理処理

(借)有 価 証 券　100万円　　　(貸)有価証券評価益　100万円

**(注)**　税務上，前期において益金に算入した評価益に相当する金額は翌期において損金に算入され，また，その売買目的有価証券の翌期首における帳簿価額は評価益を計上する前の金額とされます（令119の15)。

### 別表四の処理

| 区分 | | | 総額 | 処分 | | |
|---|---|---|---|---|---|---|
| | | | | 留保 | 社外流出 | |
| | | | ① | ② | ③ | |
| 減算 | 有価証券評価益否認 | 21 | *2,000,000* | *2,000,000* | | |
| | | | | | | |

### 別表五(一)の処理

| Ⅰ　利益積立金額の計算に関する明細書 | | | | | |
|---|---|---|---|---|---|
| 区分 | | 期首現在利益積立金額 | 当期の増減 | | 差引翌期首現在利益積立金額 ①－②＋③ |
| | | | 減 | 増 | |
| | | ① | ② | ③ | ④ |
| 利益準備金 | 1 | 円 | 円 | 円 | 円 |
| 積立金 | 2 | | | | |
| 有価証券 | 3 | *2,000,000* | *2,000,000* | | — |
| | 4 | | | | |

**(注)**　売買目的株式に評価損を計上すべき場合の処理については，《例*196*》を参照してください。

## 例151 その他有価証券に評価益を計上した場合

当期において「その他有価証券」を期末に時価評価し，その評価益1,000万円を「純資産の部」に計上している。

(借)有価証券 1,000万円　　　(貸)有価証券評価差額 1,000万円

翌期においては，当期と同じようにその評価益800万円を「純資産の部」に計上する。

### 当期の処理

#### 税務上の経理処理

(借)有価証券評価差額 1,000万円　　　(貸)有価証券 1,000万円

**(注)** 企業会計上は「その他有価証券」は期末に時価評価し，その評価益は「純資産の部」に計上しますが（金融商品会計基準18項），税務上は「その他有価証券」は原価法によって評価し，時価評価することはできません（法61の３①二）。

#### 別表四の処理

何ら処理をする必要はありません。

#### 別表五(一)の処理

| Ⅰ　利益積立金額の計算に関する明細書 | | | | | |
|---|---|---|---|---|---|
| 区分 | | 期首現在利益積立金額 | 当期の増減 | | 差引翌期首現在利益積立金額 ①－②＋③ |
| | | | 減 | 増 | |
| | | ① | ② | ③ | ④ |
| 利益準備金 | 1 | 円 | 円 | 円 | 円 |
| 積立金 | 2 | | | | |
| 有価証券 | 3 | | | △10,000,000 | △10,000,000 |
| 有価証券評価差額 | 4 | | | 10,000,000 | 10,000,000 |

## 翌期の処理

### 決算上の経理処理

| | | | |
|---|---|---|---|
| (借)有価証券評価差額 | 1,000万円 | (貸)有価証券 | 1,000万円 |
| (借)有価証券 | 800万円 | (貸)有価証券評価差額 | 800万円 |

### 別表四の処理

何ら処理をする必要はありません。

### 別表五(一)の処理

| Ⅰ　利益積立金額の計算に関する明細書 | | | | | |
|---|---|---|---|---|---|
| 区分 | | 期首現在利益積立金額 | 当期の増減 | | 差引翌期首現在利益積立金額 ①－②＋③ |
| | | | 減 | 増 | |
| | | ① | ② | ③ | ④ |
| 利益準備金 | 1 | 円 | 円 | 円 | 円 |
| 積立金 | 2 | | | | |
| **有価証券** | 3 | *△10,000,000* | *△10,000,000* | *△8,000,000* | *△8,000,000* |
| **有価証券評価差額** | 4 | *10,000,000* | *10,000,000* | *8,000,000* | *8,000,000* |

(**注**) 1　その他有価証券に評価損を計上した場合の処理については，《例*197*》を参照してください。

2　令和２年の税制改正により，通算法人が有する他の通算法人の株式等については，評価益の計上はできないこととされました（法25④，令24の３）。

## 5 受　贈　益

### 例152 固定資産が計上もれとなっている場合

仕入先から広告宣伝を目的とした自動車１台を無償で貰っていたが，その受贈益とすべき100万円全額が計上もれとなっていることが判明した。

なお，この自動車の耐用年数は６年（定率法による償却率は，0.333）で，当期首から事業の用に供している。

**当期の処理**

**税務上の経理処理**

（借）車両運搬具　1,000,000円　　（貸）受　贈　益　1,000,000円
　　減価償却費　　333,000円　　　　車両運搬具　　333,000円

（注）　贈与により取得した減価償却資産の取得価額の全部を資産に計上しなかった場合においても，確定申告書等に減価償却に関する明細書（別表十六㈠〜㈧）を添付して申告調整をしているときは，その償却費を損金算入することができるものとされています（基通７－５－２）。

この事例の場合の減価償却費は，次により計算されます。

1,000,000円×0.333＝333,000円……償却限度額

1,000,000円－333,000円＝667,000円……償却超過額

**別表四の処理**

| 区分 | | | 総額 | 処分 | | |
|---|---|---|---|---|---|---|
| | | | | 留保 | 社外流出 | |
| | | | ① | ② | ③ | |
| 加算 | 減価償却の償却超過額 | 6 | *667,000* | *667,000* | | |
| | 役員給与の損金不算入額 | 7 | | | その他 | |
| | 交際費等の損金不算入額 | 8 | | | その他 | |

## 別表五(一)の処理

| Ⅰ　利益積立金額の計算に関する明細書 | | | | | |
|---|---|---|---|---|---|
| 区　　分 | | 期首現在利益積立金額 | 当期の増減 | | 差引翌期首現在利益積立金額 ①－②＋③ |
| | | | 減 | 増 | |
| | | ① | ② | ③ | ④ |
| 利益準備金 | 1 | 円 | 円 | 円 | 円 |
| 積立金 | 2 | | | | |
| 減価償却超過額 | 3 | | | 667,000 | 667,000 |
| | 4 | | | | |
| | 5 | | | | |

## 翌期の処理

《例24》の〔翌期の処理〕と同様の処理を行います。

## 例153 未払給与の債務免除を受けた場合

前期において株主総会で役員に決算賞与500万円を支払うことを決議し，未払金に計上しているが，新型コロナウイルス禍により業績が急激に悪化し，その支払が困難になったので，当期においてその支払を行わないことを決議し，その未払金は雑収入に計上した。

なお，その決算賞与は，事前確定届出給与としての届出をしていないので，費用計上は自己否認している。

### 当期の処理

#### 別表四の処理

| 区分 | | | 総額 | 処分 | | |
|---|---|---|---|---|---|---|
| | | | | 留保 | 社外流出 | |
| | | | ① | ② | ③ | |
| 減算 | 雑収入の益金不算入額 | 21 | 5,000,000 | 5,000,000 | | |
| | | | | | | |

（注）1　未払給与（損金不算入の給与に限る）につき取締役会等の決議に基づきその全部又は大部分の金額を支払わないこととした場合，その支払わないこととしたのが，会社の整理，事業の再建及び業況不振のためであり，かつ，その支払わないこととした金額が一定の基準によって決定されたものであるときは，その支払わないこととなった金額（源泉徴収所得税額があるときは，その税額を控除した金額）は，その支払わないことが確定した事業年度の益金に算入しないことができます（基通４－２－３）。

2　未払給与につきその支払債務の免除を受けた場合，その債務の免除が支払者の債務超過の状態が相当期間経過し，その支払ができないと認められる場合に行われたものであるときは，所得税の源泉徴収は要しません（所通181～223共－２）。

## 別表五(一)の処理

| Ⅰ　利益積立金額の計算に関する明細書 | | | | | |
|---|---|---|---|---|---|
| 区分 | | 期首現在利益積立金額 | 当期の増減 | | 差引翌期首現在利益積立金額 ①－②＋③ |
| | | | 減 | 増 | |
| | | ① | ② | ③ | ④ |
| 利益準備金 | 1 | 円 | 円 | 円 | 円 |
| 積立金 | 2 | | | | |
| 未払金 | 3 | *5,000,000* | *5,000,000* | | — |

## 翌期の処理

決算上及び税務上とも，何ら処理する必要はありません。

## 例154 県からの交付助成金を計上していない場合

当社は当期において，新型コロナウイルスの影響による休業期間中の人件費等の経費の補塡に充てるため，○○県に対し県の定める手続どおりに300万円の助成金の交付申請を行った。

翌期において，その助成金は交付申請どおり交付された。

### 当期の処理

#### 税務上の経理処理

（借）未 収 金 300万円　　　（貸）受 贈 益 300万円

（注） 法人が国や地方公共団体から交付を受ける助成金等は，その助成金等の交付決定があったときに収益計上するのが原則です（法22②④）。ただし，法人の支出する休業手当，賃金等の経費を補塡するため交付を受ける助成金等については，交付申請等の手続をしている場合には，その交付の原因となった休業手当，賃金等の支出をした事業年度に収益計上しなければなりません（基通２－１－42）。

#### 別表四の処理

| 区分 | | | 総額 | 処分 | | |
|---|---|---|---|---|---|---|
| | | | | 留保 | 社外流出 | |
| | | | ① | ② | ③ | |
| 加算 | 受贈益計上もれ | 10 | 3,000,000 | 3,000,000 | | |
| | | | | | | |

#### 別表五(一)の処理

| Ⅰ　利益積立金額の計算に関する明細書 | | | | | |
|---|---|---|---|---|---|
| 区分 | | 期首現在利益積立金額 | 当期の増減 | | 差引翌期首現在利益積立金額 ①－②＋③ |
| | | | 減 | 増 | |
| | | ① | ② | ③ | ④ |
| 利益準備金 | 1 | 円 | 円 | 円 | 円 |
| 積立金 | 2 | | | | |
| 未収金 | 3 | | | 3,000,000 | 3,000,000 |

## 翌期の処理

### 決算上の経理処理

(借)現金預金　300万円　　　　(貸)受 贈 益　300万円

### 別表四の処理

| 区分 | | | 総額 | 処分 | |
|---|---|---|---|---|---|
| | | | | 留保 | 社外流出 |
| | | | ① | ② | ③ |
| 減算 | 受贈益の益金不算入 | 21 | 3,000,000 | 3,000,000 | | |
| | | | | | | |

### 別表五(一)の処理

| Ⅰ　利益積立金額の計算に関する明細書 | | | | | |
|---|---|---|---|---|---|
| 区分 | | 期首現在利益積立金額 | 当期の増減 | | 差引翌期首現在利益積立金額 ①－②＋③ |
| | | | 減 | 増 | |
| | | ① | ② | ③ | ④ |
| 利益準備金 | 1 | 円 | 円 | 円 | 円 |
| 積立金 | 2 | | | | |
| 未収金 | 3 | 3,000,000 | 3,000,000 | | — |

## 例155 有利な発行価額により株式を取得した場合

当期に仕入先の増資に当たり，新株の第三者割当てを受け，その新株の取得代金1,000万円（発行価額500円×２万株）を払い込んだので，この1,000万円をその新株の取得価額に計上している。

なお，この仕入先の株式の新株の発行価額を決定した日における価額は，１株当たり800円であった。

### 当期の処理

#### 税務上の経理処理

(借)有価証券　600万円　　　(貸)受 贈 益　600万円

**(注)**　株式の発行法人の株主でない法人が有利発行により新株を取得した場合において，その有利発行が他の株主に損害を及ぼす恐れがあるときは，その新株の取得価額は時価相当額とします（令119①四，基通２－３－７～２－３－９）。

#### 別表四の処理

| 区分 | | | 総額 | 処分 | | |
|---|---|---|---|---|---|---|
| | | | | 留保 | 社外流出 | |
| | | | ① | ② | ③ | |
| 加算 | 受贈益計上もれ | 10 | 6,000,000 | 6,000,000 | | |
| | | | | | | |

#### 別表五(一)の処理

| Ⅰ　利益積立金額の計算に関する明細書 | | | | | |
|---|---|---|---|---|---|
| 区分 | | 期首現在利益積立金額 | 当期の増減 | | 差引翌期首現在利益積立金額 ①－②＋③ |
| | | | 減 | 増 | |
| | | ① | ② | ③ | ④ |
| 利益準備金 | 1 | 円 | 円 | 円 | 円 |
| 積立金 | 2 | | | | |
| 有価証券 | 3 | | | 6,000,000 | 6,000,000 |
| | 4 | | | | |

## 翌期の処理

### イ　第一法

**決算上の経理処理**

企業会計上と税務上の帳簿価額を合わせるための経理処理は，特に行いません。

**別表四と別表五(一)の処理**

この株式の売却等があるまでは，何ら処理をする必要はありません。

### ロ　第二法

**決算上の経理処理**

いわば簿外となっている株式を企業会計に受け入れるため，決算調整により次の経理処理を行います。

(借)有価証券　600万円　　　　(貸)前期損益修正益　600万円

**別表四の処理**

| 区分 | | | 総額 | 処分 | | |
|---|---|---|---|---|---|---|
| | | | | 留保 | 社外流出 | |
| | | | ① | ② | ③ | |
| 減算 | 前期損益修正益否認 | 21 | *6,000,000* | *6,000,000* | | |
| | | | | | | |

**別表五(一)の処理**

| Ⅰ　利益積立金額の計算に関する明細書 | | | | | |
|---|---|---|---|---|---|
| 区分 | | 期首現在利益積立金額 | 当期の増減 | | 差引翌期首現在利益積立金額 ①－②＋③ |
| | | | 減 | 増 | |
| | | ① | ② | ③ | ④ |
| 利益準備金 | 1 | 円 | 円 | 円 | 円 |
| 積立金 | 2 | | | | |
| 有価証券 | 3 | *6,000,000* | *6,000,000* | | — |
| | 4 | | | | |

## 例156 完全支配関係親会社から資産譲渡の受贈益がある場合

当社《例67の子会社》は完全支配関係がある親会社から土地を3,000万円で譲り受け，次のような経理処理を行っている。

(借)土　　地　3,000万円　　　(貸)現金預金　3,000万円

なお，この土地の時価は5,000万円と見込まれる。

### 当期の処理

#### 税務上の経理処理

(借)土　　地　2,000万円　　　(貸)受　贈　益　2,000万円

**(注)**　平成22年の税制改正により，完全支配関係（100％の持株関係）がある法人から受けた受贈益は益金に算入しないこととされました（法25の２①)。

この場合，その益金不算入とされる受贈益の額は，利益積立金額の増加として処理します（令９一ニ)。

#### 別表四の処理

| 区分 | | | 総額 | 処分 | | |
|---|---|---|---|---|---|---|
| | | | | 留保 | 社外流出 | |
| | | | ① | ② | ③ | |
| 加算 | 受贈益の益金算入額 | 10 | 20,000,000 | 20,000,000 | | |
| | | | | | | |
| | | | | | | |
| 減算 | 受贈益の益金不算入額 | 16 | 20,000,000 | | ※ | 20,000,000 |
| | 適格現物分配に係る益金不算入額 | 17 | | | ※ | |
| | 法人税等の中間納付額及び過誤納に係る還付金額 | 18 | | | | |

**別表五(一)の処理**

| Ⅰ　利益積立金額の計算に関する明細書 | | | | | |
|---|---|---|---|---|---|
| 区　分 | | 期首現在利益積立金額 | 当期の増減 | | 差引翌期首現在利益積立金額 ①－②＋③ |
| | | | 減 | 増 | |
| | | ① | ② | ③ | ④ |
| 利益準備金 | 1 | 円 | 円 | 円 | 円 |
| 積立金 | 2 | | | | |
| 土地 | 3 | | | *20,000,000* | *20,000,000* |
| | 4 | | | | |

## 翌期の処理

### 決算上の経理処理

企業会計上の処理は妥当なものとして，税務上の処理と合わせるための経理処理は特に行いません。

**別表四と別表五(一)の処理**

この土地の売却等があるまでは，何ら処理をする必要はありません。

## 例157 完全支配関係親会社から経済的利益供与の受贈益がある場合

当社《例68の子会社》は，完全支配関係がある親会社から無利息融資を受け，360万円の利息を支払うべきであるが，何ら経理処理を行っていない。

### 当期の処理

#### 税務上の経理処理

（借）支払利息　360万円　　　（貸）未払費用　360万円
　　　未払費用　360万円　　　　　　受 贈 益　360万円

（注）　平成22年の税制改正により創設された完全支配関係（100％の持株関係）がある法人から受けた受贈益の益金不算入の特例は，金銭の無利息貸付け又は役務の無償提供などの経済的利益の供与による受贈益にも適用されます（法25の２①，基通４－２－６）。

#### 別表四の処理

| 区分 | | | 総額 | 処分 | | |
|---|---|---|---|---|---|---|
| | | | | 留保 | 社外流出 | |
| | | | ① | ② | ③ | |
| 加算 | 受贈益の益金算入額 | 10 | 3,600,000 | | その他 | 3,600,000 |
| | | | | | | |
| 減算 | 受贈益の益金不算入額 | 16 | 3,600,000 | | ※ | 3,600,000 |
| | 適格現物分配に係る益金不算入額 | 17 | | | ※ | |
| | 支払利息の損金算入額 | 21 | 3,600,000 | | その他 | 3,600,000 |
| | | | | | | |

（注）「加算⑩」及び「減算㉑」の各欄は，強いて記入しなくても差し支えありません。

#### 別表五(一)の処理

何ら処理する必要はありません。

### 翌期の処理

決算上及び税務上とも，何ら処理をする必要はありません。

## 例158　完全支配関係子会社から資産譲渡の受贈益がある場合

当社《例69の親会社》は完全支配関係がある子会社から土地を3,000万円で譲り受け，次のような経理処理を行っている。

(借)土　　地　3,000万円　　　(貸)現金預金　3,000万円

なお，この土地の時価は5,000万円と見込まれる。

### 当期の処理

#### 税務上の経理処理

(借)土　　地　　2,000万円　　　(貸)受 贈 益　2,000万円

　　利益積立金額　2,000万円　　　　有価証券　2,000万円

(注)　平成22年の税制改正により，完全支配関係（100％の持株関係）がある法人から受けた受贈益は益金に算入しないこととされました（法25の２①）。この場合，子会社に生じる寄附金相当額は，利益積立金額の減少として処理するとともに（令９七），子会社株式の帳簿価額から減算します（令119の３⑨，119の４①）。

なお，完全支配関係がある子会社から親会社に対する贈与は，受贈益ではなく，配当の受取りとして処理すべきではないかという議論がありますが，ここでは受贈益とするときの処理を示しています。

#### 別表四の処理

| 区分 | | | 総額 | 処分 | | |
|---|---|---|---|---|---|---|
| | | | | 留保 | 社外流出 | |
| | | | ① | ② | ③ | |
| 加算 | 受贈益の益金算入額 | 10 | 20,000,000 | 20,000,000 | | |
| | | | | | | |
| | | | | | | |
| 減算 | 受贈益の益金不算入額 | 16 | 20,000,000 | | ※ | 20,000,000 |
| | 適格現物分配に係る益金不算入額 | 17 | | | ※ | |
| | 法人税等の中間納付額及び過誤納に係る還付金額 | 18 | | | | |

## 別表五(一)の処理

| Ⅰ　利益積立金額の計算に関する明細書 | | | | | | |
|---|---|---|---|---|---|---|
| 区分 | | 期首現在利益積立金額 | 当期の増減 | | 差引翌期首現在利益積立金額 ①－②＋③ |
| | | | 減 | 増 | |
| | | ① | ② | ③ | ④ |
| 利益準備金 | 1 | 円 | 円 | 円 | 円 |
| 積立金 | 2 | | | | |
| 土地 | 3 | | | 20,000,000 | 20,000,000 |
| 有価証券 | 4 | | 20,000,000 | | △20,000,000 |

**(注)**「有価証券」の「当期の増減」の「減」20,000,000円は，子会社株式の簿価修正をする（令9七，119の3⑨，119の4①）ということですが，別表四の記入と関係なく記入しますから，別表四と別表五(一)の検算式はその分一致しません。

## 翌期の処理

### 決算上の経理処理

企業会計上の処理は妥当なものとして，企業会計上と税務上の処理を合わせるための経理処理は，特に行いません。

### 別表四と別表五(一)の処理

この土地及び有価証券の売却等があるまでは，何ら処理をする必要はありません。

## 例159　完全支配関係子会社間で資産の贈与があった場合

完全支配関係がある子会社Ａから子会社Ｂに対して，資産の低廉譲渡により贈与700万円があることが判明した場合の，両社の親会社の処理はどのようになるか。

### 当期の処理

#### 税務上の経理処理

(借)利益積立金額　700万円　　　(貸)子会社Ａ株式　700万円
　　子会社Ｂ株式　700万円　　　　　利益積立金額　700万円

(注)　平成22年の税制改正により，完全支配関係（100％の持株関係）がある子会社間で資産の贈与があった場合には，その親会社は贈与を行った子会社の株式の帳簿価額を減額し，贈与を受けた子会社の株式を増額する，いわゆる簿価修正をすることとされました（令９七，119の３⑨，119の４①）。

#### 別表四の処理

何ら処理をする必要はありません。

#### 別表五(一)の処理

| Ⅰ　利益積立金額の計算に関する明細書 | | | | | |
|---|---|---|---|---|---|
| 区　分 | | 期首現在利益積立金額 | 当期の増減 | | 差引翌期首現在利益積立金額 ①－②＋③ |
| | | | 減 | 増 | |
| | | ① | ② | ③ | ④ |
| 利益準備金 | 1 | 円 | 円 | 円 | 円 |
| 積立金 | 2 | | | | |
| 子会社Ａ株式 | 3 | | 7,000,000 | | △7,000,000 |
| 子会社Ｂ株式 | 4 | | | 7,000,000 | 7,000,000 |

(注)「子会社Ａ株式」及び「子会社Ｂ株式」の「当期の増減」7,000,000円は，子会社株式の簿価修正をする（令９七，119の３⑨，119の４①）ということですが，別表四の記入と関係なく記入しますから，別表四と別表五(一)の検算式はその分一致しません。

## 翌期の処理

### 決算上の経理処理

企業会計上の処理は妥当なものとして，企業会計上と税務上の処理を合わせるための経理処理は，特に行いません。

### 別表四と別表五(一)の処理

この子会社Ａ株式及び子会社Ｂ株式の譲渡，評価換え等があるまでは，決算上及び税務上とも何ら処理をする必要はありません。

(注) 1　設例の寄附をした子会社Ａは，《例*67*》と同様の処理を行います。
　　2　設例の贈与を受けた子会社Ｂは，《例*156*》と同様の処理を行います。

## 例160　完全支配関係子会社から孫会社に資産の贈与があった場合

完全支配関係がある子会社からその孫会社に対して，資産の低廉譲渡により贈与500万円があることが判明した場合の，両社の親会社の処理はどのようになるか。

### 当期の処理

#### 税務上の経理処理

(借)利益積立金額　500万円　　　(貸)子会社株式　500万円

**(注)**　平成22年の税制改正により，完全支配関係（100％の持株関係）がある会社間で資産の贈与があった場合には，その親会社は贈与をした子会社の株式の帳簿価額を減額する，いわゆる簿価修正をすることとされました（令９七，119の３⑨，119の４①）。

この場合，子会社は，孫会社への贈与相当額の純資産が減少しますが，一方，孫会社株式につき同額の簿価修正を行い，孫会社株式の帳簿価額を増額しますから，実質的には子会社の純資産額に異動はありません。しかし，その場合であっても，親会社は子会社株式につき簿価修正をする必要があります。

#### 別表四の処理

何ら処理をする必要はありません。

#### 別表五(一)の処理

| Ⅰ　利益積立金額の計算に関する明細書 | | | | | |
|---|---|---|---|---|---|
| 区分 | | 期首現在利益積立金額 | 当期の増減 | | 差引翌期首現在利益積立金額 ①－②＋③ |
| | | | 減 | 増 | |
| | | ① | ② | ③ | ④ |
| 利益準備金 | 1 | 円 | 円 | 円 | 円 |
| 積立金 | 2 | | | | |
| 子会社株式 | 3 | | 5,000,000 | | △5,000,000 |
| | 4 | | | | |

**(注)**　「子会社株式」の「当期の増減」の「減」5,000,000円は，子会社株式の簿価修正をする（令９七，119の３⑨，119の４①）ということですが，別表四の記入と関係なく記入しますから，別表四と別表五(一)の検算式はその分一致しません。

## 翌期の処理

### 決算上の経理処理

企業会計上の処理は妥当なものとして，企業会計上と税務上の処理を合わせるための経理処理は，特に行いません。

### 別表四と別表五(一)の処理

この子会社株式につき譲渡，評価換え等があるまでは，決算上及び税務上とも何ら処理をする必要はありません。

(注) 1　設例の寄附をした子会社は，《例*67*》と同様の処理を行います。

2　設例の贈与を受けた孫会社は，《例*156*》と同様の処理を行います。

## 6　借地権の収益

### 例161　借地権利金等を収受していない場合

関連会社に対してその工場建物用地として土地を賃貸し，権利金及びいわゆる相当の地代を収受していないが，通常は権利金4,800万円程度を収受すべきことが判明した。

なお，この土地の帳簿価額，時価等は，次のとおりである。

①　帳簿価額　2,000万円

②　借地権設定直前の時価　6,000万円

③　借地権設定直後の時価　1,200万円

（注）　通常収受すべき権利金4,800万円を寄附金とした場合の寄附金の損金不算入額は4,000万円である。

#### 当期の処理

**税務上の経理処理**

（借）寄 附 金　4,800万円　　（貸）土　　地　1,600万円

　　　　　　　　　　　　　　　　　譲 渡 益　3,200万円

（注）「土地1,600万円」は，土地の部分譲渡原価で次により計算されます（令138①）。

$$2{,}000\text{万円}\times\frac{4{,}800\text{万円}}{6{,}000\text{万円}}=1{,}600\text{万円}$$

**別表四の処理**

| 区分 | | | 総額 | 処分 | | |
|---|---|---|---|---|---|---|
| | | | | 留保 | 社外流出 | |
| | | | ① | ② | ③ | |
| 加算 | 権利金収入計上もれ | 10 | 48,000,000 | | その他 | 48,000,000 |
| | | | | | | |
| 減算 | 土地譲渡原価認容 | 21 | 16,000,000 | 16,000,000 | | |
| | 寄附金認定損 | | 48,000,000 | | その他 | 48,000,000 |
| | | | | | | |
| 寄附金の損金不算入額（別表十四(二)「24」又は「40」） | | 27 | 40,000,000 | | その他 | 40,000,000 |

（注）「加算」及び「減算」の4,800万円は，強いて記入しなくても差し支えありません。

別表五(一)の処理

| I 利益積立金額の計算に関する明細書 | | | | | |
|---|---|---|---|---|---|
| 区分 | | 期首現在利益積立金額 | 当期の増減 | | 差引翌期首現在利益積立金額 ①－②＋③ |
| | | | 減 | 増 | |
| | | ① | ② | ③ | ④ |
| 利益準備金 | 1 | 円 | 円 | 円 | 円 |
| 積立金 | 2 | | | | |
| 土地 | 3 | | | △16,000,000 | △16,000,000 |
| | 4 | | | | |

## 翌期の処理

### イ 第一法

**決算上の経理処理**

企業会計上と税務上の帳簿価額を合わせるための経理処理は，特に行いません。

**別表四と別表五(一)の処理**

この土地の売却等があるまでは，何ら処理をする必要はありません。

### ロ 第二法

**決算上の経理処理**

企業会計上と税務上の帳簿価額を合わせるため，決算調整により次の経理処理を行います。

(借)前期損益修正損 1,600万円　　(貸)土　　地 1,600万円

**別表四の処理**

| 区分 | | | 総額 | 処分 | | |
|---|---|---|---|---|---|---|
| | | | | 留保 | 社外流出 | |
| | | | ① | ② | ③ | |
| 加算 | 前期損益修正損否認 | 10 | 16,000,000 | 16,000,000 | | |
| | | | | | | |

## 別表五(一)の処理

| Ⅰ　利益積立金額の計算に関する明細書 | | | | | |
|---|---|---|---|---|---|
| 区　分 | | 期首現在利益積立金額 | 当期の増減 | | 差引翌期首現在利益積立金額 ①－②＋③ |
| | | | 減 | 増 | |
| | | ① | ② | ③ | ④ |
| 利益準備金 | 1 | 円 | 円 | 円 | 円 |
| 積立金 | 2 | | | | |
| 土地 | 3 | △16,000,000 | △16,000,000 | | — |
| | 4 | | | | |

## 例162 収受している地代が低額な場合

３年程前に借地権を設定して関連会社に土地を貸す際，いわゆる土地の無償返還に関する届出書を所轄税務署長に提出しているが，その借地権の設定以来地代の改訂を行っていなかったため，実際に受け取っている地代の額（年額120万円）が通常収受すべき相当の地代の額（年額360万円）に比し低くなっていることが判明した。

（注） 360万円と120万円との差額240万円を寄附金にすると，寄附金の損金不算入額は200万円になる。

### 当期の処理

#### 税務上の経理処理

（借）寄 附 金　240万円　　　（貸）受取地代　240万円

（注） いわゆる土地の無償返還に関する届出書を提出した場合において，実際に収受している地代の額が相当の地代の額に満たないときは，その満たない金額は借地人に贈与（寄附）したものとされます（基通13－１－７）。

#### 別表四の処理

| 区分 | | | 総額 | 処分 留保 | 処分 社外流出 | |
|---|---|---|---|---|---|---|
| | | | ① | ② | ③ | |
| 加算 | 受取地代計上もれ | 10 | 2,400,000 | | その他 | 2,400,000 |
| | | | | | | |
| 減算 | 寄附金認定損 | 21 | 2,400,000 | | その他 | 2,400,000 |
| | | | | | 外 ※ | |
| 寄附金の損金不算入額<br>(別表十四(二)「24」又は「40」) | | 27 | 2,000,000 | | その他 | 2,000,000 |

（注） 「加算⑩」及び「減算㉑」の各欄は，強いて記入しなくても差し支えありません。

#### 別表五(一)の処理

何ら処理をする必要はありません。

### 翌期の処理

決算上及び税務上とも，何ら処理をする必要はありません。

## 7　固定資産譲渡益

### 例163　完全支配関係子会社に資産を譲渡し譲渡益が生じた場合

当期において，完全支配関係がある子会社に対して，帳簿価額1,000万円の機械を1,500万円で譲渡し，固定資産譲渡益500万円を計上した。

翌期において，その機械を譲り受けた子会社が償却費187.5万円を損金算入したので，当社では62.5万円を益金に算入する。

**当期の処理**

**税務上の経理処理**

（借）譲渡損益調整勘定繰入額　500万円　　　（貸）譲渡損益調整勘定　500万円

（注）　平成22年の税制改正により，完全支配関係（100％の持株関係）がある法人間における譲渡損益調整資産（帳簿価額が1,000万円以上の固定資産，土地，有価証券，金銭債権，繰延資産）の譲渡にあっては，その譲渡益は益金に算入しないこととされました（法61の11①）。

**別表四の処理**

| 区分 | | | 総額 | 処分 | | |
|---|---|---|---|---|---|---|
| | | | | 留保 | 社外流出 | |
| | | | ① | ② | ③ | |
| 減算 | 譲渡損益調整勘定繰入額 | 21 | *5,000,000* | *5,000,000* | | |
| | | | | | | |
| | | | | | | |

### 別表五(一)の処理

| I　利益積立金額の計算に関する明細書 | | | | | |
|---|---|---|---|---|---|
| 区分 | | 期首現在利益積立金額 | 当期の増減 | | 差引翌期首現在利益積立金額 ①－②＋③ |
| | | | 減 | 増 | |
| | | ① | ② | ③ | ④ |
| 利益準備金 | 1 | 円 | 円 | 円 | 円 |
| 積立金 | 2 | | | | |
| 譲渡損益調整勘定 | 3 | | | △ 5,000,000 | △ 5,000,000 |
| | 4 | | | | |

## 翌期の処理

### 税務上の経理処理

(借)譲渡損益調整勘定　625,000円　　　　(貸)譲渡損益調整勘定戻入額　625,000円

**(注)**　譲受法人において譲渡損益調整資産の譲渡，償却，評価換え，貸倒れ，除却等の事由が生じた場合には，その譲渡損益，償却費，評価損益，貸倒損失，除却損失等に対応する繰り延べられた譲渡益（譲渡損益調整勘定）は益金に算入します（法61の11②，令122の12④）。

この場合，譲受法人がその譲渡損益調整資産につき償却費の損金算入をしたときは，譲渡法人において次の算式により計算した金額を益金の額に算入します（令122の12④三）。

$$\underset{(\text{繰延譲渡益})}{5{,}000{,}000\text{円}} \times \frac{\overset{(\text{子会社の償却費})}{1{,}875{,}000\text{円}}}{\underset{(\text{子会社の取得価額})}{15{,}000{,}000\text{円}}} = 625{,}000\text{円}$$

ただし，この益金算入額は，譲渡損益調整資産の譲渡をした事業年度の確定申告書にその適用を受ける旨を記載した場合には，簡便法により計算することもできます（令122の12⑥～⑨）。

## 別表四の処理

| 区分 | | | 総額 | 処分 | | |
|---|---|---|---|---|---|---|
| | | | | 留保 | 社外流出 | |
| | | | ① | ② | ③ | |
| 加算 | 譲渡損益調整勘定戻入額 | 10 | 625,000 | 625,000 | | |
| | | | | | | |
| | | | | | | |

## 別表五(一)の処理

| Ⅰ　利益積立金額の計算に関する明細書 | | | | | |
|---|---|---|---|---|---|
| 区分 | | 期首現在利益積立金額 | 当期の増減 | | 差引翌期首現在利益積立金額 ①－②＋③ |
| | | | 減 | 増 | |
| | | ① | ② | ③ | ④ |
| 利益準備金 | 1 | 円 | 円 | 円 | 円 |
| 積立金 | 2 | | | | |
| 譲渡損益調整勘定 | 3 | △ 5,000,000 | △ 625,000 | | △ 4,375,000 |
| | 4 | | | | |

**(注)**　完全支配関係子会社に資産を譲渡し譲渡損が生じた場合の処理については，《例204》を参照してください。

## 8　有価証券譲渡益

### 例164　完全支配関係子会社から残余財産の金銭分配を受けた場合

当期において，清算中であった完全支配関係がある子会社から残余財産の全部の分配として，3,000万円（源泉所得税360万円及び復興特別所得税75,600円控除）の金銭の交付を受け，次のような経理処理を行っている。

| | | | |
|---|---|---|---|
| (借)現金預金 | 26,324,400円 | (貸)有価証券 | 10,000,000円 |
| 租税公課 | 3,675,600円 | 有価証券譲渡益 | 20,000,000円 |

なお，この残余財産の分配により，税務上はみなし配当が1,800万円生じる。

#### 当期の処理

**税務上の経理処理**

| | | | |
|---|---|---|---|
| (借)有価証券譲渡益 | 20,000,000円 | (貸)受取配当金 | 18,000,000円 |
| | | 資本金等の額 | 2,000,000円 |

（注）　平成22年の税制改正により，完全支配関係（100％の持株関係）がある子会社の清算による子会社株式の消滅益は，益金に算入しないこととされました（法61の2⑰）。

この場合，子会社株式の税務上の譲渡益相当額は，資本金等の額の増加として処理します（令8①二十二）。

**別表四の処理**

| 区分 | | | 総額 | 処分 | | |
|---|---|---|---|---|---|---|
| | | | | 留保 | 社外流出 | |
| | | | ① | ② | ③ | |
| 加算 | 受取配当の益金算入額 | 10 | 18,000,000 | 18,000,000 | | |
| | | | | | | |
| 減算 | 受取配当等の益金不算入額<br>(別表八(一)「5」) | 14 | 18,000,000 | | ※ | 18,000,000 |
| | 有価証券譲渡益否認 | 21 | 20,000,000 | 20,000,000 | | |
| 法人税額から控除される所得税額<br>(別表六(一)「6の③」) | | 29 | 3,675,600 | | その他 | 3,675,600 |
| 税額控除の対象となる外国法人税の額<br>(別表六(二の二)「7」) | | 30 | | | その他 | |

## 別表五(一)の処理

Ⅰ　利益積立金額の計算に関する明細書

| 区分 | | 期首現在利益積立金額 | 当期の増減 | | 差引翌期首現在利益積立金額 ①－②＋③ |
|---|---|---|---|---|---|
| | | | 減 | 増 | |
| | | ① | ② | ③ | ④ |
| 利益準備金 | 1 | 円 | 円 | 円 | 円 |
| 積立金 | 2 | | | | |
| 資本金等の額 | 3 | | | △2,000,000 | △2,000,000 |
| | 4 | | | | |

Ⅱ　資本金等の額の計算に関する明細書

| 区分 | | 期首現在資本金等の額 | 当期の増減 | | 差引翌期首現在資本金等の額 ①－②＋③ |
|---|---|---|---|---|---|
| | | | 減 | 増 | |
| | | ① | ② | ③ | ④ |
| 資本金又は出資金 | 32 | 円 | 円 | 円 | 円 |
| 資本準備金 | 33 | | | | |
| 利益積立金額 | 34 | | | 2,000,000 | 2,000,000 |
| | 35 | | | | |

### 翌期の処理

資本金等の額について異動がない限り，決算上及び税務上ともなんら処理をする必要はありません。

**(注)**　残余財産の分配により，譲渡損が生じる場合の処理については，《例206》を参照してください。

## 9　償却債権取立益

### 例165　過年度の償却済債権を回収した場合

前々期に貸倒損失に計上した売掛金1,000万円のうち500万円の回収があったので，過年度遡及会計基準を適用し，次のような会計処理を行った。

（借）現　金　預　金　500万円　　　（貸）繰越利益剰余金　500万円

#### 当期の処理

**別表四の処理**

| 区分 | | | 総額 | 処分 | |
|---|---|---|---|---|---|
| | | | | 留保 | 社外流出 |
| | | | ① | ② | ③ |
| 加算 | 償却債権取立益の益金算入 | 10 | *5,000,000* | *5,000,000* | |
| | | | | | |

（注）　税務上，過年度の償却済債権を回収した場合，その回収額は償却債権取立益として益金の額に算入する必要があります。

**別表五(一)の処理**

| I　利益積立金額の計算に関する明細書 | | | | | |
|---|---|---|---|---|---|
| 区分 | | 期首現在利益積立金額 | 当期の増減 | | 差引翌期首現在利益積立金額 ①－②＋③ |
| | | | 減 | 増 | |
| | | ① | ② | ③ | ④ |
| 利益準備金 | 1 | 円 | 円 | 円 | 円 |
| 積立金 | 2 | | | | |
| 繰越損益金（損は赤） | 25 | *5,000,000* | | | |
| 納税充当金 | 26 | | | | |

#### 翌期の処理

決算上及び税務上とも，何ら処理をする必要はありません。

## 10　企業組織再編成による損益

### 例166　非適格合併により移転資産等の譲渡利益が生じた場合

当社は組織再編のため合併を行い，資産及び負債を合併法人に移転したが，この合併は適格合併には該当しない。

この合併について，次のような経理処理を行っている。なお，資産の時価は32,000万円である。

| | | | |
|---|---|---|---|
| (借)負　　債 | 8,000万円 | (貸)資　　産 | 28,000万円 |
| 資　本　金 | 12,000万円 | | |
| 資本剰余金 | 2,000万円 | | |
| 利益剰余金 | 6,000万円 | | |

#### 当期の処理

**税務上の経理処理**

| | | | |
|---|---|---|---|
| (借)利益剰余金 | 4,000万円 | (貸)資産譲渡益 | 4,000万円 |

**(注)**　平成13年の税制改正により，法人が非適格合併により合併法人にその資産及び負債を移転したときは，時価による譲渡をしたものとして所得金額を計算し，被合併法人の合併の日の前日の属する事業年度の損益に算入することとされました（法62）。

**別表四の処理**

| 区　分 | | 総　額 | 処　分 | | |
|---|---|---|---|---|---|
| | | | 留　保 | 社外流出 | |
| | | ① | ② | ③ | |
| 非適格合併又は残余財産の全部分配等による移転資産等の譲渡利益額又は譲渡損失額 | 38 | 40,000,000 | | ※ | 40,000,000 |
| 差　引　計<br>((34)から(38)までの計) | 39 | | | 外 ※ | |

別表五(一)の処理

I　利益積立金額の計算に関する明細書

| 区分 | | 期首現在利益積立金額 ① | 当期の増減 減 ② | 当期の増減 増 ③ | 差引翌期首現在利益積立金額 ①－②＋③ ④ |
|---|---|---|---|---|---|
| 利益準備金 | 1 | 円 60,000,000 | 円 60,000,000 | 円 | 円 |
| 積立金 | 2 | | | | |
| | 3 | | | | |
| | 4 | | | | |

II　資本金等の額の計算に関する明細書

| 区分 | | 期首現在資本金等の額 ① | 当期の増減 減 ② | 当期の増減 増 ③ | 差引翌期首現在資本金等の額 ①－②＋③ ④ |
|---|---|---|---|---|---|
| 資本金又は出資金 | 32 | 円 | 円 | 円 | 円 |
| 資本準備金 | 33 | 20,000,000 | 20,000,000 | | |
| | 34 | | | | |
| | 35 | | | | |

## 翌期の処理

決算上及び税務上とも，何ら処理をする必要はありません。

(注) 1　非適格合併による移転資産等の譲渡損失額がある場合には，別表四の「38」欄にマイナス（△）で記載します。

2　《例*166*》の処理方法は，残余財産の全部分配等による移転資産等の譲渡損益の処理についても適用することができます。

3　合併法人における処理については，《例*254*》を参照してください。

## 例167　非適格分社型分割により移転資産等の譲渡利益が生じた場合

当社は組織再編のため分社型分割を行い，資産及び負債を分割承継法人に移転したが，この分社型分割は適格分社型分割には該当しない。

この分社型分割について，次のような経理処理を行っている。なお，資産の時価は8,000万円である。

(借)負　　債　3,000万円　　　(貸)資　　産　6,000万円
　　有価証券　3,000万円

### 当期の処理

#### 税務上の経理処理

(借)有価証券　2,000万円　　　(貸)資産譲渡益　2,000万円

#### 別表四の処理

| 区分 | | | 総額 | 処分 | |
|---|---|---|---|---|---|
| | | | | 留保 | 社外流出 |
| | | | ① | ② | ③ |
| 加算 | 資産譲渡益計上もれ | 10 | 20,000,000 | 20,000,000 | |
| | | | | | |
| | | | | | |

#### 別表五(一)の処理

| Ⅰ　利益積立金額の計算に関する明細書 | | | | | |
|---|---|---|---|---|---|
| 区分 | | 期首現在利益積立金額 | 当期の増減 | | 差引翌期首現在利益積立金額 ①－②＋③ |
| | | | 減 | 増 | |
| | | ① | ② | ③ | ④ |
| 利益準備金 | 1 | 円 | 円 | 円 | 円 |
| 積立金 | 2 | | | | |
| 有価証券 | 3 | | | 20,000,000 | 20,000,000 |

## 翌期の処理

### イ　第一法

**決算上の経理処理**

企業会計上の処理は妥当なものとして，企業会計上と税務上の処理を合わせるための経理処理は特に行いません。

**別表四と別表五(一)の処理**

何ら処理をする必要はありません。

### ロ　第二法

**決算上の経理処理**

企業会計上と税務上の有価証券の価額を合わせるため，決算調整により次のような経理処理を行います。

(借)有価証券　2,000万円　　　(貸)前期損益修正益　2,000万円

**別表四の処理**

| 区分 | | | 総額 | 処分 | | |
|---|---|---|---|---|---|---|
| | | | | 留保 | 社外流出 | |
| | | | ① | ② | ③ | |
| 減算 | 前期損益修正益否認 | 21 | *20,000,000* | *20,000,000* | | |
| | | | | | | |

**別表五(一)の処理**

| I　利益積立金額の計算に関する明細書 | | | | | |
|---|---|---|---|---|---|
| 区分 | | 期首現在利益積立金額 | 当期の増減 | | 差引翌期首現在利益積立金額 ①－②＋③ |
| | | | 減 | 増 | |
| | | ① | ② | ③ | ④ |
| 利益準備金 | 1 | 円 | 円 | 円 | 円 |
| 積立金 | 2 | | | | |
| 有価証券 | 3 | *20,000,000* | *20,000,000* | | — |

(注) 分割承継法人における処理については，《例258》を参照してください。

## 例168 適格現物出資により資産の譲渡利益が生じた場合

当期において適格現物出資により子会社を設立し，自己が有する資産をその子会社に移転した。

この現物出資について，次のような経理処理を行っている。

（借）有価証券　10,000万円　　　（貸）資　　産　7,000万円
　　　　　　　　　　　　　　　　　　資産譲渡益　3,000万円

なお，子会社に移転した資産には，前期から繰り越された減価償却超過額200万円がある。

### 当期の処理

#### 税務上の経理処理

（借）資産譲渡益　3,000万円　　　（貸）減価償却超過額　200万円
　　　　　　　　　　　　　　　　　　有価証券　　　2,800万円

（注）平成13年の税制改正により，法人が適格現物出資により子会社にその有する資産及び負債を移転したときは，帳簿価額による譲渡をしたものとして所得金額を計算することとされました（法62の４，令119①七）。

#### 別表四の処理

| 区分 | | | 総額 | 処分 | | |
|---|---|---|---|---|---|---|
| | | | | 留保 | 社外流出 | |
| | | | ① | ② | ③ | |
| 減算 | 資産譲渡益の否認 | 21 | 30,000,000 | 30,000,000 | | |
| | | | | | | |

#### 別表五(一)の処理

| Ⅰ　利益積立金額の計算に関する明細書 | | | | | |
|---|---|---|---|---|---|
| 区分 | | 期首現在利益積立金額 | 当期の増減 | | 差引翌期首現在利益積立金額 ①－②＋③ |
| | | | 減 | 増 | |
| | | ① | ② | ③ | ④ |
| 利益準備金 | 1 | 円 | 円 | 円 | 円 |
| 積立金 | 2 | | | | |
| 減価償却超過額 | 3 | 2,000,000 | 2,000,000 | | — |
| 有価証券 | 4 | | | △28,000,000 | △28,000,000 |

## 翌期の処理

### イ　第一法

**決算上の経理処理**

企業会計上の処理は妥当なものとして，企業会計上と税務上の処理を合わせるための経理処理は特に行いません。

**別表四と別表五(一)の処理**

何ら処理をする必要はありません。

### ロ　第二法

**決算上の経理処理**

企業会計上と税務上の有価証券の価額を合わせるため，決算調整により次のような経理処理を行います。

(借)前期損益修正損　2,800万円　　　　(貸)有価証券　2,800万円

**別表四の処理**

| 区分 | | | 総額 | 処分 | | |
|---|---|---|---|---|---|---|
| | | | | 留保 | 社外流出 | |
| | | | ① | ② | ③ | |
| 加算 | 前期損益修正損否認 | 10 | 28,000,000 | 28,000,000 | | |
| | | | | | | |

**別表五(一)の処理**

| Ⅰ　利益積立金額の計算に関する明細書 | | | | | |
|---|---|---|---|---|---|
| 区分 | | 期首現在利益積立金額 | 当期の増減 | | 差引翌期首現在利益積立金額 ①−②＋③ |
| | | | 減 | 増 | |
| | | ① | ② | ③ | ④ |
| 利益準備金 | 1 | 円 | 円 | 円 | 円 |
| 積立金 | 2 | | | | |
| 有価証券 | 3 | △28,000,000 | △28,000,000 | | ― |
| | 4 | | | | |

(注)　子会社における処理については，《例259》を参照してください。

## 例169　適格現物出資により資産の譲渡損失が生じた場合

当期において適格現物出資により子会社を設立し，自己が有する資産をその子会社に移転した。

この現物出資について，次のような経理処理を行っている。

(借)有価証券　7,000万円　　(貸)資　　産　10,000万円
　　資産譲渡損　3,000万円

なお，子会社に移転した資産には，前期から繰り越された減価償却超過額200万円がある。

### 当期の処理

#### 税務上の経理処理

(借)有価証券　3,200万円　　(貸)減価償却超過額　200万円
　　　　　　　　　　　　　　　　資産譲渡損　3,000万円

(注)　平成13年の税制改正により，法人が適格現物出資により子会社にその有する資産及び負債を移転したときは，帳簿価額による譲渡をしたものとして所得金額を計算することとされました（法62の4，令119①七）。

#### 別表四の処理

| 区分 | | | 総額 | 処分 | | |
|---|---|---|---|---|---|---|
| | | | | 留保 | 社外流出 | |
| | | | ① | ② | ③ | |
| 加算 | 資産譲渡損の否認 | 10 | 30,000,000 | 30,000,000 | | |
| | | | | | | |

#### 別表五(一)の処理

| Ⅰ　利益積立金額の計算に関する明細書 | | | | | |
|---|---|---|---|---|---|
| 区分 | | 期首現在利益積立金額 | 当期の増減 | | 差引翌期首現在利益積立金額<br>①－②＋③ |
| | | | 減 | 増 | |
| | | ① | ② | ③ | ④ |
| 利益準備金 | 1 | 円 | 円 | 円 | 円 |
| 積立金 | 2 | | | | |
| 減価償却超過額 | 3 | 2,000,000 | 2,000,000 | | — |
| 有価証券 | 4 | | | 32,000,000 | 32,000,000 |

## 翌期の処理

### イ　第一法

**決算上の経理処理**

企業会計上の処理は妥当なものとして，企業会計上と税務上の処理を合わせるための経理処理は特に行いません。

**別表四と別表五(一)の処理**

何ら処理をする必要はありません。

### ロ　第二法

**決算上の経理処理**

企業会計上と税務上の有価証券の価額を合わせるため，決算調整により次のような経理処理を行います。

（借）有価証券　3,200万円　　　（貸）前期損益修正益　3,200万円

**別表四の処理**

| 区分 | | | 総額 | 処分 | | |
|---|---|---|---|---|---|---|
| | | | | 留保 | 社外流出 | |
| | | | ① | ② | ③ | |
| 減算 | 前期損益修正益否認 | 21 | *32,000,000* | *32,000,000* | | |
| | | | | | | |

**別表五(一)の処理**

| Ⅰ　利益積立金額の計算に関する明細書 | | | | | |
|---|---|---|---|---|---|
| 区分 | | 期首現在利益積立金額 | 当期の増減 | | 差引翌期首現在利益積立金額 ①－②＋③ |
| | | | 減 | 増 | |
| | | ① | ② | ③ | ④ |
| 利益準備金 | 1 | 円 | 円 | 円 | 円 |
| 積立金 | 2 | | | | |
| 有価証券 | 3 | *32,000,000* | *32,000,000* | | — |
| | 4 | | | | |

**（注）**　子会社における処理については，《例260》を参照してください。

## 例170　適格現物分配により資産の分配益が生じた場合

当社《例*142*の子会社》は組織再編成のため，完全支配関係がある親会社に対して，剰余金の配当として当社の子会社（親会社の孫会社）の株式の適格現物分配を行った。

なお，この孫会社株式の帳簿価額は1,000万円，時価は1,500万円であり，次のような経理処理をしている。

(借)繰越利益剰余金　1,500万円　　　(貸)有価証券　　1,000万円
　　　　　　　　　　　　　　　　　　　　現物分配益　　500万円

### 当期の処理

#### 別表四の処理

| 区分 | | | 総額 | 処分 | | |
|---|---|---|---|---|---|---|
| | | | | 留保 | 社外流出 | |
| | | | ① | ② | ③ | |
| 減算 | 現物分配益の益金不算入額 | 21 | *5,000,000* | | 配当 | *5,000,000* |
| | | | | | | |
| | | | | | | |

(注)　平成22年の税制改正により，適格現物分配により資産の移転をしたときは，帳簿価額による譲渡をしたものとして所得金額を計算することとされました（法２十二の十五，62の５③）。

企業会計においても，企業集団内の企業へ現物配当を行う場合には，配当財産の適正な帳簿価額をもってその他資本剰余金又はその他利益剰余金を減額し，損益を計上しないものとされています（自己株式及び準備金の額の減少等に関する会計基準の適用指針10項）。

#### 別表五(一)の処理

何ら処理をする必要はありません。

### 翌期の処理

決算上及び税務上とも，何ら処理をする必要はありません。

## 例171 適格現物分配により資産の分配損が生じた場合

当社は組織再編成のため，完全支配関係がある親会社に対して，剰余金の配当として当社の子会社（親会社の孫会社）の株式の適格現物分配を行った。

なお，この孫会社株式の帳簿価額は1,500万円，時価は1,000万円であり，次のような経理処理をしている。

| | | | |
|---|---|---|---|
| (借)繰越利益剰余金 | 1,000万円 | (貸)有価証券 | 1,500万円 |
| 現物分配損 | 500万円 | | |

### 当期の処理

#### 別表四の処理

| 区分 | | | 総額 | 処分 | | |
|---|---|---|---|---|---|---|
| | | | | 留保 | 社外流出 | |
| | | | ① | ② | ③ | |
| 加算 | 現物分配損の損金不算入額 | 10 | 5,000,000 | | 配当 | 5,000,000 |
| | | | | | | |
| | | | | | | |

（注） 平成22年の税制改正により，適格現物分配により資産の移転をしたときは，帳簿価額による譲渡をしたものとして所得金額を計算することとされました（法2十二の十五，62の5③）。

企業会計においても，企業集団内の企業へ現物配当を行う場合には，配当財産の適正な帳簿価額をもってその他資本剰余金又はその他利益剰余金を減額し，損益を計上しないものとされています（自己株式及び準備金の額の減少等に関する会計基準の適用指針10項）。

#### 別表五(一)の処理

何ら処理をする必要はありません。

### 翌期の処理

決算上及び税務上とも，何ら処理をする必要はありません。

## 例172　適格株式分配により資産の分配益が生じた場合

当社《例*143*のＡ社》は，子法人のスピンオフのため，株主に対して完全子法人であるＢ社株式を適格株式分配により交付した。

なお，このＢ社株式の帳簿価額は5,000万円，時価は１億円であり，次のような経理処理をしている。

（借）繰越利益剰余金　10,000万円　　　（貸）Ｂ社株式　　5,000万円
　　　　　　　　　　　　　　　　　　　　　株式分配益　5,000万円

### 当期の処理

#### 別表四の処理

| 区分 | | | 総額 | 処分 | | |
|---|---|---|---|---|---|---|
| | | | | 留保 | 社外流出 | |
| | | | ① | ② | ③ | |
| 減算 | 現物分配益の益金不算入額 | 21 | *50,000,000* | | 配当 | *50,000,000* |
| | | | | | | |

（注）　平成29年の税制改正により，適格株式分配により資産の移転をしたときは，帳簿価額による譲渡をしたものとして所得金額を計算することとされました（法２十二の十五の三，62の５③）。

この場合，適格株式分配により株主に交付した完全子法人株式の帳簿価額相当額を資本金等の額から減算します（令８①十六）。

## 別表五(一)の処理

Ⅰ　利益積立金額の計算に関する明細書

| 区分 | | 期首現在利益積立金額 | 当期の増減 | | 差引翌期首現在利益積立金額 ①－②＋③ |
|---|---|---|---|---|---|
| | | | 減 | 増 | |
| | | ① | ② | ③ | ④ |
| 利益準備金 | 1 | 円 | 円 | 円 | 円 |
| 積立金 | 2 | | | | |
| 資本金等の額 | 3 | | | *50,000,000* | *50,000,000* |

Ⅱ　資本金等の額の計算に関する明細書

| 区分 | | 期首現在資本金等の額 | 当期の増減 | | 差引翌期首現在資本金等の額 ①－②＋③ |
|---|---|---|---|---|---|
| | | | 減 | 増 | |
| | | ① | ② | ③ | ④ |
| 資本金又は出資金 | 32 | 円 | 円 | 円 | 円 |
| 資本準備金 | 33 | | | | |
| 利益積立金額 | 34 | | *50,000,000* | | *△50,000,000* |

## 翌期の処理

資本金等の額に異動がない限り，決算上及び税務上とも，何ら処理をする必要はありません。

## 例173　適格株式分配により資産の分配損が生じた場合

当社は，子法人のスピンオフのため，株主に対して所有する完全子法人の株式を適格株式分配により交付した。

なお，この完全子法人株式の帳簿価額は8,000万円，時価は6,000万円であり，次のような経理処理をしている。

（借）繰越利益剰余金　6,000万円　　（貸）子法人株式　8,000万円
　　　株式分配損　　　2,000万円

### 当期の処理

#### 別表四の処理

| 区分 | | | 総額 | 処分 | | |
|---|---|---|---|---|---|---|
| | | | | 留保 | 社外流出 | |
| | | | ① | ② | ③ | |
| 加算 | 株式分配損の損金不算入額 | 10 | *20,000,000* | | 配当 | *20,000,000* |
| | | | | | | |

（注）　平成29年の税制改正により，適格株式分配により資産の移転をしたときは，帳簿価額による譲渡をしたものとして所得金額を計算することとされました（法２十二の十五の三，62の５③）。

この場合，適格株式分配により株主に交付した完全子法人株式の帳簿価額相当額を資本金等の額から減算します（令８①十六）。

## 別表五(一)の処理

Ⅰ　利益積立金額の計算に関する明細書

| 区分 | | 期首現在利益積立金額 | 当期の増減 | | 差引翌期首現在利益積立金額 ①－②＋③ |
|---|---|---|---|---|---|
| | | | 減 | 増 | |
| | | ① | ② | ③ | ④ |
| 利益準備金 | 1 | 円 | 円 | 円 | 円 |
| 積立金 | 2 | | | | |
| 資本金等の額 | 3 | | | *80,000,000* | *80,000,000* |

Ⅱ　資本金等の額の計算に関する明細書

| 区分 | | 期首現在資本金等の額 | 当期の増減 | | 差引翌期首現在資本金等の額 ①－②＋③ |
|---|---|---|---|---|---|
| | | | 減 | 増 | |
| | | ① | ② | ③ | ④ |
| 資本金又は出資金 | 32 | 円 | 円 | 円 | 円 |
| 資本準備金 | 33 | | | | |
| 利益積立金額 | 34 | | *80,000,000* | | *△80,000,000* |

## 翌期の処理

資本金等の額に異動がない限り，決算上及び税務上とも，何ら処理をする必要はありません。

## 例174　非適格株式分配により資産の分配損益が生じた場合

当社は，子法人のスピンオフのため，株主に対してその完全子法人株式を，利益剰余金を財源として非適格株式分配により交付し，次のような経理処理を行っている。

(借)繰越利益剰余金　1,200万円　　　(貸)子会社株式　1,000万円
　　　　　　　　　　　　　　　　　　　　株式譲渡益　　200万円

なお，この子法人株式の帳簿価額は1,000万円，時価は1,200万円であり，当社の資本金額は3,500万円（その他資本剰余金なし），直前期末の簿価純資産額は5,000万円である。

### 当期の処理

#### 税務上の経理処理

(借)資本金等の額　700万円　　　(貸)利益積立金額　700万円

(注)　非適格株式分配をした場合，株主に交付した完全子法人株式の時価譲渡があったものとしてその譲渡損益（200万円）を計上し，当社の株式分配直前の資本金等の額3,500万円に子法人株式移転割合0.2（子法人株式の帳簿価額1,000万円／直前期末の簿価純資産額5,000万円）を乗じた金額700万円は，資本金等の額の減少として処理します（令８①十七）。

その結果，みなし配当の額（利益積立金額の減少）が500万円（子法人株式の時価1,200万円－資本金等の額700万円）となります（法24①，令９十一）。

#### 別表四の処理

| 区　　分 | | 総　　額 | 処　　分 | | |
|---|---|---|---|---|---|
| | | | 留　　保 | 社　外　流　出 | |
| | | ① | ② | ③ | |
| 当期利益又は当期欠損の額 | 1 | 円 | 円 | 配　当 | 5,000,000円 |
| | | | | その他 | |

## 別表五(一)の処理

| Ⅰ　利益積立金額の計算に関する明細書 | | | | | |
|---|---|---|---|---|---|
| 区分 | | 期首現在利益積立金額 | 当期の増減 | | 差引翌期首現在利益積立金額 ①－②＋③ |
| | | | 減 | 増 | |
| | | ① | ② | ③ | ④ |
| 利益準備金 | 1 | 円 | 円 | 円 | 円 |
| 積立金 | 2 | | | | |
| **資本金等の額** | 3 | | | *7,000,000* | *7,000,000* |
| 繰越損益金（損は赤） | 25 | | *12,000,000* | | |

| Ⅱ　資本金等の額の計算に関する明細書 | | | | | |
|---|---|---|---|---|---|
| 区分 | | 期首現在資本金等の額 | 当期の増減 | | 差引翌期首現在資本金等の額 ①－②＋③ |
| | | | 減 | 増 | |
| | | ① | ② | ③ | ④ |
| 資本金又は出資金 | 32 | *35,000,000*円 | 円 | 円 | *35,000,000*円 |
| 資本準備金 | 33 | | | | |
| **利益積立金額** | 34 | | | *△7,000,000* | *△7,000,000* |

## 翌期の処理

資本金等の額に変動がない限り，決算上及び税務上とも何ら処理をする必要はありません。

## 例175　特定適格組織再編成等により特定資産譲渡等損失額が生じた場合

当期において，２年前に合併した関係法人から受け入れた資産を譲渡したことにより3,000万円の損失が生じた。

なお，その合併は適格合併で関係法人から帳簿価額でもって資産，負債を引き継いだものであるが，共同で事業を行うためのものではない。

### 当期の処理

#### 別表四の処理

| 区分 | | | 総額 | 処分 | | |
|---|---|---|---|---|---|---|
| | | | | 留保 | 社外流出 | |
| | | | ① | ② | ③ | |
| 加算 | 特定資産譲渡等損失の損金不算入 | 10 | 30,000,000 | | ※ | 30,000,000 |
| | | | | | | |

（注）　平成13年の税制改正により，特定適格組織再編成等の日の属する事業年度開始の日から３年以内（特定の資本関係になった日から５年が限度）に支配関係法人から受け入れた資産を譲渡等したことに伴い生じた損失の額は，損金に算入しないこととされました（法62の７，令123の８）。

#### 別表五(一)の処理

何ら処理をする必要はありません。

### 翌期の処理

決算上及び税務上とも，何ら処理をする必要はありません。

## 例176 非適格株式交換等により資産の時価評価損益が生じた場合

当期において当社を株式交換完全子法人とする非適格株式交換が行われたため，時価評価資産につき時価評価をしたところ，有価証券の評価益1,300万円，土地の評価益3,000万円及び建物の評価損1,200万円が生じた。

### 当期の処理

#### 税務上の経理処理

（借）有価証券　1,300万円　　（貸）資産評価益　4,300万円
　　　土　　地　3,000万円
（借）資産評価損　1,200万円　　（貸）建　　物　1,200万円

（注）　平成18年の税制改正により，法人が自己を株式交換完全子法人とする非適格株式交換を行った場合には，所定の資産（時価評価資産）については時価評価をし，その評価損益は益金又は損金に算入しなければならないこととされました(法62の９，令123の11)。この取扱いは，法人が非適格株式移転を行った場合も同じです。

#### 別表四の処理

| 区分 | | | 総額 | 処分 | | |
|---|---|---|---|---|---|---|
| | | | | 留保 | 社外流出 | |
| | | | ① | ② | ③ | |
| 加算 | 資産評価益の益金算入額 | 10 | 43,000,000 | 43,000,000 | | |
| | | | | | | |
| | | | | | | |
| 減算 | 資産評価損の損金算入額 | 21 | 12,000,000 | 12,000,000 | | |
| | | | | | | |
| | | | | | | |

別表五(一)の処理

| I　利益積立金額の計算に関する明細書 | | | | | |
|---|---|---|---|---|---|
| 区分 | | 期首現在利益積立金額 | 当期の増減 | | 差引翌期首現在利益積立金額 ①－②＋③ |
| | | | 減 | 増 | |
| | | ① | ② | ③ | ④ |
| 利益準備金 | 1 | 円 | 円 | 円 | 円 |
| 積立金 | 2 | | | | |
| 有価証券 | 3 | | | 13,000,000 | 13,000,000 |
| 土地 | 4 | | | 30,000,000 | 30,000,000 |
| 建物 | 5 | | | △12,000,000 | △12,000,000 |

## 翌期の処理

### イ　第一法

**決算上の経理処理**

企業会計上の処理は妥当なものとして，企業会計上と税務上の処理を合わせるための経理処理は特に行いません。

**別表四と別表五(一)の処理**

何ら処理をする必要はありません。

### ロ　第二法

**決算上の経理処理**

企業会計上と税務上の有価証券，土地及び建物の価額を合わせるため，決算調整により次のような経理処理を行います。

| | | | |
|---|---|---|---|
| (借)有価証券 | 1,300万円 | (貸)前期損益修正益 | 4,300万円 |
| 土地 | 3,000万円 | | |
| (借)前期損益修正損 | 1,200万円 | (貸)建物 | 1,200万円 |

## 別表四の処理

| 区分 | | | 総額 | 処分 | | |
|---|---|---|---|---|---|---|
| | | | | 留保 | 社外流出 | |
| | | | ① | ② | ③ | |
| 加算 | 前期損益修正損否認 | 10 | 12,000,000 | 12,000,000 | | |
| | | | | | | |
| | | | | | | |
| 減算 | 前期損益修正益否認 | 21 | 43,000,000 | 43,000,000 | | |
| | | | | | | |
| | | | | | | |

## 別表五(一)の処理

| I　利益積立金額の計算に関する明細書 | | | | | |
|---|---|---|---|---|---|
| 区分 | | 期首現在利益積立金額 | 当期の増減 | | 差引翌期首現在利益積立金額 ①－②＋③ |
| | | | 減 | 増 | |
| | | ① | ② | ③ | ④ |
| 利益準備金 | 1 | 円 | 円 | 円 | 円 |
| 積立金 | 2 | | | | |
| 有価証券 | 3 | 13,000,000 | 13,000,000 | | — |
| 土地 | 4 | 30,000,000 | 30,000,000 | | — |
| 建物 | 5 | △12,000,000 | △12,000,000 | | — |

## 例177　株式交換により完全親法人の株式の交付を受けた場合

当期において当社が有する株式の発行法人が株式交換を行い，完全親法人の株式の交付を受けたので，その交付を受けた完全親法人の株式の時価と旧株（完全子法人の株式）の帳簿価額との差額500万円を有価証券譲渡益に計上している。

なお，その株式交換は非適格の株式交換であるが，完全親法人の株式又はその株式交換完全親法人の親法人の株式以外の資産の交付は受けていない。

### 当期の処理

#### 税務上の経理処理

(借)有価証券譲渡益　500万円　　　　(貸)有価証券　500万円

(注)　平成18年及び平成19年の税制改正により，法人が有する株式の発行法人が行った株式交換により株式交換完全親法人の株式又はその株式交換完全親法人との間に直接・間接の完全支配関係がある法人の株式のみの交付を受けた場合には，従来から有する株式交換完全子法人の株式の譲渡損益は計上しないこととされました（法61の２⑨，令119の７の２④）。これは，その株式交換が適格であるか非適格であるかを問いません。

この取扱いは，株式移転においても同様です（法61の２⑪）。

#### 別表四の処理

| 区分 | | | 総額 | 処分 | | |
|---|---|---|---|---|---|---|
| | | | | 留保 | 社外流出 | |
| | | | ① | ② | ③ | |
| 減算 | 有価証券譲渡益否認 | 21 | 5,000,000 | 5,000,000 | | |
| | | | | | | |
| | | | | | | |

別表五(一)の処理

| Ⅰ　利益積立金額の計算に関する明細書 | | | | | | |
|---|---|---|---|---|---|---|
| 区　　分 | | 期首現在利益積立金額 | 当期の増減 | | 差引翌期首現在利益積立金額 ①－②＋③ |
| | | | 減 | 増 | |
| | | ① | ② | ③ | ④ |
| 利益準備金 | 1 | 円 | 円 | 円 | 円 |
| 積立金 | 2 | | | | |
| 有価証券 | 3 | | | △5,000,000 | △5,000,000 |
| | 4 | | | | |
| | 5 | | | | |

## 翌期の処理

### イ　第一法

**決算上の経理処理**

企業会計上の処理は妥当なものとして，企業会計上と税務上の処理を合わせるための経理処理は特に行いません。

別表四と別表五(一)の処理

何ら処理をする必要はありません。

### ロ　第二法

**決算上の経理処理**

企業会計上と税務上の有価証券の価額を合わせるため，決算調整により次のような経理処理を行います。

(借)前期損益修正損　500万円　　　(貸)有価証券　500万円

## 別表四の処理

| 区分 | | 総額 ① | 処分 留保 ② | 処分 社外流出 ③ | |
|---|---|---|---|---|---|
| 加算 前期損益修正損否認 | 10 | 5,000,000 | 5,000,000 | | |
| | | | | | |
| | | | | | |

## 別表五(一)の処理

I　利益積立金額の計算に関する明細書

| 区分 | | 期首現在利益積立金額 ① | 当期の増減 減 ② | 当期の増減 増 ③ | 差引翌期首現在利益積立金額 ①－②＋③ ④ |
|---|---|---|---|---|---|
| 利益準備金 | 1 | 円 | 円 | 円 | 円 |
| 積立金 | 2 | | | | |
| 有価証券 | 3 | △5,000,000 | △5,000,000 | | — |
| | 4 | | | | |
| | 5 | | | | |

## 11　移転価格税制による益金算入

### 例178　売上金額が過少である場合

当期において，外国子会社に商品3,000個（販売単価２万円）を販売したが，いわゆる移転価格税制（措法66の４）の適用によるこの商品の独立企業間価格は単価３万円とすべきことが判明した。

#### 当期の処理

**別表四の処理**

| 区　分 | | | 総　額 | 処　分 | | |
|---|---|---|---|---|---|---|
| | | | | 留　保 | 社外流出 | |
| | | | ① | ② | ③ | |
| 加算 | 売上計上もれ | 10 | 30,000,000 | | その他 | 30,000,000 |
| | | | | | | |

（注）　国外関連取引の対価の額と独立企業間価格との差額は，その全部又は一部を国外関連者から返還を受けるかどうかにかかわらず，利益の社外流出として処理します（措通66の４⑾－１）。

**別表五（一）の処理**

何ら処理をする必要はありません。

#### 翌期の処理

決算上及び税務上とも，何ら処理をする必要はありません。

## 例179　仕入金額が過大である場合

当期において，外国親会社から商品5,000個（仕入単価1,000円）を仕入れたが，いわゆる移転価格税制（措法66の４）の適用によるこの商品の独立企業間価格は単価500円とすべきことが判明した。

なお，この商品は当期末に在庫として2,000個が残っていたが，翌期にはすべて売却済である。

### 当期の処理

#### 税務上の経理処理

（借）仕　　入　100万円　　　　（貸）棚卸資産　100万円

#### 別表四の処理

| 区分 | | | 総額 | 処分 | | |
|---|---|---|---|---|---|---|
| | | | | 留保 | 社外流出 | |
| | | | ① | ② | ③ | |
| 加算 | 仕入過大計上 | 10 | 2,500,000 | | その他 | 2,500,000 |
| | | | | | | |
| 減算 | 棚卸資産過大計上 | 21 | 1,000,000 | 1,000,000 | | |
| | | | | | | |

#### 別表五(一)の処理

| Ⅰ　利益積立金額の計算に関する明細書 | | | | | |
|---|---|---|---|---|---|
| 区分 | | 期首現在利益積立金額 | 当期の増減 | | 差引翌期首現在利益積立金額 ①－②＋③ |
| | | | 減 | 増 | |
| | | ① | ② | ③ | ④ |
| 利益準備金 | 1 | 円 | 円 | 円 | 円 |
| 積立金 | 2 | | | | |
| 棚卸資産 | 3 | | | △1,000,000 | △1,000,000 |
| | 4 | | | | |

## 翌期の処理

### 決算上の経理処理

棚卸資産については，企業会計上は前期末の決算上の棚卸高がそのまま当期首の棚卸高となり，売上原価が多くなることによって自動的に修正されますので，特に経理処理は行いません。

### 別表四の処理

| 区分 | | | 総額 | 処分 | |
|---|---|---|---|---|---|
| | | | | 留保 | 社外流出 |
| | | | ① | ② | ③ |
| 加算 | 前期棚卸資産過大計上戻入 | 10 | *1,000,000* | *1,000,000* | |
| | | | | | |

### 別表五(一)の処理

| Ⅰ 利益積立金額の計算に関する明細書 | | | | | |
|---|---|---|---|---|---|
| 区分 | | 期首現在利益積立金額 | 当期の増減 | | 差引翌期首現在利益積立金額 ①－②＋③ |
| | | | 減 | 増 | |
| | | ① | ② | ③ | ④ |
| 利益準備金 | 1 | 円 | 円 | 円 | 円 |
| 積立金 | 2 | | | | |
| 棚卸資産 | 3 | △*1,000,000* | △*1,000,000* | | — |
| | 4 | | | | |

## 例180　減価償却資産の取得価額が過大である場合

当期において，外国子会社から機械1,000万円を取得し，期首から事業の用に供しているが，いわゆる移転価格税制（措法66の４）の適用によるこの機械の独立企業間価格は600万円とすべきことが判明した。

なお，この機械については，当期に減価償却費250万円（償却率0.250・定率法）を計上している。

### 当期の処理

#### 税務上の経理処理

| (借) | | (貸) | |
|---|---|---|---|
| 寄附金（その他流出） | 400万円 | 機械 | 400万円 |
| 機械 | 100万円 | 減価償却費 | 100万円 |

（注）　減価償却費は，次のように計算されます。

$(10,000,000円 - 4,000,000円) \times 0.250 \times \frac{12}{12} = 1,500,000円$……償却限度額

$2,500,000円 - 1,500,000円 = 1,000,000円$……償却超過額

#### 別表四の処理

| | 区分 | | 総額 ① | 処分 留保 ② | 処分 社外流出 ③ | |
|---|---|---|---|---|---|---|
| 加算 | 減価償却の償却超過額 | 6 | 1,000,000 | 1,000,000 | | |
| 加算 | 役員給与の損金不算入額 | 7 | | | その他 | |
| 加算 | 交際費等の損金不算入額 | 8 | | | その他 | |
| 加算 | 通算法人に係る加算額（別表四付表「５」） | 9 | | | 外※ | |
| 加算 | 国外移転所得額 | 10 | 4,000,000 | | その他 | 4,000,000 |
| 減算 | 機械認定損 | 21 | 4,000,000 | 4,000,000 | | |
| 減算 | | | | | | |

## 別表五(一)の処理

| I　利益積立金額の計算に関する明細書 | | | | | |
|---|---|---|---|---|---|
| 区分 | | 期首現在利益積立金額 | 当期の増減 | | 差引翌期首現在利益積立金額 ①－②＋③ |
| | | | 減 | 増 | |
| | | ① | ② | ③ | ④ |
| 利益準備金 | 1 | 円 | 円 | 円 | 円 |
| 積立金 | 2 | | | | |
| 機械 | 3 | | | △4,000,000 | △4,000,000 |
| 減価償却超過額 | 4 | | | 1,000,000 | 1,000,000 |

## 翌期の処理

《例29》の〔翌期の処理〕と同様の処理を行います。

## 12　外国子会社合算税制による益金算入等

### 例181　課税対象金額を益金算入する場合

当期において，いわゆる外国子会社合算税制（措法66の６）の適用により，特定外国子会社等の課税対象金額として益金に算入すべき金額は2,000万円である。

#### 当期の処理

**別表四の処理**

| 区分 | | | 総額 | 処分 | | |
|---|---|---|---|---|---|---|
| | | | | 留保 | 社外流出 | |
| | | | ① | ② | ③ | |
| 加算 | 外国子会社の課税対象金額の益金算入額 | 10 | *20,000,000* | | ※ | *20,000,000* |
| | | | | | | |
| | | | | | | |

**別表五(一)の処理**

何ら処理をする必要はありません。

#### 翌期の処理

決算上及び税務上とも，何ら処理をする必要はありません。

（注）《例*181*》の処理方法は，特殊関係株主等である内国法人に係る特定外国法人の課税対象金額の益金算入（措法66の９の２）についても，適用することができます。

## 例182 剰余金の配当を益金不算入とする場合

特定外国子会社等から受けた剰余金の配当のうち特定課税対象金額に達するまでの金額として，益金不算入となる金額は300万円である。

### 当期の処理

#### 別表四の処理

| 区分 | | | 総額 | 処分 | | |
|---|---|---|---|---|---|---|
| | | | | 留保 | 社外流出 | |
| | | | ① | ② | ③ | |
| 減算 | 外国子会社の受取配当の益金不算入 | 21 | *3,000,000* | | ※ | *3,000,000* |
| | | | | | | |
| | | | | | | |

（注） 法人が外国法人から受ける剰余金の配当等の額のうち，過年度において益金算入された合算課税対象金額（特定課税対象金額）に達するまでの金額は，益金の額に算入しないことができます（措法66の８）。

この場合の益金不算入額は，「減算」の「15」欄ではなく，「減算」の空欄に記載します。

#### 別表五(一)の処理

何ら処理をする必要はありません。

### 翌期の処理

決算上及び税務上とも，何ら処理をする必要はありません。

（注）《例*182*》の処理方法は，特殊関係株主等である内国法人に係る外国法人から受けた配当の益金不算入（措法66の９の４）についても，適用することができます。

# Ⅶ　営業外費用等に関する事項の処理

## 1　支　払　利　息

**例183**　前払利息がある場合

当期に損金計上した支払利息100万円のうち50万円は，翌期に損金算入すべきものであることが判明した。

**当期の処理**

**税務上の経理処理**

(借)前払利息　50万円　　　(貸)支払利息　50万円

**別表四の処理**

| 区分 | | | 総額 | 処分 | |
|---|---|---|---|---|---|
| | | | | 留保 | 社外流出 |
| | | | ① | ② | ③ |
| 加算 | 支払利息中否認 | 10 | 500,000 | 500,000 | |
| | | | | | |
| | | | | | |

**別表五(一)の処理**

| Ⅰ　利益積立金額の計算に関する明細書 | | | | | |
|---|---|---|---|---|---|
| 区分 | | 期首現在利益積立金額 | 当期の増減 | | 差引翌期首現在利益積立金額 ①－②＋③ |
| | | | 減 | 増 | |
| | | ① | ② | ③ | ④ |
| 利益準備金 | 1 | 円 | 円 | 円 | 円 |
| 積立金 | 2 | | | | |
| 前払利息 | 3 | | | 500,000 | 500,000 |

(注)　短期の前払費用に該当する支払利息については，前払処理をすることなく，その支払った日に損金算入をすることもできます（基通２－２－14)。

## 翌期の処理

### イ　第一法

**決算上の経理処理**

既に前期において支払利息として計上済みですから，特に経理処理は行いません。

**別表四の処理**

| 区分 | | 総額 | 処分 | |
|---|---|---|---|---|
| | | | 留保 | 社外流出 |
| | | ① | ② | ③ |
| 減算 前払利息認容 | 21 | 500,000 | 500,000 | |
| | | | | |
| | | | | |

**別表五(一)の処理**

| Ⅰ　利益積立金額の計算に関する明細書 | | | | | |
|---|---|---|---|---|---|
| 区分 | | 期首現在利益積立金額 | 当期の増減 | | 差引翌期首現在利益積立金額①－②＋③ |
| | | | 減 | 増 | |
| | | ① | ② | ③ | ④ |
| 利益準備金 | 1 | 円 | 円 | 円 | 円 |
| 積立金 | 2 | | | | |
| 前払利息 | 3 | 500,000 | 500,000 | | — |

### ロ　第二法

**決算上の経理処理**

この支払利息は，当期の支払利息ですから，当期の支払利息とするため，決算調整により次の経理処理を行います。

(借)支払利息 50万円　　　　(貸)前期損益修正益　50万円

**別表四と別表五(一)の処理**

第一法と同様の処理を行います。

**(注)**　《例183》の処理方法は，前払地代・家賃等の賃借料についても適用することができます。

## 例184　未払利息がある場合

翌期に損金計上されている支払利息120万円のうち30万円は，当期に損金算入すべきものであることが判明した。

### 当期の処理

#### 税務上の経理処理

(借)支払利息　30万円　　　　(貸)未払利息　30万円

#### 別表四の処理

| 区分 | | | 総額 | 処分 | |
|---|---|---|---|---|---|
| | | | | 留保 | 社外流出 |
| | | | ① | ② | ③ |
| 減算 | 支払利息認容 | 21 | 300,000 | 300,000 | |
| | | | | | |

#### 別表五(一)の処理

| Ⅰ　利益積立金額の計算に関する明細書 | | | | | |
|---|---|---|---|---|---|
| 区分 | | 期首現在利益積立金額 | 当期の増減 | | 差引翌期首現在利益積立金額 ①－②＋③ |
| | | | 減 | 増 | |
| | | ① | ② | ③ | ④ |
| 利益準備金 | 1 | 円 | 円 | 円 | 円 |
| 積立金 | 2 | | | | |
| 未払利息 | 3 | | | △300,000 | △300,000 |
| | 4 | | | | |

## 翌期の処理

### イ　第一法

**決算上の経理処理**

既に当期において支払利息として計上済みですから，特に経理処理は行いません。

**別表四の処理**

| 区分 | | 総額 | 処分 | |
|---|---|---|---|---|
| | | | 留保 | 社外流出 |
| | | ① | ② | ③ |
| 加算 支払利息中否認 | 10 | 300,000 | 300,000 | |
| | | | | |

**別表五(一)の処理**

| Ⅰ　利益積立金額の計算に関する明細書 | | | | | |
|---|---|---|---|---|---|
| 区分 | | 期首現在利益積立金額 | 当期の増減 | | 差引翌期首現在利益積立金額 ①－②＋③ |
| | | | 減 | 増 | |
| | | ① | ② | ③ | ④ |
| 利益準備金 | 1 | 円 | 円 | 円 | 円 |
| 積立金 | 2 | | | | |
| 未払利息 | 3 | △300,000 | △300,000 | | — |
| | 4 | | | | |

### ロ　第二法

**決算上の経理処理**

この支払利息は，前期の支払利息ですから，当期の支払利息に関係させないようにするため，決算調整により次の経理処理を行います。

(借)前期損益修正損　30万円　　　　(貸)支払利息　30万円

**別表四と別表五(一)の処理**

第一法と同様の処理を行います。

(注)《例184》の処理方法は，未払地代・家賃等の賃借料についても適用することができます。

## 例185　売買目的外社債に調整差損を計上すべき場合

当期（令和 X0.4.1～令和 X1.3.31）において満期まで保有する目的で取得したＢ社債の取得価額等は次のとおりであるが，期末にはその取得価額のまま記帳されていることが判明した。

①　取得価額　1,060万円

②　償還金額　1,000万円

③　取得日　　令和 X0.4.1

④　発行日　　令和 X0.4.1

⑤　償還日　　令和 X5.3.31

なお，前期末においてはＢ社債は有していない。

### 当期の処理

#### 税務上の経理処理

（借）有価証券利息（調整差損）12万円　　　（貸）有価証券　12万円

（注）　平成12年の税制改正により，売買目的外有価証券のうち償還期限及び償還金額の定めのあるものについては，帳簿価額が償還金額を超える部分の金額（調整差損）はその取得日から償還日までの期間に配分して，損金に算入することとされました（法61の３①，令119の14，139の２）。

有価証券利息（調整差損）は，次により計算されます。

$$(1{,}060万円-1{,}000万円)\times\frac{1{,}000万円}{1{,}000万円}\times\frac{12}{12+48}=12万円$$

#### 別表四の処理

| 区分 | | 総額 | 処分 | |
|---|---|---|---|---|
| | | | 留保 | 社外流出 |
| | | ① | ② | ③ |
| 減算　有価証券利息認容 | 21 | 120,000 | 120,000 | |
| | | | | |

### 別表五(一)の処理

| 区分 | | I 利益積立金額の計算に関する明細書<br>期首現在利益積立金額 | 当期の増減<br>減 | 増 | 差引翌期首現在利益積立金額<br>①−②+③ |
|---|---|---|---|---|---|
| | | ① | ② | ③ | ④ |
| 利益準備金 | 1 | 円 | 円 | 円 | 円 |
| 積立金 | 2 | | | | |
| 有価証券 | 3 | | | △120,000 | △120,000 |
| | 4 | | | | |

## 翌期の処理

### 決算上の経理処理

(借)前期損益修正損　12万円　(貸)有価証券　12万円

(借)有価証券利息（調整差損）　12万円　(貸)有価証券　12万円

**(注)**　有価証券利息（調整差損）は，次により計算されます（令139の２）。

$$((1{,}060\text{万円}-12\text{万円})-1{,}000\text{万円})\times\frac{12}{12+36}=12\text{万円}$$

### 別表四の処理

| 区分 | | | 総額<br>① | 処分<br>留保<br>② | 社外流出<br>③ | |
|---|---|---|---|---|---|---|
| 加算 | 前期損益修正損否認 | 10 | 120,000 | 120,000 | | |
| | | | | | | |

### 別表五(一)の処理

| 区分 | | I 利益積立金額の計算に関する明細書<br>期首現在利益積立金額 | 当期の増減<br>減 | 増 | 差引翌期首現在利益積立金額<br>①−②+③ |
|---|---|---|---|---|---|
| | | ① | ② | ③ | ④ |
| 利益準備金 | 1 | 円 | 円 | 円 | 円 |
| 積立金 | 2 | | | | |
| 有価証券 | 3 | △120,000 | △120,000 | | — |
| | 4 | | | | |

## 例186　国外支配株主等に係る支払利子を損金不算入とする場合

当期において計上した支払利子のうち，いわゆる過少資本税制（措法66の５）の適用により，損金に算入されない額は500万円である。

### 当期の処理

#### 別表四の処理

| 区分 | | | 総額 | 処分 | | |
|---|---|---|---|---|---|---|
| | | | | 留保 | 社外流出 | |
| | | | ① | ② | ③ | |
| 加算 | 国外支配株主の利子損金不算入 | 10 | *5,000,000* | | その他 | *5,000,000* |
| | | | | | | |
| | | | | | | |

（注）　平成４年の税制改正により創設された「過少資本税制」は，法人の国外支配株主からの借入金が，その国外支配株主が有する資本持分の３倍を超え，かつ，法人の負債総額が自己資本の３倍を超える場合には，国外支配株主に支払う利子のうちその超える部分に対応する金額は，損金の額に算入することはできない，というものです（措法66の５）。

#### 別表五(一)の処理

何ら処理をする必要はありません。

### 翌期の処理

決算上及び税務上とも，何ら処理をする必要はありません。

## 例187 関連者等に係る支払利子を損金不算入とする場合

当期において計上した支払利子のうち，いわゆる過大支払利子税制（措法66の５の２）の適用により，損金に算入されない額は2,000万円である。

### 当期の処理

#### 別表四の処理

| 区分 | | 総額 | 処分 | | |
|---|---|---|---|---|---|
| | | | 留保 | 社外流出 | |
| | | ① | ② | ③ | |
| 対象純支払利子等の損金不算入額（別表十七（二の二）「29」又は「34」） | 24 | *20,000,000* | | その他 | *20,000,000* |
| 超過利子額の損金算入額（別表十七（二の三）「10」） | 25 | △ | | ※ | △ |

（注）１　平成24年の税制改正により，法人の関連者に支払う利子の額が所得金額の50%（現行：20%）相当額を超える場合には，その超える部分の利子は損金不算入とする，過大支払利子税制が創設されました（措法66の５の２）。

２　関連者等に係る支払利子等の損金不算入額は，必ず「24」欄に記入しなければなりません。この点，同じ支払利子等の損金不算入制度である，国外支配株主等に係る負債利子等の損金不算入の処理《例*186*》と異なっていますから，留意が必要です。

#### 別表五(一)の処理

何ら処理をする必要はありません。

### 翌期の処理

決算上及び税務上とも，何ら処理をする必要はありません。

## 例188　関連者等に係る超過利子額を損金算入とする場合

《例*187*》の損金不算入とされた支払利子（超過利子額）のうち，当期に損金に算入される金額は500万円である。

### 当期の処理

#### 別表四の処理

| 区　　分 | | 総　額 | 処　分 | | |
|---|---|---|---|---|---|
| | | | 留　保 | 社外流出 | |
| | | ① | ② | ③ | |
| 対象純支払利子等の損金不算入額（別表十七（二の二）「29」又は「34」） | 24 | | | その他 | |
| 超過利子額の損金算入額（別表十七（二の三）「10」） | 25 | △　*5,000,000* | | ※ | △　*5,000,000* |

（注）1　過大支払利子税制により損金不算入とされた利子の額は７年間（一定の場合は10年間）繰り越し，所得金額の20％相当額が支払利子の額を上回る事業年度においてその差額を損金算入することができます（措法66の５の３）。

2　超過利子額の損金算入額は，必ず「25」欄に記入しなければなりません。減算項目だからといって，「減算」欄の任意の欄等に記入すると，課税所得計算が間違ってしまいます。

#### 別表五(一)の処理

何ら処理をする必要はありません。

### 翌期の処理

決算上及び税務上とも，何ら処理をする必要はありません。

## 2　社債の発行差損

**例189**　一時の費用に計上した場合

当期首において社債をいわゆる割引発行し，発行価額と額面金額との差額500万円を全額当期の費用として計上していることが判明した。

なお，この社債の償還期限は５年である。

### 当期の処理

**税務上の経理処理**

（借）前払費用　400万円　　　　（貸）社債発行差損　400万円

（注）　従来，社債を割引発行した場合に生ずる発行差金は繰延資産とされていましたが，平成19年の税制改正により，社債発行差金は繰延資産の範囲から除外され，その社債の償還期間にわたって均等額ずつを損金算入すべきことが明確化されました（令136の２）。

**別表四の処理**

| 区分 | | | 総額 ① | 処分 留保 ② | 処分 社外流出 ③ | |
|---|---|---|---|---|---|---|
| 加算 | 社債発行差損否認 | 10 | 4,000,000 | 4,000,000 | | |
| | | | | | | |

**別表五(一)の処理**

| Ⅰ　利益積立金額の計算に関する明細書 | | | | | |
|---|---|---|---|---|---|
| 区分 | | 期首現在利益積立金額 ① | 当期の増減 減 ② | 当期の増減 増 ③ | 差引翌期首現在利益積立金額 ①－②＋③ ④ |
| 利益準備金 | 1 | 円 | 円 | 円 | 円 |
| 積立金 | 2 | | | | |
| 前払費用 | 3 | | | 4,000,000 | 4,000,000 |
| | 4 | | | | |

## 翌期の処理

### イ　第一法

**決算上の経理処理**

企業会計上の処理は妥当なものとして，税務上の処理と合わせるための経理処理は特に行いません。

**別表四の処理**

| 区分 | | 総額 | 処分 | |
|---|---|---|---|---|
| | | | 留保 | 社外流出 |
| | | ① | ② | ③ |
| 減算 社債発行差損認容 | 21 | 1,000,000 | 1,000,000 | |
| | | | | |

**別表五(一)の処理**

| Ⅰ　利益積立金額の計算に関する明細書 | | | | | |
|---|---|---|---|---|---|
| 区分 | | 期首現在利益積立金額 | 当期の増減 | | 差引翌期首現在利益積立金額 ①－②＋③ |
| | | | 減 | 増 | |
| | | ① | ② | ③ | ④ |
| 利益準備金 | 1 | 円 | 円 | 円 | 円 |
| 積立金 | 2 | | | | |
| 前払費用 | 3 | 4,000,000 | 1,000,000 | | 3,000,000 |
| | 4 | | | | |

### ロ　第二法

**決算上の経理処理**

企業会計上と税務上の処理を合わせるため，決算調整により次の経理処理を行います。

(借)前　払　費　用　400万円　　　(貸)前期損益修正益　400万円
　　社債発行差損　100万円　　　　　　前　払　費　用　100万円

**別表四の処理**

| 区分 | | | 総額 | 処分 | | |
|---|---|---|---|---|---|---|
| | | | | 留保 | 社外流出 | |
| | | | ① | ② | ③ | |
| 減算 | 前期損益修正益否認 | 21 | 4,000,000 | 4,000,000 | | |
| | | | | | | |

**別表五(一)の処理**

| I　利益積立金額の計算に関する明細書 | | | | | |
|---|---|---|---|---|---|
| 区分 | | 期首現在利益積立金額 | 当期の増減 | | 差引翌期首現在利益積立金額 ①－②＋③ |
| | | | 減 | 増 | |
| | | ① | ② | ③ | ④ |
| 利益準備金 | 1 | 円 | 円 | 円 | 円 |
| 積立金 | 2 | | | | |
| 前払費用 | 3 | 4,000,000 | 4,000,000 | | — |
| | 4 | | | | |

(注)　社債の発行差益の処理については，《例145》を参照してください。

## 3　資産の評価損

### 例190　棚卸資産に評価損を計上した場合

当期末に有する棚卸商品について100万円の評価損を計上したが，税務上はその計上は認められないことが判明した。

**当期の処理**

**税務上の経理処理**

(借)棚卸資産　100万円　　　(貸)評 価 損　100万円

**別表四の処理**

| 区分 | | | 総額 | 処分 | | |
|---|---|---|---|---|---|---|
| | | | | 留保 | 社外流出 | |
| | | | ① | ② | ③ | |
| 加算 | 棚卸商品評価損否認 | 10 | 1,000,000 | 1,000,000 | | |
| | | | | | | |
| | | | | | | |

**別表五(一)の処理**

| Ⅰ　利益積立金額の計算に関する明細書 | | | | | |
|---|---|---|---|---|---|
| 区分 | | 期首現在利益積立金額 | 当期の増減 | | 差引翌期首現在利益積立金額 ①－②＋③ |
| | | | 減 | 増 | |
| | | ① | ② | ③ | ④ |
| 利益準備金 | 1 | 円 | 円 | 円 | 円 |
| 積立金 | 2 | | | | |
| 棚卸商品 | 3 | | | 1,000,000 | 1,000,000 |
| | 4 | | | | |
| | 5 | | | | |

**翌期の処理**

《例20》の〔翌期の処理〕と同様の処理を行います。

## 例191 減価償却資産に減損損失を計上した場合

当期において，次の構築物について減損損失200万円を計上したが，税務上は減損損失の計上は認められないことが判明した。

① 当期首の帳簿価額　　500万円
② 償却率（定率法）　　0.250
③ 損金計上償却費　　75万円

### 当期の処理

#### 税務上の経理処理

(借)構　築　物　200万円　　(貸)評　価　損　200万円
　　減価償却費　　50万円　　　　構　築　物　　50万円

(注)　評価損（減損損失）として計上した金額は，償却費として損金経理をしたものと取り扱われますから（基通７－５－１(5)），減価償却の償却超過額（減損損失の損金不算入額）は，次のように計算されます。

したがって，減損損失として計上した金額200万円全額がそのまま損金不算入となるわけではありません。

(300万円＋200万円)×0.250＝125万円……償却限度額
(75万円＋200万円)－125万円＝150万円……償却超過額

#### 別表四の処理

| 区　分 | | | 総　額 | 処　分 | |
|---|---|---|---|---|---|
| | | | | 留　保 | 社外流出 |
| | | | ① | ② | ③ |
| 加算 | 損金経理をした納税充当金 | 4 | | | |
| | 損金経理をした附帯税(利子税を除く。)、加算金、延滞金(延納分を除く。)及び過怠税 | 5 | | | その他 |
| | 減価償却の償却超過額 | 6 | 1,500,000 | 1,500,000 | |

**別表五(一)の処理**

| Ⅰ　利益積立金額の計算に関する明細書 | | | | | |
|---|---|---|---|---|---|
| 区　分 | | 期首現在利益積立金額 | 当期の増減 | | 差引翌期首現在利益積立金額 ①－②＋③ |
| | | | 減 | 増 | |
| | | ① | ② | ③ | ④ |
| 利益準備金 | 1 | 円 | 円 | 円 | 円 |
| 積立金 | 2 | | | | |
| 減価償却超過額 | 3 | | | *1,500,000* | *1,500,000* |

## 翌期の処理

《例*24*》の〔翌期の処理〕と同様の処理を行います。

## 例192 評価損否認金のある資産に評価損を計上する場合

当期末に有する帳簿価額300万円の商品がたなざらしのため通常の方法では売れなくなり，期末時価が100万円程度と見込まれるに至ったので，100万円の評価損を計上した。

なお，この商品については，前期においても100万円の評価損を計上したが，税務上，その計上は認められないとして否認を受け，別表五㈠に計上されている。しかし，当期における評価損の計上は，税務上も認められる。

### 当期の処理

**税務上の経理処理**

（借）評 価 損 100万円　　（貸）棚卸資産 100万円

（注） 評価損否認金（又は償却超過額）のある資産につき評価損の計上ができる事実が生じた場合には，その評価損否認金（又は償却超過額）は申告調整により損金に算入することができます（基通9－1－2）。

**別表四の処理**

| 区分 | | | 総額 | 処分 | | |
|---|---|---|---|---|---|---|
| | | | | 留保 | 社外流出 | |
| | | | ① | ② | ③ | |
| 減算 | 評価損認容 | 21 | 1,000,000 | 1,000,000 | | |
| | | | | | | |
| | | | | | | |

**別表五(一)の処理**

| I 利益積立金額の計算に関する明細書 | | | | | |
|---|---|---|---|---|---|
| 区分 | | 期首現在利益積立金額 | 当期の増減 | | 差引翌期首現在利益積立金額 ①－②＋③ |
| | | | 減 | 増 | |
| | | ① | ② | ③ | ④ |
| 利益準備金 | 1 | 円 | 円 | 円 | 円 |
| 積立金 | 2 | | | | |
| 棚卸資産 | 3 | 1,000,000 | 1,000,000 | | — |
| | 4 | | | | |

### 翌期の処理

決算上及び税務上とも，何ら処理をする必要はありません。

## 例193 評価損否認金のある資産を売却した場合

《例*191*》の構築物を翌期に300万円で売却し，次のような会計処理を行っている。

(借)現金預金　300万円　　　(貸)構 築 物　225万円
　　　　　　　　　　　　　　　売 却 益　 75万円

### 当期の処理

#### 税務上の経理処理

(借)譲渡原価　150万円　　　(貸)構 築 物　150万円

**(注)**　企業会計上，減損損失否認金（減価償却超過額）150万円相当額だけ譲渡原価が過少で，税務上は逆に売却損が75万円（300万円－375万円）生じますので，この申告調整を行います。

#### 別表四の処理

| 区分 | | | 総額 | 処分 | |
|---|---|---|---|---|---|
| | | | | 留保 | 社外流出 |
| | | | ① | ② | ③ |
| 減算 | 譲渡原価の損金算入額 | 21 | *1,500,000* | *1,500,000* | | |
| | | | | | | |

#### 別表五(一)の処理

| Ⅰ　利益積立金額の計算に関する明細書 | | | | | |
|---|---|---|---|---|---|
| 区分 | | 期首現在利益積立金額 | 当期の増減 | | 差引翌期首現在利益積立金額 ①－②＋③ |
| | | | 減 | 増 | |
| | | ① | ② | ③ | ④ |
| 利益準備金 | 1 | 円 | 円 | 円 | 円 |
| 積立金 | 2 | | | | |
| 減価償却超過額 | 3 | *1,500,000* | *1,500,000* | | — |

### 翌期の処理

決算上及び税務上とも，何ら処理する必要はありません。

## 例194 短期売買商品に評価損を計上すべき場合

当期末において有する短期売買商品について，期末に時価評価をすべきであるところ，取得価額500万円のまま記帳されていることが判明した。

なお，この短期売買商品の時価評価額は当期末が300万円，翌期末が400万円である。

### 当期の処理

#### 税務上の経理処理

(借)短期売買商品評価損　200万円　　　(貸)短期売買商品　200万円

**(注)**　平成19年の税制改正により，短期的な価格の変動を利用して利益を得る目的で取得した短期売買商品については，期末に時価評価を行い，その結果生じた評価損は損金に算入すべきこととされました（法61②③）。

#### 別表四の処理

| 区分 | | | 総額 | 処分 | | |
|---|---|---|---|---|---|---|
| | | | | 留保 | 社外流出 | |
| | | | ① | ② | ③ | |
| 減算 | 短期売買商品評価損認容 | 21 | 2,000,000 | 2,000,000 | | |
| | | | | | | |

#### 別表五(一)の処理

| Ⅰ　利益積立金額の計算に関する明細書 | | | | | |
|---|---|---|---|---|---|
| 区分 | | 期首現在利益積立金額 | 当期の増減 | | 差引翌期首現在利益積立金額 ①－②＋③ |
| | | | 減 | 増 | |
| | | ① | ② | ③ | ④ |
| 利益準備金 | 1 | 円 | 円 | 円 | 円 |
| 積立金 | 2 | | | | |
| 短期売買商品 | 3 | | | △2,000,000 | △2,000,000 |
| | 4 | | | | |

## 翌期の処理

### 決算上の経理処理

(借)短期売買商品評価損　100万円　　　(貸)短期売買商品　100万円

**(注)**　税務上，前期において損金に算入した評価損に相当する金額は翌期において益金に算入され，また，その短期売買商品の翌期首における帳簿価額は評価損を計上する前の金額とされます（令118の10)。

### 別表四の処理

| 区分 | | | 総額 | 処分 | | |
|---|---|---|---|---|---|---|
| | | | | 留保 | 社外流出 | |
| | | | ① | ② | ③ | |
| 加算 | 短期売買商品評価損戻入れ | 10 | 2,000,000 | 2,000,000 | | |
| | | | | | | |

### 別表五(一)の処理

| Ⅰ　利益積立金額の計算に関する明細書 | | | | | |
|---|---|---|---|---|---|
| 区分 | | 期首現在利益積立金額 | 当期の増減 | | 差引翌期首現在利益積立金額 ①－②＋③ |
| | | | 減 | 増 | |
| | | ① | ② | ③ | ④ |
| 利益準備金 | 1 | 円 | 円 | 円 | 円 |
| 積立金 | 2 | | | | |
| 短期売買商品 | 3 | △2,000,000 | △2,000,000 | | — |
| | 4 | | | | |

**(注)**　短期売買商品に評価益を計上すべき場合の処理については，《例148》を参照してください。

## 例195 暗号資産に評価損を計上すべき場合

当期末において有する暗号資産について，期末に時価評価をすべきであるところ，取得価額400万円のまま記帳されていることが判明した。

なお，この暗号資産の時価評価額は当期末が200万円，翌期末が300万円である。

### 当期の処理

#### 税務上の経理処理

(借)暗号資産評価損　200万円　　　　(貸)暗号資産　200万円

(注)　平成31年及び令和６年の税制改正により，市場暗号資産（活発な市場が存在する暗号資産）については，時価法を適用して期末に時価評価を行い，評価損は損金に算入すべきこととされました（法61②③)。

ただし，令和５年及び令和６年の税制改正により，特定自己発行暗号資産（その法人が発行し，かつ，その発行時から継続保有する暗号資産であって，その時から継続して譲渡制限等が付されているもの）については，原価法を適用して期末時価評価を要しないこととされました（法61②)。

#### 別表四の処理

| 区分 | | | 総額 | 処分 | | |
|---|---|---|---|---|---|---|
| | | | | 留保 | 社外流出 | |
| | | | ① | ② | ③ | |
| 減算 | 暗号資産評価損認容 | 21 | 2,000,000 | 2,000,000 | | |
| | | | | | | |

#### 別表五(一)の処理

| I　利益積立金額の計算に関する明細書 | | | | | |
|---|---|---|---|---|---|
| 区分 | | 期首現在利益積立金額 | 当期の増減 | | 差引翌期首現在利益積立金額 ①－②＋③ |
| | | | 減 | 増 | |
| | | ① | ② | ③ | ④ |
| 利益準備金 | 1 | 円 | 円 | 円 | 円 |
| 積立金 | 2 | | | | |
| 暗号資産 | 3 | | | △2,000,000 | △2,000,000 |
| | 4 | | | | |

## 翌期の処理

### 決算上の経理処理

(借)暗号資産評価損　100万円　　　(貸)暗号資産　100万円

**(注)**　税務上，前期において損金に算入した評価損に相当する金額は翌期において益金に算入され，また，その暗号資産の翌期首における帳簿価額は評価損を計上する前の金額とされます（令118の10）。

### 別表四の処理

| 区分 | | | 総額 | 処分 | | |
|---|---|---|---|---|---|---|
| | | | | 留保 | 社外流出 | |
| | | | ① | ② | ③ | |
| 加算 | 暗号資産評価損戻入れ | 10 | *2,000,000* | *2,000,000* | | |
| | | | | | | |

### 別表五(一)の処理

| Ⅰ　利益積立金額の計算に関する明細書 | | | | | |
|---|---|---|---|---|---|
| 区分 | | 期首現在利益積立金額 | 当期の増減 | | 差引翌期首現在利益積立金額 ①－②＋③ |
| | | | 減 | 増 | |
| | | ① | ② | ③ | ④ |
| 利益準備金 | 1 | 円 | 円 | 円 | 円 |
| 積立金 | 2 | | | | |
| 暗号資産 | 3 | *△2,000,000* | *△2,000,000* | | — |
| | 4 | | | | |

**(注)**　暗号資産に評価益を計上すべき場合の処理については，《例*149*》を参照してください。

## 例196 売買目的株式に評価損を計上すべき場合

当期末において有する売買目的の上場株式について，期末に時価評価すべきであるところ，取得価額500万円のまま記帳されていることが判明した。

なお，この上場株式の時価評価金額は当期末が300万円，翌期末が400万円である。

### 当期の処理

#### 税務上の経理処理

(借)有価証券評価損 200万円　　　(貸)有価証券 200万円

**(注)** 平成12年の税制改正により，短期的な価格の変動を利用して利益を得る目的で取得した売買目的有価証券については，期末に時価評価を行い，その結果生じた評価損は損金に算入することとされました（法61の３）。

#### 別表四の処理

| 区分 | | | 総額 | 処分 | |
|---|---|---|---|---|---|
| | | | | 留保 | 社外流出 |
| | | | ① | ② | ③ |
| 減算 | 有価証券評価損認容 | 21 | 2,000,000 | 2,000,000 | |
| | | | | | |

#### 別表五(一)の処理

| Ⅰ 利益積立金額の計算に関する明細書 | | | | | |
|---|---|---|---|---|---|
| 区分 | | 期首現在利益積立金額 | 当期の増減 | | 差引翌期首現在利益積立金額 ①－②＋③ |
| | | | 減 | 増 | |
| | | ① | ② | ③ | ④ |
| 利益準備金 | 1 | 円 | 円 | 円 | 円 |
| 積立金 | 2 | | | | |
| 有価証券 | 3 | | | △2,000,000 | △2,000,000 |
| | 4 | | | | |

## 翌期の処理

### 決算上の経理処理

（借）有価証券評価損　100万円　　　（貸）有　価　証　券　100万円

**（注）**　税務上，前期において損金に算入した評価損に相当する金額は翌期において益金に算入され，また，その売買目的有価証券の翌期首における帳簿価額は評価損を計上する前の金額とされます（令119の15）。

### 別表四の処理

| 区分 | | | 総額 | 処分 | | |
|---|---|---|---|---|---|---|
| | | | | 留保 | 社外流出 | |
| | | | ① | ② | ③ | |
| 加算 | 有価証券評価損戻入れ | 10 | 2,000,000 | 2,000,000 | | |
| | | | | | | |

### 別表五(一)の処理

| Ⅰ　利益積立金額の計算に関する明細書 | | | | | |
|---|---|---|---|---|---|
| 区分 | | 期首現在利益積立金額 | 当期の増減 | | 差引翌期首現在利益積立金額 ①－②＋③ |
| | | | 減 | 増 | |
| | | ① | ② | ③ | ④ |
| 利益準備金 | 1 | 円 | 円 | 円 | 円 |
| 積立金 | 2 | | | | |
| 有価証券 | 3 | △2,000,000 | △2,000,000 | | — |
| | 4 | | | | |

**（注）**　売買目的株式に評価益を計上すべき場合の処理については，《例150》を参照してください。

## 例197 その他有価証券に評価損を計上した場合

当期において「その他有価証券」を期末に時価評価し，その評価損1,000万円を「純資産の部」に計上している。

(借)有価証券評価差額 1,000万円　　　(貸)有価証券 1,000万円

翌期においては，当期と同じようにその評価損800万円を「純資産の部」に計上する。

### 当期の処理

#### 税務上の経理処理

(借)有価証券 1,000万円　　　(貸)有価証券評価差額 1,000万円

**(注)** 企業会計上は「その他有価証券」は期末に時価評価し，その評価損は「純資産の部」に計上しますが（金融商品会計基準18項），税務上は「その他有価証券」は原価法によって評価し，時価評価をすることはできません（法61の3①二）。

#### 別表四の処理

何ら処理をする必要はありません。

#### 別表五(一)の処理

| Ⅰ　利益積立金額の計算に関する明細書 | | | | | |
|---|---|---|---|---|---|
| 区分 | | 期首現在利益積立金額 | 当期の増減 | | 差引翌期首現在利益積立金額 ①－②＋③ |
| | | | 減 | 増 | |
| | | ① | ② | ③ | ④ |
| 利益準備金 | 1 | 円 | 円 | 円 | 円 |
| 積立金 | 2 | | | | |
| 有価証券 | 3 | | | *10,000,000* | *10,000,000* |
| 有価証券評価差額 | 4 | | | *△10,000,000* | *△10,000,000* |

## 翌期の処理

### 決算上の経理処理

（借）有価証券　1,000万円　（貸）有価証券評価差額　1,000万円
（借）有価証券評価差額　800万円　（貸）有価証券　800万円

### 別表四の処理

何ら処理をする必要はありません。

### 別表五(一)の処理

| Ⅰ　利益積立金額の計算に関する明細書 | | | | | |
|---|---|---|---|---|---|
| 区　分 | | 期首現在利益積立金額 | 当期の増減 | | 差引翌期首現在利益積立金額<br>①－②＋③ |
| | | | 減 | 増 | |
| | | ① | ② | ③ | ④ |
| 利益準備金 | 1 | 円 | 円 | 円 | 円 |
| 積立金 | 2 | | | | |
| 有価証券 | 3 | *10,000,000* | *10,000,000* | *8,000,000* | *8,000,000* |
| 有価証券評価差額 | 4 | △*10,000,000* | △*10,000,000* | △*8,000,000* | △*8,000,000* |

（注）1　その他有価証券に評価益を計上した場合の処理については，《例*151*》を参照してください。
2　令和２年の税制改正により，通算法人が有する他の通算法人の株式等については，評価損の計上はできないこととされました（法33⑤，令68の３）。

## 例198 解散予定の完全支配関係子会社の株式に評価損を計上した場合

当期において，業績不振で翌期に解散する予定の完全支配関係がある子会社の株式（帳簿価額1,000万円）につき評価損900万円を計上した。

この子会社は，翌期に解散して清算結了したが，残余財産の分配は一切なかったので，翌期に子会社株式の消滅損100万円を計上する。

### 当期の処理

#### 税務上の経理処理

（借）子会社株式　900万円　　　　（貸）有価証券評価損　900万円

**（注）** 平成23年６月の税制改正により，清算中や解散が見込まれている完全支配関係（100％の持株関係）がある子会社の株式については，評価損の計上はできないこととされました（法33⑤，令68の３）。

#### 別表四の処理

| 区分 | | | 総額 | 処分 | | |
|---|---|---|---|---|---|---|
| | | | | 留保 | 社外流出 | |
| | | | ① | ② | ③ | |
| 加算 | 有価証券評価損否認 | 10 | 9,000,000 | 9,000,000 | | |
| | | | | | | |

#### 別表五(一)の処理

| I　利益積立金額の計算に関する明細書 | | | | | |
|---|---|---|---|---|---|
| 区分 | | 期首現在利益積立金額 | 当期の増減 | | 差引翌期首現在利益積立金額 ①－②＋③ |
| | | | 減 | 増 | |
| | | ① | ② | ③ | ④ |
| 利益準備金 | 1 | 円 | 円 | 円 | 円 |
| 積立金 | 2 | | | | |
| 有価証券 | 3 | | | 9,000,000 | 9,000,000 |
| | 4 | | | | |

## 翌期の処理

### 決算上の経理処理

（借）有価証券消滅損　100万円　　（貸）有価証券　100万円

### 税務上の経理処理

（借）資本金等の額　1,000万円　　（貸）有価証券消滅損　100万円
　　　　　　　　　　　　　　　　　　　　有価証券　900万円

**（注）** 平成22年の税制改正により，完全支配関係がある子会社の清算による子会社株式の消滅損は損金算入することはできず，その帳簿価額相当額は，資本金等の額の減少として処理することとされました（令８①二十二)。

### 別表四の処理

| 区分 | | | 総額 | 処分 | | |
|---|---|---|---|---|---|---|
| | | | | 留保 | 社外流出 | |
| | | | ① | ② | ③ | |
| 加算 | 有価証券消滅損否認 | 10 | 1,000,000 | 1,000,000 | | |
| | | | | | | |

**別表五(一)の処理**

Ⅰ　利益積立金額の計算に関する明細書

| 区分 | | 期首現在利益積立金額 | 当期の増減 | | 差引翌期首現在利益積立金額 ①－②＋③ |
|---|---|---|---|---|---|
| | | | 減 | 増 | |
| | | ① | ② | ③ | ④ |
| 利益準備金 | 1 | 円 | 円 | 円 | 円 |
| 積立金 | 2 | | | | |
| 有価証券 | 3 | *9,000,000* | *10,000,000* | *1,000,000* | — |
| 資本金等の額 | 4 | | | *10,000,000* | *10,000,000* |

Ⅱ　資本金等の額の計算に関する明細書

| 区分 | | 期首現在資本金等の額 | 当期の増減 | | 差引翌期首現在資本金等の額 ①－②＋③ |
|---|---|---|---|---|---|
| | | | 減 | 増 | |
| | | ① | ② | ③ | ④ |
| 資本金又は出資金 | 32 | 円 | 円 | 円 | 円 |
| 資本準備金 | 33 | | | | |
| 利益積立金額 | 34 | | | *△10,000,000* | *△10,000,000* |
| | 35 | | | | |

**(注)**　令和２年の税制改正により，通算法人が有する他の通算法人の株式等についても，評価損の計上はできないこととされました（法33⑤，令68の３）。

## 例199　会社更生により資産の評価減をした場合

当期において更生計画認可の決定があったことにより，棚卸資産や固定資産について評価換えをしてその帳簿価額を1,000万円減額した。

なお，その減額した1,000万円は「純資産の部」に計上している。

### 当期の処理

#### 税務上の経理処理

(借)資産評価損　1,000万円　　　(貸)資産評価差額　1,000万円

(注)　平成21年の税制改正により，会社更生法等による更生計画認可の決定があったことに伴い，資産の評価換えをしてその帳簿価額を減額した場合には，その減額した金額は損金経理を要することなく損金算入ができることになりました（法33③）。

#### 別表四の処理

| 区分 | | | 総額 | 処分 | | |
|---|---|---|---|---|---|---|
| | | | | 留保 | 社外流出 | |
| | | | ① | ② | ③ | |
| 減算 | 資産評価損の損金算入額 | 21 | 10,000,000 | 10,000,000 | | |
| | | | | | | |
| | | | | | | |

#### 別表五(一)の処理

| Ⅰ　利益積立金額の計算に関する明細書 | | | | | |
|---|---|---|---|---|---|
| 区分 | | 期首現在利益積立金額 | 当期の増減 | | 差引翌期首現在利益積立金額 ①－②＋③ |
| | | | 減 | 増 | |
| | | ① | ② | ③ | ④ |
| 利益準備金 | 1 | 円 | 円 | 円 | 円 |
| 積立金 | 2 | | | | |
| 資産評価差額 | 3 | | | △10,000,000 | △10,000,000 |
| | 4 | | | | |

### 翌期の処理

翌期において，資産の評価換えを行った場合には，〔当期の処理〕と同様の処理を行います。

## 例200 民事再生により資産の評価減をした場合

当期において再生計画認可の決定があったことにより，棚卸資産や固定資産について評定を行った結果，評価損の額3,000万円が生じた。

### 当期の処理

#### 別表四の処理

| 区分 | | | 総額 | 処分 | | |
|---|---|---|---|---|---|---|
| | | | | 留保 | 社外流出 | |
| | | | ① | ② | ③ | |
| 減算 | 資産評価損の損金算入額 | 21 | *30,000,000* | *30,000,000* | | |
| | | | | | | |

（注） 再生計画認可の決定があった場合の評価損は，対象資産の帳簿価額の減額要件や評価損の損金経理要件がありませんので，申告調整により損金算入します（法33④）。この場合，税務上は，帳簿価額の減額がされたものとします（令68の２⑤）。

#### 別表五(一)の処理

| Ⅰ 利益積立金額の計算に関する明細書 | | | | | |
|---|---|---|---|---|---|
| 区分 | | 期首現在利益積立金額 | 当期の増減 | | 差引翌期首現在利益積立金額 ①－②＋③ |
| | | | 減 | 増 | |
| | | ① | ② | ③ | ④ |
| 利益準備金 | 1 | 円 | 円 | 円 | 円 |
| 積立金 | 2 | | | | |
| 資産 | 3 | | | *△30,000,000* | *△30,000,000* |
| | 4 | | | | |

### 翌期の処理

資産の譲渡，再評価等がない限り，特に処理は要しません。

## 例201　過年度遡及会計基準を適用し資産に評価損を計上した場合

保有する資産に対して，前期に減損損失を計上すべきであったことが判明したので，過年度遡及会計基準を適用して2,500万円の減損損失を認識し，その資産の帳簿価額を2,500万円に減額した。

(借)繰越利益剰余金　2,500万円　　(貸)資　　　産　2,500万円

翌期にこの資産の時価が500万円に下落したので，税務上評価損4,500万円を損金算入する。

### 当期の処理

**別表四の処理**

何ら処理をする必要はありません。

**別表五(一)の処理**

| Ⅰ　利益積立金額の計算に関する明細書 | | | | | |
|---|---|---|---|---|---|
| 区　分 | | 期首現在利益積立金額 | 当期の増減 | | 差引翌期首現在利益積立金額①－②＋③ |
| | | | 減 | 増 | |
| | | ① | ② | ③ | ④ |
| 資　産 | 24 | 25,000,000 | | | 25,000,000 |
| 繰越損益金（損は赤） | 25 | △25,000,000 | | | △25,000,000 |

### 翌期の処理

**決算上の経理処理**

(借)資産評価損　2,000万円　　(貸)資　　産　2,000万円

**別表四の処理**

| 区　分 | | | 総　額 | 処　分 | | |
|---|---|---|---|---|---|---|
| | | | | 留　保 | 社外流出 | |
| | | | ① | ② | ③ | |
| 減算 | 資産評価損の損金算入 | 21 | 25,000,000 | 25,000,000 | | |
| | | | | | | |

### 別表五(一)の処理

| Ⅰ　利益積立金額の計算に関する明細書 | | | | | |
|---|---|---|---|---|---|
| 区　　分 | | 期首現在<br>利益積立金額 | 当期の増減 | | 差引翌期首現在<br>利益積立金額<br>①－②＋③ |
| | | | 減 | 増 | |
| | | ① | ② | ③ | ④ |
| 資　　産 | 24 | *25,000,000* | *25,000,000* | | |
| 繰越損益金（損は赤） | 25 | *△25,000,000* | *△25,000,000* | | |

（注）　過年度遡及会計基準の適用による資産の修正再表示は，資産に対して損金経理があったと同様に取り扱われます（国税庁法人課税課情報・平成23.10.20「法人が『会計上の変更及び誤謬の訂正に関する会計基準』を適用した場合の税務処理について」問６参照）。

## 例202　事業承継株式に評価損を計上した場合

中小企業事業再編投資損失準備金の適用対象になる，事業承継として取得した株式の価格が低落したので，評価損5,000万円を計上した。

その準備金の損金経理による積立額は7,000万円であるが，評価損の計上による取崩しは行っていない。

### 当期の処理

#### 税務上の経理処理

(借)中小企業事業再編投資損失準備金　5,000万円　　(貸)中小企業事業再編投資損失準備金取崩額　5,000万円

(注)　令和３年及び令和６年の税制改正により，中小企業事業再編投資損失準備金が創設され，事業承継として取得した株式の価格の低落損失に備えるため，その株式の取得価額の一定額の積立てができることとされました（措法56①）。

その後，その株式の帳簿価額を減額した場合には，中小企業事業再編投資損失準備金の金額のうち，その減額をした金額相当額は取り崩し，益金算入しなければなりません（措法56③五，措令33②，措通56－２）。

#### 別表四の処理

| 区分 | | | 総額 | 処分 | | |
|---|---|---|---|---|---|---|
| | | | | 留保 | 社外流出 | |
| | | | ① | ② | ③ | |
| 加算 | 中小企業事業再編投資準備金の取崩額 | 10 | *50,000,000* | *50,000,000* | | |
| | | | | | | |

#### 別表五(一)の処理

| Ⅰ　利益積立金額の計算に関する明細書 | | | | | |
|---|---|---|---|---|---|
| 区分 | | 期首現在利益積立金額 | 当期の増減 | | 差引翌期首現在利益積立金額 ①－②＋③ |
| | | | 減 | 増 | |
| | | ① | ② | ③ | ④ |
| 利益準備金 | 1 | 円 | 円 | 円 | 円 |
| 積立金 | 2 | | | | |
| 中小企業事業再編投資準備金 | 3 | | | *50,000,000* | *50,000,000* |

## 翌期の処理

事業承継株式につき評価損の計上等がない限り，何ら処理をする必要はありません。

（注）1　剰余金処分により中小企業事業再編投資損失準備金を積み立てている場合の，その取崩しの処理については，《例*238*》を参照してください。

2　《例*202*》の処理方法は，海外投資等損失準備金（措法55）の適用対象である特定株式等に評価損を計上した場合についても，適用することができます。

## 例203　過年度に計上した評価損の戻入れをした場合

前期に評価損5,000万円を計上した所有株式の下落した時価が，当期において大幅に回復したので，その評価損を戻入れ特別利益に計上した。

(借)有価証券　5,000万円　　　　(貸)特別利益　5,000万円

なお，税務上，前期の評価損の計上は難しいと考え，損金算入は自己否認している。

### 当期の処理

#### 別表四の処理

| 区分 | | | 総額 | 処分 | | |
|---|---|---|---|---|---|---|
| | | | | 留保 | 社外流出 | |
| | | | ① | ② | ③ | |
| 減算 | 特別利益の益金不算入 | 21 | 50,000,000 | 50,000,000 | | |
| | | | | | | |

(注)　税務上，評価損の計上が認められた有価証券について，下落した時価がその後回復したとしても，評価損の戻入れをする必要はありません。

会計上の処理は，結果として所有株式の会計上と税務上の帳簿価額を合わせるための修正仕訳となっており，その特別利益は益金の額に算入されません。

#### 別表五(一)の処理

Ⅰ　利益積立金額の計算に関する明細書

| 区分 | | 期首現在利益積立金額 | 当期の増減 | | 差引翌期首現在利益積立金額 ①－②＋③ |
|---|---|---|---|---|---|
| | | | 減 | 増 | |
| | | ① | ② | ③ | ④ |
| 利益準備金 | 1 | 円 | 円 | 円 | 円 |
| 積立金 | 2 | | | | |
| 有価証券 | 3 | 50,000,000 | 50,000,000 | | — |

### 翌期の処理

決算上及び税務上とも，何ら処理をする必要はありません。

## 4　固定資産譲渡損

### 例204　完全支配関係子会社に資産を譲渡し譲渡損が生じた場合

当期において，完全支配関係がある子会社に対して，帳簿価額1,500万円の機械を1,000万円で譲渡し，固定資産譲渡損500万円を計上した。

翌期において，その機械を譲り受けた子会社が償却費125万円を損金算入したので，当社では62.5万円を損金に算入する。

#### 当期の処理

**税務上の経理処理**

（借）譲渡損益調整勘定　500万円　　　（貸）譲渡損益調整勘定繰入額　500万円

（注）　平成22年の税制改正により，完全支配関係（100％の持株関係）がある法人間における譲渡損益調整資産（帳簿価額が1,000万円以上の固定資産，土地，有価証券，金銭債権，繰延資産）の譲渡にあっては，その譲渡損は損金に算入しないこととされました（法61の11①）。

**別表四の処理**

| 区分 | | | 総額 | 処分 | | |
|---|---|---|---|---|---|---|
| | | | | 留保 | 社外流出 | |
| | | | ① | ② | ③ | |
| 加算 | 譲渡損益調整勘定繰入額 | 10 | 5,000,000 | 5,000,000 | | |
| | | | | | | |
| | | | | | | |

**別表五(一)の処理**

| Ⅰ　利益積立金額の計算に関する明細書 | | | | | |
|---|---|---|---|---|---|
| 区分 | | 期首現在利益積立金額 | 当期の増減 | | 差引翌期首現在利益積立金額 ①－②＋③ |
| | | | 減 | 増 | |
| | | ① | ② | ③ | ④ |
| 利益準備金 | 1 | 円 | 円 | 円 | 円 |
| 積立金 | 2 | | | | |
| 譲渡損益調整勘定 | 3 | | | 5,000,000 | 5,000,000 |
| | 4 | | | | |

## 翌期の処理

### 税務上の経理処理

(借)譲渡損益調整勘定戻入額　625,000円　　　(貸)譲渡損益調整勘定　625,000円

(注)　譲受法人において譲渡損益調整資産の譲渡，償却，評価換え，貸倒れ，除却等の事由が生じた場合には，その譲渡損益，償却費，評価損益，貸倒損失，除却損失等に対応する繰り延べられた譲渡損（譲渡損益調整勘定）は損金に算入します（法61の11②，令122の12④）。

　この場合，譲受法人がその譲渡損益調整資産につき償却費の損金算入をしたときは，譲渡法人において次の算式により計算した金額を損金の額に算入します（令122の12④三）。

$$\underset{\text{(繰延譲渡損)}}{5,000,000\text{円}} \times \frac{\overset{\text{(子会社の償却費)}}{1,250,000\text{円}}}{\underset{\text{(子会社の取得価額)}}{10,000,000\text{円}}} = 625,000\text{円}$$

　ただし，この損金算入額は，簡便法により計算することもできます（令122の12⑥⑧）。

### 別表四の処理

| 区分 | | | 総額 | 処分 | |
|---|---|---|---|---|---|
| | | | | 留保 | 社外流出 |
| | | | ① | ② | ③ |
| 減算 | 譲渡損益調整勘定戻入額 | 21 | 625,000 | 625,000 | |
| | | | | | |
| | | | | | |

### 別表五(一)の処理

Ⅰ　利益積立金額の計算に関する明細書

| 区分 | | 期首現在利益積立金額 | 当期の増減 | | 差引翌期首現在利益積立金額 ①－②＋③ |
|---|---|---|---|---|---|
| | | | 減 | 増 | |
| | | ① | ② | ③ | ④ |
| 利益準備金 | 1 | 円 | 円 | 円 | 円 |
| 積立金 | 2 | | | | |
| 譲渡損益調整勘定 | 3 | 5,000,000 | 625,000 | | 4,375,000 |
| | 4 | | | | |

## 例205 欠損等法人の固定資産譲渡損の計上ができない場合

当社は，新型コロナの影響等により業績不振で欠損金が累積したため休業中であったが，他社に買収され新事業への転換を図って営業を再開したのを機に，旧事業当時に有していた遊休土地を売却し，その譲渡損5,000万円を損失に計上した。

### 当期の処理

**別表四の処理**

| 区分 | | | 総額 | 処分 | | |
|---|---|---|---|---|---|---|
| | | | | 留保 | 社外流出 | |
| | | | ① | ② | ③ | |
| 加算 | 固定資産譲渡損の損金不算入 | 10 | 50,000,000 | | ※ | 50,000,000 |
| | | | | | | |

（注） 欠損等法人（他の者との間に50％超の支配関係が生じた法人で欠損金額等を有するもの）で休眠中のものが事業を再開するなどした場合，その支配日の属する事業年度開始の日において有していた，所定の固定資産，土地，有価証券，金銭債権及び繰延資産につき，その支配日以後３年以内の期間内において生ずる譲渡損や評価損，貸倒損失，除却損等は，損金算入することはできません（法60の３，令118の３①）。

**別表五(一)の処理**

何ら処理をする必要はありません。

### 翌期の処理

決算上及び税務上とも，何ら処理をする必要はありません。

## 5　有価証券譲渡損

### 例206　完全支配関係子会社から残余財産の金銭分配を受けた場合

当期において，清算中であった完全支配関係がある子会社から残余財産の全部の分配として，1,200万円（源泉所得税140万円及び復興特別所得税29,400円控除）の金銭の交付を受け，次のような経理処理を行っている。

| (借)現金預金 | 10,570,600円 | (貸)有価証券 | 20,000,000円 |
|---|---|---|---|
| 租税公課 | 1,429,400円 | | |
| 有価証券譲渡損 | 8,000,000円 | | |

なお，この残余財産の分配により，税務上はみなし配当が700万円生じる。

**当期の処理**

**税務上の経理処理**

| (借)資本金等の額 | 15,000,000円 | (貸)受取配当金 | 7,000,000円 |
|---|---|---|---|
| | | 有価証券譲渡損 | 8,000,000円 |

**(注)**　平成22年の税制改正により，完全支配関係（100％の持株関係）がある子会社の清算による子会社株式の消滅損は，損金に算入しないこととされました（法61の2⑰）。

この場合，子会社株式の税務上の譲渡損相当額は，資本金等の額の減少として処理します（令８①二十二）。

**別表四の処理**

| 区分 | | | 総額 | 処分 | | |
|---|---|---|---|---|---|---|
| | | | | 留保 | 社外流出 | |
| | | | ① | ② | ③ | |
| 加算 | 受取配当の益金算入額 | 10 | 7,000,000 | 7,000,000 | | |
| | 有価証券譲渡損否認 | | 8,000,000 | 8,000,000 | | |
| 減算 | 受取配当等の益金不算入額（別表八(一)「5」） | 14 | 7,000,000 | | ※ | 7,000,000 |
| | 外国子会社から受ける剰余金の配当等の益金不算入額（別表八(二)「26」） | 15 | | | ※ | |
| | 法人税額から控除される所得税額（別表六(一)「6の③」） | 29 | 1,429,400 | | その他 | 1,429,400 |
| | 税額控除の対象となる外国法人税の額（別表六(二の二)「7」） | 30 | | | その他 | |

### 別表五(一)の処理

Ⅰ　利益積立金額の計算に関する明細書

| 区分 | | 期首現在利益積立金額 | 当期の増減 | | 差引翌期首現在利益積立金額 ①－②＋③ |
|---|---|---|---|---|---|
| | | | 減 | 増 | |
| | | ① | ② | ③ | ④ |
| 利益準備金 | 1 | 円 | 円 | 円 | 円 |
| 積立金 | 2 | | | | |
| 資本金等の額 | 3 | | | 15,000,000 | 15,000,000 |
| | 4 | | | | |

Ⅱ　資本金等の額の計算に関する明細書

| 区分 | | 期首現在資本金等の額 | 当期の増減 | | 差引翌期首現在資本金等の額 ①－②＋③ |
|---|---|---|---|---|---|
| | | | 減 | 増 | |
| | | ① | ② | ③ | ④ |
| 資本金又は出資金 | 32 | 円 | 円 | 円 | 円 |
| 資本準備金 | 33 | | | | |
| 利益積立金額 | 34 | | | △15,000,000 | △15,000,000 |
| | 35 | | | | |

## 翌期の処理

資本金等の額について異動がない限り，決算上及び税務上とも何ら処理をする必要はありません。

（注）　残余財産の分配により，譲渡益が生じた場合の処理については，《例164》を参照してください。

## 例207　完全支配関係子会社から残余財産の現物分配を受けた場合

当期において，清算中であった完全支配関係がある子会社から残余財産の全部の分配として，土地（時価5,000万円，帳簿価額2,000万円）の交付を受け，次のような経理処理を行っている。

(借)土　　　地　　2,000万円　　　(貸)有価証券　2,500万円
　　有価証券譲渡損　　500万円

なお，この残余財産の分配により，税務上はみなし配当が500万円生じる。

### 当期の処理

#### 税務上の経理処理

(借)資本金等の額　1,000万円　　　(貸)受取配当金　　　500万円
　　　　　　　　　　　　　　　　　　　有価証券譲渡損　500万円

**(注)**　平成22年の税制改正により，完全支配関係（100％の持株関係）がある子会社の清算による子会社株式の消滅損は，損金に算入しないこととされました（法61の2⑰）。

この場合，子会社株式の税務上の譲渡損相当額は，資本金等の額の減少として処理します（令８①二十二）。

なお，完全支配関係がある子会社からの残余財産の現物分配は適格現物分配に該当しますが（法２十二の五の二，十二の十五），その適格現物分配により生じるみなし配当は所得税等の源泉徴収を要しません（所法24①）。

#### 別表四の処理

| | 区　　分 | | 総　額 | 処　分 | | |
|---|---|---|---|---|---|---|
| | | | | 留　保 | 社　外　流　出 | |
| | | | ① | ② | ③ | |
| 加算 | 受取配当の益金算入額 | 10 | 5,000,000 | 5,000,000 | | |
| | 有価証券譲渡損否認 | | 5,000,000 | 5,000,000 | | |
| 減算 | 適格現物分配に係る益金不算入額 | 17 | 5,000,000 | | ※ | 5,000,000 |
| | 法人税等の中間納付額及び過誤納に係る還付金額 | 18 | | | | |

### 別表五(一)の処理

Ⅰ　利益積立金額の計算に関する明細書

| 区分 | | 期首現在利益積立金額 ① | 当期の増減 減 ② | 当期の増減 増 ③ | 差引翌期首現在利益積立金額 ①－②＋③ ④ |
|---|---|---|---|---|---|
| 利益準備金 | 1 | 円 | 円 | 円 | 円 |
| 積立金 | 2 | | | | |
| 資本金等の額 | 3 | | | 10,000,000 | 10,000,000 |
| | 4 | | | | |

Ⅱ　資本金等の額の計算に関する明細書

| 区分 | | 期首現在資本金等の額 ① | 当期の増減 減 ② | 当期の増減 増 ③ | 差引翌期首現在資本金等の額 ①－②＋③ ④ |
|---|---|---|---|---|---|
| 資本金又は出資金 | 32 | 円 | 円 | 円 | 円 |
| 資本準備金 | 33 | | | | |
| 利益積立金額 | 34 | | | △10,000,000 | △10,000,000 |
| | 35 | | | | |

### 翌期の処理

資本金等の額について異動がない限り，決算上及び税務上とも何ら処理をする必要はありません。

## 例208　完全支配関係子会社が清算し残余財産の分配がない場合

当期において，かねてから清算中の完全支配関係がある子会社からの残余財産の分配はないことが確定したので，その子会社株式の帳簿価額500万円を株式消滅損として計上した。

### 当期の処理

#### 税務上の経理処理

(借)資本金等の額　500万円　　　(貸)株式消滅損　500万円

**(注)**　平成22年の税制改正により，完全支配関係（100％の持株関係）がある子会社の清算による子会社株式の消滅損は，損金に算入しないこととされました（法61の２⑰）。

この場合，子会社株式の帳簿価額相当額は，資本金等の額の減少として処理します（令８①二十二）。

#### 別表四の処理

| 区分 | | | 総額 | 処分 | | |
|---|---|---|---|---|---|---|
| | | | | 留保 | 社外流出 | |
| | | | ① | ② | ③ | |
| 加算 | 株式消滅損の損金不算入額 | 10 | 5,000,000 | 5,000,000 | | |
| | | | | | | |
| | | | | | | |

## 別表五(一)の処理

| I　利益積立金額の計算に関する明細書 | | | | | |
|---|---|---|---|---|---|
| 区分 | | 期首現在利益積立金額 | 当期の増減 | | 差引翌期首現在利益積立金額 ①－②＋③ |
| | | | 減 | 増 | |
| | | ① | ② | ③ | ④ |
| 利益準備金 | 1 | 円 | 円 | 円 | 円 |
| 積立金 | 2 | | | | |
| 資本金等の額 | 3 | | | 5,000,000 | 5,000,000 |
| | 4 | | | | |

| II　資本金等の額の計算に関する明細書 | | | | | |
|---|---|---|---|---|---|
| 区分 | | 期首現在資本金等の額 | 当期の増減 | | 差引翌期首現在資本金等の額 ①－②＋③ |
| | | | 減 | 増 | |
| | | ① | ② | ③ | ④ |
| 資本金又は出資金 | 32 | 円 | 円 | 円 | 円 |
| 資本準備金 | 33 | | | | |
| 利益積立金額 | 34 | | | △5,000,000 | △5,000,000 |
| | 35 | | | | |
| 差引合計額 | 36 | | | | |

## 翌期の処理

資本金等の額について異動がない限り，決算上及び税務上とも何ら処理をする必要はありません。

## 例209　税務否認金のある譲渡損益調整資産である株式を譲渡した場合

当期において，完全支配関係がある子会社に対して保有株式（時価1,000万円，帳簿価額800万円）を時価1,000万円で譲渡し，次のような経理処理を行っている。

| | | | |
|---|---|---|---|
| (借)現金預金 | 1,000万円 | (貸)有価証券 | 800万円 |
| | | 有価証券譲渡益 | 200万円 |

なお，この株式には税務上の評価損否認金700万円がある。

### 当期の処理

#### 税務上の経理処理

| | | | |
|---|---|---|---|
| (借)有価証券譲渡益 | 200万円 | (貸)有価証券 | 700万円 |
| 有価証券譲渡損 | 500万円 | | |
| 譲渡損益調整勘定 | 500万円 | 譲渡損益調整勘定繰入額 | 500万円 |

（注）　平成22年の税制改正により，完全支配関係（100％の持株関係）がある法人間における譲渡損益調整資産（帳簿価額が1,000万円以上の固定資産，土地，有価証券，金銭債権，繰延資産）の譲渡にあっては，その譲渡損は損金に算入しないこととされました（法61の11①）。

事例の場合，税務上の株式の帳簿価額は，1,500万円（800万円＋700万円）になりますから，この特例の適用があります。

#### 別表四の処理

| 区分 | | | 総額 | 処分 | | |
|---|---|---|---|---|---|---|
| | | | | 留保 | 社外流出 | |
| | | | ① | ② | ③ | |
| 加算 | 譲渡損益調整勘定繰入額 | 10 | 5,000,000 | 5,000,000 | | |
| | | | | | | |
| 減算 | 有価証券譲渡益否認 | 21 | 2,000,000 | 2,000,000 | | |
| | 有価証券譲渡損認容 | | 5,000,000 | 5,000,000 | | |

### 別表五(一)の処理

| I　利益積立金額の計算に関する明細書 | | | | | |
|---|---|---|---|---|---|
| 区　分 | | 期首現在利益積立金額 | 当期の増減 | | 差引翌期首現在利益積立金額 ①－②＋③ |
| | | | 減 | 増 | |
| | | ① | ② | ③ | ④ |
| 利益準備金 | 1 | 円 | 円 | 円 | 円 |
| 積立金 | 2 | | | | |
| 譲渡損益調整勘定 | 3 | | | *5,000,000* | *5,000,000* |
| 有価証券 | 4 | *7,000,000* | *7,000,000* | | — |

## 翌期の処理

### 決算上の経理処理

企業会計上の処理は妥当なものとして，企業会計上と税務上の処理を合わせるための経理処理は特に行いません。

### 別表四と別表五(一)の処理

この株式につき子会社において譲渡や評価換え等があるまでは，何ら処理をする必要はありません。

## 6　損金経理による圧縮記帳

### 例210　土地を圧縮記帳する場合

当期において土地の交換に伴う圧縮記帳を行い，取得した土地につき2,000万円の損金経理による圧縮損を計上したが，圧縮限度額の計算に当たり譲渡経費を加味していなかったため，200万円だけ圧縮損が過大になっていることが判明した。

**当期の処理**

**税務上の経理処理**

(借)土　　地　200万円　　　　(貸)土地圧縮損　200万円

**別表四の処理**

| 区分 | | | 総額 | 処分 | | |
|---|---|---|---|---|---|---|
| | | | | 留保 | 社外流出 | |
| | | | ① | ② | ③ | |
| 加算 | 圧縮限度超過額 | 10 | 2,000,000 | 2,000,000 | | |
| | | | | | | |
| | | | | | | |

**別表五(一)の処理**

| Ⅰ　利益積立金額の計算に関する明細書 | | | | | |
|---|---|---|---|---|---|
| 区分 | | 期首現在利益積立金額 | 当期の増減 | | 差引翌期首現在利益積立金額 ①－②＋③ |
| | | | 減 | 増 | |
| | | ① | ② | ③ | ④ |
| 利益準備金 | 1 | 円 | 円 | 円 | 円 |
| 積立金 | 2 | | | | |
| 土地 | 3 | | | 2,000,000 | 2,000,000 |
| | 4 | | | | |
| | 5 | | | | |

## 翌期の処理

### 決算上の経理処理

企業会計上と税務上の土地の帳簿価額を合わせるため，決算調整により次の経理処理を行います。

(借)土　　地　200万円　　　(貸)前期損益修正益　200万円

### 別表四の処理

| 区分 | | | 総額 | 処分 | |
|---|---|---|---|---|---|
| | | | | 留保 | 社外流出 |
| | | | ① | ② | ③ |
| 減算 | 前期損益修正益否認 | 21 | *2,000,000* | *2,000,000* | |
| | | | | | |
| | | | | | |

### 別表五(一)の処理

Ⅰ　利益積立金額の計算に関する明細書

| 区分 | | 期首現在利益積立金額 | 当期の増減 | | 差引翌期首現在利益積立金額 ①－②＋③ |
|---|---|---|---|---|---|
| | | | 減 | 増 | |
| | | ① | ② | ③ | ④ |
| 利益準備金 | 1 | 円 | 円 | 円 | 円 |
| 積立金 | 2 | | | | |
| 土地 | 3 | *2,000,000* | *2,000,000* | | — |
| | 4 | | | | |
| | 5 | | | | |

## 例211　減価償却資産を圧縮記帳する場合

当期において取得した機械について，保険金等で取得した固定資産の圧縮記帳の適用を受けるため損金経理により3,000万円の圧縮損を計上したが，その圧縮限度額は2,500万円であることが判明した。

なお，この機械については，当期に損金経理による償却費875万円を計上しているが，その取得価額は6,500万円（圧縮記帳前），償却率（定率法）は0.250であり，期首から事業の用に供している。

### 当期の処理

#### 税務上の経理処理

（借）機　　械　375万円　　　（貸）減価償却費　375万円

（注）　減価償却資産の圧縮限度超過額は，償却費として損金経理をしたものとして取り扱われますから（基通７－５－１⑵），減価償却の償却超過額は，次のように計算されます。

したがって，圧縮限度超過額500万円（3,000万円－2,500万円）がそのまま損金不算入となるわけではありません。

（6,500万円－2,500万円）×0.250＝1,000万円……償却限度額

（875万円＋500万円）－1,000万円＝375万円……償却超過額

#### 別表四の処理

| 区分 | | | 総額 | 処分 | | |
|---|---|---|---|---|---|---|
| | | | | 留保 | 社外流出 | |
| | | | ① | ② | ③ | |
| 加算 | 減価償却の償却超過額 | 6 | 3,750,000 | 3,750,000 | | |
| | 役員給与の損金不算入額 | 7 | | | その他 | |
| | 交際費等の損金不算入額 | 8 | | | その他 | |

### 別表五(一)の処理

| I　利益積立金額の計算に関する明細書 | | | | | |
|---|---|---|---|---|---|
| 区分 | | 期首現在利益積立金額 | 当期の増減 | | 差引翌期首現在利益積立金額 ①－②＋③ |
| | | | 減 | 増 | |
| | | ① | ② | ③ | ④ |
| 利益準備金 | 1 | 円 | 円 | 円 | 円 |
| 積立金 | 2 | | | | |
| 減価償却超過額 | 3 | | | *3,750,000* | *3,750,000* |
| | 4 | | | | |

## 翌期の処理

《例*24*》の〔翌期の処理〕と同様の処理を行います。

## 例212　圧縮積立金を取り崩した場合

当期において，過年度に特定資産の買換えにより圧縮記帳の適用を受けた建物につき計上していた圧縮積立金のうち300万円を取り崩して益金に算入した。

なお，この建物には，前期から繰り越された償却超過額100万円がある。

### 当期の処理

#### 別表四の処理

| 区分 | | | 総額 | 処分 | | |
|---|---|---|---|---|---|---|
| | | | | 留保 | 社外流出 | |
| | | | ① | ② | ③ | |
| 減算 | 減価償却超過額認容 | 21 | 1,000,000 | 1,000,000 | | |
| | | | | | | |
| | | | | | | |

（注）　圧縮積立金を取り崩して益金に算入した場合において，その圧縮積立金の設定の基礎となった資産に償却超過額（又は評価損否認金）があるときは，その償却超過額（又は評価損否認金）のうち益金算入した圧縮積立金の金額に達するまでの金額は，申告調整により損金に算入することができます（基通10－1－3）。

#### 別表五(一)の処理

| Ⅰ　利益積立金額の計算に関する明細書 | | | | | |
|---|---|---|---|---|---|
| 区分 | | 期首現在利益積立金額 | 当期の増減 | | 差引翌期首現在利益積立金額 ①－②＋③ |
| | | | 減 | 増 | |
| | | ① | ② | ③ | ④ |
| 利益準備金 | 1 | 円 | 円 | 円 | 円 |
| 積立金 | 2 | | | | |
| 減価償却超過額 | 3 | 1,000,000 | 1,000,000 | | — |
| | 4 | | | | |

### 翌期の処理

決算上及び税務上とも，何ら処理をする必要はありません。

## 例213　農用地等を取得した場合の圧縮記帳をする場合

当期において，農用地等を取得した場合の圧縮記帳の適用をするため，農用地につき損金経理の方法により，圧縮損2,000万円を計上した。

なお，その圧縮限度額は，2,000万円である。

### 当期の処理

#### 別表四の処理

| 区分 | | | 総額 | 処分 | | |
|---|---|---|---|---|---|---|
| | | | | 留保 | 社外流出 | |
| | | | ① | ② | ③ | |
| 加算 | 損金経理した農用地の圧縮額 | 10 | 20,000,000 | 20,000,000 | | |
| | | | | | | |
| 農用地等を取得した場合の圧縮額の損金算入額（別表十二(十三)「43の計」） | | 48 | △　20,000,000 | △　20,000,000 | | |

（注）　農用地等を取得した場合の圧縮記帳（措法61の３）に当たり，圧縮額を損金経理した場合には，必ずその損金経理をした圧縮額について「加算⑩」の処理をしなければなりません（別表四の記載要領４(5)）。

#### 別表五(一)の処理

何ら処理をする必要はありません。

### 翌期の処理

決算上及び税務上とも，何ら処理をする必要はありません。

（注）　この圧縮記帳を剰余金処分により行った場合の処理については，《例243》を参照してください。

## 7　外貨建債権債務の換算損

### 例214　外貨建債権に為替予約がある場合

当期（令和 X0.4～令和 X1.3）において，円高傾向のため長期の外貨建貸付金に為替予約を付し，その外貨建貸付金の取得時レートと予約レートによる円換算額との差額300万円のうち200万円は，当期の為替差損として計上している。

なお，為替予約の締結日は令和 X0.7.15，貸付金の決済日は平成X1.9.30である。

#### 当期の処理

**税務上の経理処理**

(借)長期前払費用　20万円　　　　(貸)為替差損　20万円

（注）　当期の為替予約差額（長期前払費用）の損金算入額は，次により計算されます（法61の10，令122の9）。

$$300万円\times\frac{9}{15}=180万円$$

したがって，20万円（200万円－180万円）の損金算入限度超過額が生じます。

**別表四の処理**

| 区分 | | | 総額 | 処分 | | |
|---|---|---|---|---|---|---|
| | | | | 留保 | 社外流出 | |
| | | | ① | ② | ③ | |
| 加算 | 為替差損否認 | 10 | 200,000 | 200,000 | | |
| | | | | | | |
| | | | | | | |

**別表五(一)の処理**

| Ⅰ　利益積立金額の計算に関する明細書 | | | | | |
|---|---|---|---|---|---|
| 区分 | | 期首現在利益積立金額 | 当期の増減 | | 差引翌期首現在利益積立金額 ①－②＋③ |
| | | | 減 | 増 | |
| | | ① | ② | ③ | ④ |
| 利益準備金 | 1 | 円 | 円 | 円 | 円 |
| 積立金 | 2 | | | | |
| 長期前払費用 | 3 | | | 200,000 | 200,000 |
| | 4 | | | | |

## 翌期の処理

### 決算上の経理処理

企業会計上と税務上の長期前払費用の金額を合わせるため，決算調整により次の経理処理を行います。

(借)長期前払費用　20万円　　　　(貸)前期損益修正益　20万円

### 別表四の処理

| 区分 | | | 総額 | 処分 | |
|---|---|---|---|---|---|
| | | | | 留保 | 社外流出 |
| | | | ① | ② | ③ |
| 減算 | 前期損益修正益否認 | 21 | 200,000 | 200,000 | |
| | | | | | |

### 別表五(一)の処理

I　利益積立金額の計算に関する明細書

| 区分 | | 期首現在利益積立金額 | 当期の増減 | | 差引翌期首現在利益積立金額 ①－②＋③ |
|---|---|---|---|---|---|
| | | | 減 | 増 | |
| | | ① | ② | ③ | ④ |
| 利益準備金 | 1 | 円 | 円 | 円 | 円 |
| 積立金 | 2 | | | | |
| 長期前払費用 | 3 | 200,000 | 200,000 | | — |
| | 4 | | | | |

## 例215　支払利子のスワップレートに歪みがある場合

当期にドル建て社債を発行し，その発行時に社債利子の支払及び社債の償還に合わせて，次のような通貨スワップ契約を締結した。これにより社債発行後１年目である当期に計上した社債利子の額は，7,500万円（500,000＄×150円）である。

| | | | |
|---|---|---|---|
| ① | 発行価額 | ＵＳ＄10,000,000（額面発行） | |
| ② | 償還期限 | ５年 | |
| ③ | 社債利子 | 年５％，年１回支払 | |
| ④ | 社債発行時の為替レート | １＄＝100円 | |
| ⑤ | 社債利子のスワップレート | １年目 | １＄＝150円 |
| | | ２年目 | １＄＝140円 |
| | | ３年目 | １＄＝130円 |
| | | ４年目 | １＄＝120円 |
| | | ５年目 | １＄＝110円 |
| ⑥ | 社債償還時のスワップレート | １＄＝90円 | |

### 当期の処理

#### 税務上の経理処理

(借)前払利息　1,000万円　　　(貸)社債利子　1,000万円

**(注)**　通貨スワップ契約を締結した場合において，その契約による支払利子の額は利息法又は定額法に基づき各事業年度に配分します（基通13の２－２－７）。

定額法により配分するとした場合，当期に計上した社債利子7,500万円のうち，１年目のスワップレートとの差額1,000万円は当期の損金とならず，前払利息とする必要があります。

#### 別表四の処理

| 区分 | | | 総額 | 処分 | | |
|---|---|---|---|---|---|---|
| | | | | 留保 | 社外流出 | |
| | | | ① | ② | ③ | |
| 加算 | 社債利子否認 | 10 | *10,000,000* | *10,000,000* | | |
| | | | | | | |
| | | | | | | |

(別表五(一)の処理)

| I　利益積立金額の計算に関する明細書 | | | | | | |
|---|---|---|---|---|---|---|
| 区分 | | 期首現在利益積立金額 | 当期の増減 | | 差引翌期首現在利益積立金額 ①－②＋③ |
| | | | 減 | 増 | |
| | | ① | ② | ③ | ④ |
| 利益準備金 | 1 | 円 | 円 | 円 | 円 |
| 積立金 | 2 | | | | |
| 前払利息 | 3 | | | *10,000,000* | *10,000,000* |
| | 4 | | | | |

## 翌期の処理

### イ　第一法

#### 決算上の経理処理

企業会計上の処理は妥当なものとして，企業会計上と税務上の社債利子を合わせるための経理処理は行わないとともに，当期においても２年目の契約レートに基づく社債利子7,000万円を計上します。

(借)社債利子　7,000万円　　　　(貸)現金預金　7,000万円

この場合，税務上，前払利息とすべき金額は500万円となります。

(別表四の処理)

| 区分 | | | 総額 | 処分 | | |
|---|---|---|---|---|---|---|
| | | | | 留保 | 社外流出 | |
| | | | ① | ② | ③ | |
| 加算 | 社債利子否認 | 10 | *5,000,000* | *5,000,000* | | |
| | | | | | | |
| | | | | | | |

別表五(一)の処理

| Ⅰ　利益積立金額の計算に関する明細書 | | | | | |
|---|---|---|---|---|---|
| 区分 | | 期首現在利益積立金額 | 当期の増減 | | 差引翌期首現在利益積立金額 ①－②＋③ |
| | | | 減 | 増 | |
| | | ① | ② | ③ | ④ |
| 利益準備金 | 1 | 円 | 円 | 円 | 円 |
| 積立金 | 2 | | | | |
| 前払利息 | 3 | 10,000,000 | | 5,000,000 | 15,000,000 |
| | 4 | | | | |

ロ　第二法

決算上の経理処理

企業会計上と税務上の社債利子を合わせるため，決算調整により次の経理処理を行います。

(借)前払利息　1,000万円　　(貸)前期損益修正益　1,000万円
(借)前払利息　500万円　　(貸)社債利子　500万円

別表四の処理

| 区分 | | | 総額 | 処分 | | |
|---|---|---|---|---|---|---|
| | | | | 留保 | 社外流出 | |
| | | | ① | ② | ③ | |
| 減算 | 前期損益修正益否認 | 21 | 10,000,000 | 10,000,000 | | |
| | | | | | | |
| | | | | | | |

別表五(一)の処理

| Ⅰ　利益積立金額の計算に関する明細書 | | | | | |
|---|---|---|---|---|---|
| 区分 | | 期首現在利益積立金額 | 当期の増減 | | 差引翌期首現在利益積立金額 ①－②＋③ |
| | | | 減 | 増 | |
| | | ① | ② | ③ | ④ |
| 利益準備金 | 1 | 円 | 円 | 円 | 円 |
| 積立金 | 2 | | | | |
| 前払利息 | 3 | 10,000,000 | 10,000,000 | | |
| | 4 | | | | |

## 8　欠損金の控除

### 例216　青色欠損金の当期控除額がある場合

当期前10年以内の事業年度において生じた青色欠損金のうち当期における損金算入額は，400万円である。

**当期の処理**

**別表四の処理**

| 区分 | | 総額 | 処分 | | |
|---|---|---|---|---|---|
| | | | 留保 | 社外流出 | |
| | | ① | ② | ③ | |
| 欠損金等の当期控除額<br>(別表七(一)「4の計」)＋(別表七(四)「10」) | 44 | △　*4,000,000* | | ※ | △　*4,000,000* |
| 総計<br>(43)＋(44) | 45 | | | 外※ | |
| 新鉱床探鉱費又は海外新鉱床探鉱費の特別控除額<br>(別表十(三)「43」) | 46 | △ | | ※ | △ |

(注)　繰越欠損金の当期控除額は，必ず「44」欄に記入しなければなりません。減算項目だからといって，「減算」欄の任意の欄等へ記入しますと，課税所得計算が間違ってしまいます。

**別表五(一)の処理**

何ら処理をする必要はありません。

**翌期の処理**

決算上及び税務上とも，何ら処理をする必要はありません。

(注) 1　平成30年4月1日以後開始する事業年度において生ずる欠損金については，10年間の繰越しができます（法57)。

2　令和6年能登半島地震により棚卸資産や固定資産，繰延資産について生じた損失の額は，青色欠損金でなくても繰越控除をすることができます（法57，58)。

## 例217　会社更生等に伴う欠損金の損金算入を行う場合

当社は更生手続開始の決定を受けており，当期において更生債権の債務免除500万円があったので，この金額につき会社更生等による債務免除等があった場合の欠損金の損金算入（法59①）の適用を受ける。

### 当期の処理

#### 別表四の処理

| 区分 | | 総額 | 処分 | | |
|---|---|---|---|---|---|
| | | | 留保 | 社外流出 | |
| | | ① | ② | ③ | |
| 更生欠損金又は民事再生等評価換えが行われる場合の再生等欠損金の損金算入額（別表七(三)「9」又は「21」） | 40 | △　5,000,000 | | ※ | △　5,000,000 |
| | | | | | |
| | | | | | |

（注）　会社更生等による債務免除等があった場合等の欠損金の損金算入額は，必ず「40」欄に記入しなければなりません。減算項目だからといって，「減算」欄の任意の欄等へ記入しますと，課税所得計算が間違ってしまいます。

#### 別表五(一)の処理

何ら処理をする必要はありません。

### 翌期の処理

決算上及び税務上とも，何ら処理をする必要はありません。

## 例218 債務の株式化に伴う欠損金の損金算入を行う場合

当期において，会社更生の一環として借入金（貸付金）5,000万円の現物出資を受け増資する，いわゆる債務の株式化を行い，借入金5,000万円をそのまま資本金に振り替える処理を行っている。

なお，この借入金5,000万円の時価は2,000万円と認められる。また，既に10年経過した控除期限切れの繰越欠損金4,000万円がある。

### 当期の処理

#### 税務上の経理処理

(借)資本金等の額　3,000万円　　(貸)債務消滅益　3,000万円

**(注)**　平成18年の税制改正により，いわゆる債務の株式化（DES）が行われた場合には，その債務の額面金額と時価との差額は債務消滅益として認識する一方，会社更生等の場合には，控除期限切れの繰越欠損金の損金算入ができることとされました（法59①一，令116の２，116の３）。

#### 別表四の処理

| 区分 | | | 総額 ① | 処分 留保 ② | 処分 社外流出 ③ | |
|---|---|---|---|---|---|---|
| 加算 | 債務消滅益計上もれ | 10 | 30,000,000 | 30,000,000 | | |
| | | | | | | |
| | | | | | | |
| 更生欠損金又は民事再生等評価換えが行われる場合の再生等欠損金の損金算入額（別表七(三)「9」又は「21」） | | 40 | △　30,000,000 | | ※ | △　30,000,000 |
| | | | | | | |
| | | | | | | |

### 別表五(一)の処理

Ⅰ　利益積立金額の計算に関する明細書

| 区分 | | 期首現在利益積立金額 | 当期の増減 | | 差引翌期首現在利益積立金額 ①－②＋③ |
|---|---|---|---|---|---|
| | | | 減 | 増 | |
| | | ① | ② | ③ | ④ |
| 利益準備金 | 1 | 円 | 円 | 円 | 円 |
| 積立金 | 2 | | | | |
| 資本金等の額 | 3 | | | 30,000,000 | 30,000,000 |

Ⅱ　資本金等の額の計算に関する明細書

| 区分 | | 期首現在資本金等の額 | 当期の増減 | | 差引翌期首現在資本金等の額 ①－②＋③ |
|---|---|---|---|---|---|
| | | | 減 | 増 | |
| | | ① | ② | ③ | ④ |
| 資本金又は出資金 | 32 | 円 | 円 | 50,000,000 円 | 円 |
| 資本準備金 | 33 | | | | |
| 利益積立金額 | 34 | | 30,000,000 | | |

## 翌期の処理

### 決算上の経理処理

企業会計上の処理は妥当なものとして，企業会計上と税務上の処理を合わせるための経理処理は特に行いません。

### 別表四と別表五(一)の処理

何ら処理をする必要はありません。

## 9　所得の特別控除等

### 例219　新鉱床探鉱費の特別控除を行う場合

当社は鉱業会社で探鉱準備金の金額を有しており，当期において新鉱床探鉱費の支出を行ったので，租税特別措置法第59条の規定による新鉱床探鉱費の特別控除額700万円がある。

#### 当期の処理

**別表四の処理**

| 区分 | | 総額 | 処分 | | |
|---|---|---|---|---|---|
| | | | 留保 | 社外流出 | |
| | | ① | ② | ③ | |
| 新鉱床探鉱費又は海外新鉱床探鉱費の特別控除額（別表十(三)「43」） | 46 | △　*7,000,000* | | ※ | △　*7,000,000* |
| 農業経営基盤強化準備金積立額の損金算入額（別表十二(十三)「10」） | 47 | △ | △ | | |

（注）　新鉱床探鉱費の特別控除額は，必ず「46」欄に記入しなければなりません。減算項目だからといって，「減算」欄の任意の欄等へ記入しますと，課税所得計算が間違ってしまいます。

**別表五(一)の処理**

何ら処理をする必要はありません。

#### 翌期の処理

決算上及び税務上とも，何ら処理をする必要はありません。

## 例220　対外船舶運航事業の所得金額の損金算入額がある場合

当社は対外船舶運航事業者であり，当期において対外船舶運航事業の日本船舶による収入金額があるので，租税特別措置法第59条の２の規定により所得金額の損金算入額500万円がある。

### 当期の処理

#### 別表四の処理

| 区分 | | 総額 | 処分 | |
|---|---|---|---|---|
| | | | 留保 | 社外流出 |
| | | ① | ② | ③ |
| 組合等損失額の損金不算入額又は組合等損失超過合計額の損金算入額（別表九(二)「10」） | 32 | | | |
| 対外船舶運航事業者の日本船舶による収入金額に係る所得の金額の損金算入額又は益金算入額(別表十(四)「20」,「21」又は「23」) | 33 | △5,000,000 | | ※　△5,000,000 |

（注）　対外船舶運航事業の日本船舶による収入金額に係る所得金額の損金算入額は，必ず「33」欄に記入しなければなりません。減算項目だからといって，「減算」欄の任意の欄等に記入しますと，課税所得計算が間違ってしまいます。

なお，対外船舶運航事業の日本船舶による収入金額に係る所得金額の益金算入額についても，「33」欄に記入します。

#### 別表五(一)の処理

何ら処理をする必要はありません。

### 翌期の処理

決算上及び税務上とも，何ら処理をする必要はありません。

## 例221 沖縄の認定法人の特別控除を行う場合

当社は沖縄の認定法人であり，当期において特別自由貿易地域内において行う事業から生じた所得があるので，租税特別措置法第60条の規定による所得の特別控除額600万円がある。

### 当期の処理

#### 別表四の処理

| 区分 | | 総額 | 処分 | | |
|---|---|---|---|---|---|
| | | | 留保 | 社外流出 | |
| | | ① | ② | ③ | |
| 寄附金の損金不算入額<br>(別表十四(二)「24」又は「40」) | 27 | | | その他 | |
| 沖縄の認定法人又は国家戦略特別区域における指定法人の所得の特別控除額又は要加算調整額の益金算入額<br>(別表十(一)「15」若しくは別表十(二)「10」又は別表十(一)「16」若しくは別表十(二)「11」) | 28 | △ 6,000,000 | | ※ | △ 6,000,000 |

（注） 沖縄の認定法人の所得の特別控除額は，必ず「28」欄に記入しなければなりません。減算項目だからといって，「減算」欄の任意の欄等へ記入しますと，課税所得計算が間違ってしまいます。

#### 別表五(一)の処理

何ら処理をする必要はありません。

### 翌期の処理

決算上及び税務上とも，何ら処理をする必要はありません。

（注） 国家戦略特別区域における指定法人の所得の特別控除額（措法61）についても「28」欄に記入します。

## 例222　収用換地等の場合の所得の特別控除を行う場合

当期において土地が収用され補償金を受領したが，新たな土地を購入する予定もないので，租税特別措置法第65条の２の規定の適用を受け，5,000万円控除をすることとした。

### 当期の処理

#### 別表四の処理

| 区分 | | | 総額 | 処分 | | |
|---|---|---|---|---|---|---|
| | | | | 留保 | 社外流出 | |
| | | | ① | ② | ③ | |
| 減算 | 収用等の特別控除額 | 21 | *50,000,000* | | ※ | *50,000,000* |
| | | | | | | |
| | | | | | | |

#### 別表五(一)の処理

何ら処理をする必要はありません。

### 翌期の処理

決算上及び税務上とも，何ら処理をする必要はありません。

（注）《例222》の処理方法は，特定土地区画整理事業等のために土地等を譲渡した場合（措法65の３），特定住宅地造成事業等のために土地等を譲渡した場合（措法65の４），農地保有の合理化のために農地等を譲渡した場合（措法65の５）及び特定の長期所有土地等を譲渡した場合（措法65の５の２）の所得の特別控除を行う場合についても，適用することができます。

## 10 そ の 他

### 例223 組合等損失額の損金不算入をする場合

当社はある民法上の組合の組合員になっており，当期において当社に帰属すべき組合等損失額のうち損金の額に算入できない組合等損失超過額が500万円ある。

なお，翌期においては，組合に利益が生じたので，組合等損失超過額500万円のうち300万円は損金の額に算入される。

#### 当期の処理

**別表四の処理**

| 区分 | | 総額 | 処分 | | |
|---|---|---|---|---|---|
| | | | 留保 | 社外流出 | |
| | | ① | ② | ③ | |
| 組合等損失額の損金不算入額又は組合等損失超過合計額の損金算入額（別表九(二)「10」） | 32 | 5,000,000 | 5,000,000 | | |
| 対外船舶運航事業者の日本船舶による収入金額に係る所得の金額の損金算入額又は益金算入額（別表十(四)「20」，「21」又は「23」） | 33 | | | ※ | |

（注） 平成17年の税制改正により，民法組合，匿名組合等の法人組合員で組合員として重要事項の決定等に関わっていないもの等については，自己に帰属すべき組合等損失額のうち所定の金額は損金の額に算入されないこととされました（措法67の12，67の13）。

なお，この損金不算入額は，必ず「32」欄に記入しなければなりません。減算項目だからといって，「減算」欄の任意の欄等へ記入しますと，課税所得計算が間違ってしまいます。

**別表五(一)の処理**

| Ⅰ 利益積立金額の計算に関する明細書 | | | | | |
|---|---|---|---|---|---|
| 区分 | | 期首現在利益積立金額 | 当期の増減 | | 差引翌期首現在利益積立金額 ①－②＋③ |
| | | | 減 | 増 | |
| | | ① | ② | ③ | ④ |
| 利益準備金 | 1 | 円 | 円 | 円 | 円 |
| 積立金 | 2 | | | | |
| 組合等損失超過額 | 3 | | | 5,000,000 | 5,000,000 |

## 翌期の処理

### 別表四の処理

| 区分 | | 総額 | 処分 | | |
|---|---|---|---|---|---|
| | | | 留保 | 社外流出 | |
| | | ① | ② | ③ | |
| 組合等損失額の損金不算入額又は組合等損失超過合計額の損金算入額(別表九(二)「10」) | 32 | △　3,000,000 | △　3,000,000 | | |
| 対外船舶運航事業者の日本船舶による収入金額に係る所得の金額の損金算入額又は益金算入額(別表十(四)「20」,「21」又は「23」) | 33 | | | ※ | |

### 別表五(一)の処理

| Ⅰ　利益積立金額の計算に関する明細書 | | | | | |
|---|---|---|---|---|---|
| 区分 | | 期首現在利益積立金額 | 当期の増減 | | 差引翌期首現在利益積立金額 ①－②＋③ |
| | | | 減 | 増 | |
| | | ① | ② | ③ | ④ |
| 利益準備金 | 1 | 円 | 円 | 円 | 円 |
| 積立金 | 2 | | | | |
| 組合等損失超過額 | 3 | 5,000,000 | 3,000,000 | | 2,000,000 |

## 例224 特定事業活動出資の特別勘定を損金経理した場合

当社は，特別新事業開拓事業者と共同して特定事業活動を行うこととし，その特別新事業開拓事業者の増資により株式を取得したので，その株式の取得価額1億円の25%相当額2,500万円を損金経理により特別勘定に繰り入れた。

### 当期の処理

#### 別表四の処理

| 区分 | | | 総額 | 処分 | | |
|---|---|---|---|---|---|---|
| | | | | 留保 | 社外流出 | |
| | | | ① | ② | ③ | |
| 加算 | 特定事業活動出資の特別勘定 | 10 | 25,000,000 | 25,000,000 | | |
| | | | | | | |
| 特定事業活動として特別新事業開拓事業者の株式の取得をした場合の特別勘定繰入額の損金算入額又は特別勘定取崩額の益金算入額（別表十（六）「21」－「11」） | | 50 | △ 25,000,000 | | ※ | △ 25,000,000 |

（注） 令和2年の税制改正により，青色申告法人で特別新事業開拓事業者と共同して特定事業活動を行うものが，令和2年4月1日から令和8年3月31日までの期間内に，特別新事業開拓事業者の発行する株式（特定株式）を取得し，かつ，これをその取得日を含む事業年度末まで引き続き有している場合には，その株式の取得価額の25%相当額を特別勘定に繰り入れ，損金算入ができることとされました（措法66の13，措令39の24の2）。

この特別勘定を損金経理により繰り入れた場合には，必ずその損金経理をした金額について「加算⑩」の処理をしなければなりません（別表四の記載要領4(6)）。

#### 別表五(一)の処理

| Ⅰ　利益積立金額の計算に関する明細書 | | | | | |
|---|---|---|---|---|---|
| 区分 | | 期首現在利益積立金額 | 当期の増減 | | 差引翌期首現在利益積立金額 ①－②＋③ |
| | | | 減 | 増 | |
| | | ① | ② | ③ | ④ |
| 利益準備金 | 1 | 円 | 円 | 円 | 円 |
| 積立金 | 2 | | | | |
| 特定事業活動出資の特別勘定 | 3 | | | 25,000,000 | 25,000,000 |

## 取崩期の処理

### 決算上の経理処理

(借)特別勘定　2,500万円　　　　(貸)特別勘定取崩益　2,500万円

(注)　特定事業活動出資に係る特別勘定は，その増資特定株式の取得から３年（令和4.3.31以前取得分は５年）を経過した場合を除き，その全部又は一部を有しないこととなったようなときは，取り崩して益金算入をしなければなりません（措法66の13⑤～⑫）。

特別勘定を収益計上により取り崩した場合には，必ずその収益計上をした金額について「減算21」の処理をする必要があります（別表四の記載要領５(2)）。

### 別表四の処理

| 区分 | | | 総額 | 処分 | | |
|---|---|---|---|---|---|---|
| | | | | 留保 | 社外流出 | |
| | | | ① | ② | ③ | |
| 減算 | 特定事業活動出資の特別勘定 | 21 | 25,000,000 | 25,000,000 | | |
| | | | | | | |
| 特定事業活動として特別新事業開拓事業者の株式の取得をした場合の特別勘定繰入額の損金算入額又は特別勘定取崩額の益金算入額<br>(別表十（六）「21」－「11」) | | 50 | 25,000,000 | | ※ | 25,000,000 |

### 別表五(一)の処理

Ⅰ　利益積立金額の計算に関する明細書

| 区分 | | 期首現在利益積立金額 | 当期の増減 | | 差引翌期首現在利益積立金額 ①－②＋③ |
|---|---|---|---|---|---|
| | | | 減 | 増 | |
| | | ① | ② | ③ | ④ |
| 利益準備金 | 1 | 円 | 円 | 円 | 円 |
| 積立金 | 2 | | | | |
| 特定事業活動出資の特別勘定 | 3 | 25,000,000 | 25,000,000 | | ― |

(注)　この特別勘定を剰余金処分によった場合の処理については，《例236》を参照してください。

## 例225 特定事業活動出資の特別勘定を取り崩した場合

当社は，５年前に，特別新事業開拓事業者の増資による株式を取得したので，その出資をした場合の課税の特例（措法66の13）の適用を受け，その株式に係る特別勘定2,500万円を損金経理により設定した。

当期において，その特別勘定全額を取り崩し，収益に計上している。

### 当期の処理

#### 別表四の処理

| 区分 | | | 総額 | 処分 | | |
|---|---|---|---|---|---|---|
| | | | | 留保 | 社外流出 | |
| | | | ① | ② | ③ | |
| 減算 | 特別勘定取崩益の益金不算入 | 21 | *25,000,000* | *25,000,000* | | |
| | | | | | | |

（注） 特定事業活動出資に係る特別勘定の金額は，増資特定株式の取得日から３年（令和４年３月31日以前取得の場合は５年）を経過した場合には取り崩して益金算入する必要はありませんから（措法66の13⑫一），その経過後，特別勘定の金額を任意に取り崩しても，益金算入は要しません（措通66の13－10）。

#### 別表五（一）の処理

| Ⅰ 利益積立金額の計算に関する明細書 | | | | | |
|---|---|---|---|---|---|
| 区分 | | 期首現在利益積立金額 | 当期の増減 | | 差引翌期首現在利益積立金額 ①－②＋③ |
| | | | 減 | 増 | |
| | | ① | ② | ③ | ④ |
| 利益準備金 | 1 | 円 | 円 | 円 | 円 |
| 積立金 | 2 | | | | |
| 特定事業活動出資の特別勘定 | 3 | *25,000,000* | *25,000,000* | | — |

### 翌期の処理

決算上及び税務上とも，何ら処理をする必要はありません。

（注） 剰余金処分により設定している特別勘定を取り崩した場合の処理については，《例*237*》を参照してください。

## 例226　除斥期間が経過した損益が発見された場合

当期における内部監査の結果，売掛金1,000万円及び買掛金2,000万円が，それぞれ過大に計上されていることが判明したので，次のような経理処理を行って正しい金額に修正した。

なお，これらの過大な金額は，10年以上前の売上及び仕入の処理の誤りに起因するものと認められる。

| | | | |
|---|---|---|---|
| (借)過年度損益修正損 | 1,000万円 | (貸)売　掛　金 | 1,000万円 |
| (借)買　掛　金 | 2,000万円 | (貸)過年度損益修正益 | 2,000万円 |

## 当期の処理

### 税務上の経理処理

| | | | |
|---|---|---|---|
| (借)利益積立金 | 1,000万円 | (貸)過年度損益修正損 | 1,000万円 |
| (借)過年度損益修正益 | 2,000万円 | (貸)利益積立金 | 2,000万円 |

### 別表四の処理

| 区分 | | | 総額 ① | 処分 留保 ② | 社外流出 ③ | |
|---|---|---|---|---|---|---|
| 加算 | 過年度損益修正損否認 | 10 | 10,000,000 | 10,000,000 | | |
| | | | | | | |
| | | | | | | |
| 減算 | 過年度損益修正益否認 | 21 | 20,000,000 | 20,000,000 | | |
| | | | | | | |
| | | | | | | |

## 別表五(一)の処理

| I　利益積立金額の計算に関する明細書 | | | | | |
|---|---|---|---|---|---|
| 区分 | | 期首現在利益積立金額 | 当期の増減 | | 差引翌期首現在利益積立金額 ①－②＋③ |
| | | | 減 | 増 | |
| | | ① | ② | ③ | ④ |
| 利益準備金 | 1 | 円 | 円 | 円 | 円 |
| 積立金 | 2 | | | | |
| 売掛金 | 3 | △10,000,000 | △10,000,000 | | — |
| 買掛金 | 4 | 20,000,000 | 20,000,000 | | — |

(**注**)　この処理を行うと，別表五(一)の前期末と当期首の利益積立金額は一致しません。

## 翌期の処理

決算上及び税務上とも，何ら処理をする必要はありません。

## 例227　仮装経理事項につき修正の経理をする場合

当期における内部監査の結果，前期において粉飾決算を行い，売上5,000万円（売掛金）と仕入3,000万円（買掛金）が過大に計上されていることが判明したので，過年度遡及会計基準を適用して，次のような修正の経理をした。

（借）繰越利益剰余金　5,000万円　　（貸）売　掛　金　　5,000万円
　　　買　掛　金　　3,000万円　　　　　繰越利益剰余金　3,000万円

なお，翌期において，税務署長からこの仮装経理事項について減額更正を受けた。

### 当期の処理

**別表四の処理**

何ら処理をする必要はありません。

**別表五(一)の処理**

| Ⅰ　利益積立金額の計算に関する明細書 | | | | | |
|---|---|---|---|---|---|
| 区分 | | 期首現在利益積立金額 | 当期の増減 減 | 当期の増減 増 | 差引翌期首現在利益積立金額 ①－②＋③ |
| | | ① | ② | ③ | ④ |
| 売掛金（過年度遡及） | 23 | *50,000,000* | | | *50,000,000* |
| 買掛金（過年度遡及） | 24 | *△30,000,000* | | | *△30,000,000* |
| 繰越損益金（損は赤） | 25 | *△20,000,000* | | | *△20,000,000* |

### 翌期の処理

**別表四の処理**

何ら処理をする必要はありません。

**別表五(一)の処理**

| Ⅰ　利益積立金額の計算に関する明細書 | | | | | |
|---|---|---|---|---|---|
| 区分 | | 期首現在利益積立金額 | 当期の増減 減 | 当期の増減 増 | 差引翌期首現在利益積立金額 ①－②＋③ |
| | | ① | ② | ③ | ④ |
| | 23 | | | | |
| | 24 | | | | |
| 繰越損益金（損は赤） | 25 | *△20,000,000* | *△20,000,000* | | |

# Ⅷ　剰余金処分に関する事項の処理

## 1　決算及び剰余金処分の確定

**例228**　**決算等が確定した場合**

1　当期（令和X2.4.1～令和X3.3.31）の計算書類が定時株主総会において次のとおり承認された。

損益計算書（抜すい）

当期純利益金額　　30,000,000円

株主資本等変動計算書（抜すい）

| | 株主資本 | | | | |
|---|---|---|---|---|---|
| | 資本金 | 利益準備金 | その他利益剰余金<br>繰越利益剰余金 | 利益剰余金合計 | 株主資本合計 |
| 前期末残高 | 50,000,000 | 3,000,000 | 20,000,000 | 23,000,000 | 73,000,000 |
| 当期変動額 | | | | | |
| 剰余金の配当 | | 500,000 | △5,500,000 | △5,000,000 | △5,000,000 |
| 当期純利益 | | | 30,000,000 | 30,000,000 | 30,000,000 |
| 当期変動額合計 | | 500,000 | 24,500,000 | 25,000,000 | 25,000,000 |
| 当期末残高 | 50,000,000 | 3,500,000 | 44,500,000 | 48,000,000 | 98,000,000 |

2　前期（令和X1.4.1～令和X2.3.31）の剰余金処分による配当は，500万円であった。

3　当期の剰余金処分による配当は，450万円である。

## 当期の処理

### 別表四の処理

| 区分 | | 総額 | 処分 | | |
|---|---|---|---|---|---|
| | | | 留保 | 社外流出 | |
| | | ① | ② | ③ | |
| 当期利益又は当期欠損の額 | 1 | 円 30,000,000 | 円 25,000,000 | 配当 | 円 5,000,000 |
| | | | | その他 | |

（注）　平成18年の税制改正により，剰余金の配当等は，その配当等の効力発生時に利益積立金額を減額することとされました（法67④，令９八参照）。したがって，当期の株主資本等変動計算書に計上されている剰余金の配当500万円は，当期の「配当」欄に記載します。

なお，当期の剰余金処分による配当450万円は，翌期において利益積立金額から減算しますから，当期の「配当」欄には記載しません。

### 別表五(一)の処理

Ⅰ　利益積立金額の計算に関する明細書

| 区分 | | 期首現在利益積立金額 | 当期の増減 | | 差引翌期首現在利益積立金額 ①－②＋③ |
|---|---|---|---|---|---|
| | | | 減 | 増 | |
| | | ① | ② | ③ | ④ |
| 利益準備金 | 1 | 3,000,000円 | 円 | 500,000円 | 3,500,000円 |
| 繰越損益金（損は赤） | 25 | 20,000,000 | 20,000,000 | 44,500,000 | 44,500,000 |
| 納税充当金 | 26 | | | | |

Ⅱ　資本金等の額の計算に関する明細書

| 区分 | | 期首現在資本金等の額 | 当期の増減 | | 差引翌期首現在資本金等の額 ①－②＋③ |
|---|---|---|---|---|---|
| | | | 減 | 増 | |
| | | ① | ② | ③ | ④ |
| 資本金又は出資金 | 32 | 50,000,000円 | 円 | 円 | 50,000,000円 |

## 翌期の処理

翌期の損益計算書や株主資本等変動計算書に基づいて，当期の処理に準じて処理します。

## 2　剰余金処分による経理

### 例229　当期中に海外投資等損失準備金の積立てをする場合

当期中において，剰余金の処分により海外投資等損失準備金250万円の積立てを行った。

(借)繰越利益剰余金 250万円　　　(貸)海外投資等損失準備金 250万円

なお，税務上の積立限度額は200万円である。

(注)　税効果会計の適用はないものとする。

#### 当期の処理

**別表四の処理**

| 区分 | | | 総額 | 処分 | | |
|---|---|---|---|---|---|---|
| | | | | 留保 | 社外流出 | |
| | | | ① | ② | ③ | |
| 減算 | 海外投資等損失準備金認容 | 21 | *2,000,000* | *2,000,000* | | |
| | | | | | | |
| | | | | | | |

**別表五(一)の処理**

| Ⅰ　利益積立金額の計算に関する明細書 | | | | | |
|---|---|---|---|---|---|
| 区分 | | 期首現在利益積立金額 | 当期の増減 | | 差引翌期首現在利益積立金額 ①－②＋③ |
| | | | 減 | 増 | |
| | | ① | ② | ③ | ④ |
| 利益準備金 | 1 | 円 | 円 | 円 | 円 |
| 積立金 | 2 | | | | |
| 海外投資等損失準備金 | 3 | | | *2,500,000* | *2,500,000* |
| 同上認容額 | 4 | | | *△2,000,000* | *△2,000,000* |

## 取崩期の処理

### 決算上の経理処理

（借）海外投資等損失準備金　50万円　　　　（貸）繰越利益剰余金　50万円

### 別表四の処理

| 区分 | | | 総額 | 処分 | |
|---|---|---|---|---|---|
| | | | | 留保 | 社外流出 |
| | | | ① | ② | ③ |
| 加算 | 海外投資等損失準備金取崩益 | 10 | 400,000 | 400,000 | | |
| | | | | | | |
| | | | | | | |

（注）　海外投資等損失準備金は，５年の据置期間の経過後，次により計算した取崩額を益金算入します（措法55③）。

$200万円 \times \frac{12}{60} = 40万円$

### 別表五（一）の処理

| Ⅰ　利益積立金額の計算に関する明細書 | | | | | |
|---|---|---|---|---|---|
| 区分 | | 期首現在利益積立金額 | 当期の増減 | | 差引翌期首現在利益積立金額 ①－②＋③ |
| | | | 減 | 増 | |
| | | ① | ② | ③ | ④ |
| 利益準備金 | 1 | 円 | 円 | 円 | 円 |
| 積立金 | 2 | | | | |
| 海外投資等損失準備金 | 3 | 2,500,000 | 500,000 | | 2,000,000 |
| 同上認容額 | 4 | △2,000,000 | △400,000 | | △1,600,000 |

（注）《例229》の処理方法は，剰余金の処分による他の準備金の積立て及び取崩し（例232～235を除く）についても，適用することができます。

## 例230 決算確定日までに海外投資等損失準備金の積立てをする場合

《例229》において，剰余金の処分による海外投資等損失準備金の積立てを，当期中ではなく，当期の決算確定の日（定時株主総会の日）に行った場合の処理はどうなるか。

### 当期の処理

#### 別表四の処理

| 区分 | | | 総額 | 処分 | | |
|---|---|---|---|---|---|---|
| | | | | 留保 | 社外流出 | |
| | | | ① | ② | ③ | |
| 減算 | 海外投資等損失準備金認容 | 21 | 2,000,000 | 2,000,000 | | |
| | | | | | | |

（注） 剰余金の処分による海外投資等損失準備金の積立ては，当該事業年度中のほか，当該事業年度の決算の確定の日までに行うことができます（措法55①）。

#### 別表五(一)の処理

| Ⅰ 利益積立金額の計算に関する明細書 | | | | | |
|---|---|---|---|---|---|
| 区分 | | 期首現在利益積立金額 | 当期の増減 | | 差引翌期首現在利益積立金額 ①－②＋③ |
| | | | 減 | 増 | |
| | | ① | ② | ③ | ④ |
| 利益準備金 | 1 | 円 | 円 | 円 | 円 |
| 積立金 | 2 | | | | |
| 海外投資等損失準備金認容額 | 3 | | | △2,000,000 | △2,000,000 |
| | 4 | | | | |

## 翌期の処理

### 決算上の経理処理

(借)繰越利益剰余金　250万円　　　(貸)海外投資等損失準備金　250万円

### 別表四の処理

何ら処理をする必要はありません。

### 別表五(一)の処理

| Ⅰ　利益積立金額の計算に関する明細書 | | | | | |
|---|---|---|---|---|---|
| 区分 | | 期首現在利益積立金額 | 当期の増減 | | 差引翌期首現在利益積立金額 ①－②＋③ |
| | | | 減 | 増 | |
| | | ① | ② | ③ | ④ |
| 利益準備金 | 1 | 円 | 円 | 円 | 円 |
| 積立金 | 2 | | | | |
| 海外投資等損失準備金 | 3 | | | 2,500,000 | 2,500,000 |
| 同上認容額 | 4 | △2,000,000 | | | △2,000,000 |

(注)《例230》の処理方法は，剰余金の処分による圧縮記帳を当該事業年度の決算の確定の日までに行った場合（法42①，令80，措法64①，65の7①等）についても適用することができます。

## 例231 海外投資等損失準備金の表示替えをする場合

当期における合併に伴い，海外投資等損失準備金の積立方式の統一を図るため，その積立方式を損金経理方式から剰余金処分方式に変更し，次のような経理処理を行った。

| | | | |
|---|---|---|---|
| (借)海外投資等損失準備金 | 1,000万円 | (貸)海外投資等損失準備金取崩額 | 1,000万円 |
| 繰越利益剰余金 | 1,000万円 | 海外投資等損失準備金 | 1,000万円 |

### 当期の処理

#### 別表四の処理

| 区分 | | | 総額 | 処分 | | |
|---|---|---|---|---|---|---|
| | | | | 留保 | 社外流出 | |
| | | | ① | ② | ③ | |
| 減算 | 海外投資等損失準備金認容 | 21 | *10,000,000* | *10,000,000* | | |
| | | | | | | |

(注) 合併や株式公開などの合理的な理由に基づく準備金の積立方式の変更により準備金の取崩しを行った場合には，その取崩額は益金に算入されません（措通55～57の8(共)－2)。

#### 別表五(一)の処理

| Ⅰ　利益積立金額の計算に関する明細書 | | | | | |
|---|---|---|---|---|---|
| 区分 | | 期首現在利益積立金額 | 当期の増減 | | 差引翌期首現在利益積立金額 ①－②＋③ |
| | | | 減 | 増 | |
| | | ① | ② | ③ | ④ |
| 利益準備金 | 1 | 円 | 円 | 円 | 円 |
| 積立金 | 2 | | | | |
| 海外投資等損失準備金 | 3 | | | *10,000,000* | *10,000,000* |
| 同上認容額 | 4 | | | *△10,000,000* | *△10,000,000* |

### 取崩期の処理

《例*229*》の〔取崩期の処理〕と同様の処理を行います。

## 例232　農業経営基盤強化準備金の積立てをする場合

当期において，剰余金の処分により農業経営基盤強化準備金として500万円の積立てを行った。

なお，農業経営基盤強化準備金の積立限度額は，400万円である。

### 当期の処理

#### 別表四の処理

| 区分 | | 総額 | 処分 | |
|---|---|---|---|---|
| | | | 留保 | 社外流出 |
| | | ① | ② | ③ |
| 農業経営基盤強化準備金積立額の損金算入額（別表十二（十三）「10」） | 47 | △　4,000,000 | △　4,000,000 | |
| 農用地等を取得した場合の圧縮額の損金算入額（別表十二（十三）「43の計」） | 48 | △ | △ | |

#### 別表五（一）の処理

| Ⅰ　利益積立金額の計算に関する明細書 | | | | | |
|---|---|---|---|---|---|
| 区分 | | 期首現在利益積立金額 | 当期の増減 | | 差引翌期首現在利益積立金額①－②＋③ |
| | | | 減 | 増 | |
| | | ① | ② | ③ | ④ |
| 利益準備金 | 1 | 円 | 円 | 円 | 円 |
| 積立金 | 2 | | | | |
| 農業経営基盤強化準備金 | 3 | | | 5,000,000 | 5,000,000 |
| 同上認容額 | 4 | | | △4,000,000 | △4,000,000 |

## 取崩期の処理

### 決算上の経理処理

(借)農業経営基盤強化準備金　500万円　　　　(貸)繰越利益剰余金　500万円

**(注)**　農業経営基盤強化準備金は，その積立事業年度終了の日の翌日から５年経過後に取り崩して益金の額に算入します（措法61の２②)。

### 別表四の処理

| 区分 | | | 総額 | 処分 | | |
|---|---|---|---|---|---|---|
| | | | | 留保 | 社外流出 | |
| | | | ① | ② | ③ | |
| 加算 | 農業経営基盤強化準備金取崩益 | 10 | *4,000,000* | *4,000,000* | | |
| | | | | | | |

### 別表五(一)の処理

| Ⅰ　利益積立金額の計算に関する明細書 | | | | | |
|---|---|---|---|---|---|
| 区分 | | 期首現在利益積立金額 | 当期の増減 | | 差引翌期首現在利益積立金額 ①－②＋③ |
| | | | 減 | 増 | |
| | | ① | ② | ③ | ④ |
| 利益準備金 | 1 | 円 | 円 | 円 | 円 |
| 積立金 | 2 | | | | |
| 農業経営基盤強化準備金 | 3 | *5,000,000* | *5,000,000* | | — |
| 同上認容額 | 4 | △*4,000,000* | △*4,000,000* | | — |

**(注)**　農業経営基盤強化準備金を損金経理により積み立てた場合の処理については，《例*115*》を参照してください。

## 例233　関西国際空港用地整備準備金の積立てをする場合

当期において，剰余金の処分により関西国際空港用地整備準備金として5,000万円の積立てを行った。

なお，関西国際空港用地整備準備金の積立限度額は，5,000万円である。

### 当期の処理

#### 別表四の処理

| 区分 | | 総額 | 処分 | |
|---|---|---|---|---|
| | | | 留保 | 社外流出 |
| | | ① | ② | ③ |
| 関西国際空港用地整備準備金積立額，中部国際空港整備準備金積立額又は再投資等準備金積立額の損金算入額（別表十二（十）「15」，別表十二（十一）「10」又は別表十二（十四）「12」） | 49 | △　50,000,000 | △　50,000,000 | |

#### 別表五(一)の処理

Ⅰ　利益積立金額の計算に関する明細書

| 区分 | | 期首現在利益積立金額 | 当期の増減 | | 差引翌期首現在利益積立金額 ①－②＋③ |
|---|---|---|---|---|---|
| | | | 減 | 増 | |
| | | ① | ② | ③ | ④ |
| 利益準備金 | 1 | 円 | 円 | 円 | 円 |
| 積立金 | 2 | | | | |
| 関西国際空港用地整備準備金 | 3 | | | 50,000,000 | 50,000,000 |
| 同上認容額 | 4 | | | △50,000,000 | △50,000,000 |

### 翌期の処理

関西国際空港用地整備準備金は，その適用事業年度の最後の事業年度後の各事業年度において取り崩して益金算入を行いますから（措法57の７），翌期に取り崩しを行わない限り，決算上及び税務上とも何ら処理をする必要はありません。

（注）　関西国際空港用地整備準備金を損金経理により積み立てた場合の処理については，《例*116*》を参照してください。

## 例234 中部国際空港整備準備金の積立てをする場合

当期において，剰余金の処分により中部国際空港整備準備金として8,000万円の積立てを行った。

なお，中部国際空港整備準備金の積立限度額は，8,000万円である。

### 当期の処理

#### 別表四の処理

| 区分 | | 総額 | 処分 | |
|---|---|---|---|---|
| | | | 留保 | 社外流出 |
| | | ① | ② | ③ |
| 関西国際空港用地整備準備金積立額，中部国際空港整備準備金積立額又は再投資等準備金積立額の損金算入額（別表十二（十）「15」，別表十二（十一）「10」又は別表十二（十四）「12」） | 49 | △ *80,000,000* | △ *80,000,000* | |

#### 別表五(一)の処理

I　利益積立金額の計算に関する明細書

| 区分 | | 期首現在利益積立金額 | 当期の増減 | | 差引翌期首現在利益積立金額 ①－②＋③ |
|---|---|---|---|---|---|
| | | | 減 | 増 | |
| | | ① | ② | ③ | ④ |
| 利益準備金 | 1 | 円 | 円 | 円 | 円 |
| 積立金 | 2 | | | | |
| 中部国際空港整備準備金 | 3 | | | *80,000,000* | *80,000,000* |
| 同上認容額 | 4 | | | △*80,000,000* | △*80,000,000* |

### 翌期の処理

中部国際空港整備準備金は，その適用事業年度の最後の事業年度後の各事業年度において取り崩して益金算入を行いますから（措法57の７の２），翌期に取り崩しを行わない限り，決算上及び税務上とも何ら処理をする必要はありません。

**(注)**　中部国際空港整備準備金を損金経理により積み立てた場合の処理については，《例*117*》を参照してください。

## 例235　再投資等準備金の積立てをする場合

当期において，剰余金の処分により再投資等準備金として1,000万円の積立てを行った。
なお，再投資等準備金の積立限度額は，800万円である。

### 当期の処理

#### 別表四の処理

| 区分 | | 総額 | 処分 | |
|---|---|---|---|---|
| | | | 留保 | 社外流出 |
| | | ① | ② | ③ |
| 関西国際空港用地整備準備金積立額，中部国際空港整備準備金積立額又は再投資等準備金積立額の損金算入額（別表十二（十）「15」，別表十二（十一）「10」又は別表十二（十四）「12」） | 49 | △　8,000,000 | △　8,000,000 | |

（注）　令和６年の税制改正により，再投資等準備金制度は廃止されましたが，令和６年４月１日前に指定を受けた法人の積立額は，従来どおり取り扱われます（令和６年改正法附則59）。

#### 別表五（一）の処理

Ⅰ　利益積立金額の計算に関する明細書

| 区分 | | 期首現在利益積立金額 | 当期の増減 | | 差引翌期首現在利益積立金額 ①－②＋③ |
|---|---|---|---|---|---|
| | | | 減 | 増 | |
| | | ① | ② | ③ | ④ |
| 利益準備金 | 1 | 円 | 円 | 円 | 円 |
| 積立金 | 2 | | | | |
| 再投資等準備金 | 3 | | | 10,000,000 | 10,000,000 |
| 同上認容額 | 4 | | | △ 8,000,000 | △ 8,000,000 |

### 翌期の処理

再投資等準備金は，認定地方公共団体の指定の日から10年経過後の各事業年度において取り崩して益金算入を行いますから（旧震災特例法18の３），翌期に取り崩しを行わない限り，決算上及び税務上とも何ら処理をする必要はありません。

なお，取崩期には，《例*232*》の〔取崩期の処理〕と同様の処理を行います。

（注）　再投資等準備金を損金経理により積み立てた場合の処理については，《例*118*》を参照してください。

## 例236　特定事業活動出資の特別勘定を設定する場合

当社は，特別新事業開拓事業者と共同して特定事業活動を行うこととし，その特別新事業開拓事業者の増資により株式を取得したので，その株式の取得価額１億円の25％相当額2,500万円を剰余金の処分により特別勘定に設定した。

### 当期の処理

#### 別表四の処理

| 区分 | | 総額 | 処分 | | |
|---|---|---|---|---|---|
| | | | 留保 | 社外流出 | |
| | | ① | ② | ③ | |
| 特定事業活動として特別新事業開拓事業者の株式の取得をした場合の特別勘定繰入額の損金算入額又は特別勘定取崩額の益金算入額（別表十（六）「21」－「11」） | 50 | △ 25,000,000 | | ※ | △ 25,000,000 |

（注）　令和２年の税制改正により，青色申告法人で特別新事業開拓事業者と共同して特定事業活動を行うものが，令和２年４月１日から令和８年３月31日までの期間内に，特別新事業開拓事業者の発行する株式（特定株式）を取得し，かつ，これをその取得日を含む事業年度末まで引き続き有している場合には，その株式の取得価額の25％相当額を特別勘定に繰入れ，損金算入ができることとされました（措法66の13，措令39の24の２）。

#### 別表五(一)の処理

| Ⅰ　利益積立金額の計算に関する明細書 | | | | | |
|---|---|---|---|---|---|
| 区分 | | 期首現在利益積立金額 | 当期の増減 | | 差引翌期首現在利益積立金額 ①－②＋③ |
| | | | 減 | 増 | |
| | | ① | ② | ③ | ④ |
| 利益準備金 | 1 | 円 | 円 | 円 | 円 |
| 積立金 | 2 | | | | |
| 特定事業活動出資の特別勘定 | 3 | | | 25,000,000 | 25,000,000 |
| | 4 | | | | |

## 取崩期の処理

### 決算上の経理処理

(借)特別勘定　2,500万円　　　(貸)繰越利益剰余金　2,500万円

(注)　特定事業活動出資に係る特別勘定は，その増資特定株式の取得から３年（令和4.3.31以前取得分は５年）を経過した場合を除き，その全部又は一部を有しないこととなったようなときは，取り崩して益金算入をしなければなりません（措法66の13⑤～⑫）。

### 別表四の処理

| 区分 | | 総額 | 処分 | | |
|---|---|---|---|---|---|
| | | | 留保 | 社外流出 | |
| | | ① | ② | ③ | |
| 特定事業活動として特別新事業開拓事業者の株式の取得をした場合の特別勘定繰入額の損金算入額又は特別勘定取崩額の益金算入額（別表十（六）「21」－「11」） | 50 | *25,000,000* | | ※ | *25,000,000* |

### 別表五(一)の処理

| Ⅰ　利益積立金額の計算に関する明細書 | | | | | |
|---|---|---|---|---|---|
| 区分 | | 期首現在利益積立金額 | 当期の増減 | | 差引翌期首現在利益積立金額 ①－②＋③ |
| | | | 減 | 増 | |
| | | ① | ② | ③ | ④ |
| 利益準備金 | 1 | 円 | 円 | 円 | 円 |
| 積立金 | 2 | | | | |
| 特定事業活動出資の特別勘定 | 3 | *25,000,000* | *25,000,000* | | — |
| | 4 | | | | |

(注)　この特別勘定を損金経理した場合の処理については，《例*224*》を参照してください。

## 例237 特定事業活動出資の特別勘定を取り崩した場合

当社は，５年前に，特別新事業開拓事業者の増資による株式を取得したので，その出資をした場合の課税の特例（措法66の13）の適用を受け，その株式に係る特別勘定2,500万円を剰余金処分により設定した。

当期において，その特別勘定全額を取り崩し，次のような処理を行っている。

（借）特別勘定　2,500万円　　　（貸）繰越利益剰余金　2,500万円

### 当期の処理

#### 別表四の処理

何ら処理する必要はありません。

（注） 特定事業活動出資に係る特別勘定の金額は，増資特定株式の取得日から３年（令和４年３月31日以前取得の場合は５年）を経過した場合には取り崩して益金算入する必要はありませんから（措法66の13⑫一），その期間経過後，特別勘定の金額を任意に取り崩しても，益金算入は要しません（措通66の13－10）。

#### 別表五(一)の処理

Ⅰ　利益積立金額の計算に関する明細書

| 区分 | | 期首現在利益積立金額 | 当期の増減 | | 差引翌期首現在利益積立金額 ①－②＋③ |
|---|---|---|---|---|---|
| | | | 減 | 増 | |
| | | ① | ② | ③ | ④ |
| 利益準備金 | 1 | 円 | 円 | 円 | 円 |
| 積立金 | 2 | | | | |
| 特定事業活動出資の特別勘定 | 3 | 25,000,000 | 25,000,000 | | — |
| | 4 | | | | |

### 翌期の処理

決算上及び税務上とも，何ら処理をする必要はありません。

（注） 損金経理により設定している特別勘定を取り崩した場合の処理については，《例225》を参照してください。

## 例238 中小企業事業再編投資損失準備金の取崩しをする場合

中小企業事業再編投資損失準備金の適用対象になる，事業承継として取得した株式の価格が低落したので，評価損5,000万円を計上した。

その準備金の剰余金処分による積立額は7,000万円であるが，評価損の計上による取崩しは行っていない。

### 当期の処理

#### 税務上の経理処理

(借)中小企業事業再編投資損失準備金　5,000万円　　(貸)繰越利益剰余金　5,000万円

(注)　令和３年及び令和６年の税制改正により，中小企業事業再編投資損失準備金が創設され，事業承継として取得した株式の価格の低落損失に備えるため，その株式の取得価額の一定額の積立てができることとされました（措法56①）。

その後，その株式の帳簿価額を減額した場合には，中小企業事業再編投資損失準備金の金額のうち，その減額をした金額相当額は取り崩し，益金算入しなければなりません（措法56③五，措令33②，措通56－２）。

#### 別表四の処理

| 区分 | | | 総額 | 処分 | | |
|---|---|---|---|---|---|---|
| | | | | 留保 | 社外流出 | |
| | | | ① | ② | ③ | |
| 加算 | 中小企業事業再編投資準備金の取崩額 | 10 | 50,000,000 | 50,000,000 | | |
| | | | | | | |

#### 別表五(一)の処理

| Ⅰ　利益積立金額の計算に関する明細書 | | | | | |
|---|---|---|---|---|---|
| 区分 | | 期首現在利益積立金額 | 当期の増減 | | 差引翌期首現在利益積立金額 ①－②＋③ |
| | | | 減 | 増 | |
| | | ① | ② | ③ | ④ |
| 利益準備金 | 1 | 円 | 円 | 円 | 円 |
| 積立金 | 2 | | | | |
| 中小企業事業再編投資準備金 | 3 | 70,000,000 | 50,000,000 | | 20,000,000 |
| 同上認容額 | 4 | △70,000,000 | △50,000,000 | | △20,000,000 |

## 翌期の処理

事業承継株式につき評価損の計上等がない限り，何ら処理をする必要はありません。

(注) 1　損金経理により中小企業事業再編投資損失準備金を積み立てている場合の，その取崩しの処理については，《例*202*》を参照してください。

2　《例*238*》の処理方法は，海外投資等損失準備金（措法55）の適用対象である特定株式等に評価損を計上した場合についても，適用することができます。

## 例239　土地を圧縮記帳する場合

当期において取得した土地について，特定資産の買換えの場合の圧縮記帳の適用を受けるため，当期中に剰余金の処分により土地圧縮積立金3,000万円を積み立てた。

（借）繰越利益剰余金　3,000万円　　　　（貸）土地圧縮積立金　3,000万円

なお，税務上の圧縮限度額は5,000万円である。

（注）　税効果会計の適用はないものとする。

### 当期の処理

**別表四の処理**

| 区分 | | | 総額 | 処分 | | |
|---|---|---|---|---|---|---|
| | | | | 留保 | 社外流出 | |
| | | | ① | ② | ③ | |
| 減算 | 土地圧縮積立金認容 | 21 | 30,000,000 | 30,000,000 | | |
| | | | | | | |
| | | | | | | |

**別表五(一)の処理**

| Ⅰ　利益積立金額の計算に関する明細書 | | | | | |
|---|---|---|---|---|---|
| 区分 | | 期首現在利益積立金額 | 当期の増減 | | 差引翌期首現在利益積立金額 ①－②＋③ |
| | | | 減 | 増 | |
| | | ① | ② | ③ | ④ |
| 利益準備金 | 1 | 円 | 円 | 円 | 円 |
| 積立金 | 2 | | | | |
| 土地圧縮積立金 | 3 | | | 30,000,000 | 30,000,000 |
| 同上認容額 | 4 | | | △30,000,000 | △30,000,000 |

### 翌期の処理

決算上において土地圧縮積立金の取崩し等を行わない限り，税務上においては何ら処理をする必要はありません。

## 例240　減価償却資産を圧縮記帳する場合

当期において取得した構築物について，収用等に伴い代替資産を取得した場合の圧縮記帳の適用を受けるため，当期中に剰余金の処分により構築物圧縮積立金4,000万円（圧縮限度超過額なし）を積み立てた。

（借）繰越利益剰余金　4,000万円　　　　（貸）構築物圧縮積立金　4,000万円

なお，この構築物については，当期に損金経理による償却費415万円を計上しているが，その取得価額は5,000万円，償却率（定率法）は0.083であり，期首から事業の用に供している。

（注）　税効果会計の適用はないものとする。

### 当期の処理

#### 税務上の経理処理

（借）構　築　物　332万円　　　　（貸）減価償却費　332万円

（注）　減価償却費は，次により計算されます。

5,000万円×0.083＝415万円……企業会計上の償却費

(5,000万円－4,000万円)×0.083＝83万円……税務上の償却限度額

415万円－83万円＝332万円……償却超過額

#### 別表四の処理

| 区分 | | | 総額 | 処分 | | |
|---|---|---|---|---|---|---|
| | | | | 留保 | 社外流出 | |
| | | | ① | ② | ③ | |
| 加算 | 減価償却の償却超過額 | 6 | 3,320,000 | 3,320,000 | | |
| | 役員給与の損金不算入額 | 7 | | | その他 | |
| | 交際費等の損金不算入額 | 8 | | | その他 | |
| 減算 | 構築物圧縮積立金認容 | 21 | 40,000,000 | 40,000,000 | | |
| | | | | | | |
| | | | | | | |

### 別表五(一)の処理

| Ⅰ　利益積立金額の計算に関する明細書 | | | | | |
|---|---|---|---|---|---|
| 区分 | | 期首現在利益積立金額 | 当期の増減 減 | 当期の増減 増 | 差引翌期首現在利益積立金額 ①－②＋③ |
| | | ① | ② | ③ | ④ |
| 利益準備金 | 1 | 円 | 円 | 円 | 円 |
| 積立金 | 2 | | | | |
| 構築物圧縮積立金 | 3 | | | 40,000,000 | 40,000,000 |
| 同上認容額 | 4 | | | △40,000,000 | △40,000,000 |
| 減価償却超過額 | 5 | | | 3,320,000 | 3,320,000 |

## 翌期の処理

### 決算上の経理処理

当期の企業会計上の償却費は，次のように計算されます。

(5,000万円－415万円)×0.083＝380万5,550円

これに対して，税務上の償却限度額は，次のように計算されます。

(1,000万円－83万円)×0.083＝76万1,110円

したがって，企業会計上380万5,550円の償却費を計上するとすれば，304万4,440円の償却超過額が生じます。そして，企業会計上は，この償却超過額相当額の構築物圧縮積立金を剰余金の処分により取り崩すのが一般的です。

### 別表四の処理

| 区分 | | | 総額 | 処分 留保 | 処分 社外流出 | |
|---|---|---|---|---|---|---|
| | | | ① | ② | ③ | |
| 加算 | 減価償却の償却超過額 | 6 | 3,044,440 | 3,044,440 | | |
| | 役員給与の損金不算入額 | 7 | | | その他 | |
| | 交際費等の損金不算入額 | 8 | | | その他 | |
| | 構築物圧縮積立金取崩益 | 10 | 3,044,440 | 3,044,440 | | |
| 減算 | 減価償却超過額の当期認容額 | 12 | 3,044,440 | 3,044,440 | | |
| | 納税充当金から支出した事業税等の金額 | 13 | | | | |
| | 受取配当等の益金不算入額(別表八(一)「5」) | 14 | | | ※ | |

## 別表五(一)の処理

| I　利益積立金額の計算に関する明細書 | | | | | |
|---|---|---|---|---|---|
| 区　　分 | | 期首現在<br>利益積立金額 | 当期の増減 | | 差引翌期首現在<br>利益積立金額<br>①－②＋③ |
| | | | 減 | 増 | |
| | | ① | ② | ③ | ④ |
| 利益準備金 | 1 | 円 | 円 | 円 | 円 |
| 積立金 | 2 | | | | |
| 構築物圧縮積立金 | 3 | 40,000,000 | 3,044,440 | | 36,955,560 |
| 同上認容額 | 4 | △40,000,000 | △3,044,440 | | △36,955,560 |
| 減価償却超過額 | 5 | 3,320,000 | 3,044,440 | 3,044,440 | 3,320,000 |

（注）　前期に生じた減価償却超過額332万円についても，当期において剰余金の処分により構築物圧縮積立金を取り崩せば，別表五(一)から消去することができます。

## 例241　特別勘定の設定と圧縮記帳をする場合

当期において資産が収用され譲渡益5,000万円が生じたが，翌期において取得する予定の代替資産を圧縮記帳するため，当期中に剰余金の処分により特別勘定を設定した。

(借)繰越利益剰余金　5,000万円　　　(貸)圧縮特別勘定　5,000万円

翌期において予定どおり代替資産を取得したので，その特別勘定を取り崩して圧縮記帳を行う。

### 当期の処理

#### 別表四の処理

| 区分 | | | 総額 | 処分 | | |
|---|---|---|---|---|---|---|
| | | | | 留保 | 社外流出 | |
| | | | ① | ② | ③ | |
| 減算 | 圧縮特別勘定認容 | 21 | 50,000,000 | 50,000,000 | | |
| | | | | | | |

#### 別表五(一)の処理

| Ⅰ　利益積立金額の計算に関する明細書 | | | | | |
|---|---|---|---|---|---|
| 区分 | | 期首現在利益積立金額 | 当期の増減 | | 差引翌期首現在利益積立金額 ①－②＋③ |
| | | | 減 | 増 | |
| | | ① | ② | ③ | ④ |
| 利益準備金 | 1 | 円 | 円 | 円 | 円 |
| 積立金 | 2 | | | | |
| 圧縮特別勘定 | 3 | | | 50,000,000 | 50,000,000 |
| 同上認容額 | 4 | | | △50,000,000 | △50,000,000 |

## 翌期の処理

### 決算上の経理処理

(借)圧縮特別勘定　5,000万円　(貸)繰越利益剰余金　5,000万円
(借)繰越利益剰余金　5,000万円　(貸)圧縮積立金　5,000万円

### 別表四の処理

| 区分 | | 総額 | 処分 | |
|---|---|---|---|---|
| | | | 留保 | 社外流出 |
| | | ① | ② | ③ |
| 加算 圧縮特別勘定取崩益 | 10 | 50,000,000 | 50,000,000 | |
| | | | | |
| 減算 圧縮積立金認容 | 21 | 50,000,000 | 50,000,000 | |
| | | | | |

### 別表五(一)の処理

Ⅰ　利益積立金額の計算に関する明細書

| 区分 | | 期首現在利益積立金額 | 当期の増減 | | 差引翌期首現在利益積立金額 ①－②＋③ |
|---|---|---|---|---|---|
| | | | 減 | 増 | |
| | | ① | ② | ③ | ④ |
| 利益準備金 | 1 | 円 | 円 | 円 | 円 |
| 積立金 | 2 | | | | |
| 圧縮特別勘定 | 3 | 50,000,000 | 50,000,000 | | — |
| 同上認容額 | 4 | △50,000,000 | △50,000,000 | | — |
| 圧縮積立金 | 5 | | | 50,000,000 | 50,000,000 |
| 同上認容額 | 6 | | | △50,000,000 | △50,000,000 |

## 例242　譲渡損益調整資産の譲渡により圧縮記帳をする場合

当期において，完全支配関係がある子会社に対して土地（時価8,000万円，簿価2,000万円）を時価8,000万円で譲渡し，その代金と手持資金で新たな土地１億円を取得したので，圧縮記帳の適用を受けるため，剰余金の処分により圧縮限度額の4,800万円を土地圧縮積立金として積み立てた。

| | | | |
|---|---|---|---|
| (借)現金預金 | 8,000万円 | (貸)土　　地 | 2,000万円 |
| | | 土地譲渡益 | 6,000万円 |
| (借)繰越利益剰余金 | 4,800万円 | (貸)土地圧縮積立金 | 4,800万円 |

### 当期の処理

#### 税務上の経理処理

(借)譲渡損益調整勘定繰入額　1,200万円　　(貸)譲渡損益調整勘定　1,200万円

**(注)**　平成22年の税制改正により，完全支配関係（100％の持株関係）がある法人間における譲渡損益調整資産（帳簿価額が1,000万円以上の固定資産，土地，有価証券，金銭債権，繰延資産）の譲渡にあっては，その譲渡益は益金に算入しないこととされました（法61の11①）。

この場合，圧縮記帳の適用を受けるときは，譲渡益の額から損金算入される圧縮損の額を控除した金額が益金不算入となります（令122の12③）。

#### 別表四の処理

| 区　分 | | | 総　額 | 処　分 | | |
|---|---|---|---|---|---|---|
| | | | | 留　保 | 社外流出 | |
| | | | ① | ② | ③ | |
| 減算 | 圧縮損の損金算入額 | 21 | 48,000,000 | 48,000,000 | | |
| | 譲渡損益調整勘定繰入額 | | 12,000,000 | 12,000,000 | | |

### 別表五(一)の処理

| I　利益積立金額の計算に関する明細書 | | | | | |
|---|---|---|---|---|---|
| 区分 | | 期首現在利益積立金額 | 当期の増減 | | 差引翌期首現在利益積立金額 ①－②＋③ |
| | | | 減 | 増 | |
| | | ① | ② | ③ | ④ |
| 利益準備金 | 1 | 円 | 円 | 円 | 円 |
| 積立金 | 2 | | | | |
| 土地圧縮積立金 | 3 | | | 48,000,000 | 48,000,000 |
| 同上認容額 | 4 | | | △48,000,000 | △48,000,000 |
| 譲渡損益調整勘定 | 5 | | | △12,000,000 | △12,000,000 |

## 翌期の処理

### 決算上の経理処理

企業会計上の処理は妥当なものとして，企業会計上と税務上の処理を合わせるための経理処理は特に行いません。

### 別表四と別表五(一)の処理

この土地につき子会社において譲渡や評価換え等があるまでは，何ら処理をする必要はありません。

## 例243 農用地等を取得した場合の圧縮記帳をする場合

当期において，農用地等を取得した場合の圧縮記帳（措法61の３）の適用をするため，農用地につき剰余金の処分により圧縮損2,000万円の積立てを行った。

なお，その圧縮限度額は，2,000万円である。

### 当期の処理

#### 別表四の処理

| 区分 | | 総額 | 処分 | |
|---|---|---|---|---|
| | | | 留保 | 社外流出 |
| | | ① | ② | ③ |
| 農業経営基盤強化準備金積立額の損金算入額（別表十二(十三)「10」） | 47 | △ | △ | |
| 農用地等を取得した場合の圧縮額の損金算入額（別表十二(十三)「43の計」） | 48 | △20,000,000 | △20,000,000 | |

#### 別表五(一)の処理

| Ⅰ　利益積立金額の計算に関する明細書 | | | | | |
|---|---|---|---|---|---|
| 区分 | | 期首現在利益積立金額 | 当期の増減 | | 差引翌期首現在利益積立金額 ①－②＋③ |
| | | | 減 | 増 | |
| | | ① | ② | ③ | ④ |
| 利益準備金 | 1 | 円 | 円 | 円 | 円 |
| 積立金 | 2 | | | | |
| 農用地圧縮積立金 | 3 | | | 20,000,000 | 20,000,000 |
| 同上認容額 | 4 | | | △20,000,000 | △20,000,000 |

### 翌期の処理

決算上及び税務上とも，何ら処理をする必要はありません。

（注）　この圧縮記帳を損金経理により行った場合の処理については，《例213》を参照してください。

## 例244 事業分量配当の損金算入をする場合

当農業協同組合は当期の組合員総会において，当期の剰余金の処分により組合員に対して事業分量配当400万円を支払うことを決議した。

この事業分量配当400万円は，翌期に支払った。

### 当期の処理

#### 別表四の処理

| 区分 | | | 総額 | 処分 | | |
|---|---|---|---|---|---|---|
| | | | | 留保 | 社外流出 | |
| | | | ① | ② | ③ | |
| 減算 | 事業分量配当損金算入 | 21 | 4,000,000 | 4,000,000 | | |
| | | | | | | |

（注） 協同組合等が，各事業年度の決算の確定の時にその支出すべき旨を決議した事業分量配当等は，その事業年度において損金算入ができます（法60の２）。

#### 別表五(一)の処理

I 利益積立金額の計算に関する明細書

| 区分 | | 期首現在利益積立金額 | 当期の増減 | | 差引翌期首現在利益積立金額①－②＋③ |
|---|---|---|---|---|---|
| | | | 減 | 増 | |
| | | ① | ② | ③ | ④ |
| 利益準備金 | 1 | 円 | 円 | 円 | 円 |
| 積立金 | 2 | | | | |
| 未払事業分量配当 | 3 | | | △4,000,000 | △4,000,000 |

### 翌期の処理

#### 決算上の経理処理

（借）未払事業分量配当　400万円　　　（貸）現金預金　400万円

### 別表四の処理

| 区分 | | 総額 | 処分 | | |
|---|---|---|---|---|---|
| | | | 留保 | 社外流出 | |
| | | ① | ② | ③ | |
| 当期利益又は当期欠損の額 | 1 | 円 | 円 | 配当 | 円 |
| | | | | その他 | 4,000,000 |
| 加算 前期事業分量配当 | 10 | 4,000,000 | 4,000,000 | | |
| 加算 | | | | | |
| 減算 前期事業分量配当 | 21 | 4,000,000 | | その他 | 4,000,000 |
| 減算 | | | | | |

### 別表五(一)の処理

| Ⅰ　利益積立金額の計算に関する明細書 | | | | | |
|---|---|---|---|---|---|
| 区分 | | 期首現在利益積立金額 | 当期の増減 | | 差引翌期首現在利益積立金額 ①−②+③ |
| | | | 減 | 増 | |
| | | ① | ② | ③ | ④ |
| 利益準備金 | 1 | 円 | 円 | 円 | 円 |
| 積立金 | 2 | | | | |
| 未払事業分量配当 | 3 | △4,000,000 | △4,000,000 | | |

**(注)**《例244》の処理方法は，相互保険会社が支払う契約者配当についても適用することができます（法60）。

# Ⅸ　資本等取引に関する事項の処理

## 1　資本金等の額の増加

### 例245　新株発行により資本準備金が生じた場合

当期において新株1,000株を発行し，株主から8,000万円の払込みを受けたので，このうち5,000万円を資本金に計上した。

#### 当期の処理

**別表四の処理**

何ら処理をする必要はありません。

**別表五(一)の処理**

Ⅱ　資本金等の額の計算に関する明細書

| 区　　分 | | 期首現在資本金等の額 | 当期の増減 | | 差引翌期首現在資本金等の額 ①－②＋③ |
|---|---|---|---|---|---|
| | | | 減 | 増 | |
| | | ① | ② | ③ | ④ |
| 資本金又は出資金 | 32 | 円 | 円 | 円 *50,000,000* | 円 |
| 資本準備金 | 33 | | | *30,000,000* | |
| | 34 | | | | |
| | 35 | | | | |

（注）資本金等の額となる資本準備金は，次により計算されます（令8①一）。
8,000万円－5,000万円＝3,000万円

#### 翌期の処理

資本準備金について異動がない限り，決算上及び税務上とも何ら処理をする必要はありません。

## 例246 自己株式の取得・処分により処分差益が生じた場合

当期において，定時総会の決議に基づき特定の株主から自己株式１万株を１株600円で取得し，次のような経理処理を行っている。

（借）自己株式　　6,000,000円　　　（貸）現金預金　　5,897,900円
　　　　　　　　　　　　　　　　　　　　預り金　　　102,100円

その取得の際の当社の資本金等の額は55,000万円（払込価額550円，発行済株式数100万株），利益積立金は8,000万円である。

なお，翌期において，この自己株式は取締役会の決議により１株700円で処分した。

### 当期の処理

#### 税務上の経理処理

（借）資本金等の額　550万円　　　（貸）自己株式　　600万円
　　　利益積立金額　　50万円
　　　（みなし配当）

**（注）**　平成13年10月施行の商法改正に伴う税制改正により，公開市場における購入等以外の方法による自己株式の取得により交付した金銭の額が，その取得直前の資本金等の額を超えるときは，その超える部分の金額は，みなし配当となり利益積立金から減算することとされました（法24①五，令９十四，23①六）。

利益積立金額（みなし配当）50万円は，次により計算されます。

（600円－550円（１株当たりの資本金等の額））×１万株＝50万円

#### 別表四の処理

| 区分 | | 総額 | 処分 | | |
|---|---|---|---|---|---|
| | | | 留保 | 社外流出 | |
| | | ① | ② | ③ | |
| 当期利益又は当期欠損の額 | 1 | 円 | 円 | 配当 | 円 500,000 |
| | | | | その他 | |

### 別表五(一)の処理

I　利益積立金額の計算に関する明細書

| 区分 | | 期首現在利益積立金額 ① | 当期の増減 減 ② | 当期の増減 増 ③ | 差引翌期首現在利益積立金額 ①－②＋③ ④ |
|---|---|---|---|---|---|
| 利益準備金 | 1 | 円 | 円 | 円 | 円 |
| 積立金 | 2 | | | | |
| 自己株式 | 3 | | *500,000* | | *△500,000* |

II　資本金等の額の計算に関する明細書

| 区分 | | 期首現在資本金等の額 ① | 当期の増減 減 ② | 当期の増減 増 ③ | 差引翌期首現在資本金等の額 ①－②＋③ ④ |
|---|---|---|---|---|---|
| 資本金又は出資金 | 32 | 円 | 円 | 円 | 円 |
| 資本準備金 | 33 | | | | |
| 自己株式 | 34 | | *5,500,000* | | *△5,500,000* |
| | 35 | | | | |

## 翌期の処理

### 決算上の経理処理

| | | | |
|---|---|---|---|
| (借)現金預金 | 700万円 | (貸)自己株式 | 600万円 |
| | | 自己株式処分差益 | 100万円 |

### 税務上の経理処理

| | | | |
|---|---|---|---|
| (借)自己株式 | 600万円 | (貸)資本金等の額 | 700万円 |
| 自己株式処分差益 | 100万円 | | |

### 別表四の処理

何ら処理をする必要はありません。

## 別表五(一)の処理

Ⅰ　利益積立金額の計算に関する明細書

| 区分 | | 期首現在利益積立金額 ① | 当期の増減 減 ② | 当期の増減 増 ③ | 差引翌期首現在利益積立金額 ①－②＋③ ④ |
|---|---|---|---|---|---|
| 利益準備金 | 1 | 円 | 円 | 円 | 円 |
| 積立金 | 2 | | | | |
| 自己株式 | 3 | △500,000 | △500,000 | | — |
| 自己株式処分差益 | 4 | | 500,000 | | △500,000 |

Ⅱ　資本金等の額の計算に関する明細書

| 区分 | | 期首現在資本金等の額 ① | 当期の増減 減 ② | 当期の増減 増 ③ | 差引翌期首現在資本金等の額 ①－②＋③ ④ |
|---|---|---|---|---|---|
| 資本金又は出資金 | 32 | 円 | 円 | 円 | 円 |
| 資本準備金 | 33 | | | | |
| 自己株式 | 34 | △5,500,000 | | 6,000,000 | 500,000 |
| 自己株式処分差益 | 35 | | | 1,000,000 | 1,000,000 |

## 例247 自己株式の処分により処分差損が生じた場合

《例246》において，翌期に取締役会の決議によりその取得した自己株式を１株500円で譲渡した。

### 当期の処理

《例246》の〔当期の処理〕と同様の処理を行います。

### 翌期の処理

**決算上の経理処理**

| | | | |
|---|---|---|---|
| (借)現金預金 | 500万円 | (貸)自己株式 | 600万円 |
| 自己株式処分差損 | 100万円 | | |

**税務上の経理処理**

| | | | |
|---|---|---|---|
| (借)自己株式 | 600万円 | (貸)資本金等の額 | 500万円 |
| | | 自己株式処分差損 | 100万円 |

**別表四の処理**

何ら処理をする必要はありません。

**別表五(一)の処理**

Ⅰ　利益積立金額の計算に関する明細書

| 区分 | | 期首現在利益積立金額 | 当期の増減 | | 差引翌期首現在利益積立金額 ①－②＋③ |
|---|---|---|---|---|---|
| | | | 減 | 増 | |
| | | ① | ② | ③ | ④ |
| 利益準備金 | 1 | 円 | 円 | 円 | 円 |
| 積立金 | 2 | | | | |
| 自己株式 | 3 | △500,000 | △500,000 | | ― |
| 自己株式処分差損 | 4 | | 500,000 | | △500,000 |

Ⅱ　資本金等の額の計算に関する明細書

| 区分 | | 期首現在資本金等の額 | 当期の増減 | | 差引翌期首現在資本金等の額 ①－②＋③ |
|---|---|---|---|---|---|
| | | | 減 | 増 | |
| | | ① | ② | ③ | ④ |
| 資本金又は出資金 | 32 | 円 | 円 | 円 | 円 |
| 資本準備金 | 33 | | | | |
| 自己株式 | 34 | △5,500,000 | | 6,000,000 | 500,000 |
| 自己株式処分差損 | 35 | | | △1,000,000 | △1,000,000 |

## 例248　自己株式の消却を資本剰余金を原資として行った場合

《例246》において，翌期に取締役会の決議によりその取得した自己株式すべてを，その他資本剰余金を原資として消却した。ただし，株式失効手続きをするだけで資本は減少させない。

### 当期の処理

《例246》の〔当期の処理〕と同様の処理を行います。

### 翌期の処理

**決算上の経理処理**

(借)その他資本剰余金　600万円　　(貸)自己株式　600万円

**税務上の経理処理**

(借)自己株式　600万円　　(貸)資本金等の額　600万円
　　　　　　　　　　　　　　(その他資本剰余金)

**別表四の処理**

何ら処理をする必要はありません。

**別表五(一)の処理**

Ⅰ　利益積立金額の計算に関する明細書

| 区分 | | 期首現在利益積立金額 ① | 当期の増減 減 ② | 当期の増減 増 ③ | 差引翌期首現在利益積立金額 ①－②＋③ ④ |
|---|---|---|---|---|---|
| 利益準備金 | 1 | 円 | 円 | 円 | 円 |
| 積立金 | 2 | | | | |
| 自己株式 | 3 | △500,000 | △500,000 | | — |
| その他資本剰余金 | 4 | | 500,000 | | △500,000 |

Ⅱ　資本金等の額の計算に関する明細書

| 区分 | | 期首現在資本金等の額 ① | 当期の増減 減 ② | 当期の増減 増 ③ | 差引翌期首現在資本金等の額 ①－②＋③ ④ |
|---|---|---|---|---|---|
| 資本金又は出資金 | 32 | 円 | 円 | 円 | 円 |
| 資本準備金 | 33 | | | | |
| 自己株式 | 34 | △5,500,000 | △5,500,000 | | |
| その他資本剰余金 | 35 | | 6,000,000 | 500,000 | △5,500,000 |

## 例249 自己株式の消却を利益剰余金を原資として行った場合

《例246》において，翌期に取締役会の決議により，資本剰余金が少ないためその取得した自己株式を繰越利益剰余金により消却した。

### 当期の処理

《例246》の〔当期の処理〕と同様の処理を行います。

### 翌期の処理

#### 決算上の経理処理

| (借)繰越利益剰余金 | 600万円 | (貸)自己株式 | 600万円 |
|---|---|---|---|

（注） 自己株式を消却した場合，その自己株式の帳簿価額を「その他資本剰余金」から減額しますが（計算規則24③，自己株式及び準備金の減少等に関する会計基準11項），その減額の結果，その他資本剰余金の残高が負の値となったときは，その他資本剰余金を零とし，その負の値を繰越利益剰余金から減額します（同会計基準12項）。

#### 税務上の経理処理

| (借)自己株式 | 600万円 | (貸)繰越利益剰余金 | 600万円 |
|---|---|---|---|

#### 別表四の処理

何ら処理をする必要はありません。

## 別表五(一)の処理

Ⅰ　利益積立金額の計算に関する明細書

| 区分 | | 期首現在利益積立金額 | 当期の増減 | | 差引翌期首現在利益積立金額<br>①－②＋③ |
|---|---|---|---|---|---|
| | | | 減 | 増 | |
| | | ① | ② | ③ | ④ |
| 利益準備金 | 1 | 円 | 円 | 円 | 円 |
| 積立金 | 2 | | | | |
| 自己株式 | 3 | △500,000 | △500,000 | | |
| 資本金等の額 | 4 | | 500,000 | | △500,000 |

Ⅱ　資本金等の額の計算に関する明細書

| 区分 | | 期首現在資本金等の額 | 当期の増減 | | 差引翌期首現在資本金等の額<br>①－②＋③ |
|---|---|---|---|---|---|
| | | | 減 | 増 | |
| | | ① | ② | ③ | ④ |
| 資本金又は出資金 | 32 | 円 | 円 | 円 | 円 |
| 資本準備金 | 33 | | | | |
| 自己株式 | 34 | △5,500,000 | △5,500,000 | | — |
| 利益積立金 | 35 | | 6,000,000 | 500,000 | △5,500,000 |

## 例250 自己株式の取得費用をその取得価額に含めた場合

当期において，自己株式5,000万円を証券市場から買入れ，その際証券会社へ手数料100万円を支払ったので，次のような経理処理を行っている。なお，この自己株式は，翌期に資本剰余金を原資として消却する。

(借)自己株式　5,100万円　(貸)現金預金　5,100万円

### 当期の処理

#### 税務上の経理処理

(借)資本金等の額　5,000万円　(貸)自己株式　5,100万円
　　支払手数料　100万円

(注)　平成18年度の税制改正により，自己株式の取得及び処分は資本等取引であると整理され（法22⑤，令8①一，二十，二十一），また，自己株式は有価証券の範囲から除外されましたので（法2二十一），自己株式を取得するための費用であっても，その自己株式の取得価額に算入することなく，一時の損金とすることができます。

#### 別表四の処理

| 区分 | | | 総額 | 処分 | | |
|---|---|---|---|---|---|---|
| | | | | 留保 | 社外流出 | |
| | | | ① | ② | ③ | |
| 減算 | 支払手数料の損金算入 | 21 | 1,000,000 | 1,000,000 | | |
| | | | | | | |

## 別表五(一)の処理

Ⅰ　利益積立金額の計算に関する明細書

| 区分 | | 期首現在利益積立金額 ① | 当期の増減 減 ② | 当期の増減 増 ③ | 差引翌期首現在利益積立金額 ①－②＋③ ④ |
|---|---|---|---|---|---|
| 利益準備金 | 1 | 円 | 円 | 円 | 円 |
| 積立金 | 2 | | | | |
| 資本金等の額 | 3 | | *1,000,000* | | *△1,000,000* |

Ⅱ　資本金等の額の計算に関する明細書

| 区分 | | 期首現在資本金等の額 ① | 当期の増減 減 ② | 当期の増減 増 ③ | 差引翌期首現在資本金等の額 ①－②＋③ ④ |
|---|---|---|---|---|---|
| 資本金又は出資金 | 32 | 円 | 円 | 円 | 円 |
| 資本準備金 | 33 | | | | |
| 自己株式 | 34 | | *51,000,000* | | *△51,000,000* |
| 利益積立金額 | 35 | | | *1,000,000* | *1,000,000* |
| 差引合計額 | 36 | | | | |

## 翌期の処理

### 決算上の経理処理

(借)その他資本剰余金　5,100万円　　(貸)自己株式　5,100万円

### 税務上の経理処理

(借)自己株式　5,100万円　　(貸)資本金等の額　5,100万円
(その他資本剰余金)

## 別表四の処理

何ら処理をする必要はありません。

**別表五(一)の処理**

Ⅱ　資本金等の額の計算に関する明細書

| 区分 | | 期首現在資本金等の額 | 当期の増減 | | 差引翌期首現在資本金等の額 ①－②＋③ |
|---|---|---|---|---|---|
| | | | 減 | 増 | |
| | | ① | ② | ③ | ④ |
| 資本金又は出資金 | 32 | 円 | 円 | 円 | 円 |
| 資本準備金 | 33 | | | | |
| 自己株式 | 34 | △51,000,000 | | 51,000,000 | — |
| 利益積立金額 | 35 | 1,000,000 | | | 1,000,000 |
| その他資本剰余金 | | | 51,000,000 | | △51,000,000 |

（注）　自己株式を消却した場合，会計上はその自己株式の帳簿価額を「その他資本剰余金」から減額しますが（計算規則24③，自己株式及び準備金の減少等に関する会計基準11），税務上は自己株式の取得時に資本金等の額の減少として処理していますから（令８①二十，二十一），消却時には仕訳は生じません。

## 例251　適格合併により合併差益金が生じた場合

当社は当期において，組織再編のため次の条件で子会社を適格合併したことにより，合併差益金100万円が生じた。

①　移転を受けた資産　　帳簿価額　1,000万円
②　移転を受けた負債　　帳簿価額　500万円
③　子会社の合併時の純資産の部
　　資本金額　350万円
　　利益準備金　70万円
　　別途積立金　80万円
④　増加した資本金額　250万円

### 当期の処理

#### 別表四の処理

何ら処理をする必要はありません。

#### 別表五(一)の処理

Ⅰ　利益積立金額の計算に関する明細書

| 区分 | | 期首現在利益積立金額 | 当期の増減 | | 差引翌期首現在利益積立金額 ①－②＋③ |
|---|---|---|---|---|---|
| | | | 減 | 増 | |
| | | ① | ② | ③ | ④ |
| 利益準備金 | 1 | 円 | 円 | 700,000 円 | 700,000 円 |
| 別途積立金 | 2 | | | 800,000 | 800,000 |
| | 3 | | | | |
| | 4 | | | | |

Ⅱ　資本金等の額の計算に関する明細書

| 区分 | | 期首現在資本金等の額 | 当期の増減 | | 差引翌期首現在資本金等の額 ①－②＋③ |
|---|---|---|---|---|---|
| | | | 減 | 増 | |
| | | ① | ② | ③ | ④ |
| 資本金又は出資金 | 32 | 円 | 円 | 2,500,000 円 | 円 |
| 資本準備金 | 33 | | | | |
| 合併差益金 | 34 | | | 1,000,000 | 1,000,000 |
| | 35 | | | | |

（**注**） 資本金等の額となる合併差益金は，次により計算されます（令８①五）。

350万円－250万円＝100万円

## 翌期の処理

合併差益金について異動がない限り，決算上及び税務上とも何ら処理をする必要はありません。

## 例252　適格合併により資産を評価増して受け入れた場合

《例*251*》において，資産を1,200万円に評価増し，帳簿価額との差額200万円，合併差益金100万円及び利益積立金150万円のすべてを資本剰余金として受け入れた場合の処理はどのようになるか。

### 当期の処理

#### 別表四の処理

何ら処理をする必要はありません。

#### 別表五(一)の処理

Ⅰ　利益積立金額の計算に関する明細書

| 区分 | | 期首現在利益積立金額 | 当期の増減 減 | 当期の増減 増 | 差引翌期首現在利益積立金額 ①－②＋③ |
|---|---|---|---|---|---|
| | | ① | ② | ③ | ④ |
| 利益準備金 | 1 | 円 | 円 | 円 *700,000* | 円 *700,000* |
| 別途積立金 | 2 | | | *800,000* | *800,000* |
| | 3 | | | | |
| | 4 | | | | |

Ⅱ　資本金等の額の計算に関する明細書

| 区分 | | 期首現在資本金等の額 | 当期の増減 減 | 当期の増減 増 | 差引翌期首現在資本金等の額 ①－②＋③ |
|---|---|---|---|---|---|
| | | ① | ② | ③ | ④ |
| 資本金又は出資金 | 32 | 円 | 円 | 円 *2,500,000* | 円 |
| 資本準備金 | 33 | | | | |
| 資本剰余金 | 34 | | | *4,500,000* | *4,500,000* |
| 利益積立金 | 35 | | | △*1,500,000* | △*1,500,000* |
| 資産 | | | | △*2,000,000* | △*2,000,000* |

（注）　適格合併の場合には，税務上，評価増は認識しませんので，資本金等の額の増加となるのは合併差益金の100万円のみとなります（令８①五，法62の２）。

## 翌期の処理

### 決算上の経理処理

企業会計上の処理は妥当なものとして，税務上の処理と合わせるための経理処理は特に行いません。

### 別表四と別表五(一)の処理

何ら処理をする必要はありません。

（**注**）《例*252*》の処理方法は，分割承継法人が適格分割型分割により資産を評価増しして受け入れた場合の処理にも適用することができます（令８①六，法62の２）。

## 例253 適格合併において抱合株式がある場合

当社は当期において，組織再編のため持株割合100％の子会社（資本金500万円）を適格合併したことにより，次のような資産，負債等の受入れ処理を行った。

その受入れ処理に当たって，当社が有していた子会社株式（抱合株式）の帳簿価額については，消却損を計上した。なお，この合併に際しては，新株式の発行はしなかった。

(借)資　　産　5,000万円　　(貸)負　　債　3,000万円
　　　　　　　　　　　　　　　資本剰余金　500万円
　　　　　　　　　　　　　　　利益剰余金　1,500万円
(借)株式消却損　1,000万円　　(貸)子会社株式　1,000万円

### 当期の処理

#### 税務上の経理処理

(借)自己株式　1,000万円　　(貸)株式消却損　1,000万円
　　資本金等の額　1,000万円　　(貸)自己株式　1,000万円

#### 別表四の処理

| 区分 | | | 総額 | 処分 | | |
|---|---|---|---|---|---|---|
| | | | | 留保 | 社外流出 | |
| | | | ① | ② | ③ | |
| 加算 | 株式消却損否認 | 10 | 10,000,000 | 10,000,000 | | |
| | | | | | | |
| | | | | | | |

#### 別表五(一)の処理

Ⅰ　利益積立金額の計算に関する明細書

| 区分 | | 期首現在利益積立金額 | 当期の増減 | | 差引翌期首現在利益積立金額 ①－②＋③ |
|---|---|---|---|---|---|
| | | | 減 | 増 | |
| | | ① | ② | ③ | ④ |
| 利益準備金 | 1 | 円 | 円 | 円 15,000,000 | 円 15,000,000 |
| 積立金 | 2 | | | | |
| 資本金等の額 | 3 | | △10,000,000 | | 10,000,000 |

Ⅱ　資本金等の額の計算に関する明細書

| 区分 | | 期首現在資本金等の額 | 当期の増減 | | 差引翌期首現在資本金等の額 ①－②＋③ |
|---|---|---|---|---|---|
| | | | 減 | 増 | |
| | | ① | ② | ③ | ④ |
| 資本金又は出資金 | 32 | 円 | 円 | 円 | 円 |
| 資本準備金 | 33 | | | *5,000,000* | *5,000,000* |
| **利益積立金額** | 34 | | *10,000,000* | | *△10,000,000* |
| | 35 | | | | |

**(注)**　資本金等の額の増加となる金額は，次により計算されます（令８①五）。

500万円－(0＋1,000万円)＝△500万円

## 翌期の処理

資本金等の額に異動がない限り，決算上及び税務上とも何ら処理をする必要はありません。

## 例254　非適格合併により合併差益金が生じた場合

当社《例*166*の合併法人》は組織再編のため合併を行い，資産及び負債を被合併法人から受け入れたが，この合併は適格合併には該当しない。

この合併について，次のような経理処理を行っている。なお，資産の時価は32,000万円である。

| (借)資　　　産 | 28,000万円 | (貸)負　　　債 | 8,000万円 |
|---|---|---|---|
| | | 資　本　金 | 12,000万円 |
| | | 資本剰余金 | 2,000万円 |
| | | 利益剰余金 | 6,000万円 |

### 当期の処理

#### 税務上の経理処理

| (借)資　　　産 | 4,000万円 | (貸)資本剰余金 | 10,000万円 |
|---|---|---|---|
| 利益剰余金 | 6,000万円 | | |

#### 別表四の処理

何ら処理をする必要はありません。

### 別表五(一)の処理

Ⅰ　利益積立金額の計算に関する明細書

| 区分 | | 期首現在利益積立金額 | 当期の増減 | | 差引翌期首現在利益積立金額 ①－②＋③ |
|---|---|---|---|---|---|
| | | | 減 | 増 | |
| | | ① | ② | ③ | ④ |
| 利益準備金 | 1 | 円 | 円 | 円 | 円 |
| 積立金 | 2 | | | | |
| 利益剰余金 | 3 | | | *60,000,000* | *60,000,000* |
| 資本剰余金 | 4 | | | △*60,000,000* | △*60,000,000* |

Ⅱ　資本金等の額の計算に関する明細書

| 区分 | | 期首現在資本金等の額 | 当期の増減 | | 差引翌期首現在資本金等の額 ①－②＋③ |
|---|---|---|---|---|---|
| | | | 減 | 増 | |
| | | ① | ② | ③ | ④ |
| 資本金又は出資金 | 32 | 円 | 円 | 円 *120,000,000* | 円 |
| 資本準備金 | 33 | | | | |
| 資本剰余金 | 34 | | | *20,000,000* | *20,000,000* |
| 資産 | 35 | | | *40,000,000* | *40,000,000* |
| 利益剰余金 | | | | *60,000,000* | *60,000,000* |

**(注)** 資本金等の額となる合併差益金は，次により計算されます（令８①五）。

(32,000万円－8,000万円)－12,000万円＝12,000万円

## 翌期の処理

### 決算上の経理処理

企業会計上の処理は妥当なものとして，税務上の処理と合わせるための経理処理は特に行いません。

### 別表四と別表五(一)の処理

何ら処理をする必要はありません。

**(注)** 《例*254*》の処理方法は，非適格分割型分割により生じた分割剰余金の処理についても適用することができます（令８①六，法62)。

## 例255　適格分割型分割により分割剰余金が生じた場合

当社は当期において，組織再編のため次の条件で親会社から適格分割型分割により資産等の移転を受けたことに伴い，分割剰余金100万円が生じた。

① 移転を受けた資産　　帳簿価額　1,000万円
② 移転を受けた負債　　帳簿価額　500万円
③ 親会社の分割対応資本金等の額　350万円
④ 引継ぎを受けた利益積立金　150万円
　うち利益準備金　70万円
　　別途積立金　80万円
⑤ 増加した資本金額　250万円

### 当期の処理

#### 別表四の処理

何ら処理をする必要はありません。

#### 別表五(一)の処理

Ⅰ　利益積立金額の計算に関する明細書

| 区分 | | 期首現在利益積立金額 | 当期の増減 減 | 当期の増減 増 | 差引翌期首現在利益積立金額 ①－②＋③ |
|---|---|---|---|---|---|
| | | ① | ② | ③ | ④ |
| 利益準備金 | 1 | 円 | 円 | 円 700,000 | 円 700,000 |
| 別途積立金 | 2 | | | 800,000 | 800,000 |
| | 3 | | | | |
| | 4 | | | | |

Ⅱ　資本金等の額の計算に関する明細書

| 区分 | | 期首現在資本金等の額 | 当期の増減 減 | 当期の増減 増 | 差引翌期首現在資本金等の額 ①－②＋③ |
|---|---|---|---|---|---|
| | | ① | ② | ③ | ④ |
| 資本金又は出資金 | 32 | 円 | 円 | 円 2,500,000 | 円 |
| 資本準備金 | 33 | | | | |
| 分割剰余金 | 34 | | | 1,000,000 | 1,000,000 |
| | 35 | | | | |

（**注**）　資本金等の額となる分割剰余金は，次により計算されます（令８①六，十五）。

350万円－250万円＝100万円

## 翌期の処理

分割剰余金について異動がない限り，決算上及び税務上とも何ら処理をする必要はありません。

（**注**）　親会社における処理については，《例*269*》を参照してください。

## 例256　非適格分割型分割により分割剰余金が生じた場合

当社は，甲社からA事業のすべてを非適格分割型分割により引き継ぎ，次のような経理処理を行っている。

(借)資　　産　5,000万円　　　(貸)負　　　債　1,000万円
　　の れ ん　1,000万円　　　　　資　本　金　2,000万円
　　　　　　　　　　　　　　　　　資本準備金　3,000万円

なお，移転を受けた資産5,000万円は時価相当額であり，甲社に交付した当社株式の時価は5,000万円である。

### 当期の処理

#### 税務上の経理処理

(借)資産調整勘定　1,000万円　　　(貸)の れ ん　1,000万円

(注) 1　事業のすべての移転を受ける非適格分割型分割ですから，交付した株式の時価5,000万円と移転を受けた時価純資産額4,000万円（資産5,000万円－負債1,000万円）との差額は，「資産調整勘定」の金額とします（法62の８①）。

2　「資産調整勘定」の金額は，今後５年間において均等額を損金算入していきます（法62の８④⑤）。その処理については，《例36》を参照してください。

#### 別表四の処理

何ら処理する必要はありません。

#### 別表五(一)の処理

| Ⅰ　利益積立金額の計算に関する明細書 | | | | | |
|---|---|---|---|---|---|
| 区　　分 | | 期首現在利益積立金額 | 当期の増減 | | 差引翌期首現在利益積立金額 ①－②＋③ |
| | | | 減 | 増 | |
| | | ① | ② | ③ | ④ |
| 利益準備金 | 1 | 円 | 円 | 円 | 円 |
| 積立金 | 2 | | | | |
| のれん | 3 | | | △10,000,000 | △10,000,000 |
| 資産調整勘定 | 4 | | | 10,000,000 | 10,000,000 |

Ⅱ　資本金等の額の計算に関する明細書

| 区分 | | 期首現在資本金等の額 | 当期の増減 | | 差引翌期首現在資本金等の額 ①－②＋③ |
|---|---|---|---|---|---|
| | | | 減 | 増 | |
| | | ① | ② | ③ | ④ |
| 資本金又は出資金 | 32 | 円 | 円 | 円 20,000,000 | 円 |
| 資本準備金 | 33 | | | 30,000,000 | |

## 翌期の処理

資本金等の額に変動がない限り，決算上及び税務上とも何ら処理をする必要はありません。

**(注)**「資産調整勘定」の金額の処理については，《例36》を参照してください。

## 例257　適格分社型分割により分割剰余金が生じた場合

当社は当期において，組織再編のため次の条件で親会社から適格分社型分割により資産等の移転を受けたことに伴い，分割剰余金100万円が生じた。

① 移転を受けた資産　帳簿価額　1,000万円
② 移転を受けた負債　帳簿価額　500万円
③ 増加した資本金額　400万円

### 当期の処理

**別表四の処理**

何ら処理をする必要はありません。

**別表五(一)の処理**

Ⅱ　資本金等の額の計算に関する明細書

| 区分 | | 期首現在資本金等の額 | 当期の増減 | | 差引翌期首現在資本金等の額 ①－②＋③ |
|---|---|---|---|---|---|
| | | | 減 | 増 | |
| | | ① | ② | ③ | ④ |
| 資本金又は出資金 | 32 | 円 | 円 | 円 4,000,000 | 円 |
| 資本準備金 | 33 | | | | |
| 分割剰余金 | 34 | | | 1,000,000 | 1,000,000 |
| | 35 | | | | |

(注)　資本金等の額となる分割剰余金は，次により計算されます（令8①七）。
(1,000万円－500万円)－400万円＝100万円

### 翌期の処理

分割剰余金について異動がない限り，決算上及び税務上とも何ら処理をする必要はありません。

## 例258 非適格分社型分割により分割剰余金が生じた場合

当社《例167の分割承継法人》は組織再編のため分社型分割を行い，資産及び負債を分割法人から受け入れたが，この分割は適格分社型分割に該当しない。

この分社型分割について，次のような経理処理を行っている。なお，資産の時価は8,000万円である。

（借）資　　産　6,000万円　　　（貸）負　　債　3,000万円
　　　　　　　　　　　　　　　　　　資 本 金　3,000万円

### 当期の処理

#### 税務上の経理処理

（借）資　　産　2,000万円　　　（貸）資本金等の額　2,000万円

#### 別表四の処理

何ら処理をする必要はありません。

#### 別表五(一)の処理

Ⅰ　利益積立金額の計算に関する明細書

| 区分 | | 期首現在利益積立金額 | 当期の増減 減 | 当期の増減 増 | 差引翌期首現在利益積立金額 ①－②＋③ |
|---|---|---|---|---|---|
| | | ① | ② | ③ | ④ |
| 利益準備金 | 1 | 円 | 円 | 円 | 円 |
| 積立金 | 2 | | | | |
| 資産 | 3 | | | 20,000,000 | 20,000,000 |
| 資本金等の額 | 4 | | | △20,000,000 | △20,000,000 |

Ⅱ　資本金等の額の計算に関する明細書

| 区分 | | 期首現在資本金等の額 | 当期の増減 減 | 当期の増減 増 | 差引翌期首現在資本金等の額 ①－②＋③ |
|---|---|---|---|---|---|
| | | ① | ② | ③ | ④ |
| 資本金又は出資金 | 32 | 円 | 円 | 30,000,000円 | 円 |
| 資本準備金 | 33 | | | | |
| 利益積立金額 | 34 | | | 20,000,000 | 20,000,000 |
| | 35 | | | | |

**（注）** 資本金等の額の増加となる分割剰余金は，次により計算されます（令８①七）。
8,000万円－3,000万円－3,000万円＝2,000万円

## 翌期の処理

資本金等の額について異動がない限り，決算上及び税務上とも何ら処理をする必要はありません。

## 例259 適格現物出資により資本準備金が生じた場合

当社《例*168*の子会社》は適格現物出資により設立された法人であり，親会社から資産の移転を受けた。

この現物出資により移転を受けた資産の親会社における帳簿価額は7,000万円，時価は10,000万円であり，次のような経理処理を行っている。

| (借)資　　　産 | 10,000万円 | (貸)資　本　金 | 7,000万円 |
|---|---|---|---|
| | | 資本準備金 | 3,000万円 |

なお，親会社から移転を受けた資産には，減価償却超過額200万円があった。

### 当期の処理

#### 税務上の経理処理

| (借)資本金等の額 | 2,800万円 | (貸)資　　　産 | 2,800万円 |
|---|---|---|---|

**(注)**　税務上の資本金等の額の増加額は，次により計算される結果，200万円になります（令８①八)。

7,200万円（7,000万円＋200万円）－7,000万円＝200万円

また，資産の取得価額は，親会社の帳簿価額相当額とされますから，7,200万円になります（令123の５)。

#### 別表四の処理

何ら処理をする必要はありません。

#### 別表五(一)の処理

| Ⅰ　利益積立金額の計算に関する明細書 | | | | | |
|---|---|---|---|---|---|
| 区　　　分 | | 期首現在利益積立金額 | 当期の増減 | | 差引翌期首現在利益積立金額 ①－②＋③ |
| | | | 減 | 増 | |
| | | ① | ② | ③ | ④ |
| 利益準備金 | 1 | 円 | 円 | 円 | 円 |
| 積立金 | 2 | | | | |
| 減価償却超過額 | 3 | | | *2,000,000* | *2,000,000* |
| 資産 | 4 | | | *△30,000,000* | *△30,000,000* |
| 資本金等の額 | 5 | | | *28,000,000* | *28,000,000* |

Ⅱ　資本金等の額の計算に関する明細書

| 区分 | | 期首現在資本金等の額 | 当期の増減 減 | 当期の増減 増 | 差引翌期首現在資本金等の額 ①－②＋③ |
|---|---|---|---|---|---|
| | | ① | ② | ③ | ④ |
| 資本金又は出資金 | 32 | 円 | 円 | 円 70,000,000 | 円 |
| 資本準備金 | 33 | | | 30,000,000 | |
| 利益積立金額 | 34 | | | △28,000,000 | △28,000,000 |
| | 35 | | | | |

## 翌期の処理

### 決算上の経理処理

企業会計上の処理は妥当なものとして，税務上の処理と合わせるための経理処理は特に行いません。

### 別表四と別表五(一)の処理

何ら処理をする必要はありません。

## 例260 適格現物出資により剰余金が生じた場合

当社《例169の子会社》は適格現物出資により設立された法人であり，親会社から資産の移転を受けた。

この現物出資により移転を受けた資産の親会社における帳簿価額は10,000万円，時価は7,000万円であり，次のような経理処理を行っている。

（借）資　　産　7,000万円　　　　（貸）資本金　7,000万円

なお，親会社から移転を受けた資産には，減価償却超過額200万円があった。

### 当期の処理

#### 税務上の経理処理

（借）資　　産　3,200万円　　　　（貸）資本金等の額　3,200万円

**（注）** 税務上の資本金等の額は，次により計算される結果，3,200万円になります（令8①八）。

10,200万円（10,000万円＋200万円）－7,000万円＝3,200万円

また，資産の取得価額は，親会社の帳簿価額相当額とされますから，10,200万円になります（令123の５）。

#### 別表四の処理

何ら処理をする必要はありません。

#### 別表五（一）の処理

Ⅰ　利益積立金額の計算に関する明細書

| 区分 | | 期首現在利益積立金額 | 当期の増減 | | 差引翌期首現在利益積立金額 ①－②＋③ |
|---|---|---|---|---|---|
| | | | 減 | 増 | |
| | | ① | ② | ③ | ④ |
| 利益準備金 | 1 | 円 | 円 | 円 | 円 |
| 積立金 | 2 | | | | |
| 減価償却超過額 | 3 | | | 2,000,000 | 2,000,000 |
| 資産 | 4 | | | 30,000,000 | 30,000,000 |
| 資本金等の額 | 5 | | | △32,000,000 | △32,000,000 |

Ⅱ　資本金等の額の計算に関する明細書

| 区分 | | 期首現在資本金等の額 | 当期の増減 | | 差引翌期首現在資本金等の額 ①－②＋③ |
|---|---|---|---|---|---|
| | | | 減 | 増 | |
| | | ① | ② | ③ | ④ |
| 資本金又は出資金 | 32 | 円 | 円 | 円 70,000,000 | 円 |
| 資本準備金 | 33 | | | | |
| 利益積立金額 | 34 | | | 32,000,000 | 32,000,000 |
| | 35 | | | | |

## 翌期の処理

### 決算上の経理処理

企業会計上の処理は妥当なものとして，税務上の処理と合わせるための経理処理は特に行いません。

### 別表四と別表五(一)の処理

何ら処理をする必要はありません。

## 例261 非適格現物出資により資本準備金が生じた場合

当社は親会社から事業の移転を伴う非適格現物出資により，その移転事業に属する資産の全部の移転を受け，次のような経理処理を行っている。

（借）資　　産　8,000万円　　（貸）資　本　金　4,000万円
　　　　　　　　　　　　　　　　　資本準備金　4,000万円

なお，この親会社から出資を受けた資産の時価は１億円，親会社に交付した当社株式の時価は１億3,000万円と見込まれる。

### 当期の処理

#### 税務上の経理処理

（借）資　　産　2,000万円　　（貸）資本金等の額　5,000万円
　　資産調整勘定　3,000万円

（注）１　事業及びその事業に係る資産・負債のおおむね全部が移転する非適格現物出資（法62の８①，令123の10①）により資産・負債の移転を受けた場合には，税務上の資産の取得価額は時価の１億円相当額となり，資本金等の額の増加額は，次により計算される結果，9,000万円となります（令８①九）。

１億3,000万円－4,000万円＝9,000万円

２　交付した当社株式の時価１億3,000万円と移転を受けた資産の時価１億円との差額3,000万円は「資産調整勘定」の金額となり，今後５年間において均等額を損金算入していきます（法62の８①④⑤）。その処理については，《例36》を参照してください。

#### 別表四の処理

何ら処理をする必要はありません。

#### 別表五(一)の処理

| Ⅰ　利益積立金額の計算に関する明細書 | | | | | |
|---|---|---|---|---|---|
| 区分 | | 期首現在利益積立金額 ① | 当期の増減 減 ② | 当期の増減 増 ③ | 差引翌期首現在利益積立金額 ①－②＋③ ④ |
| 資産 | 3 | | | *20,000,000* | *20,000,000* |
| 資産調整勘定 | 4 | | | *30,000,000* | *30,000,000* |
| 資本金等の額 | 5 | | | △*50,000,000* | △*50,000,000* |

Ⅱ　資本金等の額の計算に関する明細書

| 区分 | | 期首現在資本金等の額 ① | 当期の増減 減 ② | 当期の増減 増 ③ | 差引翌期首現在資本金等の額 ①－②＋③ ④ |
|---|---|---|---|---|---|
| 資本金又は出資金 | 32 | 円 | 円 | 円 40,000,000 | 円 |
| 資本準備金 | 33 | | | 40,000,000 | |
| 利益積立金額 | 34 | | | 50,000,000 | 50,000,000 |

## 翌期の処理

資本金等の額について異動がない限り，決算上及び税務上とも何ら処理をする必要はありません。

「資産調整勘定」の金額の処理については，《例36》を参照してください。

**(注)**　事業の移転を伴わない非適格現物出資の場合には，現金出資と同じように，移転を受けた資産の時価相当額のうち資本（出資）金として計上しなかった金額が資本金等の額の増加額となります（令８①一）。

## 例262 個人株主から現物出資を受けた場合

増資に当たり，オーナー社長から上場株式の現物出資を受けたので，次のような会計処理をした。

（借）有価証券　1,000万円　　（貸）資 本 金　1,000万円

ただし，有価証券に計上した1,000万円は，社長のその上場株式の取得価額相当額であり，その時価は1,500万円と見込まれる。

### 当期の処理

#### 税務上の経理処理

（借）有価証券　　500万円　　（貸）資本剰余金　　500万円
（資本金等の額）

**（注）** 個人からの現物出資は適格現物出資（法２十二の十四）に該当しませんので，その現物出資資産の時価（1,500万円）から増加した資本金等の額（1,000万円）を減算した金額（500万円）は，資本金等の額の増加として処理します（令８①一，119①二）。

#### 別表四の処理

何ら処理をする必要はありません。

#### 別表五(一)の処理

| Ⅰ　利益積立金額の計算に関する明細書 | | | | | |
|---|---|---|---|---|---|
| 区　分 | | 期首現在利益積立金額 | 当期の増減 | | 差引翌期首現在利益積立金額①－②＋③ |
| | | | 減 | 増 | |
| | | ① | ② | ③ | ④ |
| 利益準備金 | 1 | 円 | 円 | 円 | 円 |
| 積立金 | 2 | | | | |
| 有価証券 | 3 | | | *5,000,000* | *5,000,000* |
| 資本金等の額 | 4 | | | *△5,000,000* | *△5,000,000* |

Ⅸ　資本等取引に関する事項の処理

Ⅱ　資本金等の額の計算に関する明細書

| 区分 | | 期首現在資本金等の額 | 当期の増減 | | 差引翌期首現在資本金等の額 ①－②＋③ |
|---|---|---|---|---|---|
| | | | 減 | 増 | |
| | | ① | ② | ③ | ④ |
| 資本金又は出資金 | 1 | 円 | 円 | 10,000,000 円 | 円 |
| 資本準備金 | 2 | | | | |
| 利益積立金額 | 3 | | | 5,000,000 | 5,000,000 |

## 翌期の処理

その上場株式を譲渡等しない限り，決算上及び税務上とも，何ら処理をする必要はありません。

## 例263 株式交換により株式交換剰余金が生じた場合

当期中において当社を完全親法人とする株式交換を行ったことに伴い，株式交換剰余金1,000万円が生じた。

① 完全子法人の株式の取得価額　　5,000万円

② 株式交換による増加資本金額　　4,000万円

### 当期の処理

#### 別表四の処理

何ら処理をする必要はありません。

#### 別表五(一)の処理

Ⅱ　資本金等の額の計算に関する明細書

| 区分 | | 期首現在資本金等の額 | 当期の増減 | | 差引翌期首現在資本金等の額 ①－②＋③ |
|---|---|---|---|---|---|
| | | | 減 | 増 | |
| | | ① | ② | ③ | ④ |
| 資本金又は出資金 | 32 | 円 | 円 | 円 40,000,000 | 円 |
| 資本準備金 | 33 | | | | |
| 株式交換剰余金 | 34 | | | 10,000,000 | 10,000,000 |
| | 35 | | | | |

（注）資本金等の額の増加となる株式交換剰余金は，次により計算されます（令8①十）。

5,000万円－4,000万円＝1,000万円

### 翌期の処理

株式交換剰余金について異動がない限り，決算上及び税務上とも何ら処理をする必要はありません。

## 例264　株式移転により株式移転剰余金が生じた場合

当期中において当社を完全親法人とする株式移転を行ったことに伴い，株式移転剰余金2,000万円が生じた。

① 完全子法人の株式の取得価額　6,000万円

② 株式移転の時の資本金額　4,000万円

### 当期の処理

#### 別表四の処理

何ら処理をする必要はありません。

#### 別表五(一)の処理

Ⅱ　資本金等の額の計算に関する明細書

| 区分 | | 期首現在資本金等の額 | 当期の増減 | | 差引翌期首現在資本金等の額<br>①－②＋③ |
|---|---|---|---|---|---|
| | | | 減 | 増 | |
| | | ① | ② | ③ | ④ |
| 資本金又は出資金 | 32 | 円 | 円 | 円<br>40,000,000 | 円 |
| 資本準備金 | 33 | | | | |
| 株式移転剰余金 | 34 | | | 20,000,000 | 20,000,000 |
| | 35 | | | | |

（注）資本金等の額の増加となる株式移転剰余金は，次により計算されます（令８①十一）。

6,000万円－4,000万円＝2,000万円

### 翌期の処理

株式移転剰余金について異動がない限り，決算上及び税務上とも何ら処理をする必要はありません。

## 例265 資本金を資本準備金に振り替えた場合

当期中に開催された株主総会において，資本金3,000万円を資本準備金に振り替えることを決議した。

ただし，発行株式数の減少及び金銭の払戻しは行わない。

### 当期の処理

#### 別表四の処理

何ら処理をする必要はありません。

#### 別表五(一)の処理

Ⅱ　資本金等の額の計算に関する明細書

| 区　　分 | | 期首現在資本金等の額 | 当期の増減 | | 差引翌期首現在資本金等の額 ①－②＋③ |
|---|---|---|---|---|---|
| | | | 減 | 増 | |
| | | ① | ② | ③ | ④ |
| 資本金又は出資金 | 32 | 円 | 円 30,000,000 | 円 | 円 |
| 資本準備金 | 33 | | | 30,000,000 | |
| | 34 | | | | |
| | 35 | | | | |

（注）　資本金の額を減少した場合のその減少した金額相当額は，資本金等の額の増加とされます（令８①十二）。結果的に資本金等の額に異動はありません。

### 翌期の処理

資本金等の額について異動がない限り，決算上及び税務上とも何ら処理をする必要はありません。

## 例266　減資による剰余金で欠損金の補塡をした場合

当社は当期において8,000万円の減資を行い，その減資により生じた剰余金で繰越欠損金8,000万円の補塡をした。

この減資及び欠損金の補塡について，次のような経理処理を行っている。

| (借)資　本　金 | 8,000万円 | (貸)資本剰余金 | 8,000万円 |
|---|---|---|---|
| 資本剰余金 | 8,000万円 | 繰越欠損金 | 8,000万円 |

### 当期の処理

#### 税務上の経理処理

| (借)繰越欠損金 | 8,000万円 | (貸)資本金等の額 | 8,000万円 |
|---|---|---|---|

(注)　税務上の資本金等の額の増加額は，減資額に相当する8,000万円となります（令8①十二）。

税務上は，資本剰余金（減資差益）を原資として繰越欠損金を補塡しても，その欠損金は補塡がなかったものとされ，繰越控除をすることができます。

#### 別表四の処理

何ら処理をする必要はありません。

### 別表五(一)の処理

I　利益積立金額の計算に関する明細書

| 区分 | | 期首現在利益積立金額 ① | 当期の増減 減 ② | 当期の増減 増 ③ | 差引翌期首現在利益積立金額 ①－②＋③ ④ |
|---|---|---|---|---|---|
| 資本金等の額 | 24 | 円 | 円 | 円 △80,000,000 | 円 △80,000,000 |
| 繰越損益金（損は赤） | 25 | | △80,000,000 | | |
| 納税充当金 | 26 | | | | |

II　資本金等の額の計算に関する明細書

| 区分 | | 期首現在資本金等の額 ① | 当期の増減 減 ② | 当期の増減 増 ③ | 差引翌期首現在資本金等の額 ①－②＋③ ④ |
|---|---|---|---|---|---|
| 資本金又は出資金 | 32 | 円 | 円 80,000,000 | 円 | 円 |
| 資本準備金 | 33 | | | | |
| 利益積立金額 | 34 | | | 80,000,000 | 80,000,000 |
| | 35 | | | | |

## 翌期の処理

### 決算上の経理処理

企業会計上の処理は妥当なものとして，税務上の処理と合わせるための経理処理は特に行いません。

### 別表四と別表五(一)の処理

何ら処理をする必要はありません。

## 例267　利益準備金を資本金に組み入れた場合

当期に資本金を増加するため利益準備金5,000万円を資本金に組み入れ，次のような経理処理を行っている。

(借)利益準備金　5,000万円　　　　(貸)資　本　金　5,000万円

### 当期の処理

#### 別表四の処理

何ら処理をする必要はありません。

#### 別表五(一)の処理

Ⅰ　利益積立金額の計算に関する明細書

| 区分 | | 期首現在利益積立金額 | 当期の増減 | | 差引翌期首現在利益積立金額 ①－②＋③ |
|---|---|---|---|---|---|
| | | | 減 | 増 | |
| | | ① | ② | ③ | ④ |
| 利益準備金 | 1 | 円 | 円 50,000,000 | 円 | 円 |
| 積立金 | 2 | | | | |
| 資本金等の額 | 3 | | | 50,000,000 | 50,000,000 |
| | 4 | | | | |

Ⅱ　資本金等の額の計算に関する明細書

| 区分 | | 期首現在資本金等の額 | 当期の増減 | | 差引翌期首現在資本金等の額 ①－②＋③ |
|---|---|---|---|---|---|
| | | | 減 | 増 | |
| | | ① | ② | ③ | ④ |
| 資本金又は出資金 | 32 | 円 | 円 | 円 50,000,000 | 円 |
| 資本準備金 | 33 | | | | |
| 利益積立金額 | 34 | | | △50,000,000 | △50,000,000 |
| | 35 | | | | |
| 差引合計額 | 36 | | | | |

**(注)**　税務上は，資本金等の額の減少，資本金の増加として処理します（令8①十三)。

### 翌期の処理

資本金等の額について異動がない限り，決算上及び税務上とも何ら処理をする必要はありません。

## 2　資本金等の額の減少

### 例268　資本準備金の資本組入れをする場合

当期中に開催された株主総会において，資本準備金2,000万円のうち1,000万円を資本に組み入れることを決議した。

#### 当期の処理

**別表四の処理**

何ら処理をする必要はありません。

**別表五(一)の処理**

Ⅱ　資本金等の額の計算に関する明細書

| 区分 | | 期首現在資本金等の額 | 当期の増減 | | 差引翌期首現在資本金等の額 ①－②＋③ |
|---|---|---|---|---|---|
| | | | 減 | 増 | |
| | | ① | ② | ③ | ④ |
| 資本金又は出資金 | 32 | 円 | 円 | 円 *10,000,000* | 円 |
| 資本準備金 | 33 | *20,000,000* | *10,000,000* | | *10,000,000* |
| | 34 | | | | |
| | 35 | | | | |

（注）資本準備金の資本組入れ（会社法448，計算規則25）は，税務上も資本金等の額の減少とされます（令８①十三）。ただし，資本金の増加がありますから，結果的に資本金等の額に異動はありません。

#### 翌期の処理

決算上及び税務上とも，何ら処理をする必要はありません。

## 例269　適格分割型分割により資本金等の額が減少する場合

当社《例255の親会社》は当期において，組織再編のため次の条件で子会社に分割型分割により資産等の移転を行った。

① 移転をした資産　帳簿価額　1,000万円
② 移転をした負債　帳簿価額　500万円
③ 分割対応資本金等の額　350万円
④ 引継ぎをした利益積立金　150万円
　うち利益準備金　70万円
　　別途積立金　80万円
⑤ 子会社の増加した資本金額　250万円

### 当期の処理

#### 別表四の処理

何ら処理をする必要はありません。

#### 別表五(一)の処理

Ⅰ　利益積立金額の計算に関する明細書

| 区分 | | 期首現在利益積立金額 | 当期の増減 減 | 当期の増減 増 | 差引翌期首現在利益積立金額 ①－②＋③ |
|---|---|---|---|---|---|
| | | ① | ② | ③ | ④ |
| 利益準備金 | 1 | 円 | 700,000 円 | 円 | △700,000 円 |
| 別途積立金 | 2 | | 800,000 | | △800,000 |
| | 3 | | | | |
| | 4 | | | | |

Ⅱ　資本金等の額の計算に関する明細書

| 区分 | | 期首現在資本金等の額 | 当期の増減 減 | 当期の増減 増 | 差引翌期首現在資本金等の額 ①－②＋③ |
|---|---|---|---|---|---|
| | | ① | ② | ③ | ④ |
| 資本金又は出資金 | 32 | 円 | 円 | 円 | 円 |
| 資本準備金 | 33 | | | | |
| 資本剰余金 | 34 | | 3,500,000 | | △3,500,000 |
| | 35 | | | | |

（注）　資本金等の額の減少となる金額は，いわゆる分割対応資本金等の額350万円となります（令８①十五）。

## 翌期の処理

利益積立金及び資本金等の額について異動がない限り，決算上及び税務上とも何ら処理をする必要はありません。

## 例270　資本剰余金を原資として資本の払戻しをした場合

当期において資本準備金5,000万円を原資として株主に資本の払戻しを行った。

この資本の払戻しについて，次のような経理処理を行っている。

(借)資本準備金　50,000,000円　　　(貸)現金預金　47,958,000円
　　　　　　　　　　　　　　　　　　　　預り金　　2,042,000円

なお，この資本の払戻しによって，みなし配当1,000万円が生じた。

### 当期の処理

#### 税務上の経理処理

(借)利益積立金　10,000,000円　　　(貸)資本金等の額　10,000,000円
　　(みなし配当)

(注)　みなし配当の金額は利益積立金の減少とされますので（令９十二），税務上の資本金等の額の減少となる金額は，次により計算されます（令８①十八）。

5,000万円－1,000万円＝4,000万円

令和４年の税制改正により，資本の払戻しを行った法人の，みなし配当の額の計算の基礎となるその資本の払戻し直前の「払戻等対応資本金額」及び「減少する資本金等の額」は，その払戻しにより減少した資本剰余金の額を上限とすることとされました（令23①四イ，８①十八イ）。

#### 別表四の処理

| 区分 | | 総額 | 処分 | | |
|---|---|---|---|---|---|
| | | | 留保 | 社外流出 | |
| | | ① | ② | ③ | |
| 当期利益又は当期欠損の額 | 1 | 円 | 円 | 配当 | 円<br>10,000,000 |
| | | | | その他 | |

### 別表五(一)の処理

| I 利益積立金額の計算に関する明細書 | | | | | |
|---|---|---|---|---|---|
| 区分 | | 期首現在利益積立金額 | 当期の増減 | | 差引翌期首現在利益積立金額 ①－②＋③ |
| | | | 減 | 増 | |
| | | ① | ② | ③ | ④ |
| 利益準備金 | 1 | 円 | 円 | 円 | 円 |
| 積立金 | 2 | | | | |
| 資本金等の額 | 3 | | 10,000,000 | | △10,000,000 |

| II 資本金等の額の計算に関する明細書 | | | | | |
|---|---|---|---|---|---|
| 区分 | | 期首現在資本金等の額 | 当期の増減 | | 差引翌期首現在資本金等の額 ①－②＋③ |
| | | | 減 | 増 | |
| | | ① | ② | ③ | ④ |
| 資本金又は出資金 | 32 | 円 | 円 | 円 | 円 |
| 資本準備金 | 33 | | 50,000,000 | | |
| 利益積立金額 | 34 | | | 10,000,000 | 10,000,000 |
| | 35 | | | | |

## 翌期の処理

### 決算上の経理処理

企業会計上の処理は妥当なものとして，税務上の処理と合わせるための経理処理は特に行いません。

### 別表四と別表五(一)の処理

何ら処理をする必要はありません。

(注) 資本剰余金を原資とする配当を受けた場合の処理については，《例*139*》を参照してください。

## 3　配当金の支払

### 例271　特定目的会社が配当金の損金算入をする場合

当社は資産の流動化に関する法律に規定する特定目的会社であるが，当期の剰余金処分による支払配当金のうち，損金に算入することができるものが500万円ある。

なお，当期の利益金は600万円である。

#### 当期の処理

**別表四の処理**

| 区分 | | 総額 | 処分 | | |
|---|---|---|---|---|---|
| | | | 留保 | 社外流出 | |
| | | ① | ② | ③ | |
| 特定目的会社等の支払配当又は特定目的信託に係る受託法人の利益の分配等の損金算入額(別表十(八)「13」，別表十（九）「11」又は別表十(十)「16」若しくは「33」) | 36 | △　5,000,000 | △　5,000,000 | | |
| 中間申告における繰戻しによる還付に係る災害損失欠損金額の益金算入額 | 37 | | | ※ | |
| 非適格合併又は残余財産の全部分配等による移転資産等の譲渡利益額又は譲渡損失額 | 38 | | | ※ | |

**（注）**　平成12年の税制改正により，資産の流動化に関する法律に規定する特定目的会社（いわゆるSPC）が支払う配当金は，損金算入ができることとされました（措法67の14)。

**別表五(一)の処理**

| Ⅰ　利益積立金額の計算に関する明細書 | | | | | |
|---|---|---|---|---|---|
| 区分 | | 期首現在利益積立金額 | 当期の増減 | | 差引翌期首現在利益積立金額①－②＋③ |
| | | | 減 | 増 | |
| | | ① | ② | ③ | ④ |
| 未払配当金 | 24 | | | △5,000,000 | △5,000,000 |
| 繰越損益金（損は赤） | 25 | | | 6,000,000 | 6,000,000 |
| 納税充当金 | 26 | | | | |

## 翌期の処理

### 別表四の処理

| 区分 | | 総額 | 処分 | | |
|---|---|---|---|---|---|
| | | | 留保 | 社外流出 | |
| | | ① | ② | ③ | |
| 当期利益又は当期欠損の額 | 1 | 円 | 円<br>△5,000,000 | 配当 | 円<br>5,000,000 |
| | | | | その他 | |

### 別表五(一)の処理

| Ⅰ　利益積立金額の計算に関する明細書 | | | | | |
|---|---|---|---|---|---|
| 区分 | | 期首現在利益積立金額 | 当期の増減 | | 差引翌期首現在利益積立金額<br>①－②＋③ |
| | | | 減 | 増 | |
| | | ① | ② | ③ | ④ |
| 未払配当金 | 24 | △5,000,000 | △5,000,000 | | ― |
| 繰越損益金（損は赤） | 25 | 6,000,000 | 6,000,000 | | ― |
| 納税充当金 | 26 | | | | |

（注）《例271》の処理方法は，投資信託及び投資法人に関する法律に規定する投資法人が支払う配当金の損金算入（措法67の15）についても適用することができます。

# X　グループ通算制度に関する事項の処理

## 1　通算税効果額

### 例272　通算法人から通算税効果額を受け取る場合

グループ通算制度の適用により他の通算法人に欠損金額を配分し，他の通算法人の納付法人税額等が減少したことに伴い，他の通算法人から通算税効果額100万円（うち延滞税額５万円）を受け取るので，未収金として法人税等（租税公課）を減額した。

その通算税効果額に係る未収金は，翌期に受け取った。

**当期の処理**

**別表四の処理**

| 区分 | | | 総額 | 処分 | | |
|---|---|---|---|---|---|---|
| | | | | 留保 | 社外流出 | |
| | | | ① | ② | ③ | |
| 減算 | 通算法人に係る減算額（別表四付表「10」） | 20 | 1,000,000 | 950,000 | ※ | 50,000 |
| | | 21 | | | | |

**別表四付表の処理**

| 区分 | | | 総額 | 処分 | | |
|---|---|---|---|---|---|---|
| | | | | 留保 | 社外流出 | |
| | | | ① | ② | ③ | |
| 減 | 収益として経理した通算税効果額（附帯税の額に係る部分の金額を除く。） | 6 | 950,000 | 950,000 | | |
| | 収益として経理した通算税効果額の受取額（附帯税の額に係る部分の金額に限る。） | 7 | 50,000 | | ※ | 50,000 |
| 算 | 通算法人に係る減算額（(6)から(9)までの計） | 10 | 1,000,000 | 950,000 | ※ | 50,000 |

（注）　令和４年４月１日以後開始事業年度から適用されるグループ通算制度を適用し，通算税効果額（損益通算，欠損金の通算等を行うことにより減少する法人税・地方法人税額（利子税額を除く）相当額として通算法人と他の通算法人との間で授受される金額）を受け取る場合，その受け取る金額は益金不算入とされます（法26④）。

その受け取る通算税効果額（附帯税を除く）は，利益積立金額の増加として処理します（令９一ホ，へ）。

別表五(一)の処理

<table>
<tr><th colspan="4">Ⅰ　利益積立金額の計算に関する明細書</th></tr>
<tr><th colspan="3" rowspan="2">区　分</th><th rowspan="2">期首現在<br>利益積立金額</th><th colspan="3">当期の増減</th><th rowspan="2">差引翌期首現在<br>利益積立金額<br>①－②＋③</th></tr>
<tr><th>減</th><th colspan="2">増</th></tr>
<tr><th colspan="3"></th><th>①</th><th>②</th><th colspan="2">③</th><th>④</th></tr>
<tr><td colspan="2">未収金(通算税効果額)</td><td>24</td><td></td><td></td><td colspan="2">△950,000</td><td>△950,000</td></tr>
<tr><td colspan="2">繰越損益金(損は赤)</td><td>25</td><td></td><td></td><td colspan="2"></td><td></td></tr>
<tr><td colspan="2">納税充当金</td><td>26</td><td></td><td></td><td colspan="2"></td><td></td></tr>
<tr><td rowspan="8">未納法人税等<br>(各事業年度の所得に対するものに限る。)</td><td rowspan="2">未納法人税及び未納地方法人税<br>(附帯税を除く。)</td><td rowspan="2">27</td><td rowspan="2">△</td><td rowspan="2">△</td><td>中間</td><td>△</td><td rowspan="2">△</td></tr>
<tr><td>確定</td><td>△</td></tr>
<tr><td rowspan="2">未払通算税効果額<br>(附帯税の額に係る部分の金額を除く。)</td><td rowspan="2">28</td><td rowspan="2"></td><td rowspan="2"></td><td>中間</td><td></td><td rowspan="2">950,000</td></tr>
<tr><td>確定</td><td>950,000</td></tr>
<tr><td rowspan="2">未納道府県民税<br>(均等割を含む。)</td><td rowspan="2">29</td><td rowspan="2">△</td><td rowspan="2">△</td><td>中間</td><td>△</td><td rowspan="2">△</td></tr>
<tr><td>確定</td><td>△</td></tr>
<tr><td rowspan="2">未納市町村民税<br>(均等割を含む。)</td><td rowspan="2">30</td><td rowspan="2">△</td><td rowspan="2">△</td><td>中間</td><td>△</td><td rowspan="2">△</td></tr>
<tr><td>確定</td><td>△</td></tr>
</table>

## 翌期の処理

### 決算上の経理処理

(借)現金預金　100万円　　　(貸)未 収 金　100万円

別表四の処理

何ら処理をする必要はありません。

## 別表五(一)の処理

| I　利益積立金額の計算に関する明細書 | | | | | | | |
|---|---|---|---|---|---|---|---|
| 区分 | | | 期首現在利益積立金額 | 当期の増減 減 | 当期の増減 増 | | 差引翌期首現在利益積立金額 ①－②＋③ |
| | | | ① | ② | ③ | | ④ |
| 未収金（通算税効果額） | | 24 | △950,000 | △950,000 | | | |
| 繰越損益金（損は赤） | | 25 | | | | | |
| 納税充当金 | | 26 | | | | | |
| 未納法人税等（各事業年度の所得に対するものに限る。） | 未納法人税及び未納地方法人税（附帯税を除く。） | 27 | △ | △ | 中間 | △ | △ |
| | | | | | 確定 | △ | |
| | 未払通算税効果額（附帯税の額に係る部分の金額を除く。） | 28 | 950,000 | 950,000 | 中間 | | |
| | | | | | 確定 | | |
| | 未納道府県民税（均等割を含む。） | 29 | △ | △ | 中間 | △ | △ |
| | | | | | 確定 | △ | |
| | 未納市町村民税（均等割を含む。） | 30 | △ | △ | 中間 | △ | △ |
| | | | | | 確定 | △ | |

（注）　通算法人に通算税効果額を支払う場合の処理については，《例273》を参照してください。

## 例273 通算法人に通算税効果額を支払う場合

グループ通算制度の適用により他の通算法人から欠損金額の配分を受け，納付法人税額等が減少したことに伴い，他の通算法人に通算税効果額100万円（うち延滞税額５万円）を支払うので，未払金として法人税等（租税公課）に計上した。

この通算税効果額に係る未払金は翌期に支払った。

### 当期の処理

#### 別表四の処理

| 区分 | | | 総額 | 処分 | | |
|---|---|---|---|---|---|---|
| | | | | 留保 | 社外流出 | |
| | | | ① | ② | ③ | |
| 加算 | 通算法人に係る加算額(別表四付表「５」) | 9 | *1,000,000* | *950,000* | 外※ その他 | *50,000* |
| | | 10 | | | | |

#### 別表四付表の処理

| 区分 | | | 総額 | 処分 | | |
|---|---|---|---|---|---|---|
| | | | | 留保 | 社外流出 | |
| | | | ① | ② | ③ | |
| 加 | 損金経理をした通算税効果額(附帯税の額に係る部分の金額を除く。) | 1 | *950,000*円 | *950,000*円 | | |
| | 損金経理をした通算税効果額の支払額(附帯税の額に係る部分の金額に限る。) | 2 | *50,000* | | その他 | *50,000*円 |
| 算 | 通算法人に係る加算額((1)から(4)までの計) | 5 | *1,000,000* | *950,000* | 外※ その他 | *50,000* |

（注） グループ通算制度を適用し，通算税効果額（損益通算，欠損金の通算等を行うことにより減少する法人税・地方法人税額（利子税額を除く）に相当する金額として通算法人と他の通算法人との間で授受される金額）を支払う場合には，その支払う金額は損金不算入とされます（法38③）。

その支払う通算税効果額（附帯税を除く）は，利益積立金額の減少として処理します（令９一カ）。

### 別表五(一)の処理

<table>
<tr><th colspan="8">Ⅰ　利益積立金額の計算に関する明細書</th></tr>
<tr><td colspan="3" rowspan="2">区　　分</td><td rowspan="2">期首現在<br>利益積立金額</td><td colspan="3">当期の増減</td><td rowspan="2">差引翌期首現在<br>利益積立金額<br>①－②＋③</td></tr>
<tr><td>減</td><td colspan="2">増</td></tr>
<tr><td colspan="3"></td><td>①</td><td>②</td><td colspan="2">③</td><td>④</td></tr>
<tr><td colspan="2">未払金（通算税効果額）</td><td>24</td><td></td><td></td><td colspan="2">950,000</td><td>950,000</td></tr>
<tr><td colspan="2">繰越損益金（損は赤）</td><td>25</td><td></td><td></td><td colspan="2"></td><td></td></tr>
<tr><td colspan="2">納税充当金</td><td>26</td><td></td><td></td><td colspan="2"></td><td></td></tr>
<tr><td rowspan="8">未納法人税等<br>（各事業年度の所得に対するものに限る。）</td><td rowspan="2">未納法人税及び未納地方法人税<br>（附帯税を除く。）</td><td rowspan="2">27</td><td rowspan="2">△</td><td rowspan="2">△</td><td>中間</td><td>△</td><td rowspan="2">△</td></tr>
<tr><td>確定</td><td>△</td></tr>
<tr><td rowspan="2">未払通算税効果額<br>（附帯税の額に係る部分の金額を除く。）</td><td rowspan="2">28</td><td rowspan="2"></td><td rowspan="2"></td><td>中間</td><td></td><td rowspan="2">△950,000</td></tr>
<tr><td>確定</td><td>△950,000</td></tr>
<tr><td rowspan="2">未納道府県民税<br>（均等割を含む。）</td><td rowspan="2">29</td><td rowspan="2">△</td><td rowspan="2">△</td><td>中間</td><td>△</td><td rowspan="2">△</td></tr>
<tr><td>確定</td><td>△</td></tr>
<tr><td rowspan="2">未納市町村民税<br>（均等割を含む。）</td><td rowspan="2">30</td><td rowspan="2">△</td><td rowspan="2">△</td><td>中間</td><td>△</td><td rowspan="2">△</td></tr>
<tr><td>確定</td><td>△</td></tr>
</table>

## 翌期の処理

### 決算上の経理処理

(借)未 払 金　100万円　　　(貸)現金預金　100万円

### 別表四の処理

何ら処理をする必要はありません。

## 別表五(一)の処理

| I 利益積立金額の計算に関する明細書 | | | | | | | |
|---|---|---|---|---|---|---|---|
| 区分 | | | 期首現在利益積立金額 | 当期の増減 | | | 差引翌期首現在利益積立金額 ①－②＋③ |
| | | | | 減 | 増 | | |
| | | | ① | ② | ③ | | ④ |
| 未払金（通算税効果額） | | 24 | 950,000 | 950,000 | | | |
| 繰越損益金（損は赤） | | 25 | | | | | |
| 納税充当金 | | 26 | | | | | |
| 未納法人税等（各事業年度の所得に対するものに限る。） | 未納法人税及び未納地方法人税（附帯税を除く。） | 27 | △ | △ | 中間 | △ | △ |
| | | | | | 確定 | △ | |
| | 未払通算税効果額（附帯税の額に係る部分の金額を除く。） | 28 | △950,000 | △950,000 | 中間 | | |
| | | | | | 確定 | | |
| | 未納道府県民税（均等割を含む。） | 29 | △ | △ | 中間 | △ | △ |
| | | | | | 確定 | △ | |
| | 未納市町村民税（均等割を含む。） | 30 | △ | △ | 中間 | △ | △ |
| | | | | | 確定 | △ | |

（注） 通算法人から通算税効果額を受け取る場合の処理については，《例272》を参照してください。

## 2　通算法人株式の譲渡損益

### 例274　通算法人株式を譲渡し譲渡利益が生じた場合

当社は通算法人であるが，その有する他の通算法人Ｂの株式（帳簿価額3,000万円）を他の通算法人Ｃに対して譲渡し，譲渡利益2,000万円が生じたので収益に計上した。

**当期の処理**

**別表四の処理**

| 区分 | | 総額 | 処分 | | |
|---|---|---|---|---|---|
| | | | 留保 | 社外流出 | |
| | | ① | ② | ③ | |
| 減算 通算法人に係る減算額（別表四付表「10」） | 20 | *20,000,000* | | ※ | *20,000,000* |
| 減算 | 21 | | | | |

**別表四付表の処理**

| 区分 | | 総額 | 処分 | | |
|---|---|---|---|---|---|
| | | | 留保 | 社外流出 | |
| | | ① | ② | ③ | |
| 減算 他の通算法人に対する通算法人株式の譲渡利益額 | 8 | *20,000,000* | | ※ | *20,000,000* |
| 減算 通算法人の合併等があった場合の欠損金の損金算入額 | 9 | | | ※ | |
| 減算 通算法人に係る減算額（(6)から(9)までの計） | 10 | *20,000,000* | | ※ | *20,000,000* |

（注）　グループ通算制度を適用する通算法人が，その有する他の通算法人の株式等（帳簿価額を問わない）を，当該他の通算法人以外の通算法人に対して譲渡した場合の譲渡利益額は，益金の額に算入されません（法61の11①⑧，令122の12①⑯）。

その益金不算入額は，利益積立金額の増加として処理します（令９一チ）。

**別表五(一)の処理**

何ら処理をする必要はありません。

**翌期の処理**

決算上及び税務上とも，何ら処理をする必要はありません。

（注）　通算法人株式を譲渡し譲渡損失が生じた場合の処理については，《例275》を参照してください。

## 例275 通算法人株式を譲渡し譲渡損失が生じた場合

当社は通算法人であるが，その有する他の通算法人Ｂの株式（帳簿価額3,000万円）を他の通算法人Ｃに対して譲渡し，譲渡損失2,000万円が生じたので損失に計上した。

### 当期の処理

#### 別表四の処理

| 区分 | | | 総額 | 処分 | | |
|---|---|---|---|---|---|---|
| | | | | 留保 | 社外流出 | |
| | | | ① | ② | ③ | |
| 加算 | 通算法人に係る加算額（別表四付表「5」） | 9 | *20,000,000* | | その他 | *20,000,000* |
| | | 10 | | | | |

#### 別表四付表の処理

| 区分 | | | 総額 | 処分 | | |
|---|---|---|---|---|---|---|
| | | | | 留保 | 社外流出 | |
| | | | ① | ② | ③ | |
| 加算 | 他の通算法人に対する通算法人株式の譲渡損失額 | 3 | *20,000,000* | | その他 | *20,000,000* |
| | 当初支払利子配賦額の控除不足額の益金算入額（別表八(一)付表「24」） | 4 | | | ※ | |
| | 通算法人に係る加算額（(1)から(4)までの計） | 5 | *20,000,000* | | 外※ **その他** | *20,000,000* |

（注）　グループ通算制度を適用する通算法人が，その有する他の通算法人の株式等（帳簿価額を問わない）を，当該他の通算法人以外の通算法人に対して譲渡した場合の譲渡損失額は，損金の額に算入されません（法61の11①⑧，令122の12①⑯）。

その損金不算入額は，利益積立金額の減少として処理します（令９一チ）。

#### 別表五(一)の処理

何ら処理をする必要はありません。

### 翌期の処理

決算上及び税務上とも，何ら処理をする必要はありません。

（注）　通算法人株式を譲渡し譲渡利益が生じた場合の処理については，《例*274*》を参照してください。

## 3　関連法人株式配当の支払利子

### 例276　当初支払利子配賦額の控除不足がある場合

当社は通算法人で，関連法人株式の配当30万円に係る益金不算入額の計算に当たり，通算法人グループから支払利子500万円の配賦を受けたが，その受取配当30万円との差額20万円（500万円×10%－30万円）は控除できなかった。

#### 当期の処理

##### 別表四の処理

| 区分 | | | 総額 | 処分 | | |
|---|---|---|---|---|---|---|
| | | | | 留保 | 社外流出 | |
| | | | ① | ② | ③ | |
| 加算 | 通算法人に係る加算額（別表四付表「5」） | 9 | *200,000* | | 外※<br>※ | *200,000* |
| | | 10 | | | | |

##### 別表四付表の処理

| 区分 | | | 総額 | 処分 | | |
|---|---|---|---|---|---|---|
| | | | | 留保 | 社外流出 | |
| | | | ① | ② | ③ | |
| 加算 | 当初支払利子配賦額の控除不足額の益金算入額（別表八(一)付表「24」） | 4 | *200,000* | | ※ | *200,000* |
| | 通算法人に係る加算額（(1)から(4)までの計） | 5 | *200,000* | | 外※<br>※ | *200,000* |

（注）関連法人株式等に係る受取配当の益金不算入額の計算にあっては，利子相当額の控除が必要であり（法23①，令19），その利子相当額の計算について，通算法人ではグループ法人全体の支払利子額を各法人の受取配当額の比に応じて配賦しますが（令19④），その受取配当額が配賦を受けた支払利子額の10%相当額に満たない場合には，その満たない部分の金額は益金算入します（令19⑥）。

その益金算入額は，利益積立金額の減少として処理します（令9一ツ）。

##### 別表五(一)の処理

何ら処理をする必要はありません。

#### 翌期の処理

決算上及び税務上とも，何ら処理をする必要はありません。

## 4　損益通算

### 例277　通算法人から欠損金額の配賦を受けた場合

当社は通算法人で当期に所得金額が生じたが，グループ通算制度の適用により，他の通算法人から通算対象欠損金額500万円の配賦を受けたので，損金算入をする。

**当期の処理**

**別表四の処理**

| 区　分 | | 総　額 | 処　分 | | |
|---|---|---|---|---|---|
| | | | 留　保 | 社外流出 | |
| | | ① | ② | ③ | |
| 通算対象欠損金額の損金算入額又は通算対象所得金額の益金算入額（別表七の二「5」又は「11」） | 41 | △5,000,000 | | ※ | △5,000,000 |
| | | | | | |

（注）　グループ通算制度を適用し，欠損法人から配賦を受けた通算対象欠損金額は，損金に算入します（法64の5①）。

その損金算入額は，利益積立金額の増加として処理します（令9一ヌ）。

**別表五(一)の処理**

何ら処理をする必要はありません。

**翌期の処理**

決算上及び税務上とも，何ら処理をする必要はありません。

（注）　通算法人に通算欠損金額の配賦を行った場合の処理については，《例278》を参照してください。

## 例278　通算法人に欠損金額の配賦を行った場合

当社は通算法人で当期に欠損金額が生じ，グループ通算制度の適用により，他の通算法人へ通算対象欠損金額500万円の配賦を行ったので，それに対応する通算対象所得金額を益金に算入する。

### 当期の処理

#### 別表四の処理

| 区　　　分 | | 総　　額 | 処　　分 | | |
|---|---|---|---|---|---|
| | | | 留　　保 | 社　外　流　出 | |
| | | ① | ② | ③ | |
| 通算対象欠損金額の損金算入額又は通算対象所得金額の益金算入額（別表七の二「5」又は「11」） | 41 | 5,000,000 | | ※ | 5,000,000 |
| | | | | | |

（注）グループ通算制度を適用し，所得法人に配賦を行った欠損金額に対応する通算対象所得金額は，益金に算入します（法64の5③）。

その益金算入額は，利益積立金額の減少として処理します（令9一レ）。

#### 別表五(一)の処理

何ら処理をする必要はありません。

### 翌期の処理

決算上及び税務上とも，何ら処理をする必要はありません。

（注）通算法人から欠損金額の配賦を受けた場合の処理については，《例277》を参照してください。

## 例279 通算法人が欠損通算法人と合併した場合

当社は通算親法人であり，このほど当社を合併法人，他の通算子法人を被合併法人とする合併を行い，資産・負債の引継ぎを受けたが，その被合併法人である通算子法人の最後事業年度（合併の日の前日の属する事業年度）においては，500万円の欠損金額が生じている。

### 当期の処理

#### 別表四の処理

| 区分 | | | 総額 | 処分 | | |
|---|---|---|---|---|---|---|
| | | | | 留保 | 社外流出 | |
| | | | ① | ② | ③ | |
| 減算 | 通算法人に係る減算額（別表四付表「10」） | 20 | 5,000,000 | | ※ | 5,000,000 |
| | | 21 | | | | |

#### 別表四付表の処理

| 区分 | | | 総額 | 処分 | | |
|---|---|---|---|---|---|---|
| | | | | 留保 | 社外流出 | |
| | | | ① | ② | ③ | |
| 減算 | 通算法人の合併等があった場合の欠損金の損金算入額 | 9 | 5,000,000 | | ※ | 5,000,000 |
| | 通算法人に係る減算額（(6)から(9)までの計） | 10 | 5,000,000 | | ※ | 5,000,000 |

（注） 通算法人を合併法人とする合併で，その通算法人との間に完全支配関係がある他の内国法人を被合併法人とするものが行われた場合において，当該他の内国法人のその合併の日の前日の属する事業年度（最後事業年度）において生じた欠損金額があるときは，その欠損金相当額はその通算法人のその合併の日の属する事業年度の所得金額の計算上，損金算入をすることができます（法64の８，令131の10）。

その損金算入額は，利益積立金額の増加として処理します（令９一ル）。

#### 別表五(一)の処理

何ら処理をする必要はありません。

### 翌期の処理

決算上及び税務上とも，何ら処理をする必要はありません。

## 5　欠損金の通算

### 例280　通算法人から繰越欠損金額の配賦を受けた場合

当社は通算法人であり，他の通算法人の有する10年内事業年度に生じた非特定欠損金額500万円の配賦を受けたので，欠損金の控除を行う。

#### 当期の処理

**別表四の処理**

| 区　分 | | 総　額 | 処分 留　保 | 処分 社外流出 | |
|---|---|---|---|---|---|
| | | ① | ② | ③ | |
| 欠損金等の当期控除額 (別表七(一)「4の計」)+(別表七(四)「10」) | 44 | △　5,000,000 | | ※ | △　5,000,000 |
| | | | | | |

（注）　グループ通算制度を適用し，他の通算法人から配賦を受けた10年内事業年度に生じた非特定欠損金額（通算法人全体に配賦され，控除する欠損金額）は，当期の所得金額から控除します（法64の7①②）。

その控除額は，利益積立金額の増加として処理します（令9一ト）。

**別表五(一)の処理**

何ら処理をする必要はありません。

#### 翌期の処理

決算上及び税務上とも，何ら処理をする必要はありません。

## 例281　非特定欠損金額が当初配賦欠損金控除額に満たない場合

当社は通算法人で，10年内事業年度に生じた欠損金額のうち非特定欠損金額は100万円であるが，この金額が通算法人グループから当初配賦を受けた欠損金控除額150万円に満たないことになった。

### 当期の処理

**別表四の処理**

| 区分 | | | 総額 | 処分 | | |
|---|---|---|---|---|---|---|
| | | | | 留保 | 社外流出 | |
| | | | ① | ② | ③ | |
| 加算 | 当初配賦欠損金控除額の益金算入額（別表七（二）付表一「23の計」） | 42 | 500,000 | | ※ | 500,000 |
| | | | | | | |

（注）通算法人の10年内事業年度に生じた欠損金額のうち非特定欠損金額（通算法人全体に配賦され，控除する欠損金額）が，当初配賦を受けた欠損金控除額に満たない場合には，その満たない部分の金額は益金に算入します（法64の7⑥）。

その益金算入額は，利益積立金額の減少として処理します（令9一ソ）。

**別表五(一)の処理**

何ら処理をする必要はありません。

### 翌期の処理

決算上及び税務上とも，何ら処理をする必要はありません。

# XI　消費税等に関する事項の処理

## 1　税抜経理方式と税込経理方式

法人税の課税所得金額の計算に当たり，法人が行う取引に係る消費税及び地方消費税（以下「消費税等」といいます。）の経理処理については，「税抜経理方式」と「税込経理方式」とがあり，そのいずれの方式を適用するかは法人の任意とされています（消費税経理通達２）。

（注）消費税と地方消費税とで異なる方式を適用することはできません。

### (1)　税抜経理方式

税抜経理方式は，消費税等を次のように処理する方式です。

| 区　分 | 処理方法 | |
|---|---|---|
| | 説　明 | 仕　訳 |
| 売上に係る消費税額等 | 仮受消費税等とする。 | （借）現預金 1,100　（貸）売上 1,000<br>仮受消費税等 100 |
| 仕入に係る消費税額等 | 仮払消費税等とする。 | （借）仕入 700　（貸）現預金 770<br>仮払消費税等 70 |
| 納付すべき消費税額等 | 損益に関係させない。 | （借）仮受消費税等 100　（貸）仮払消費税等 70<br>未払消費税等 30 |
| 還付される消費税額等 | 損益に関係させない。 | （借）仮受消費税等 ××　（貸）仮払消費税等 ××<br>未収消費税等 ×× |

### (2)　税込経理方式

税込経理方式は，消費税等を次のように処理する方式です。

| 区　分 | 処理方法 | |
|---|---|---|
| | 説　明 | 仕　訳 |
| 売上に係る消費税額等 | 売上に含めて収益とする。 | （借）現預金 1,100　（貸）売上 1,100 |
| 仕入に係る消費税額等 | 仕入，資産の取得価額に含める。 | （借）仕入 770　（貸）現預金 770 |

| 納付すべき消費税額等 | 損金算入する。 | （借）租税公課　30　（貸）未払消費税等　30 |
|---|---|---|
| 還付される消費税額等 | 益金算入する。 | （借）現預金　××　（貸）雑収入　×× |

（注）「納付すべき消費税額等」については，未払計上することによりその事業年度の損金とすることができ，「還付される消費税額等」は現実に還付を受けたときの益金とすることができます。

## 2　仮払消費税等と仮受消費税等の清算

法人が税抜経理方式を適用している場合において，消費税等につきいわゆる簡易課税制度（消法37）などの適用を受けるときは，実際に納付すべき消費税額等と仮受消費税額等から仮払消費税額等を控除した消費税額等との間に差額が生じます。

この差額については，差額が生じた事業年度の益金の額又は損金の額に算入します（消費税経理通達6）。

## 3　税抜経理方式を適用している場合の処理

これまで説明してきました各事例においては，消費税等を考慮していません。法人が消費税等の経理処理について税込経理方式を適用している場合には，すべて消費税等込みの金額で処理しますから，申告調整に当たって特に消費税等を考慮する必要はありません。したがって，法人が税込経理方式を適用している場合には，その取引金額のうちに消費税額等が含まれる事例についても，その取引金額を消費税等込みの金額と考えれば，いずれの事例の処理方法もそのまま適用することができます。

これに対して，法人が税抜経理方式を適用している場合には，その取引金額のうちに消費税額等が含まれる事例については，申告調整に当たっても，その取引金額を本体価額と消費税額等とに区分して処理することが必要になります。

そこで，以下においては，法人が消費税等の経理処理につき税抜経理方式を適用している場合の申告調整の基本的なパターンについて説明します。

（注）1　以下の事例において，「原則課税の法人」とは，消費税等につきいわゆる簡易課税を適用していない法人をいい，「簡易課税の法人」とは，消費税等につきいわゆる簡易課税を適用している法人をいいます。

2　以下の事例において，特に断りがない限り，消費税率は標準税率の10％とします。

## (1)　課税売上割合に変動がない場合

### 例282　課税売上もれがある場合

当期に計上すべき商品の売上110万円（消費税額等10万円を含む。）が翌期の売上に計上されていることが判明した。

〔原則課税の法人〕

**当期の処理**

**税務上の経理処理**

(借)売　掛　金　110万円　　(貸)売　　　　上　100万円
　　　　　　　　　　　　　　　　仮受消費税等　10万円
(借)仮受消費税等　10万円　　(貸)未払消費税等　10万円

**別表四の処理**

| 区分 | | | 総額 | 処分 | | |
|---|---|---|---|---|---|---|
| | | | | 留保 | 社外流出 | |
| | | | ① | ② | ③ | |
| 加算 | 売上計上もれ | 10 | 1,000,000 | 1,000,000 | | |
| | | | | | | |
| | | | | | | |

**別表五(一)の処理**

I　利益積立金額の計算に関する明細書

| 区分 | | 期首現在利益積立金額 | 当期の増減 | | 差引翌期首現在利益積立金額 ①－②＋③ |
|---|---|---|---|---|---|
| | | | 減 | 増 | |
| | | ① | ② | ③ | ④ |
| 利益準備金 | 1 | 円 | 円 | 円 | 円 |
| 積立金 | 2 | | | | |
| 売掛金 | 3 | | | 1,100,000 | 1,100,000 |
| 未払消費税等 | 4 | | | △100,000 | △100,000 |
| | 5 | | | | |

## 翌期の処理

### イ　第一法

**決算上の経理処理**

既に当期の売上に計上済みですから，売上に関しては特に経理処理は行いませんが，消費税等に関して仮受消費税等を未払消費税等に振り替えるため,次の経理処理を行います。

(借)仮受消費税等　10万円　　　　(貸)未払消費税等　10万円

**別表四の処理**

| 区分 | | | 総額 | 処分 | | |
|---|---|---|---|---|---|---|
| | | | | 留保 | 社外流出 | |
| | | | ① | ② | ③ | |
| 減算 | 売上計上もれ認容 | 21 | *1,000,000* | *1,000,000* | | |
| | | | | | | |
| | | | | | | |

**別表五(一)の処理**

| I　利益積立金額の計算に関する明細書 | | | | | |
|---|---|---|---|---|---|
| 区分 | | 期首現在利益積立金額 | 当期の増減 | | 差引翌期首現在利益積立金額 ①－②＋③ |
| | | | 減 | 増 | |
| | | ① | ② | ③ | ④ |
| 利益準備金 | 1 | 円 | 円 | 円 | 円 |
| 積立金 | 2 | | | | |
| 売掛金 | 3 | *1,100,000* | *1,100,000* | | — |
| 未払消費税等 | 4 | *△100,000* | *△100,000* | | — |
| | 5 | | | | |

### ロ　第二法

**決算上の経理処理**

この売上は，前期の売上ですから，当期の売上に関係させないようにし，また，仮受消費税等を未払消費税等に振り替えるため，次の経理処理を行います。

(借)売　　　　上　100万円　　　　(貸)前期損益修正益　100万円
　　仮受消費税等　10万円　　　　　　未払消費税等　10万円

### 別表四と別表五(一)の処理

第一法と同様の処理を行います。

〔**簡易課税の法人**〕

## 当期の処理

### 税務上の経理処理

| | | | |
|---|---|---|---|
| (借)売　掛　金 | 110万円 | (貸)売　　　上 | 100万円 |
| | | 仮受消費税等 | 10万円 |
| (借)仮受消費税等 | 10万円 | (貸)未払消費税等 | 2万円 |
| | | 雑　収　入 | 8万円 |

**(注)**　消費税等につきいわゆる簡易課税（消法37）を適用している法人は，売上に係る消費税額等の一定割合相当額の消費税等を納めればよいことになります。

したがって，事例の法人が小売業を営む法人（以下の事例において同じ。）とすれば，２万円（10万円×20%）の未払消費税等があることになり（消法37①，消令57），この未払消費税等と仮受消費税等10万円との差額８万円は，益金の額に算入すべきことになります（消費税経理通達６）。

### 別表四の処理

| 区分 | | | 総額 | 処分 | | |
|---|---|---|---|---|---|---|
| | | | | 留保 | 社外流出 | |
| | | | ① | ② | ③ | |
| 加算 | 売上計上もれ | 10 | 1,000,000 | 1,000,000 | | |
| | 雑収入計上もれ | | 80,000 | 80,000 | | |
| | | | | | | |

別表五(一)の処理

| I　利益積立金額の計算に関する明細書 | | | | | |
|---|---|---|---|---|---|
| 区分 | | 期首現在利益積立金額 | 当期の増減 | | 差引翌期首現在利益積立金額 ①－②＋③ |
| | | | 減 | 増 | |
| | | ① | ② | ③ | ④ |
| 利益準備金 | 1 | 円 | 円 | 円 | 円 |
| 積立金 | 2 | | | | |
| 売掛金 | 3 | | | 1,100,000 | 1,100,000 |
| 未払消費税等 | 4 | | | △20,000 | △20,000 |
| | 5 | | | | |

## 翌期の処理

### イ　第一法

決算上の経理処理

(借)仮受消費税等　10万円　　(貸)未払消費税等　2万円
　　　　　　　　　　　　　　　　前期損益修正益　8万円

別表四の処理

| 区分 | | | 総額 | 処分 | |
|---|---|---|---|---|---|
| | | | | 留保 | 社外流出 |
| | | | ① | ② | ③ |
| 減算 | 売上計上もれ認容 | 21 | 1,000,000 | 1,000,000 | |
| | 前期損益修正益否認 | | 80,000 | 80,000 | |
| | | | | | |

**別表五(一)の処理**

| I　利益積立金額の計算に関する明細書 | | | | | |
|---|---|---|---|---|---|
| 区分 | | 期首現在利益積立金額 | 当期の増減 | | 差引翌期首現在利益積立金額 ①－②＋③ |
| | | | 減 | 増 | |
| | | ① | ② | ③ | ④ |
| 利益準備金 | 1 | 円 | 円 | 円 | 円 |
| 積立金 | 2 | | | | |
| 売掛金 | 3 | *1,100,000* | *1,100,000* | | — |
| 未払消費税等 | 4 | △*20,000* | △*20,000* | | — |
| | 5 | | | | |

**ロ　第二法**

**決算上の経理処理**

(借)売　　　　上　100万円　　　(貸)前期損益修正益　108万円
　　仮受消費税等　10万円　　　　　　未払消費税等　　2万円

**別表四と別表五(一)の処理**

第一法と同様の処理を行います。

## 例283 役員に課税商品を低廉譲渡した場合

役員に対して時価330万円の商品を110万円（消費税額等10万円を含む。）で譲渡していることが判明した。

〔原則課税の法人〕

### 当期の処理

#### 税務上の経理処理

（借）役　員　給　与　220万円　　（貸）売　　　　上　200万円
　　　　　　　　　　　　　　　　　　　　仮受消費税等　20万円
（借）仮受消費税等　20万円　　（貸）未払消費税等　20万円

（注）　仮受消費税等20万円は，次により計算されます（消法28①，４⑤二）。

$$330万円 \times \frac{10}{110} - 10万円 = 20万円$$

#### 別表四の処理

| 区分 | | | 総額 | 処分 | | |
|---|---|---|---|---|---|---|
| | | | | 留保 | 社外流出 | |
| | | | ① | ② | ③ | |
| 加算 | 役員給与の損金不算入額 | 7 | 2,200,000 | | その他 | 2,200,000 |
| | 交際費等の損金不算入額 | 8 | | | その他 | |
| | | | | | | |
| 減算 | 未払消費税等認容 | 21 | 200,000 | 200,000 | | |
| | | | | | | |
| | | | | | | |

## 別表五(一)の処理

| I　利益積立金額の計算に関する明細書 | | | | | |
|---|---|---|---|---|---|
| 区　分 | | 期首現在利益積立金額 | 当期の増減 | | 差引翌期首現在利益積立金額 ①－②＋③ |
| | | | 減 | 増 | |
| | | ① | ② | ③ | ④ |
| 利益準備金 | 1 | 円 | 円 | 円 | 円 |
| 積立金 | 2 | | | | |
| 未払消費税等 | 3 | | | △200,000 | △200,000 |
| | 4 | | | | |
| | 5 | | | | |

## 翌期の処理

### 決算上の経理処理

未払消費税等を企業会計に受け入れるため，次の経理処理を行います。

(借)前期損益修正損　20万円　　　(貸)未払消費税等　20万円

### 別表四の処理

| 区　分 | | | 総額 | 処分 | | |
|---|---|---|---|---|---|---|
| | | | | 留保 | 社外流出 | |
| | | | ① | ② | ③ | |
| 加算 | 前期損益修正損否認 | 10 | 200,000 | 200,000 | | |
| | | | | | | |
| | | | | | | |

## 別表五(一)の処理

| Ⅰ　利益積立金額の計算に関する明細書 | | | | | |
|---|---|---|---|---|---|
| 区分 | | 期首現在利益積立金額 | 当期の増減 | | 差引翌期首現在利益積立金額 ①－②＋③ |
| | | | 減 | 増 | |
| | | ① | ② | ③ | ④ |
| 利益準備金 | 1 | 円 | 円 | 円 | 円 |
| 積立金 | 2 | | | | |
| 未払消費税等 | 3 | △200,000 | △200,000 | | ― |
| | 4 | | | | |
| | 5 | | | | |

〔簡易課税の法人〕

## 当期の処理

### 税務上の経理処理

(借)役員給与　220万円　　(貸)売　　上　200万円
　　　　　　　　　　　　　　　仮受消費税等　20万円

(借)仮受消費税等　20万円　　(貸)未払消費税等　4万円
　　　　　　　　　　　　　　　雑　収　入　16万円

## 別表四の処理

| 区分 | | | 総額 | 処分 | | |
|---|---|---|---|---|---|---|
| | | | | 留保 | 社外流出 | |
| | | | ① | ② | ③ | |
| 加算 | 役員給与の損金不算入額 | 7 | 2,200,000 | | その他 | 2,200,000 |
| | 交際費等の損金不算入額 | 8 | | | その他 | |
| | 雑収入計上もれ | 10 | 160,000 | 160,000 | | |
| 減算 | 未払消費税等認容 | 21 | 200,000 | 200,000 | | |
| | | | | | | |
| | | | | | | |

**別表五(一)の処理**

| I　利益積立金額の計算に関する明細書 | | | | | |
|---|---|---|---|---|---|
| 区分 | | 期首現在利益積立金額 | 当期の増減 | | 差引翌期首現在利益積立金額 ①－②＋③ |
| | | | 減 | 増 | |
| | | ① | ② | ③ | ④ |
| 利益準備金 | 1 | 円 | 円 | 円 | 円 |
| 積立金 | 2 | | | | |
| 未払消費税等 | 3 | | | △40,000 | △40,000 |
| | 4 | | | | |
| | 5 | | | | |

## 翌期の処理

**決算上の経理処理**

(借)前期損益修正損　4万円　　　(貸)未払消費税等　4万円

**別表四の処理**

| 区分 | | | 総額 | 処分 | | |
|---|---|---|---|---|---|---|
| | | | | 留保 | 社外流出 | |
| | | | ① | ② | ③ | |
| 加算 | 前期損益修正損否認 | 10 | 40,000 | 40,000 | | |
| | | | | | | |
| | | | | | | |

**別表五(一)の処理**

| I　利益積立金額の計算に関する明細書 | | | | | |
|---|---|---|---|---|---|
| 区分 | | 期首現在利益積立金額 | 当期の増減 | | 差引翌期首現在利益積立金額 ①－②＋③ |
| | | | 減 | 増 | |
| | | ① | ② | ③ | ④ |
| 利益準備金 | 1 | 円 | 円 | 円 | 円 |
| 積立金 | 2 | | | | |
| 未払消費税等 | 3 | △40,000 | △40,000 | | — |
| | 4 | | | | |
| | 5 | | | | |

## 例284 非課税売上もれがある場合

当期に計上すべき商品土地の譲渡収入200万円が計上されておらず，簿外預金になっていることが判明した。

〔原則課税の法人〕

### 当期の処理

#### 税務上の経理処理

(借)預　　金　200万円　　(貸)土地譲渡益　200万円

#### 別表四の処理

| 区分 | | | 総額 ① | 処分 留保 ② | 社外流出 ③ | |
|---|---|---|---|---|---|---|
| 加算 | 土地譲渡益計上もれ | 10 | 2,000,000 | 2,000,000 | | |
| | | | | | | |
| | | | | | | |

#### 別表五(一)の処理

Ｉ　利益積立金額の計算に関する明細書

| 区分 | | 期首現在利益積立金額 ① | 当期の増減 減 ② | 当期の増減 増 ③ | 差引翌期首現在利益積立金額 ①－②＋③ ④ |
|---|---|---|---|---|---|
| 利益準備金 | 1 | 円 | 円 | 円 | 円 |
| 積立金 | 2 | | | | |
| 預金 | 3 | | | 2,000,000 | 2,000,000 |
| | 4 | | | | |
| | 5 | | | | |

### 翌期の処理

#### 決算上の経理処理

簿外預金を企業会計に受け入れるため，次の経理処理を行います。

XI　消費税等に関する事項の処理

（借）預　　　金　200万円　　　（貸）前期損益修正益　200万円

**別表四の処理**

| 区分 | | | 総額 ① | 処分 留保 ② | 処分 社外流出 ③ | |
|---|---|---|---|---|---|---|
| 減算 | 前期損益修正益否認 | 21 | 2,000,000 | 2,000,000 | | |
| | | | | | | |
| | | | | | | |

**別表五(一)の処理**

I　利益積立金額の計算に関する明細書

| 区分 | | 期首現在利益積立金額 ① | 当期の増減 減 ② | 当期の増減 増 ③ | 差引翌期首現在利益積立金額 ①－②＋③ ④ |
|---|---|---|---|---|---|
| 利益準備金 | 1 | 円 | 円 | 円 | 円 |
| 積立金 | 2 | | | | |
| 預金 | 3 | 2,000,000 | 2,000,000 | | — |
| | 4 | | | | |
| | 5 | | | | |

〔**簡易課税の法人**〕

原則課税の法人と同様の処理を行います。

## 例285　売上割戻しの計上が認められない場合

当期末において，得意先に対する売上割戻しを330万円（消費税額等30万円を含む。）と見積り，その金額を売上から減額するとともに未払金に計上しているが，その算定基準が明確でないことが判明した。

なお，この売上割戻しについては，当期末までに各得意先に通知していないが，翌期中には未払金を取り崩して現実に支払っている。

〔原則課税の法人〕

### 当期の処理

#### 税務上の経理処理

（借）未　払　金　330万円　　　（貸）売　　　　上　300万円
　　　　　　　　　　　　　　　　　　仮受消費税等　　30万円

（借）仮受消費税等　30万円　　　（貸）未払消費税等　　30万円

（注）　この売上割戻しを売上から減額する経理処理は次のように行っていますが，この売上割戻しは当期の損金と認められず（基通２－１－１の11，２－１－１の12），売上が過少になっていることになりますから，税務上は上記のような修正仕訳を行います。

（借）売　　　　上　300万円　　　（貸）未　払　金　330万円
　　　仮受消費税等　30万円

#### 別表四の処理

| 区分 | | | 総額 | 処分 | | |
|---|---|---|---|---|---|---|
| | | | | 留保 | 社外流出 | |
| | | | ① | ② | ③ | |
| 加算 | 売上計上もれ | 10 | 3,000,000 | 3,000,000 | | |
| | | | | | | |
| | | | | | | |

**別表五(一)の処理**

| Ⅰ　利益積立金額の計算に関する明細書 | | | | | |
|---|---|---|---|---|---|
| 区　分 | | 期首現在利益積立金額 | 当期の増減 | | 差引翌期首現在利益積立金額 ①－②＋③ |
| | | | 減 | 増 | |
| | | ① | ② | ③ | ④ |
| 利益準備金 | 1 | 円 | 円 | 円 | 円 |
| 積立金 | 2 | | | | |
| 未払金 | 3 | | | 3,300,000 | 3,300,000 |
| 未払消費税等 | 4 | | | △300,000 | △300,000 |
| | 5 | | | | |

## 翌期の処理

### イ　第一法

**決算上の経理処理**

既に売上割戻しとして計上済みですから，売上割戻しに関しては特に経理処理は行いませんが，消費税等に関して仮受消費税等を未払消費税等に振り替えるため，次の経理処理を行います。

(借)仮受消費税等　30万円　　　(貸)未払消費税等　30万円

**別表四の処理**

| 区　分 | | | 総額 | 処分 | |
|---|---|---|---|---|---|
| | | | | 留保 | 社外流出 |
| | | | ① | ② | ③ |
| 減算 | 前期売上計上もれ認容 | 21 | 3,000,000 | 3,000,000 | |
| | | | | | |
| | | | | | |

別表五(一)の処理

| Ⅰ　利益積立金額の計算に関する明細書 | | | | | |
|---|---|---|---|---|---|
| 区分 | | 期首現在利益積立金額 | 当期の増減 | | 差引翌期首現在利益積立金額 ①－②＋③ |
| | | | 減 | 増 | |
| | | ① | ② | ③ | ④ |
| 利益準備金 | 1 | 円 | 円 | 円 | 円 |
| 積立金 | 2 | | | | |
| 未払金 | 3 | *3,300,000* | *3,300,000* | | — |
| 未払消費税等 | 4 | *△330,000* | *△330,000* | | — |
| | 5 | | | | |

**ロ　第二法**

**決算上の経理処理**

この売上割戻しは，当期の売上割戻しですから，当期の売上割戻しとし，また，仮受消費税等を未払消費税等に振り替えるため，次の経理処理を行います。

(借)売　　　上　300万円　　(貸)前期損益修正益　300万円
　　仮受消費税等　30万円　　　　未払消費税等　30万円

別表四と別表五(一)の処理

第一法と同様の処理を行います。

〔簡易課税の法人〕

**当期の処理**

**税務上の経理処理**

(借)未　払　金　330万円　　(貸)売　　　上　300万円
　　　　　　　　　　　　　　　　仮受消費税等　30万円
(借)仮受消費税等　30万円　　(貸)未払消費税等　6万円
　　　　　　　　　　　　　　　　雑　収　入　24万円

**(注)**　この売上割戻しは売上から減額して，その減額後の売上に係る消費税額等の20%相当額の消費税等を納付すべき消費税等として計算していますが，この売上割戻しは当期の損金とは認められませんので，税務上は上記のような修正仕訳を行います。

## 別表四の処理

| 区分 | | 総額 | 処分 | | |
|---|---|---|---|---|---|
| | | | 留保 | 社外流出 | |
| | | ① | ② | ③ | |
| 加算 | 売上計上もれ 10 | 3,000,000 | 3,000,000 | | |
| | 雑収入計上もれ | 240,000 | 240,000 | | |
| | | | | | |

## 別表五(一)の処理

| I　利益積立金額の計算に関する明細書 | | | | | |
|---|---|---|---|---|---|
| 区分 | | 期首現在利益積立金額 | 当期の増減 | | 差引翌期首現在利益積立金額①－②＋③ |
| | | | 減 | 増 | |
| | | ① | ② | ③ | ④ |
| 利益準備金 | 1 | 円 | 円 | 円 | 円 |
| 積立金 | 2 | | | | |
| 未払金 | 3 | | | 3,300,000 | 3,300,000 |
| 未払消費税等 | 4 | | | △60,000 | △60,000 |
| | 5 | | | | |

## 翌期の処理

### イ　第一法

**決算上の経理処理**

(借)仮受消費税等　30万円　　(貸)未払消費税等　6万円
　　　　　　　　　　　　　　　　前期損益修正益　24万円

別表四の処理

| 区分 | | | 総額 | 処分 | | |
|---|---|---|---|---|---|---|
| | | | | 留保 | 社外流出 | |
| | | | ① | ② | ③ | |
| 減算 | 売上割戻し認容 | 21 | 3,000,000 | 3,000,000 | | |
| | 前期損益修正益否認 | | 240,000 | 240,000 | | |
| | | | | | | |

別表五(一)の処理

| Ⅰ 利益積立金額の計算に関する明細書 | | | | | |
|---|---|---|---|---|---|
| 区分 | | 期首現在利益積立金額 | 当期の増減 | | 差引翌期首現在利益積立金額 ①－②＋③ |
| | | | 減 | 増 | |
| | | ① | ② | ③ | ④ |
| 利益準備金 | 1 | 円 | 円 | 円 | 円 |
| 積立金 | 2 | | | | |
| 未払金 | 3 | 3,300,000 | 3,300,000 | | — |
| 未払消費税等 | 4 | △60,000 | △60,000 | | — |
| | 5 | | | | |

**ロ　第二法**

**決算上の経理処理**

(借)売　　　　上　300万円　　(貸)前期損益修正益　324万円
　　仮受消費税等　30万円　　　　　未払消費税等　　6万円

別表四と別表五(一)の処理

第一法と同様の処理を行います。

## 例286　課税仕入が過大である場合

当期において計上した商品の仕入のうち330万円（消費税額等30万円を含む。）は翌期に計上すべきものであることが判明した。その過大計上額330万円は買掛金として計上されている。

なお，当社は課税期間における課税売上高が５億円以下であり，当期の課税売上割合（消費税法第30条第６項に規定する課税売上割合をいう。以下同じ。）は98％である。

〔原則課税の法人〕

### 当期の処理

#### 税務上の経理処理

（借）買　　掛　　金　330万円　　　（貸）仕　　　　　入　300万円
　　　　　　　　　　　　　　　　　　　　　仮払消費税等　　30万円
（借）仮払消費税等　　30万円　　　（貸）未払消費税等　　30万円

#### 別表四の処理

| 区分 | | | 総額 | 処分 | | |
|---|---|---|---|---|---|---|
| | | | | 留保 | 社外流出 | |
| | | | ① | ② | ③ | |
| 加算 | 仕入過大計上 | 10 | 3,000,000 | 3,000,000 | | |
| | | | | | | |
| | | | | | | |

#### 別表五(一)の処理

Ⅰ　利益積立金額の計算に関する明細書

| 区分 | | 期首現在利益積立金額 | 当期の増減 | | 差引翌期首現在利益積立金額 ①－②＋③ |
|---|---|---|---|---|---|
| | | | 減 | 増 | |
| | | ① | ② | ③ | ④ |
| 利益準備金 | 1 | 円 | 円 | 円 | 円 |
| 積立金 | 2 | | | | |
| 買掛金 | 3 | | | 3,300,000 | 3,300,000 |
| 未払消費税等 | 4 | | | △300,000 | △300,000 |
| | 5 | | | | |

## 翌期の処理

### イ　第一法

**決算上の経理処理**

既に前期の仕入に計上済みですから，仕入に関しては特に経理処理は行いませんが，消費税等に関して未払消費税等を仮払消費税等に振り替えるため，次の経理処理を行います。

（借）仮払消費税等　30万円　　（貸）未払消費税等　30万円

**別表四の処理**

| 区分 | | | 総額 ① | 処分 留保 ② | 処分 社外流出 ③ | |
|---|---|---|---|---|---|---|
| 減算 | 仕入計上もれ | 21 | 3,000,000 | 3,000,000 | | |
| | | | | | | |
| | | | | | | |

**別表五(一)の処理**

I　利益積立金額の計算に関する明細書

| 区分 | | 期首現在利益積立金額 ① | 当期の増減 減 ② | 当期の増減 増 ③ | 差引翌期首現在利益積立金額 ①－②＋③ ④ |
|---|---|---|---|---|---|
| 利益準備金 | 1 | 円 | 円 | 円 | 円 |
| 積立金 | 2 | | | | |
| 買掛金 | 3 | 3,300,000 | 3,300,000 | | — |
| 未払消費税等 | 4 | △300,000 | △300,000 | | — |
| | 5 | | | | |

### ロ　第二法

**決算上の経理処理**

この仕入は，当期の仕入ですから，当期の仕入とし，また，未払消費税等を仮払消費税等に振り替えるため，次の経理処理を行います。

（借）仕　　　入　300万円　　（貸）前期損益修正益　300万円
　　　仮払消費税等　30万円　　　　　未払消費税等　30万円

### 別表四と別表五(一)の処理

第一法と同様の処理を行います。

〔**簡易課税の法人**〕

## 当期の処理

### 税務上の経理処理

(借)買　掛　金　330万円　　　(貸)仕　　　入　300万円
　　　　　　　　　　　　　　　　　仮払消費税等　30万円

(借)仮払消費税等　30万円　　　(貸)雑　収　入　30万円

(注)　消費税につき簡易課税を適用している場合には，売上に係る消費税額等の一定割合（小売業の場合20%）相当額の消費税等を納付することになります（消法37）。

　したがって，仕入が過大になっている場合であっても，納付すべき消費税額等には影響がありませんから，仮払消費税等の過大額はすべて益金に振り替えるべきことになります。

### 別表四の処理

| 区分 | | | 総額 | 処分 | | |
|---|---|---|---|---|---|---|
| | | | | 留保 | 社外流出 | |
| | | | ① | ② | ③ | |
| 加算 | 仕入過大計上 | 10 | 3,000,000 | 3,000,000 | | |
| | 雑収入計上もれ | | 300,000 | 300,000 | | |
| | | | | | | |

### 別表五(一)の処理

| I　利益積立金額の計算に関する明細書 | | | | | |
|---|---|---|---|---|---|
| 区分 | | 期首現在利益積立金額 | 当期の増減 | | 差引翌期首現在利益積立金額①－②＋③ |
| | | | 減 | 増 | |
| | | ① | ② | ③ | ④ |
| 利益準備金 | 1 | 円 | 円 | 円 | 円 |
| 積立金 | 2 | | | | |
| 買掛金 | 3 | | | 3,300,000 | 3,300,000 |
| | 4 | | | | |
| | 5 | | | | |

## 翌期の処理

### イ　第一法

**決算上の経理処理**

（借）仮払消費税等　30万円　　　（貸）前期損益修正益　30万円

**別表四の処理**

| 区分 | | | 総額 | 処分 | | |
|---|---|---|---|---|---|---|
| | | | | 留保 | 社外流出 | |
| | | | ① | ② | ③ | |
| 減算 | 仕入計上もれ | 21 | 3,000,000 | 3,000,000 | | |
| | 前期損益修正益否認 | | 300,000 | 300,000 | | |
| | | | | | | |

**別表五(一)の処理**

| Ⅰ　利益積立金額の計算に関する明細書 | | | | | |
|---|---|---|---|---|---|
| 区分 | | 期首現在利益積立金額 | 当期の増減 | | 差引翌期首現在利益積立金額 ①－②＋③ |
| | | | 減 | 増 | |
| | | ① | ② | ③ | ④ |
| 利益準備金 | 1 | 円 | 円 | 円 | 円 |
| 積立金 | 2 | | | | |
| 買掛金 | 3 | 3,300,000 | 3,300,000 | | — |
| | 4 | | | | |
| | 5 | | | | |

### ロ　第二法

**決算上の経理処理**

（借）仕　　　入　300万円　　　（貸）前期損益修正益　330万円
　　仮払消費税等　30万円

**別表四と別表五(一)の処理**

第一法と同様の処理を行います。

## 例287　「全国旅行支援」を利用した場合

当期において，社員の慰安旅行に新型コロナウイルス対策の「全国旅行支援」を利用し，その旅行代金22万円のうち国からの支援７万7,000円を差し引いた14万3,000円を旅行会社に支払ったので，次のような経理処理を行っている。

(借)旅 費 交 通 費　130,000円　　　(貸)現金預金　143,000円
　　仮払消費税等　　13,000円

なお，当社は課税期間における課税売上高が５億円以下であり，当期の課税売上割合は98%である。

**〔原則課税の法人〕**

### 当期の処理

**税務上の経理処理**

(借)旅 費 交 通 費　70,000円　　　(貸)受　贈　益　77,000円
　　仮払消費税等　　7,000円
(借)未収消費税等　　7,000円　　　(貸)仮払消費税等　　7,000円

**(注)**　国からの支援は，旅行代金の値引きではなく，補助金ですから，旅費交通費の額は20万円（税抜き），仮払消費税等の額は２万円となります。

**別表四の処理**

| 区分 | | | 総額 | 処分 | | |
|---|---|---|---|---|---|---|
| | | | | 留保 | 社外流出 | |
| | | | ① | ② | ③ | |
| 加算 | 受贈益計上もれ | 10 | 77,000 | 77,000 | | |
| | | | | | | |
| | | | | | | |
| 減算 | 旅費交通費認容 | 21 | 70,000 | 70,000 | | |
| | | | | | | |
| | | | | | | |

**別表五(一)の処理**

| I　利益積立金額の計算に関する明細書 | | | | | |
|---|---|---|---|---|---|
| 区分 | | 期首現在利益積立金額 | 当期の増減 減 | 当期の増減 増 | 差引翌期首現在利益積立金額 ①－②＋③ |
| | | ① | ② | ③ | ④ |
| 利益準備金 | 1 | 円 | 円 | 円 | 円 |
| 積立金 | 2 | | | | |
| 未収消費税等 | 3 | | | 7,000 | 7,000 |

## 翌期の処理

**決算上の経理処理**

(借)未収消費税等　7,000円　　　(貸)前期損益修正益　7,000円

**別表四の処理**

| 区分 | | | 総額 | 処分 留保 | 処分 社外流出 | |
|---|---|---|---|---|---|---|
| | | | ① | ② | ③ | |
| 減算 | 前期損益修正益否認 | 21 | 7,000 | 7,000 | | |
| | | | | | | |
| | | | | | | |

**別表五(一)の処理**

| I　利益積立金額の計算に関する明細書 | | | | | |
|---|---|---|---|---|---|
| 区分 | | 期首現在利益積立金額 | 当期の増減 減 | 当期の増減 増 | 差引翌期首現在利益積立金額 ①－②＋③ |
| | | ① | ② | ③ | ④ |
| 利益準備金 | 1 | 円 | 円 | 円 | 円 |
| 積立金 | 2 | | | | |
| 未収消費税等 | 3 | 7,000 | 7,000 | | — |

〔**簡易課税の法人**〕

## 当期の処理

### 税務上の経理処理

(借)旅費交通費　70,000円　　　(貸)受　贈　益　77,000円
　　仮払消費税等　7,000円
(借)雑　損　失　7,000円　　　(貸)仮払消費税等　7,000円

(**注**)　消費税につき簡易課税を適用している場合には，売上げに係る消費税額等の一定割合（小売業の場合20%）相当額の消費税等を納付します（消法37）。

　したがって，課税仕入（旅費交通費）が過少になっている場合であっても，納付すべき消費税額等に影響はありませんから，仮払消費税等の過少額はすべて損金に振り替えます。

### 別表四の処理

| 区分 | | | 総額 | 処分 | | |
|---|---|---|---|---|---|---|
| | | | | 留保 | 社外流出 | |
| | | | ① | ② | ③ | |
| 加算 | 受贈益計上もれ | 10 | 77,000 | 77,000 | | |
| | | | | | | |
| 減算 | 旅費交通費認容 | 21 | 70,000 | 70,000 | | |
| | 雑損失認容 | | 7,000 | 7,000 | | |

### 別表五(一)の処理

何ら処理をする必要はありません。

## 翌期の処理

決算上及び税務上とも，何ら処理をする必要はありません。

## 例288 非課税仕入が過大である場合

当期において計上した支払利息のうち400万円は，未経過利息として翌期に繰り延べるべきものであることが判明した。

〔原則課税の法人〕

### 当期の処理

#### 税務上の経理処理

(借)前 払 利 息 400万円　　(貸)支 払 利 息 400万円

#### 別表四の処理

| 区分 | | | 総額 | 処分 | | |
|---|---|---|---|---|---|---|
| | | | | 留保 | 社外流出 | |
| | | | ① | ② | ③ | |
| 加算 | 支払利息中否認 | 10 | 4,000,000 | 4,000,000 | | |
| | | | | | | |
| | | | | | | |

#### 別表五(一)の処理

| Ⅰ 利益積立金額の計算に関する明細書 | | | | | |
|---|---|---|---|---|---|
| 区分 | | 期首現在利益積立金額 | 当期の増減 | | 差引翌期首現在利益積立金額 ①－②＋③ |
| | | | 減 | 増 | |
| | | ① | ② | ③ | ④ |
| 利益準備金 | 1 | 円 | 円 | 円 | 円 |
| 積立金 | 2 | | | | |
| 前払利息 | 3 | | | 4,000,000 | 4,000,000 |
| | 4 | | | | |
| | 5 | | | | |

## 翌期の処理

### イ　第一法

**決算上の経理処理**

既に前期において支払利息として計上済みですから，特に経理処理は行いません。

**別表四の処理**

| 区分 | | | 総額 | 処分 | |
|---|---|---|---|---|---|
| | | | | 留保 | 社外流出 |
| | | | ① | ② | ③ |
| 減算 | 前払利息認容 | 21 | 4,000,000 | 4,000,000 | |
| | | | | | |
| | | | | | |

**別表五(一)の処理**

| Ⅰ　利益積立金額の計算に関する明細書 | | | | | |
|---|---|---|---|---|---|
| 区分 | | 期首現在利益積立金額 | 当期の増減 | | 差引翌期首現在利益積立金額 ①－②＋③ |
| | | | 減 | 増 | |
| | | ① | ② | ③ | ④ |
| 利益準備金 | 1 | 円 | 円 | 円 | 円 |
| 積立金 | 2 | | | | |
| 前払利息 | 3 | 4,000,000 | 4,000,000 | | ― |
| | 4 | | | | |
| | 5 | | | | |

### ロ　第二法

**決算上の経理処理**

この支払利息は，当期の支払利息ですから，当期の支払利息とするため，決算調整により次の経理処理を行います。

(借)支 払 利 息　400万円　　　(貸)前期損益修正益　400万円

**別表四と別表五(一)の処理**

第一法と同様の処理を行います。

〔**簡易課税の法人**〕

原則課税の法人と同様の処理を行います。

## 例289 課税商品の計上もれがある場合

仕入先の倉庫に預けてある商品440万円（消費税額等40万円を含む。）が期末在庫に計上されていないことが判明した。なお，当社は課税期間における課税売上高が５億円以下であり，当期の課税売上割合は，95％である。

〔原則課税の法人〕

### 当期の処理

#### 税務上の経理処理

（借）棚 卸 資 産　400万円　　（貸）売 上 原 価　400万円

（注）　商品の仕入時に税抜価額で経理されていますので，期末棚卸資産も税抜価額で計上します。

#### 別表四の処理

| 区分 | | | 総額 | 処分 | |
|---|---|---|---|---|---|
| | | | | 留保 | 社外流出 |
| | | | ① | ② | ③ |
| 加算 | 棚卸資産計上もれ | 10 | 4,000,000 | 4,000,000 | |
| | | | | | |
| | | | | | |

#### 別表五(一)の処理

Ⅰ　利益積立金額の計算に関する明細書

| 区分 | | 期首現在利益積立金額 | 当期の増減 | | 差引翌期首現在利益積立金額①－②＋③ |
|---|---|---|---|---|---|
| | | | 減 | 増 | |
| | | ① | ② | ③ | ④ |
| 利益準備金 | 1 | 円 | 円 | 円 | 円 |
| 積立金 | 2 | | | | |
| 棚卸資産 | 3 | | | 4,000,000 | 4,000,000 |
| | 4 | | | | |
| | 5 | | | | |

### 翌期の処理

イ　第一法

#### 決算上の経理処理

企業会計上は，決算上の前期末の棚卸高がそのまま当期首の棚卸高となり，売上原価が少なくなることによって自動的に修正されますので，特に経理処理は行いません。

別表四の処理

| 区分 | | 総額 ① | 処分 留保 ② | 社外流出 ③ | |
|---|---|---|---|---|---|
| 減算 前期棚卸資産計上もれ認容 | 21 | 4,000,000 | 4,000,000 | | |
| | | | | | |
| | | | | | |

別表五(一)の処理

| I　利益積立金額の計算に関する明細書 | | | | | |
|---|---|---|---|---|---|
| 区分 | | 期首現在利益積立金額 ① | 当期の増減 減 ② | 当期の増減 増 ③ | 差引翌期首現在利益積立金額 ①－②＋③ ④ |
| 利益準備金 | 1 | 円 | 円 | 円 | 円 |
| 積立金 | 2 | | | | |
| 棚卸資産 | 3 | 4,000,000 | 4,000,000 | | — |
| | 4 | | | | |
| | 5 | | | | |

**ロ　第二法**

**決算上の経理処理**

第一法によると売上利益率が違ってきますので，計上もれの棚卸資産を企業会計に受け入れるため，決算調整により次の経理処理を行います。

(借)棚卸資産　400万円　　　　(貸)前期損益修正益　400万円

別表四と別表五(一)の処理

第一法と同様の処理を行います。

〔**簡易課税の法人**〕

原則課税の法人と同様の処理を行います。

## 例290 仕入割戻しの計上もれがある場合

仕入先から受けた仕入割戻し550万円（消費税額等50万円を含む。）が，仕入先への預け保証金となっているため，計上されていないことが判明した。

なお，当社の課税期間における課税売上高は５億円以下であり，当期の課税売上割合は95％である。

〔原則課税の法人〕

### 当期の処理

#### 税務上の経理処理

（借）預け保証金　550万円　　　（貸）仕　　　　入　500万円
　　　　　　　　　　　　　　　　　　仮払消費税等　 50万円
（借）仮払消費税等　50万円　　　（貸）未払消費税等　 50万円

（注）　仕入割戻しに係る消費税額等は，仕入に係る消費税額等から控除され（消法32），仕入割戻しの計上もれがある場合は仕入が過大になっていることになりますから，上記のような修正仕訳を行います。

#### 別表四の処理

| 区分 | | | 総額 | 処分 | | |
|---|---|---|---|---|---|---|
| | | | | 留保 | 社外流出 | |
| | | | ① | ② | ③ | |
| 加算 | 仕入割戻し計上もれ | 10 | 5,000,000 | 5,000,000 | | |
| | | | | | | |
| | | | | | | |

## 別表五(一)の処理

| I　利益積立金額の計算に関する明細書 | | | | | |
|---|---|---|---|---|---|
| 区分 | | 期首現在利益積立金額 | 当期の増減 減 | 当期の増減 増 | 差引翌期首現在利益積立金額 ①－②＋③ |
| | | ① | ② | ③ | ④ |
| 利益準備金 | 1 | 円 | 円 | 円 | 円 |
| 積立金 | 2 | | | | |
| 預け保証金 | 3 | | | 5,500,000 | 5,500,000 |
| 未払消費税等 | 4 | | | △500,000 | △500,000 |
| | 5 | | | | |

## 翌期の処理

### 決算上の経理処理

いわば簿外となっている預け保証金及び未払消費税等を企業会計に受け入れるため，次の経理処理を行います。

(借)預け保証金　550万円　　　(貸)前期損益修正益　500万円
　　　　　　　　　　　　　　　　　未払消費税等　　50万円

## 別表四の処理

| 区分 | | | 総額 | 処分 留保 | 処分 社外流出 | |
|---|---|---|---|---|---|---|
| | | | ① | ② | ③ | |
| 減算 | 前期損益修正益否認 | 21 | 5,000,000 | 5,000,000 | | |
| | | | | | | |
| | | | | | | |

## 別表五(一)の処理

| I 利益積立金額の計算に関する明細書 | | | | | |
|---|---|---|---|---|---|
| 区分 | | 期首現在利益積立金額 | 当期の増減 | | 差引翌期首現在利益積立金額 ①－②＋③ |
| | | | 減 | 増 | |
| | | ① | ② | ③ | ④ |
| 利益準備金 | 1 | 円 | 円 | 円 | 円 |
| 積立金 | 2 | | | | |
| 預け保証金 | 3 | 5,500,000 | 5,500,000 | | — |
| 未払消費税等 | 4 | △500,000 | △500,000 | | — |
| | 5 | | | | |

〔簡易課税の法人〕

## 当期の処理

### 税務上の経理処理

(借)預け保証金　550万円　　　(貸)仕　　入　500万円
　　　　　　　　　　　　　　　　　仮払消費税等　50万円
(借)仮払消費税等　50万円　　　(貸)雑　収　入　50万円

(注)　仕入割戻しの計上もれがあるということは，仕入が過大になっているということですが，簡易課税の適用法人は，仕入が過大になっている場合であっても，納付すべき消費税額等には影響がありませんから，仮払消費税等の過大額はすべて益金に振り替えるべきことになります。

## 別表四の処理

| 区分 | | | 総額 | 処分 | | |
|---|---|---|---|---|---|---|
| | | | | 留保 | 社外流出 | |
| | | | ① | ② | ③ | |
| 加算 | 仕入割戻し計上もれ | 10 | 5,000,000 | 5,000,000 | | |
| | 雑収入計上もれ | | 500,000 | 500,000 | | |
| | | | | | | |

### 別表五(一)の処理

| I　利益積立金額の計算に関する明細書 | | | | | | |
|---|---|---|---|---|---|---|
| 区分 | | 期首現在利益積立金額 | 当期の増減 | | 差引翌期首現在利益積立金額 ①－②＋③ |
| | | | 減 | 増 | |
| | | ① | ② | ③ | ④ |
| 利益準備金 | 1 | 円 | 円 | 円 | 円 |
| 積立金 | 2 | | | | |
| 預け保証金 | 3 | | | 5,500,000 | 5,500,000 |
| | 4 | | | | |
| | 5 | | | | |

## 翌期の処理

### 決算上の経理処理

(借)預け保証金　550万円　　　(貸)前期損益修正益　550万円

### 別表四の処理

| 区分 | | | 総額 | 処分 | | |
|---|---|---|---|---|---|---|
| | | | | 留保 | 社外流出 | |
| | | | ① | ② | ③ | |
| 減算 | 前期損益修正益否認 | 21 | 5,500,000 | 5,500,000 | | |
| | | | | | | |
| | | | | | | |

### 別表五(一)の処理

| I　利益積立金額の計算に関する明細書 | | | | | | |
|---|---|---|---|---|---|---|
| 区分 | | 期首現在利益積立金額 | 当期の増減 | | 差引翌期首現在利益積立金額 ①－②＋③ |
| | | | 減 | 増 | |
| | | ① | ② | ③ | ④ |
| 利益準備金 | 1 | 円 | 円 | 円 | 円 |
| 積立金 | 2 | | | | |
| 預け保証金 | 3 | 5,500,000 | 5,500,000 | | － |
| | 4 | | | | |
| | 5 | | | | |

## 例291 課税売上及び課税仕入の計上もれがある場合

当期において計上すべき商品の売上550万円（消費税額等50万円を含む。）及びその仕入495万円（消費税額等45万円を含む。）が計上されていないことが判明した。

その売上代金550万円は簿外預金となっており，仕入代金495万円は翌期においてその簿外預金から支払われている。

なお，当社の課税期間における課税売上高は５億円以下で，当期の課税売上割合は95%である。

〔原則課税の法人〕

### 当期の処理

#### 税務上の経理処理

| | | | |
|---|---|---|---|
| (借)仕　　　入 | 450万円 | (貸)売　　　上 | 500万円 |
| 仮払消費税等 | 45万円 | 仮受消費税等 | 50万円 |
| 預　　　金 | 550万円 | 買　掛　金 | 495万円 |
| (借)仮受消費税等 | 50万円 | (貸)仮払消費税等 | 45万円 |
| | | 未払消費税等 | ５万円 |

#### 別表四の処理

| 区分 | | | 総額 | 処分 | |
|---|---|---|---|---|---|
| | | | | 留保 | 社外流出 |
| | | | ① | ② | ③ |
| 加算 | 売上計上もれ | 10 | 5,000,000 | 5,000,000 | |
| 減算 | 仕入計上もれ | 21 | 4,500,000 | 4,500,000 | |

別表五(一)の処理

| I　利益積立金額の計算に関する明細書 | | | | | |
|---|---|---|---|---|---|
| 区分 | | 期首現在利益積立金額 | 当期の増減 | | 差引翌期首現在利益積立金額 ①－②＋③ |
| | | | 減 | 増 | |
| | | ① | ② | ③ | ④ |
| 利益準備金 | 1 | 円 | 円 | 円 | 円 |
| 積立金 | 2 | | | | |
| 預金 | 3 | | | 5,500,000 | 5,500,000 |
| 買掛金 | 4 | | | △4,950,000 | △4,950,000 |
| 未払消費税等 | 5 | | | △50,000 | △50,000 |

## 翌期の処理

### 決算上の経理処理

簿外となっている預金，買掛金及び未払消費税等を企業会計に受け入れるため，次の経理処理を行います。

(借)預　　　　金　550万円　　　(貸)前期損益修正益　550万円
(借)前期損益修正損　500万円　　　(貸)買　　掛　　金　495万円
　　　　　　　　　　　　　　　　　　　未払消費税等　　5万円

別表四の処理

| 区分 | | | 総額 ① | 処分 留保 ② | 社外流出 ③ | |
|---|---|---|---|---|---|---|
| 加算 | 前期損益修正損否認 | 10 | 5,000,000 | 5,000,000 | | |
| | | | | | | |
| | | | | | | |
| 減算 | 前期損益修正益否認 | 21 | 5,500,000 | 5,500,000 | | |
| | | | | | | |
| | | | | | | |

別表五(一)の処理

| Ⅰ　利益積立金額の計算に関する明細書 | | | | | |
|---|---|---|---|---|---|
| 区　分 | | 期首現在利益積立金額 | 当期の増減 | | 差引翌期首現在利益積立金額 ①－②＋③ |
| | | | 減 | 増 | |
| | | ① | ② | ③ | ④ |
| 利益準備金 | 1 | 円 | 円 | 円 | 円 |
| 積立金 | 2 | | | | |
| 預金 | 3 | 5,500,000 | 5,500,000 | | — |
| 買掛金 | 4 | △4,950,000 | △4,950,000 | | — |
| 未払消費税等 | 5 | △50,000 | △50,000 | | — |

〔簡易課税の法人〕

## 当期の処理

### 税務上の経理処理

| | | | |
|---|---|---|---|
| (借)仕入 | 450万円 | (貸)売上 | 500万円 |
| 仮払消費税等 | 45万円 | 仮受消費税等 | 50万円 |
| 預金 | 550万円 | 買掛金 | 495万円 |
| (借)仮受消費税等 | 50万円 | (貸)仮払消費税等 | 45万円 |
| 雑損失 | 5万円 | 未払消費税等 | 10万円 |

(注)　雑損失の金額は，次により計算されます（消費税経理通達6）。

① 納付すべき消費税額等

50万円×20%＝10万円

② 仮受消費税等と仮払消費税等の差額

50万円－45万円＝5万円

③ 雑損失の金額

10万円－5万円＝5万円

## 別表四の処理

| 区分 | | | 総額 | 処分 | | |
|---|---|---|---|---|---|---|
| | | | | 留保 | 社外流出 | |
| | | | ① | ② | ③ | |
| 加算 | 売上計上もれ | 10 | 5,000,000 | 5,000,000 | | |
| | | | | | | |
| | | | | | | |
| 減算 | 仕入計上もれ | 21 | 4,500,000 | 4,500,000 | | |
| | 雑損失計上もれ | | 50,000 | 50,000 | | |
| | | | | | | |

## 別表五(一)の処理

I　利益積立金額の計算に関する明細書

| 区分 | | 期首現在利益積立金額 | 当期の増減 | | 差引翌期首現在利益積立金額 ①－②＋③ |
|---|---|---|---|---|---|
| | | | 減 | 増 | |
| | | ① | ② | ③ | ④ |
| 利益準備金 | 1 | 円 | 円 | 円 | 円 |
| 積立金 | 2 | | | | |
| 預金 | 3 | | | 5,500,000 | 5,500,000 |
| 買掛金 | 4 | | | △4,950,000 | △4,950,000 |
| 未払消費税等 | 5 | | | △100,000 | △100,000 |

## 翌期の処理

### 決算上の経理処理

(借)預　　　　金　550万円　　(貸)前期損益修正益　550万円

(借)前期損益修正損　505万円　　(貸)買　掛　金　495万円

未払消費税等　10万円

## 別表四の処理

| 区分 | | | 総額 | 処分 | | |
|---|---|---|---|---|---|---|
| | | | | 留保 | 社外流出 | |
| | | | ① | ② | ③ | |
| 加算 | 前期損益修正損否認 | 10 | 5,050,000 | 5,050,000 | | |
| | | | | | | |
| | | | | | | |
| 減算 | 前期損益修正益否認 | 21 | 5,500,000 | 5,500,000 | | |
| | | | | | | |
| | | | | | | |

## 別表五(一)の処理

| I　利益積立金額の計算に関する明細書 | | | | | |
|---|---|---|---|---|---|
| 区分 | | 期首現在利益積立金額 | 当期の増減 | | 差引翌期首現在利益積立金額 ①－②＋③ |
| | | | 減 | 増 | |
| | | ① | ② | ③ | ④ |
| 利益準備金 | 1 | 円 | 円 | 円 | 円 |
| 積立金 | 2 | | | | |
| 預金 | 3 | 5,500,000 | 5,500,000 | | — |
| 買掛金 | 4 | △4,950,000 | △4,950,000 | | — |
| 未払消費税等 | 5 | △100,000 | △100,000 | | — |

## 例292　課税仕入中に個人負担分がある場合

当期に消耗品費に計上した金額のうち100万円は，代表者個人の家具の購入費であることが判明したので，代表者に対する賞与とする。

この家具の購入に当たっては消費税等10万円が課され，これは仮払消費税等として経理している。

なお，当社の課税期間における課税売上高は５億円以下で，当期の課税売上割合は95％である。

**〔原則課税の法人〕**

### 当期の処理

#### 税務上の経理処理

(借)役　員　給　与　110万円　　　(貸)消　耗　品　費　100万円
　　　　　　　　　　　　　　　　　　　仮払消費税等　　10万円

(借)仮払消費税等　　10万円　　　(貸)未払消費税等　　10万円

**(注)**　この家具の購入費を消耗品に計上する経理処理は次のように行っていますが，これは役員給与とすべきですから，上記のような修正仕訳をします。

(借)消　耗　品　費　100万円　　　(貸)現　金　預　金　110万円
　　仮払消費税等　　10万円

#### 別表四の処理

| 区分 | | | 総額 | 処分 | | |
|---|---|---|---|---|---|---|
| | | | | 留保 | 社外流出 | |
| | | | ① | ② | ③ | |
| 加算 | 役員給与の損金不算入額 | 7 | 1,100,000 | | その他 | 1,100,000 |
| | 交際費等の損金不算入額 | 8 | | | その他 | |
| | | | | | | |
| 減算 | 未払消費税等認容 | 21 | 100,000 | 100,000 | | |
| | | | | | | |
| | | | | | | |

### 別表五(一)の処理

| I　利益積立金額の計算に関する明細書 | | | | | | |
|---|---|---|---|---|---|---|
| 区分 | | 期首現在利益積立金額 | 当期の増減 | | 差引翌期首現在利益積立金額①－②＋③ |
| | | | 減 | 増 | |
| | | ① | ② | ③ | ④ |
| 利益準備金 | 1 | 円 | 円 | 円 | 円 |
| 積立金 | 2 | | | | |
| 未払消費税等 | 3 | | | △100,000 | △100,000 |
| | 4 | | | | |
| | 5 | | | | |

## 翌期の処理

### 決算上の経理処理

未払消費税等を企業会計に受け入れるため，次の経理処理を行います。

(借)前期損益修正損　10万円　　　(貸)未払消費税等　10万円

### 別表四の処理

| 区分 | | | 総額 | 処分 | | |
|---|---|---|---|---|---|---|
| | | | | 留保 | 社外流出 | |
| | | | ① | ② | ③ | |
| 加算 | 前期損益修正損否認 | 10 | 100,000 | 100,000 | | |
| | | | | | | |
| | | | | | | |

### 別表五(一)の処理

| I　利益積立金額の計算に関する明細書 | | | | | |
|---|---|---|---|---|---|
| 区分 | | 期首現在利益積立金額 | 当期の増減 | | 差引翌期首現在利益積立金額①－②＋③ |
| | | | 減 | 増 | |
| | | ① | ② | ③ | ④ |
| 利益準備金 | 1 | 円 | 円 | 円 | 円 |
| 積立金 | 2 | | | | |
| 未払消費税等 | 3 | △100,000 | △100,000 | | — |
| | 4 | | | | |
| | 5 | | | | |

〔簡易課税の法人〕

## 当期の処理

### 税務上の経理処理

(借)役　員　給　与　110万円　　　(貸)消　耗　品　費　100万円
　　　　　　　　　　　　　　　　　　　仮払消費税等　10万円

(借)仮払消費税等　10万円　　　(貸)雑　　収　　入　10万円

(注)　消耗品費の中に個人負担分があるということは，仕入が過大になっているということですが，簡易課税の適用法人は，仕入が過大になっている場合であっても，納付すべき消費税額等には影響がありませんから，仮払消費税等の過大額はすべて益金に振り替えるべきことになります。

### 別表四の処理

| 区分 | | | 総額 | 処分 | | |
|---|---|---|---|---|---|---|
| | | | | 留保 | 社外流出 | |
| | | | ① | ② | ③ | |
| 加算 | 役員給与の損金不算入額 | 7 | 1,100,000 | | その他 | 1,100,000 |
| | 交際費等の損金不算入額 | 8 | | | その他 | |
| | | | | | | |

### 別表五(一)の処理

何ら処理をする必要はありません。

## 翌期の処理

決算上及び税務上とも，何ら処理をする必要はありません。

## 例293 非課税仕入中に個人負担分がある場合

当期に福利厚生費に計上した金額のうち３万円は，代表者の家族の医療費であることが判明したので，代表者に対する賞与とする。

なお，この医療費は消費税等は非課税である。

〔原則課税の法人〕

### 当期の処理

**税務上の経理処理**

(借)役　員　給　与　３万円　　　(貸)福利厚生費　３万円

**別表四の処理**

| 区分 | | | 総額 | 処分 | | |
|---|---|---|---|---|---|---|
| | | | | 留保 | 社外流出 | |
| | | | ① | ② | ③ | |
| 加算 | 役員給与の損金不算入額 | 7 | 30,000 | | その他 | 30,000 |
| | 交際費等の損金不算入額 | 8 | | | その他 | |
| | | | | | | |

**別表五(一)の処理**

何ら処理をする必要はありません。

### 翌期の処理

決算上及び税務上とも，何ら処理をする必要はありません。

〔簡易課税の法人〕

原則課税の法人と同様の処理を行います。

## 例294 貸倒れの計上が認められない場合

貸倒損失等に計上した売掛金220万円（消費税額等相当分20万円を含む。）は，まだ回収可能であることから，その計上は認められないことが判明した。

〔原則課税の法人〕

### 当期の処理

#### 税務上の経理処理

（借）売　掛　金 220万円　　（貸）貸 倒 損 失 200万円
　　　　　　　　　　　　　　　　　仮受消費税等　20万円

（借）仮受消費税等　20万円　　（貸）未払消費税等　20万円

（注） この貸倒れを計上する経理処理は次のように行っていますが，貸倒れの計上は認められませんので，上記のような修正仕訳を行います。

（借）貸 倒 損 失 200万円　　（貸）売 掛 金 220万円
　　　仮受消費税等　20万円

#### 別表四の処理

| 区分 | | | 総額 | 処分 | | |
|---|---|---|---|---|---|---|
| | | | | 留保 | 社外流出 | |
| | | | ① | ② | ③ | |
| 加算 | 貸倒損失否認 | 10 | 2,000,000 | 2,000,000 | | |
| | | | | | | |
| | | | | | | |

#### 別表五(一)の処理

I 利益積立金額の計算に関する明細書

| 区分 | | 期首現在利益積立金額 | 当期の増減 | | 差引翌期首現在利益積立金額 ①－②＋③ |
|---|---|---|---|---|---|
| | | | 減 | 増 | |
| | | ① | ② | ③ | ④ |
| 利益準備金 | 1 | 円 | 円 | 円 | 円 |
| 積立金 | 2 | | | | |
| 売掛金 | 3 | | | 2,200,000 | 2,200,000 |
| 未払消費税等 | 4 | | | △200,000 | △200,000 |
| | 5 | | | | |

## 翌期の処理

### 決算上の経理処理

企業会計上に売掛金及び未払消費税等を受け入れるため，決算調整により次の経理処理を行います。

（借）売　　掛　　金　220万円　　　（貸）前期損益修正益　220万円
　　　前期損益修正損　20万円　　　　　　未払消費税等　20万円

### 別表四の処理

| 区分 | | | 総額 ① | 処分 留保 ② | 処分 社外流出 ③ | |
|---|---|---|---|---|---|---|
| 加算 | 前期損益修正損否認 | 10 | 200,000 | 200,000 | | |
| | | | | | | |
| | | | | | | |
| 減算 | 前期損益修正益否認 | 21 | 2,200,000 | 2,200,000 | | |
| | | | | | | |
| | | | | | | |

### 別表五(一)の処理

Ⅰ　利益積立金額の計算に関する明細書

| 区分 | | 期首現在利益積立金額 ① | 当期の増減 減 ② | 当期の増減 増 ③ | 差引翌期首現在利益積立金額 ①－②＋③ ④ |
|---|---|---|---|---|---|
| 利益準備金 | 1 | 円 | 円 | 円 | 円 |
| 積立金 | 2 | | | | |
| 売掛金 | 3 | 2,200,000 | 2,200,000 | | — |
| 未払消費税等 | 4 | △200,000 | △200,000 | | — |
| | 5 | | | | |

〔簡易課税の法人〕

## 当期の処理

### 税務上の経理処理

(借)売　　掛　　金　220万円　　　(貸)貸　倒　損　失　200万円
　　　　　　　　　　　　　　　　　　　仮受消費税等　　20万円
(借)仮受消費税等　　20万円　　　(貸)未払消費税等　　 4万円
　　　　　　　　　　　　　　　　　　　雑　　収　　入　16万円

(注)　当初貸倒損失を計上した際に仮受消費税等の額を減額していますから，その計上が認められないことになると，減額した仮受消費税等の20%相当額の未払消費税等があることになり，この未払消費税等と仮受消費税等との差額は，益金の額に算入すべきことになります（消費税経理通達6）。

### 別表四の処理

| 区分 | | | 総額 | 処分 | | |
|---|---|---|---|---|---|---|
| | | | | 留保 | 社外流出 | |
| | | | ① | ② | ③ | |
| 加算 | 貸倒損失否認 | 10 | 2,000,000 | 2,000,000 | | |
| | 雑収入計上もれ | | 160,000 | 160,000 | | |
| | | | | | | |

### 別表五(一)の処理

| I　利益積立金額の計算に関する明細書 | | | | | |
|---|---|---|---|---|---|
| 区分 | | 期首現在利益積立金額 | 当期の増減 | | 差引翌期首現在利益積立金額 ①－②＋③ |
| | | | 減 | 増 | |
| | | ① | ② | ③ | ④ |
| 利益準備金 | 1 | 円 | 円 | 円 | 円 |
| 積立金 | 2 | | | | |
| 売掛金 | 3 | | | 2,200,000 | 2,200,000 |
| 未払消費税等 | 4 | | | △40,000 | △40,000 |
| | 5 | | | | |

## 翌期の処理

### 決算上の経理処理

(借)売　　掛　　金　220万円　　　(貸)前期損益修正益　220万円
　　前期損益修正損　　4万円　　　　　未払消費税等　　4万円

### 別表四の処理

| 区分 | | | 総額 | 処分 | | |
|---|---|---|---|---|---|---|
| | | | | 留保 | 社外流出 | |
| | | | ① | ② | ③ | |
| 加算 | 前期損益修正損否認 | 10 | 40,000 | 40,000 | | |
| | | | | | | |
| | | | | | | |
| 減算 | 前期損益修正益否認 | 21 | 2,200,000 | 2,200,000 | | |
| | | | | | | |
| | | | | | | |

### 別表五(一)の処理

I　利益積立金額の計算に関する明細書

| 区分 | | 期首現在利益積立金額 | 当期の増減 | | 差引翌期首現在利益積立金額①－②＋③ |
|---|---|---|---|---|---|
| | | | 減 | 増 | |
| | | ① | ② | ③ | ④ |
| 利益準備金 | 1 | 円 | 円 | 円 | 円 |
| 積立金 | 2 | | | | |
| 売掛金 | 3 | 2,200,000 | 2,200,000 | | — |
| 未払消費税等 | 4 | △40,000 | △40,000 | | — |
| | 5 | | | | |

## 例295　交際費の損金不算入額がある場合

当社（資本金2,000万円で個人株主のみ）の当期における交際費等の金額は，次のとおりである。

①　得意先に対する飲食による接待費　110万円（消費税額等10万円を含む。）

②　得意先に対する香典及び祝金　380万円

③　その他の交際費　550万円（消費税額等50万円を含む。）

なお，当社は消費税等の仕入税額控除についていわゆる一括比例配分方式（消法30②二）を適用しており，また，当期の課税売上割合は70％である。

### 当期の処理

#### 別表四の処理

| 区分 | | | 総額 | 処分 | | |
|---|---|---|---|---|---|---|
| | | | | 留保 | 社外流出 | |
| | | | ① | ② | ③ | |
| 加算 | 交際費等の損金不算入額 | 8 | 1,980,000 | | その他 | 1,980,000 |
| | | | | | | |
| | | | | | | |

（注）　交際費の損金不算入額は，次により計算されます（措法61の４，消法30，消費税経理通達12）。

①　交際費の本体価額

100万円＋380万円＋500万円＝980万円

②　控除対象外消費税額等

（10万円＋50万円）×（１－0.7）＝18万円

③　損金不算入額

（980万円＋18万円）－800万円＝198万円

#### 別表五(一)の処理

何ら処理をする必要はありません。

### 翌期の処理

決算上及び税務上とも，何ら処理をする必要はありません。

## 例296 課税売上を非課税売上としていた場合

当期の売上に計上した課税商品の売上660万円が消費税等の課税対象にされていないことが判明した。

**〔原則課税の法人〕**

### 当期の処理

#### 税務上の経理処理

(借)売　　　　上　60万円　　　(貸)仮受消費税等　60万円

(借)仮受消費税等　60万円　　　(貸)未払消費税等　60万円

**(注)**　売上が消費税等相当額だけ過大で，また，新たに納付すべき消費税等が生じますから，その修正仕訳を行います。

#### 別表四の処理

| 区分 | | | 総額 | 処分 | | |
|---|---|---|---|---|---|---|
| | | | | 留保 | 社外流出 | |
| | | | ① | ② | ③ | |
| 減算 | 売上過大計上 | 21 | *600,000* | *600,000* | | |
| | | | | | | |

#### 別表五(一)の処理

I　利益積立金額の計算に関する明細書

| 区分 | | 期首現在利益積立金額 | 当期の増減 | | 差引翌期首現在利益積立金額 ①－②＋③ |
|---|---|---|---|---|---|
| | | | 減 | 増 | |
| | | ① | ② | ③ | ④ |
| 利益準備金 | 1 | 円 | 円 | 円 | 円 |
| 積立金 | 2 | | | | |
| 未払消費税等 | 3 | | | *△600,000* | *△600,000* |
| | 4 | | | | |

## 翌期の処理

### 決算上の経理処理

未払消費税等を企業会計に受け入れるため，次のような経理処理を行います。

(借)前期損益修正損　60万円　　　　(貸)未払消費税等　60万円

### 別表四の処理

| 区分 | | | 総額 | 処分 | | |
|---|---|---|---|---|---|---|
| | | | | 留保 | 社外流出 | |
| | | | ① | ② | ③ | |
| 加算 | 前期損益修正損否認 | 10 | 600,000 | 600,000 | | |
| | | | | | | |
| | | | | | | |

### 別表五(一)の処理

| I　利益積立金額の計算に関する明細書 | | | | | |
|---|---|---|---|---|---|
| 区分 | | 期首現在利益積立金額 | 当期の増減 | | 差引翌期首現在利益積立金額 ①－②＋③ |
| | | | 減 | 増 | |
| | | ① | ② | ③ | ④ |
| 利益準備金 | 1 | 円 | 円 | 円 | 円 |
| 積立金 | 2 | | | | |
| 未払消費税等 | 3 | △600,000 | △600,000 | | — |
| | 4 | | | | |

〔簡易課税の法人〕

## 当期の処理

### 税務上の経理処理

| | | | |
|---|---|---|---|
| (借)売　　　上 | 60万円 | (貸)仮受消費税等 | 60万円 |
| (借)仮受消費税等 | 60万円 | (貸)未払消費税等 | 12万円 |
| | | 雑　収　入 | 48万円 |

(注)　簡易課税の法人は，売上に係る消費税額等の20%相当額の12万円だけ納付すればよいことになりますから，仮受消費税等との差額48万円は益金に振り替えます。

### 別表四の処理

| 区分 | | | 総額 | 処分 | |
|---|---|---|---|---|---|
| | | | | 留保 | 社外流出 |
| | | | ① | ② | ③ |
| 加算 | 雑収入計上もれ | 10 | 480,000 | 480,000 | |
| | | | | | |
| | | | | | |
| 減算 | 売上過大計上 | 21 | 600,000 | 600,000 | |
| | | | | | |

### 別表五(一)の処理

| I　利益積立金額の計算に関する明細書 | | | | | |
|---|---|---|---|---|---|
| 区分 | | 期首現在利益積立金額 | 当期の増減 | | 差引翌期首現在利益積立金額<br>①－②＋③ |
| | | | 減 | 増 | |
| | | ① | ② | ③ | ④ |
| 利益準備金 | 1 | 円 | 円 | 円 | 円 |
| 積立金 | 2 | | | | |
| 未払消費税等 | 3 | | | △120,000 | △120,000 |
| | 4 | | | | |

## 翌期の処理

### 決算上の経理処理

(借)前期損益修正損　12万円　　　　(貸)未払消費税等　12万円

### 別表四の処理

| 区分 | | | 総額 | 処分 | | |
|---|---|---|---|---|---|---|
| | | | | 留保 | 社外流出 | |
| | | | ① | ② | ③ | |
| 加算 | 前期損益修正損否認 | 10 | *120,000* | *120,000* | | |
| | | | | | | |
| | | | | | | |

### 別表五(一)の処理

| I　利益積立金額の計算に関する明細書 | | | | | |
|---|---|---|---|---|---|
| 区分 | | 期首現在利益積立金額 | 当期の増減 | | 差引翌期首現在利益積立金額①－②＋③ |
| | | | 減 | 増 | |
| | | ① | ② | ③ | ④ |
| 利益準備金 | 1 | 円 | 円 | 円 | 円 |
| 積立金 | 2 | | | | |
| 未払消費税等 | 3 | △*120,000* | △*120,000* | | — |
| | 4 | | | | |

## 例297 売上に標準税率でなく軽減税率を適用していた場合

当期の売上に計上した清酒，ビール等の酒類の売上540万円（税込み）について，標準税率10%を適用すべきところ，軽減税率８%を適用していることが判明した。

〔原則課税の法人〕

### 当期の処理

#### 税務上の経理処理

(借)売　　　　上　90,910円　　　(貸)仮受消費税等　90,910円

(借)仮受消費税等　90,910円　　　(貸)未払消費税等　90,910円

**(注)**　酒類の売上に軽減税率は適用されないところ（消法別表第一），軽減税率を適用していたということは，次のような仕訳をしていたことになり，標準税率と軽減税率との差額90,910円の新たに納付すべき消費税等が生じ，その差額相当額だけ売上が過大になっていますから，その修正仕訳を行います。

(借)現 金 預 金　540万円　　　(貸)売　　　　上　500万円

　　　　　　　　　　　　　　　　　　仮受消費税等　40万円

#### 別表四の処理

| 区分 | | | 総額 | 処分 | | |
|---|---|---|---|---|---|---|
| | | | | 留保 | 社外流出 | |
| | | | ① | ② | ③ | |
| 減算 | 売上過大計上 | 21 | 90,910 | 90,910 | | |
| | | | | | | |

#### 別表五(一)の処理

| Ⅰ　利益積立金額の計算に関する明細書 | | | | | |
|---|---|---|---|---|---|
| 区分 | | 期首現在利益積立金額 | 当期の増減 | | 差引翌期首現在利益積立金額 ①－②＋③ |
| | | | 減 | 増 | |
| | | ① | ② | ③ | ④ |
| 利益準備金 | 1 | 円 | 円 | 円 | 円 |
| 積立金 | 2 | | | | |
| 未払消費税等 | 3 | | | △90,910 | △90,910 |
| | 4 | | | | |

## 翌期の処理

### 決算上の経理処理

未払消費税等を企業会計に受け入れるため，次のような経理処理を行います。

(借)前期損益修正損　90,910円　　　　(貸)未払消費税等　90,910円

### 別表四の処理

| 区分 | | | 総額 | 処分 | |
|---|---|---|---|---|---|
| | | | | 留保 | 社外流出 |
| | | | ① | ② | ③ |
| 加算 | 前期損益修正損否認 | 10 | 90,910 | 90,910 | |
| | | | | | |
| | | | | | |

### 別表五(一)の処理

I　利益積立金額の計算に関する明細書

| 区分 | | 期首現在利益積立金額 | 当期の増減 | | 差引翌期首現在利益積立金額 ①－②＋③ |
|---|---|---|---|---|---|
| | | | 減 | 増 | |
| | | ① | ② | ③ | ④ |
| 利益準備金 | 1 | 円 | 円 | 円 | 円 |
| 積立金 | 2 | | | | |
| 未払消費税等 | 3 | △90,910 | △90,910 | | ― |
| | 4 | | | | |

〔簡易課税の法人〕

## 当期の処理

### 税務上の経理処理

(借)売　　　　上　90,910円　　　　(貸)未払消費税等　18,182円
　　　　　　　　　　　　　　　　　　　　雑　収　入　72,728円

(注)　酒類の売上に軽減税率を適用していたということは，次のような仕訳をしていたことになり，軽減税率と標準税率との差額の新たに納付すべき消費税等が生じるとともに，雑収入が過少になっている一方，売上は過大になっていますから，その修

正仕訳を行います。

(借)現　金　預　金　540万円　　　(貸)売　　　　　上　500万円
　　　　　　　　　　　　　　　　　　仮受消費税等　40万円

(借)仮受消費税等　40万円　　　(貸)未払消費税等　8万円
　　　　　　　　　　　　　　　　　　雑　　収　　入　32万円

**別表四の処理**

| 区分 | | | 総額 | 処分 | | |
|---|---|---|---|---|---|---|
| | | | | 留保 | 社外流出 | |
| | | | ① | ② | ③ | |
| 加算 | 雑収入計上もれ | 10 | *72,728* | *72,728* | | |
| | | | | | | |
| | | | | | | |
| 減算 | 売上過大計上 | 21 | *90,910* | *90,910* | | |
| | | | | | | |

**別表五(一)の処理**

| Ⅰ　利益積立金額の計算に関する明細書 | | | | | |
|---|---|---|---|---|---|
| 区分 | | 期首現在利益積立金額 | 当期の増減 | | 差引翌期首現在利益積立金額 ①－②＋③ |
| | | | 減 | 増 | |
| | | ① | ② | ③ | ④ |
| 利益準備金 | 1 | 円 | 円 | 円 | 円 |
| 積立金 | 2 | | | | |
| 未払消費税等 | 3 | | | *△18,182* | *△18,182* |
| | 4 | | | | |

## 翌期の処理

**決算上の経理処理**

(借)前期損益修正損　18,182円　　　(貸)未払消費税等　18,182円

## 別表四の処理

| 区分 | | | 総額 | 処分 | | |
|---|---|---|---|---|---|---|
| | | | | 留保 | 社外流出 | |
| | | | ① | ② | ③ | |
| 加算 | 前期損益修正損否認 | 10 | 18,182 | 18,182 | | |
| | | | | | | |
| | | | | | | |

## 別表五(一)の処理

| I　利益積立金額の計算に関する明細書 | | | | | |
|---|---|---|---|---|---|
| 区分 | | 期首現在利益積立金額 | 当期の増減 | | 差引翌期首現在利益積立金額 ①－②＋③ |
| | | | 減 | 増 | |
| | | ① | ② | ③ | ④ |
| 利益準備金 | 1 | 円 | 円 | 円 | 円 |
| 積立金 | 2 | | | | |
| 未払消費税等 | 3 | △18,182 | △18,182 | | — |
| | 4 | | | | |

## 例298 非課税仕入を課税仕入としていた場合

当期に計上した旅費交通費のうち社員の海外出張の飛行機代2,000,000円を，誤って仕入税額控除の対象にしていることが判明した。

なお，当社の課税期間における課税売上高は５億円以下で，当期の課税売上割合は96％である。

**〔原則課税の法人〕**

### 当期の処理

#### 税務上の経理処理

（借）旅 費 交 通 費　181,818円　　　（貸）仮払消費税等　181,818円

（借）仮払消費税等　181,818円　　　（貸）未払消費税等　181,818円

**（注）** 旅費交通費を仕入税額控除の対象にしたということは，次のような仕訳をしていたことになり，旅費交通費が消費税等相当額だけ過少になっていますので，その修正を行います。

（借）旅 費 交 通 費　1,818,182円　　　（貸）現金預金　2,000,000円
　　　仮払消費税等　181,818円

#### 別表四の処理

| 区分 | | | 総額 | 処分 | | |
|---|---|---|---|---|---|---|
| | | | | 留保 | 社外流出 | |
| | | | ① | ② | ③ | |
| 減算 | 旅費交通費認容 | 21 | *181,818* | *181,818* | | |
| | | | | | | |

#### 別表五(一)の処理

| Ⅰ　利益積立金額の計算に関する明細書 | | | | | |
|---|---|---|---|---|---|
| 区分 | | 期首現在利益積立金額 | 当期の増減 | | 差引翌期首現在利益積立金額 ①－②＋③ |
| | | | 減 | 増 | |
| | | ① | ② | ③ | ④ |
| 利益準備金 | 1 | 円 | 円 | 円 | 円 |
| 積立金 | 2 | | | | |
| 未払消費税等 | 3 | | | *△181,818* | *△181,818* |
| | 4 | | | | |

## 翌期の処理

### 決算上の経理処理

未払消費税等を企業会計に受け入れるため，次のような経理処理を行います。

(借)前期損益修正損　181,818円　　　(貸)未払消費税等　181,818円

### 別表四の処理

| 区分 | | | 総額 | 処分 | | |
|---|---|---|---|---|---|---|
| | | | | 留保 | 社外流出 | |
| | | | ① | ② | ③ | |
| 加算 | 前期損益修正損否認 | 10 | 181,818 | 181,818 | | |
| | | | | | | |
| | | | | | | |

### 別表五(一)の処理

| I　利益積立金額の計算に関する明細書 | | | | | |
|---|---|---|---|---|---|
| 区分 | | 期首現在利益積立金額 | 当期の増減 | | 差引翌期首現在利益積立金額 ①－②＋③ |
| | | | 減 | 増 | |
| | | ① | ② | ③ | ④ |
| 利益準備金 | 1 | 円 | 円 | 円 | 円 |
| 積立金 | 2 | | | | |
| 未払消費税等 | 3 | △181,818 | △181,818 | | — |
| | 4 | | | | |

〔**簡易課税の法人**〕

## 当期の処理

### 税務上の経理処理

(借)旅費交通費　181,818円　　　(貸)仮払消費税等　181,818円

(借)仮払消費税等　181,818円　　　(貸)雑収入　181,818円

**(注)**　簡易課税の法人は，仮受消費税額等から仮払消費税額等を控除した金額と実際に納付する消費税額等との差額は益金（又は損金）に算入しなければなりません（消費税経理通達6）。したがって，新たに納付すべき消費税額等は生じず，仮払消費

税等に計上した消費税等相当額だけ益金が過少になっていますから，仮払消費税等181,818円は全額益金に振り替えます。

**別表四の処理**

| 区分 | | | 総額 | 処分 | | |
|---|---|---|---|---|---|---|
| | | | | 留保 | 社外流出 | |
| | | | ① | ② | ③ | |
| 加算 | 雑収入計上もれ | 10 | 181,818 | 181,818 | | |
| | | | | | | |
| | | | | | | |
| 減算 | 旅費交通費認容 | 21 | 181,818 | 181,818 | | |
| | | | | | | |

**(注)** 課税所得の計算に影響がありませんから，強いて記入しなくても差し支えありません。

**別表五(一)の処理**

何ら処理をする必要はありません。

## 翌期の処理

決算上及び税務上とも，何ら処理をする必要はありません。

## 例299　仕入に軽減税率でなく標準税率を適用していた場合

当期の図書費に計上した日刊新聞の講読費108万円（税込み）について，仕入税額控除の適用に当たり軽減税率８％を適用すべきところ，標準税率10%を適用していることが判明した。

〔原則課税の法人〕

### 当期の処理

#### 税務上の経理処理

（借）図　　書　　費　18,182円　　　　（貸）仮払消費税等　18,182円
（借）仮払消費税等　18,182円　　　　（貸）未払消費税等　18,182円

（注）　日刊新聞の仕入には軽減税率が適用されるところ（消法別表第一），仕入税額控除の適用に当たり標準税率を適用していたということは，次のような仕訳をしていたことになり，軽減税率と標準税率との差額18,182円の新たに納付すべき消費税等が生じ，その差額相当額だけ図書費が過少になっていますから，その修正仕訳を行います。

（借）図　　書　　費　981,818円　　　　（貸）現　金　預　金　1,080,000円
　　　仮払消費税等　　98,182円

#### 別表四の処理

| 区分 | | | 総額 | 処分 | |
|---|---|---|---|---|---|
| | | | | 留保 | 社外流出 |
| | | | ① | ② | ③ |
| 減算 | 図書費認容 | 21 | 18,182 | 18,182 | |
| | | | | | |

#### 別表五(一)の処理

Ⅰ　利益積立金額の計算に関する明細書

| 区分 | | 期首現在利益積立金額 | 当期の増減 | | 差引翌期首現在利益積立金額 ①－②＋③ |
|---|---|---|---|---|---|
| | | | 減 | 増 | |
| | | ① | ② | ③ | ④ |
| 利益準備金 | 1 | 円 | 円 | 円 | 円 |
| 積立金 | 2 | | | | |
| 未払消費税等 | 3 | | | △18,182 | △18,182 |
| | 4 | | | | |

## 翌期の処理

### 決算上の経理処理

未払消費税等を企業会計に受け入れるため，次のような経理処理を行います。

(借)前期損益修正損　18,182円　　　(貸)未払消費税等　18,182円

### 別表四の処理

| 区分 | | | 総額 | 処分 | | |
|---|---|---|---|---|---|---|
| | | | | 留保 | 社外流出 | |
| | | | ① | ② | ③ | |
| 加算 | 前期損益修正損否認 | 10 | 18,182 | 18,182 | | |
| | | | | | | |
| | | | | | | |

### 別表五(一)の処理

| Ⅰ　利益積立金額の計算に関する明細書 | | | | | |
|---|---|---|---|---|---|
| 区分 | | 期首現在利益積立金額 | 当期の増減 | | 差引翌期首現在利益積立金額 ①－②＋③ |
| | | | 減 | 増 | |
| | | ① | ② | ③ | ④ |
| 利益準備金 | 1 | 円 | 円 | 円 | 円 |
| 積立金 | 2 | | | | |
| 未払消費税等 | 3 | △18,182 | △18,182 | | — |
| | 4 | | | | |

〔簡易課税の法人〕

## 当期の処理

### 税務上の経理処理

(借)図　書　費　18,182円　　　(貸)仮払消費税等　18,182円

(借)仮払消費税等　18,182円　　　(貸)雑　収　入　18,182円

**(注)**　日刊新聞の仕入に標準税率を適用していたということは，次のような仕訳をしていたことになり，仮払消費税等が18,182円過大で，その額相当額だけ図書費が過少になっていますが，簡易課税の法人は，仮払消費税等が過大であっても新たに納付

すべき消費税等は生じませんので，その金額は雑収入に振り替えます。

(借)図　書　費　981,818円　　　(貸)現　金　預　金　1,080,000円
　　仮払消費税等　98,182円

**別表四の処理**

| 区分 | | | 総額 | 処分 | | |
|---|---|---|---|---|---|---|
| | | | | 留保 | 社外流出 | |
| | | | ① | ② | ③ | |
| 加算 | 雑収入計上もれ | 10 | *18,182* | *18,182* | | |
| | | | | | | |
| | | | | | | |
| 減算 | 図書費認容 | 21 | *18,182* | *18,182* | | |
| | | | | | | |

(注)　課税所得の計算に影響がありませんから，強いて記入しなくても差し支えありません。

**別表五(一)の処理**

何ら処理する必要はありません。

## 翌期の処理

決算上及び税務上とも，何ら処理する必要はありません。

## 例300 インボイスのない商品仕入れを区分経理した場合

当期の課税商品の仕入れのうち相手方からインボイスの交付を受けていないもの55万円について，消費税額等５万円の全額を仮払消費税等として区分経理していることが判明した。

なお，当社の課税期間における課税売上高は５億円以下で，当期の課税売上割合は96％である。

〔原則課税の法人〕

### 当期の処理

#### 決算上の経理処理

（仕入時）

（借）仕　　　　入　50万円　　　（貸）現　金　預　金　55万円

　　　仮払消費税等　５万円

（決算時）

（借）仮受消費税等　５万円　　　（貸）仮払消費税等　５万円

#### 税務上の経理処理

（借）仕　　　　入　１万円　　　（貸）仮払消費税等　１万円

（借）仮払消費税等　１万円　　　（貸）未払消費税等　１万円

**（注）** 適格請求書（インボイス）のない課税仕入れにつき，消費税額等を仕入れと区分経理し，仕入税額控除をしていることから，仕入計上額が仕入税額控除の対象にならない消費税額等１万円（５万円×20％）だけ過少になっていますので，その修正を行います（消費税経理通達３の２，14の２）。

なお，インボイスの交付が受けられない場合であっても，令和５年10月１日から令和８年９月30日までの間の課税仕入れについては，仕入税額の80％相当額は仕入税額控除をすることができます（平成28年改正消法附則52①）。

#### 別表四の処理

| 区分 | | | 総額 | 処分 | | |
|---|---|---|---|---|---|---|
| | | | | 留保 | 社外流出 | |
| | | | ① | ② | ③ | |
| 減算 | 仕入計上もれ | 21 | 10,000 | 10,000 | | |
| | | | | | | |

## 別表五(一)の処理

| I　利益積立金額の計算に関する明細書 | | | | | |
|---|---|---|---|---|---|
| 区分 | | 期首現在利益積立金額 | 当期の増減 | | 差引翌期首現在利益積立金額 |
| | | | 減 | 増 | ①－②＋③ |
| | | ① | ② | ③ | ④ |
| 利益準備金 | 1 | 円 | 円 | 円 | 円 |
| 積立金 | 2 | | | | |
| 未払消費税等 | 3 | | | △10,000 | △10,000 |

## 翌期の処理

### 決算上の経理処理

未払消費税等を支払い，次のような経理処理をしました。

(借)租税公課　1万円　　　(貸)現金預金　1万円

**(注)**　税抜経理方式を適用している場合には，納付する消費税額等を損金にすることはできません。

## 別表四の処理

| 区分 | | | 総額 | 処分 | | |
|---|---|---|---|---|---|---|
| | | | | 留保 | 社外流出 | |
| | | | ① | ② | ③ | |
| 加算 | 租税公課の損金不算入 | 10 | 10,000 | 10,000 | | |
| | | | | | | |

## 別表五(一)の処理

| I　利益積立金額の計算に関する明細書 | | | | | |
|---|---|---|---|---|---|
| 区分 | | 期首現在利益積立金額 | 当期の増減 | | 差引翌期首現在利益積立金額 |
| | | | 減 | 増 | ①－②＋③ |
| | | ① | ② | ③ | ④ |
| 利益準備金 | 1 | 円 | 円 | 円 | 円 |
| 積立金 | 2 | | | | |
| 未払消費税等 | 3 | △10,000 | △10,000 | | — |

〔簡易課税の法人〕

## 当期の処理

### 決算上の経理処理

（仕入時）

（借）仕　　　入　50万円　　（貸）現 金 預 金　55万円
　　仮払消費税等　5万円

（決算時）

（借）雑　損　失　5万円　　（貸）仮払消費税等　5万円

### 税務上の経理処理

（借）仕　　　入　5万円　　（貸）仮払消費税等　5万円

（借）仮払消費税等　5万円　　（貸）雑　収　入　5万円

**（注）** 消費税につき簡易課税を適用している場合には，売上に係る消費税額等の一定割合相当額の消費税等を納付することになります（消法37）。

したがって，簡易課税の法人は，仮にインボイスがなく仕入税額控除ができない場合であっても，新たに納付すべき消費税額等は生じませんので，仮払消費税等はすべて益金に振り替えるべきことになります（消費税経理通達６，14の２）。

なお，簡易課税の法人は，インボイスのない課税仕入れであっても，継続適用を条件に，本体の仕入価額と区分して仮払消費税等を計上することができます（消費税経理通達１の２）。

### 別表四の処理

| 区分 | | | 総額 | 処分 | | |
|---|---|---|---|---|---|---|
| | | | | 留保 | 社外流出 | |
| | | | ① | ② | ③ | |
| 加算 | 雑収入計上もれ | 10 | 50,000 | 50,000 | | |
| | | | | | | |
| 減算 | 仕入計上もれ | 21 | 50,000 | 50,000 | | |
| | | | | | | |

**（注）** 課税所得の計算に影響がありませんから，強いて記入しなくても差し支えありません。

**別表五(一)の処理**

何ら処理をする必要はありません。

## 翌期の処理

決算上及び税務上とも，何ら処理をする必要はありません。

## 例301 インボイスのない経費支払を区分経理した場合

当期の福利厚生費のうち相手方からインボイスの交付を受けていないもの11万円について，消費税額等１万円の全額を仮払消費税等として区分経理していることが判明した。

なお，当社の課税期間における課税売上高は５億円以下で，当期の課税売上割合は96％である。

〔原則課税の法人〕

### 当期の処理

#### 決算上の経理処理

（仕入時）

（借）福利厚生費　10万円　　（貸）現金預金　11万円
　　仮払消費税等　１万円

（決算時）

（借）雑　損　失　１万円　　（貸）仮払消費税等　１万円

#### 税務上の経理処理

（借）未収消費税等　8,000円　　（貸）雑　損　失　8,000円

**（注）** 適格請求書（インボイス）のない課税仕入れであっても，令和５年10月１日から令和８年９月30日までの間の課税仕入れについては，仕入税額の80％相当額は仕入税額控除をすることができますから（平成28年改正消法附則52①），8,000円（１万円×80％）相当額は仕入税額控除の対象になり，同額の還付消費税等が生じるとともに，福利厚生費は本来102,000円ですが，雑損失に計上していますので，8,000円の修正を行います。

#### 別表四の処理

| 区分 | | | 総額 | 処分 | | |
|---|---|---|---|---|---|---|
| | | | | 留保 | 社外流出 | |
| | | | ① | ② | ③ | |
| 加算 | 雑損失の損金不算入額 | 10 | 8,000 | 8,000 | | |
| | | | | | | |

**別表五(一)の処理**

| I　利益積立金額の計算に関する明細書 | | | | | |
|---|---|---|---|---|---|
| 区分 | | 期首現在利益積立金額 | 当期の増減 | | 差引翌期首現在利益積立金額 ①－②＋③ |
| | | | 減 | 増 | |
| | | ① | ② | ③ | ④ |
| 利益準備金 | 1 | 円 | 円 | 円 | 円 |
| 積立金 | 2 | | | | |
| 未収消費税等 | 3 | | | 8,000 | 8,000 |

## 翌期の処理

### 決算上の経理処理

未収消費税等の還付を受け，次のような経理処理をしました。

(借)現金預金　8,000円　　　　(貸)租税公課　8,000円

**(注)**　税抜経理方式を適用している場合には，還付を受ける消費税額等を益金にする必要はありません。

**別表四の処理**

| 区分 | | | 総額 | 処分 | | |
|---|---|---|---|---|---|---|
| | | | | 留保 | 社外流出 | |
| | | | ① | ② | ③ | |
| 減算 | 還付金の益金不算入 | 21 | 8,000 | 8,000 | | |
| | | | | | | |

**別表五(一)の処理**

| I　利益積立金額の計算に関する明細書 | | | | | |
|---|---|---|---|---|---|
| 区分 | | 期首現在利益積立金額 | 当期の増減 | | 差引翌期首現在利益積立金額 ①－②＋③ |
| | | | 減 | 増 | |
| | | ① | ② | ③ | ④ |
| 利益準備金 | 1 | 円 | 円 | 円 | 円 |
| 積立金 | 2 | | | | |
| 未収消費税等 | 3 | 8,000 | 8,000 | | — |

〔簡易課税の法人〕

## 当期の処理

### 決算上の経理処理

(仕入時)

(借)福利厚生費　10万円　　(貸)現金預金　11万円

　　仮払消費税等　1万円

(決算時)

(借)雑損失　1万円　　(貸)仮払消費税等　1万円

### 税務上の経理処理

(借)福利厚生費　1万円　　(貸)仮払消費税等　1万円

(借)仮払消費税等　1万円　　(貸)雑収入　1万円

**(注)**　消費税につき簡易課税を適用している場合には，売上に係る消費税額等の一定割合相当額の消費税等を納付することになります（消法37)。

　したがって，簡易課税の法人は，仮にインボイスがなく仕入税額控除ができない場合であっても，新たに納付すべき消費税額等は生じませんので，仮払消費税等はすべて益金に振り替えるべきことになります（消費税経理通達6，14の2)。

　なお，簡易課税の法人は，インボイスのない課税仕入れであっても，継続適用を条件に，本体の仕入価額と区分して仮払消費税等を計上することができます（消費税経理通達1の2)。

### 別表四の処理

| 区分 | | | 総額 | 処分 | | |
|---|---|---|---|---|---|---|
| | | | | 留保 | 社外流出 | |
| | | | ① | ② | ③ | |
| 加算 | 雑収入計上もれ | 10 | *10,000* | *10,000* | | |
| | | | | | | |
| 減算 | 福利厚生費計上もれ | 21 | *10,000* | *10,000* | | |
| | | | | | | |

**(注)**　課税所得の計算に影響がありませんから，強いて記入しなくても差し支えありません。

### 別表五(一)の処理

何ら処理をする必要はありません。

## 翌期の処理

決算上及び税務上とも，何ら処理をする必要はありません。

## 例302 インボイスのない資産取得を区分経理した場合

当期首に中古自動車を220万円で取得したが，相手方からインボイスの交付を受けていないにもかかわらず，消費税額等20万円を仮払消費税等として区分経理し，その中古自動車の取得価額を200万円として，償却をしていることが判明した。

なお，中古自動車の見積耐用年数は４年，定率法の償却率は0.500である。

また，当課税期間における課税売上高は５億円以下で，当期の課税売上割合は96％である。

**〔原則課税の法人〕**

### 当期の処理

#### 決算上の経理処理

（取得時）

| | | | |
|---|---|---|---|
| （借）車両運搬具 | 200万円 | （貸）現金預金 | 220万円 |
| 　　仮払消費税等 | 20万円 | | |

（決算時）

| | | | |
|---|---|---|---|
| （借）減価償却費 | 100万円 | （貸）車両運搬具 | 100万円 |
| （借）仮受消費税等 | 20万円 | （貸）仮払消費税等 | 20万円 |
| 　　雑損失 | ４万円 | 　　未払消費税等 | ４万円 |

#### 税務上の経理処理

| | | | |
|---|---|---|---|
| （借）車両運搬具 | ２万円 | （貸）雑損失 | ２万円 |

**（注）** 雑損失に計上した４万円は，適格請求書（インボイス）の交付がないため仕入税額控除ができない金額（20万円×20％）で，中古自動車の取得価額に算入すべきものですが，雑損失として損金経理をしていますので，「償却費として損金経理をした金額」に含まれます（消費税経理通達３の２，14の２）。

その結果，税務上の減価償却は，次のようになります。

（2,000,000円＋40,000円）×0.500＝1,020,000円……償却限度額

（1,000,000円＋40,000円）－1,020,000円＝20,000円……償却超過額

（別表四の処理）

| 区分 | | | 総額 | 処分 | | |
|---|---|---|---|---|---|---|
| | | | | 留保 | 社外流出 | |
| | | | ① | ② | ③ | |
| 加算 | 減価償却の償却超過額 | 6 | 20,000 | 20,000 | | |
| | 役員給与の損金不算入額 | 7 | | | その他 | |

（別表五(一)の処理）

| I　利益積立金額の計算に関する明細書 | | | | | |
|---|---|---|---|---|---|
| 区分 | | 期首現在利益積立金額 | 当期の増減 | | 差引翌期首現在利益積立金額 ①－②＋③ |
| | | | 減 | 増 | |
| | | ① | ② | ③ | ④ |
| 利益準備金 | 1 | 円 | 円 | 円 | 円 |
| 積立金 | 2 | | | | |
| 減価償却超過額 | 3 | | | 20,000 | 20,000 |

## 翌期の処理

《例24》の〔翌期の処理〕と同様の処理を行います。

〔簡易課税の法人〕

## 当期の処理

### 決算上の経理処理

（取得時）

（借）車両運搬具　200万円　　　（貸）現金預金　220万円
　　　仮払消費税等　20万円

（決算時）

（借）減価償却費　100万円　　　（貸）車両運搬具　100万円
（借）雑損失　20万円　　　（貸）仮払消費税等　20万円

### 税務上の経理処理

（借）車両運搬具　10万円　　　（貸）雑損失　10万円

**（注）**　雑損失に計上した20万円は，中古自動車の取得価額に算入すべきものですが，雑

損失として損金経理をしていますので，「償却費として損金経理をした金額」に含まれます（消費税経理通達３の２，14の２）。

その結果，税務上の減価償却は，次のようになります。

(2,000,000円＋200,000円)×0.500＝1,100,000円……償却限度額

(1,000,000円＋200,000円)－1,100,000円＝100,000円……償却超過額

なお，簡易課税の法人は，インボイスのない課税仕入れであっても，継続適用を条件に本体の仕入価額と区分して仮払消費税等を計上することができます（消費税経理通達１の２）。

### 別表四の処理

| 区分 | | | 総額 | 処分 | | |
|---|---|---|---|---|---|---|
| | | | | 留保 | 社外流出 | |
| | | | ① | ② | ③ | |
| 加算 | 減価償却の償却超過額 | 6 | *100,000* | *100,000* | | |
| | 役員給与の損金不算入額 | 7 | | | その他 | |

### 別表五(一)の処理

| Ｉ　利益積立金額の計算に関する明細書 | | | | | |
|---|---|---|---|---|---|
| 区分 | | 期首現在利益積立金額 | 当期の増減 | | 差引翌期首現在利益積立金額 ①－②＋③ |
| | | | 減 | 増 | |
| | | ① | ② | ③ | ④ |
| 利益準備金 | 1 | 円 | 円 | 円 | 円 |
| 積立金 | 2 | | | | |
| 減価償却超過額 | 3 | | | *100,000* | *100,000* |

## 翌期の処理

《例24》の〔翌期の処理〕と同様の処理を行います。

## 例303　簡易課税の適用が認められない場合

消費税等につき簡易課税を適用しており，当期の仮受消費税等と仮払消費税等につき決算において次のような処理を行った。

| | | | |
|---|---|---|---|
| (借)仮受消費税等 | 225万円 | (貸)仮払消費税等 | 150万円 |
| | | 未払消費税等 | 45万円 |
| | | 雑　収　入 | 30万円 |

ところが，当期において計上すべき売上110万円（消費税額等10万円を含む。）が計上されておらず，簿外預金となっていることが判明した。このような売上の計上についての誤りは前々期においてもあり，その結果，課税売上高が5,000万円を超えることになり，簡易課税の適用は認められないことになった。

### 当期の処理

#### 税務上の経理処理

| | | | |
|---|---|---|---|
| (借)預　　　金 | 110万円 | (貸)売　　　上 | 100万円 |
| | | 仮受消費税等 | 10万円 |
| (借)仮受消費税等 | 10万円 | (貸)未払消費税等 | 40万円 |
| 雑　収　入 | 30万円 | | |

(注)　簡易課税の適用がないとすれば，仮受消費税等225万円と仮払消費税等150万円との差額75万円が納付すべき消費税額等となり，雑収入30万円を計上する必要はなかったことになります。

したがって，決算に計上した雑収入を取り消すとともに，売上計上もれに対する消費税等10万円と雑収入に計上した消費税等30万円との合計額40万円を未払消費税等とすることになります。

### 別表四の処理

| 区分 | | | 総額 | 処分 | | |
|---|---|---|---|---|---|---|
| | | | | 留保 | 社外流出 | |
| | | | ① | ② | ③ | |
| 加算 | 売上計上もれ | 10 | 1,000,000 | 1,000,000 | | |
| | | | | | | |
| | | | | | | |
| 減算 | 雑収入否認 | 21 | 300,000 | 300,000 | | |
| | | | | | | |
| | | | | | | |

### 別表五(一)の処理

I　利益積立金額の計算に関する明細書

| 区分 | | 期首現在利益積立金額 | 当期の増減 | | 差引翌期首現在利益積立金額 ①－②＋③ |
|---|---|---|---|---|---|
| | | | 減 | 増 | |
| | | ① | ② | ③ | ④ |
| 利益準備金 | 1 | 円 | 円 | 円 | 円 |
| 積立金 | 2 | | | | |
| 預金 | 3 | | | 1,100,000 | 1,100,000 |
| 未払消費税等 | 4 | | | △400,000 | △400,000 |
| | 5 | | | | |

## 翌期の処理

### 決算上の経理処理

簿外預金及び未払消費税等を企業会計に受け入れるため，次の経理処理を行います。

(借)預　　　金　110万円　　(貸)前期損益修正益　110万円

(借)前期損益修正損　40万円　　(貸)未払消費税等　40万円

## 別表四の処理

| 区分 | | | 総額 | 処分 | | |
|---|---|---|---|---|---|---|
| | | | | 留保 | 社外流出 | |
| | | | ① | ② | ③ | |
| 加算 | 前期損益修正損否認 | 10 | 400,000 | 400,000 | | |
| | | | | | | |
| | | | | | | |
| 減算 | 前期損益修正益否認 | 21 | 1,100,000 | 1,100,000 | | |
| | | | | | | |
| | | | | | | |

## 別表五(一)の処理

| I　利益積立金額の計算に関する明細書 | | | | | |
|---|---|---|---|---|---|
| 区分 | | 期首現在利益積立金額 | 当期の増減 | | 差引翌期首現在利益積立金額 ①－②＋③ |
| | | | 減 | 増 | |
| | | ① | ② | ③ | ④ |
| 利益準備金 | 1 | 円 | 円 | 円 | 円 |
| 積立金 | 2 | | | | |
| 預金 | 3 | 1,100,000 | 1,100,000 | | — |
| 未払消費税等 | 4 | △400,000 | △400,000 | | — |
| | 5 | | | | |

## 例304　納付消費税額等を損金経理した場合

前課税期間の確定申告により納付すべき消費税額等500万円を当期において納付したが，その経理処理を誤り次のような仕訳をした。

(借)租税公課　500万円　　　　(貸)現金預金　500万円

**〔原則課税の法人〕**

### 当期の処理

**税務上の経理処理**

(借)未払消費税等　500万円　　　　(貸)租税公課　500万円

**(注)**　税抜経理方式を適用している場合には，納付する消費税額等を損金にすることはできません。

**別表四の処理**

| 区分 | | | 総額 | 処分 | | |
|---|---|---|---|---|---|---|
| | | | | 留保 | 社外流出 | |
| | | | ① | ② | ③ | |
| 加算 | 消費税等の損金不算入額 | 10 | *5,000,000* | *5,000,000* | | |
| | | | | | | |
| | | | | | | |

**別表五(一)の処理**

| Ⅰ　利益積立金額の計算に関する明細書 | | | | | |
|---|---|---|---|---|---|
| 区分 | | 期首現在利益積立金額 | 当期の増減 | | 差引翌期首現在利益積立金額 ①－②＋③ |
| | | | 減 | 増 | |
| | | ① | ② | ③ | ④ |
| 利益準備金 | 1 | 円 | 円 | 円 | 円 |
| 積立金 | 2 | | | | |
| 未払消費税等 | 3 | | | *5,000,000* | *5,000,000* |
| | 4 | | | | |

## 翌期の処理

### 税務上の経理処理

(借)未払消費税等　500万円　　　　(貸)前期損益修正益　500万円

### 別表四の処理

| 区分 | | | 総額 | 処分 | |
|---|---|---|---|---|---|
| | | | | 留保 | 社外流出 |
| | | | ① | ② | ③ |
| 減算 | 前期損益修正益否認 | 21 | 5,000,000 | 5,000,000 | |
| | | | | | |
| | | | | | |

### 別表五(一)の処理

I　利益積立金額の計算に関する明細書

| 区分 | | 期首現在利益積立金額 | 当期の増減 | | 差引翌期首現在利益積立金額 ①－②＋③ |
|---|---|---|---|---|---|
| | | | 減 | 増 | |
| | | ① | ② | ③ | ④ |
| 利益準備金 | 1 | 円 | 円 | 円 | 円 |
| 積立金 | 2 | | | | |
| 未払消費税等 | 3 | 5,000,000 | 5,000,000 | | |
| | 4 | | | | |

〔**簡易課税の法人**〕

原則課税の法人と同様の処理を行います。

## 例305 外国から電気通信利用役務の提供を受けた場合

当期において，米国の広告会社からインターネットを通じた広告の掲載を受け，その対価として円貨換算で1,000万円を支払ったが，消費税について何ら処理をしていないことが判明した。

なお，当社の当期の課税売上割合は，70％である。

### 当期の処理

#### 税務上の経理処理

| | | | |
|---|---|---|---|
| (借)広告宣伝費 | 1,000万円 | (貸)現金預金 | 1,000万円 |
| 仮払金 | 100万円 | 仮受金 | 100万円 |
| (借)仮受金 | 100万円 | 仮払金 | 70万円 |
| | | 未払消費税等 | 30万円 |
| 繰延消費税等 | 30万円 | 仮払金 | 30万円 |

**(注)** 平成27年度の税制改正により，外国の事業者から広告の掲載等の事業者向け電気通信利用役務の提供を受けた場合には，その提供を受けた国内事業者が消費税を納付する，いわゆるリバースチャージ方式が導入されました（消法４①，５①，28②，30①，45①一）。この繰延消費税等については，当期に損金経理をすれば，全額当期の損金とすることができますが，当期には損金経理がありませんので，当期において損金算入はできません（令139の４②③）。

#### 別表四の処理

何ら処理をする必要はありません。

#### 別表五(一)の処理

| Ⅰ 利益積立金額の計算に関する明細書 | | | | | |
|---|---|---|---|---|---|
| 区分 | | 期首現在利益積立金額 | 当期の増減 | | 差引翌期首現在利益積立金額 ①－②＋③ |
| | | | 減 | 増 | |
| | | ① | ② | ③ | ④ |
| 利益準備金 | 1 | 円 | 円 | 円 | 円 |
| 積立金 | 2 | | | | |
| 繰延消費税等 | 3 | | | *300,000* | *300,000* |
| 未払消費税等 | 4 | | | *△300,000* | *△300,000* |

## 翌期の処理

### 決算上の経理処理

繰延消費税等及び未払消費税等を企業会計に受け入れ，繰延消費税等については，当期以降５年間で均等額を償却していきます（令139の４④）。

（借）繰延消費税等　30万円　　（貸）前期損益修正益　30万円

（借）前期損益修正損　30万円　　（貸）未払消費税等　30万円

### 別表四の処理

| 区分 | | | 総額 | 処分 | | |
|---|---|---|---|---|---|---|
| | | | | 留保 | 社外流出 | |
| | | | ① | ② | ③ | |
| 加算 | 前期損益修正損否認 | 10 | 300,000 | 300,000 | その他 | |
| | | | | | | |
| | | | | | | |
| 減算 | 前期損益修正益否認 | 21 | 300,000 | 300,000 | | |
| | | | | | | |
| | | | | | | |

### 別表五(一)の処理

Ｉ　利益積立金額の計算に関する明細書

| 区分 | | 期首現在利益積立金額 | 当期の増減 | | 差引翌期首現在利益積立金額 ①－②＋③ |
|---|---|---|---|---|---|
| | | | 減 | 増 | |
| | | ① | ② | ③ | ④ |
| 利益準備金 | 1 | 円 | 円 | 円 | 円 |
| 積立金 | 2 | | | | |
| 繰延消費税等 | 3 | 300,000 | 300,000 | | — |
| 未払消費税等 | 4 | △300,000 | △300,000 | | — |

## (2) 課税売上割合に変動がある場合

### 例306 控除対象外消費税等が商品仕入，経費である場合(1)

当期において計上すべき商品の売上1,100万円（消費税額等100万円を含む。）が計上されておらず，売掛金となっていることが判明した。

当期の課税売上割合は79%として決算において所要の経理処理を行っているが，上記売上計上もれ是正後の課税売上割合は80%である。

なお，当期の仮受消費税額等は1,000万円，仮払消費税額等は600万円であり，仮払消費税額等の内訳は，商品の仕入に係るもの360万円，経費に係るもの240万円である。

〔原則課税の法人〕

**当期の処理**

**税務上の経理処理**

(借)売　掛　金 1,100万円　　(貸)売　　　上 1,000万円
　　　　　　　　　　　　　　　　仮受消費税等 100万円
(借)仮受消費税等 100万円　　(貸)未払消費税等 94万円
　　　　　　　　　　　　　　　　租 税 公 課 6万円

**(注)** 原則課税の法人は，決算において次のような経理処理をしますが，是正後の課税売上割合は80%で，仮払消費税等のうち控除対象外消費税等は120万円（600万円×20%）となりますので，決算に計上した租税公課及び未払消費税等がともに6万円過大になります。したがって，売上計上もれに対する消費税額等100万円から過大に計上した未払消費税額等6万円を控除した94万円が新たに納付すべき消費税額等になります。

(借)仮受消費税等 1,000万円　　(貸)仮払消費税等 600万円
　　租 税 公 課 126万円　　　　　未払消費税等 526万円

## 別表四の処理

| 区分 | | 総額 | 処分 | | |
|---|---|---|---|---|---|
| | | | 留保 | 社外流出 | |
| | | ① | ② | ③ | |
| 加算 売上計上もれ | 10 | 10,000,000 | 10,000,000 | | |
| 租税公課否認 | | 60,000 | 60,000 | | |
| | | | | | |

## 別表五(一)の処理

| I　利益積立金額の計算に関する明細書 | | | | | |
|---|---|---|---|---|---|
| 区分 | | 期首現在利益積立金額 | 当期の増減 | | 差引翌期首現在利益積立金額 ①－②＋③ |
| | | | 減 | 増 | |
| | | ① | ② | ③ | ④ |
| 利益準備金 | 1 | 円 | 円 | 円 | 円 |
| 積立金 | 2 | | | | |
| 売掛金 | 3 | | | 11,000,000 | 11,000,000 |
| 未払消費税等 | 4 | | | △940,000 | △940,000 |
| | 5 | | | | |

## 翌期の処理

### 決算上の経理処理

売掛金及び未払消費税等を企業会計に受け入れるため，次の経理処理を行います。

(借)売　　掛　　金　1,100万円　　　　(貸)前期損益修正益　1,100万円

(借)前期損益修正損　　94万円　　　　(貸)未払消費税等　　94万円

## 別表四の処理

| 区分 | | | 総額 | 処分 | | |
|---|---|---|---|---|---|---|
| | | | | 留保 | 社外流出 | |
| | | | ① | ② | ③ | |
| 加算 | 前期損益修正損否認 | 10 | 940,000 | 940,000 | | |
| | | | | | | |
| | | | | | | |
| 減算 | 前期損益修正益否認 | 21 | 11,000,000 | 11,000,000 | | |
| | | | | | | |
| | | | | | | |

## 別表五(一)の処理

| Ⅰ　利益積立金額の計算に関する明細書 | | | | | |
|---|---|---|---|---|---|
| 区分 | | 期首現在利益積立金額 | 当期の増減 | | 差引翌期首現在利益積立金額 ①－②＋③ |
| | | | 減 | 増 | |
| | | ① | ② | ③ | ④ |
| 利益準備金 | 1 | 円 | 円 | 円 | 円 |
| 積立金 | 2 | | | | |
| 売掛金 | 3 | 11,000,000 | 11,000,000 | | — |
| 未払消費税等 | 4 | △940,000 | △940,000 | | — |
| | 5 | | | | |

〔簡易課税の法人〕

## 当期の処理

### 税務上の経理処理

(借)売　　掛　　金　1,100万円　　　　(貸)売　　　　　　上　1,000万円
　　　　　　　　　　　　　　　　　　　　　仮受消費税等　　100万円
(借)仮受消費税等　　100万円　　　　(貸)未払消費税等　　　20万円
　　　　　　　　　　　　　　　　　　　　　雑　　収　　入　　80万円

**(注)**　簡易課税の法人は，決算において次のような経理処理をし，控除対象外消費税等はないものとしています。したがって，売上計上もれに対する仮受消費税等のうち未払消費税等20万円（100万円×20％）を超える部分の80万円は雑収入に振り替え

ます。

| | | | |
|---|---|---|---|
| (借)仮受消費税等 | 1,000万円 | (貸)仮払消費税等 | 600万円 |
| | | 未払消費税等 | 200万円 |
| | | 雑　収　入 | 200万円 |

**別表四の処理**

| 区分 | | | 総額 | 処分 | | |
|---|---|---|---|---|---|---|
| | | | | 留保 | 社外流出 | |
| | | | ① | ② | ③ | |
| 加算 | 売上計上もれ | 10 | 10,000,000 | 10,000,000 | | |
| | 雑収入計上もれ | | 800,000 | 800,000 | | |
| | | | | | | |

**別表五(一)の処理**

| I　利益積立金額の計算に関する明細書 | | | | | |
|---|---|---|---|---|---|
| 区分 | | 期首現在利益積立金額 | 当期の増減 | | 差引翌期首現在利益積立金額 ①－②＋③ |
| | | | 減 | 増 | |
| | | ① | ② | ③ | ④ |
| 利益準備金 | 1 | 円 | 円 | 円 | 円 |
| 積立金 | 2 | | | | |
| 売掛金 | 3 | | | 11,000,000 | 11,000,000 |
| 未払消費税等 | 4 | | | △200,000 | △200,000 |
| | 5 | | | | |

## 翌期の処理

**決算上の経理処理**

売掛金及び未払消費税等を企業会計に受け入れるため，次の経理処理を行います。

| | | | |
|---|---|---|---|
| (借)売　　掛　　金 | 1,100万円 | (貸)前期損益修正益 | 1,100万円 |
| (借)前期損益修正損 | 20万円 | (貸)未払消費税等 | 20万円 |

## 別表四の処理

| 区分 | | | 総額 | 処分 | | |
|---|---|---|---|---|---|---|
| | | | | 留保 | 社外流出 | |
| | | | ① | ② | ③ | |
| 加算 | 前期損益修正損否認 | 10 | 200,000 | 200,000 | | |
| | | | | | | |
| | | | | | | |
| 減算 | 前期損益修正益否認 | 21 | 11,000,000 | 11,000,000 | | |
| | | | | | | |
| | | | | | | |

## 別表五(一)の処理

| Ⅰ　利益積立金額の計算に関する明細書 | | | | | |
|---|---|---|---|---|---|
| 区分 | | 期首現在利益積立金額 | 当期の増減 | | 差引翌期首現在利益積立金額 ①－②＋③ |
| | | | 減 | 増 | |
| | | ① | ② | ③ | ④ |
| 利益準備金 | 1 | 円 | 円 | 円 | 円 |
| 積立金 | 2 | | | | |
| 売掛金 | 3 | 11,000,000 | 11,000,000 | | — |
| 未払消費税等 | 4 | △200,000 | △200,000 | | — |
| | 5 | | | | |

## 例307　控除対象外消費税等が商品仕入，経費である場合(2)

《例306》において，当期の課税売上割合が売上計上もれ是正前は79％で，是正後は95％の場合はどうなるか。

〔原則課税の法人〕

### 当期の処理

#### 税務上の経理処理

(借)売　掛　金 1,100万円　　(貸)売　　　上 1,000万円
　　　　　　　　　　　　　　　　仮受消費税等 100万円

(借)仮受消費税等 100万円　　(貸)租 税 公 課 126万円
　　未収消費税等 26万円

(注) 1　原則課税の法人は，決算において次のような経理処理をしますが，是正後の課税売上割合は95％で，仮払消費税等のうち控除対象外消費税等は生じませんので，決算に計上した租税公課及び未払消費税等がともに126万円過大になります。したがって，売上計上もれに対する消費税額等100万円と過大に計上した未払消費税額等126万円との差額26万円が還付を受ける消費税額等になります。

(借)仮受消費税等 1,000万円　　(貸)仮払消費税等 600万円
　　租 税 公 課 126万円　　　　未払消費税等 526万円

2　その課税期間の課税売上高が5億円を超える法人の場合には，課税売上割合が95％以上であっても，課税仕入税額の全額を仕入税額控除することはできませんから（消法30②），税務上は次のような修正処理をし，所要の調整を行います。

(借)仮受消費税等 100万円　　(貸)租 税 公 課 96万円
　　　　　　　　　　　　　　　　未払消費税等 4万円

#### 別表四の処理

| 区分 | | | 総額 ① | 処分 留保 ② | 社外流出 ③ | |
|---|---|---|---|---|---|---|
| 加算 | 売上計上もれ | 10 | 10,000,000 | 10,000,000 | | |
| | 租税公課否認 | | 1,260,000 | 1,260,000 | | |
| | | | | | | |

### 別表五(一)の処理

| I 利益積立金額の計算に関する明細書 | | | | | |
|---|---|---|---|---|---|
| 区分 | | 期首現在利益積立金額 | 当期の増減 | | 差引翌期首現在利益積立金額 ①－②＋③ |
| | | | 減 | 増 | |
| | | ① | ② | ③ | ④ |
| 利益準備金 | 1 | 円 | 円 | 円 | 円 |
| 積立金 | 2 | | | | |
| 売掛金 | 3 | | | 11,000,000 | 11,000,000 |
| 未収消費税等 | 4 | | | 260,000 | 260,000 |
| | 5 | | | | |

## 翌期の処理

### 決算上の経理処理

売掛金及び未収消費税等を企業会計に受け入れるため，次の経理処理を行います。

(借)売　掛　金　1,100万円　　(貸)前期損益修正益　1,126万円

　未収消費税等　　26万円

### 別表四の処理

| 区分 | | | 総額 | 処分 | | |
|---|---|---|---|---|---|---|
| | | | | 留保 | 社外流出 | |
| | | | ① | ② | ③ | |
| 減算 | 前期損益修正益否認 | 21 | 11,260,000 | 11,260,000 | | |
| | | | | | | |
| | | | | | | |

## 別表五(一)の処理

| I　利益積立金額の計算に関する明細書 | | | | | |
|---|---|---|---|---|---|
| 区　分 | | 期首現在利益積立金額 | 当期の増減 | | 差引翌期首現在利益積立金額 ①－②＋③ |
| | | | 減 | 増 | |
| | | ① | ② | ③ | ④ |
| 利益準備金 | 1 | 円 | 円 | 円 | 円 |
| 積立金 | 2 | | | | |
| 売掛金 | 3 | *11,000,000* | *11,000,000* | | — |
| 未収消費税等 | 4 | *260,000* | *260,000* | | — |
| | 5 | | | | |

〔**簡易課税の法人**〕

### 当期の処理

《例*306*》の〔当期の処理〕と同様の処理を行います。

### 翌期の処理

《例*306*》の〔翌期の処理〕と同様の処理を行います。

## 例308 控除対象外消費税等が商品仕入，経費である場合(3)

当期において計上すべき土地の譲渡収入1,500万円が計上されておらず，未収金となっていることが判明した。

当期の課税売上割合は80％として決算において所要の経理処理を行っているが，上記土地の譲渡収入計上もれ是正後の課税売上割合は79％である。

なお，当期の仮受消費税額等は1,200万円，仮払消費税額等は840万円であり，仮払消費税額等の内訳は，商品の仕入に係るもの588万円，経費に係るもの252万円である。

**〔原則課税の法人〕**

### 当期の処理

#### 税務上の経理処理

| | | | |
|---|---|---|---|
| (借)未　収　金 | 15,000,000円 | (貸)土地譲渡収入 | 15,000,000円 |
| (借)租 税 公 課 | 25,200円 | (貸)未払消費税等 | 84,000円 |
| 繰延消費税等 | 58,800円 | | |

**(注)** 原則課税の法人は，決算において次のような経理処理をしますが，是正後の課税売上割合は79％で，仮払消費税等のうち控除対象外消費税等は176.4万円（840万円×21％）となりますので，決算に計上した租税公課及び未払消費税額等がともに8.4万円過少になります。この場合，過少になる控除対象外消費税等8.4万円の内訳は，商品の仕入に係るもの5.88万円（8.4万円×$\frac{588万円}{840万円}$)，経費に係るもの2.52万円（8.4万円×$\frac{252万円}{840万円}$）となります。したがって，経費に係るもの2.52万円は損金の額に算入されますが，商品の仕入に係るもの5.88万円は損金経理を要件として損金算入されますので（令139の４②)，当期は損金経理がなく，損金の額に算入することはできません。

| | | | |
|---|---|---|---|
| (借)仮受消費税等 | 1,200万円 | (貸)仮払消費税等 | 840万円 |
| 租 税 公 課 | 168万円 | 未払消費税等 | 528万円 |

## 別表四の処理

| 区分 | | 総額 | 処分 | | |
|---|---|---|---|---|---|
| | | | 留保 | 社外流出 | |
| | | ① | ② | ③ | |
| 加算 土地譲渡収入もれ | 10 | 15,000,000 | 15,000,000 | | |
| | | | | | |
| | | | | | |
| 減算 租税公課計上もれ | 21 | 25,200 | 25,200 | | |
| | | | | | |
| | | | | | |

## 別表五(一)の処理

| I　利益積立金額の計算に関する明細書 | | | | | |
|---|---|---|---|---|---|
| 区分 | | 期首現在利益積立金額 | 当期の増減 | | 差引翌期首現在利益積立金額 ①－②＋③ |
| | | | 減 | 増 | |
| | | ① | ② | ③ | ④ |
| 利益準備金 | 1 | 円 | 円 | 円 | 円 |
| 積立金 | 2 | | | | |
| 未収金 | 3 | | | 15,000,000 | 15,000,000 |
| 繰延消費税等 | 4 | | | 58,800 | 58,800 |
| 未払消費税等 | 5 | | | △84,000 | △84,000 |

# 翌期の処理

## 決算上の経理処理

未収金，繰延消費税等及び未払消費税等を企業会計に受け入れるため，次の経理処理を行います。

(借)未　収　金　15,000,000円　　(貸)前期損益修正益　15,058,800円
　　繰延消費税等　58,800円
(借)前期損益修正損　84,000円　　(貸)未払消費税等　84,000円

### 別表四の処理

| 区分 | | | 総額 | 処分 | |
|---|---|---|---|---|---|
| | | | | 留保 | 社外流出 |
| | | | ① | ② | ③ |
| 加算 | 前期損益修正損否認 | 10 | *84,000* | *84,000* | |
| | | | | | |
| | | | | | |
| 減算 | 前期損益修正益否認 | 21 | *15,058,800* | *15,058,800* | |
| | | | | | |
| | | | | | |

### 別表五(一)の処理

| Ⅰ　利益積立金額の計算に関する明細書 | | | | | |
|---|---|---|---|---|---|
| 区分 | | 期首現在利益積立金額 | 当期の増減 | | 差引翌期首現在利益積立金額 ①－②＋③ |
| | | | 減 | 増 | |
| | | ① | ② | ③ | ④ |
| 利益準備金 | 1 | 円 | 円 | 円 | 円 |
| 積立金 | 2 | | | | |
| 未収金 | 3 | *15,000,000* | *15,000,000* | | — |
| 繰延消費税等 | 4 | *58,800* | *58,800* | | — |
| 未払消費税等 | 5 | *△84,000* | *△84,000* | | — |

〔簡易課税の法人〕

## 当期の処理

### 税務上の経理処理

(借)未　収　金　1,500万円　　　(貸)土地譲渡収入　1,500万円

## 別表四の処理

| 区分 | | 総額 | 処分 | | |
|---|---|---|---|---|---|
| | | | 留保 | 社外流出 | |
| | | ① | ② | ③ | |
| 加算 | 土地譲渡収入もれ | 10 | 15,000,000 | 15,000,000 | | |
| | | | | | | |
| | | | | | | |

## 別表五(一)の処理

| Ⅰ　利益積立金額の計算に関する明細書 | | | | | |
|---|---|---|---|---|---|
| 区分 | | 期首現在利益積立金額 | 当期の増減 | | 差引翌期首現在利益積立金額 ①－②＋③ |
| | | | 減 | 増 | |
| | | ① | ② | ③ | ④ |
| 利益準備金 | 1 | 円 | 円 | 円 | 円 |
| 積立金 | 2 | | | | |
| 未収金 | 3 | | | 15,000,000 | 15,000,000 |
| | 4 | | | | |
| | 5 | | | | |

# 翌期の処理

## 決算上の経理処理

未収金を企業会計に受け入れるため，次の経理処理を行います。

(借)未　収　金　1,500万円　　　　(貸)前期損益修正益　1,500万円

## 別表四の処理

| 区分 | | 総額 | 処分 | | |
|---|---|---|---|---|---|
| | | | 留保 | 社外流出 | |
| | | ① | ② | ③ | |
| 減算 | 前期損益修正益否認 | 21 | 15,000,000 | 15,000,000 | | |
| | | | | | | |
| | | | | | | |

## 別表五(一)の処理

| I　利益積立金額の計算に関する明細書 | | | | | |
|---|---|---|---|---|---|
| 区分 | | 期首現在利益積立金額 | 当期の増減 | | 差引翌期首現在利益積立金額 ①－②＋③ |
| | | | 減 | 増 | |
| | | ① | ② | ③ | ④ |
| 利益準備金 | 1 | 円 | 円 | 円 | 円 |
| 積立金 | 2 | | | | |
| 未収金 | 3 | *15,000,000* | *15,000,000* | | |
| | 4 | | | | |
| | 5 | | | | |

## 例309　控除対象外消費税等が資産である場合(1)

当期において計上すべき商品の売上2,200万円（消費税額等200万円を含む。）が計上されておらず，売掛金となっていることが判明した。

当期の課税売上割合は79%として決算において所要の経理処理を行っているが，上記売上計上もれ是正後の課税売上割合は80%である。

なお，当期の仮受消費税額等は2,000万円，仮払消費税額等は1,400万円であり，仮払消費税額等のうち1,000万円はビル取得に係るものであり，400万円は経費に係るもので全額仕入控除できる。

〔**原則課税の法人**〕

### 当期の処理

#### 税務上の経理処理

| | | | |
|---|---|---|---|
| (借)売　掛　金 | 2,200万円 | (貸)売　　　上 | 2,000万円 |
| | | 仮受消費税等 | 200万円 |
| (借)仮受消費税等 | 200万円 | (貸)未払消費税等 | 190万円 |
| | | 償　却　費 | 1万円 |
| | | 繰延消費税等 | 9万円 |

（注）　原則課税の法人は，決算において次のような経理処理をします。

| | | | |
|---|---|---|---|
| (借)仮受消費税等 | 2,000万円 | (貸)仮払消費税等 | 1,400万円 |
| 償　却　費 | 21万円 | 未払消費税等 | 810万円 |
| 繰延消費税等 | 189万円 | | |

償却費及び繰延消費税等は，次により計算したものです。

① ビル取得に係る控除対象外消費税等（個別対応方式適用）

1,000万円×（1－0.79）＝210万円

② 償却費

210万円$\times\frac{12}{60}\times\frac{1}{2}$＝21万円

③ 繰延消費税等

210万円－21万円＝189万円

これが，是正後は次のようになります（令139の4③）。

① ビル取得に係る改訂控除対象外消費税等

1,000万円×（1－0.80）＝200万円

② 償却費

$200万円 \times \frac{12}{60} \times \frac{1}{2} = 20万円$……改訂償却限度額

21万円－20万円＝１万円……償却超過額

③ 改訂繰延消費税等

200万円－20万円＝180万円

**別表四の処理**

| 区分 | | | 総額 | 処分 | |
|---|---|---|---|---|---|
| | | | | 留保 | 社外流出 |
| | | | ① | ② | ③ |
| 加算 | 売上計上もれ | 10 | *20,000,000* | *20,000,000* | |
| | 繰延消費税償却超過 | | *10,000* | *10,000* | |
| | | | | | |

**別表五(一)の処理**

| I 利益積立金額の計算に関する明細書 | | | | | |
|---|---|---|---|---|---|
| 区分 | | 期首現在利益積立金額 | 当期の増減 | | 差引翌期首現在利益積立金額 ①－②＋③ |
| | | | 減 | 増 | |
| | | ① | ② | ③ | ④ |
| 利益準備金 | 1 | 円 | 円 | 円 | 円 |
| 積立金 | 2 | | | | |
| 売掛金 | 3 | | | *22,000,000* | *22,000,000* |
| 未払消費税等 | 4 | | | *△1,900,000* | *△1,900,000* |
| 繰延消費税等 | 5 | | | *△90,000* | *△90,000* |

## 翌期の処理

### 決算上の経理処理

売掛金，未払消費税等及び繰延消費税等を企業会計に受け入れるため，次の経理処理を行います。

(借)売　掛　金　2,200万円　　(貸)前期損益修正益　2,200万円

(借)前期損益修正損　199万円　　(貸)未払消費税等　190万円

繰延消費税等　9万円

別表四の処理

| 区分 | | | 総額 | 処分 | | |
|---|---|---|---|---|---|---|
| | | | | 留保 | 社外流出 | |
| | | | ① | ② | ③ | |
| 加算 | 前期損益修正損否認 | 10 | 1,990,000 | 1,990,000 | | |
| | | | | | | |
| | | | | | | |
| 減算 | 前期損益修正益否認 | 21 | 22,000,000 | 22,000,000 | | |
| | | | | | | |
| | | | | | | |

別表五(一)の処理

| I　利益積立金額の計算に関する明細書 | | | | | |
|---|---|---|---|---|---|
| 区分 | | 期首現在利益積立金額 | 当期の増減 | | 差引翌期首現在利益積立金額 ①−②+③ |
| | | | 減 | 増 | |
| | | ① | ② | ③ | ④ |
| 利益準備金 | 1 | 円 | 円 | 円 | 円 |
| 積立金 | 2 | | | | |
| 売掛金 | 3 | 22,000,000 | 22,000,000 | | — |
| 未払消費税等 | 4 | △1,900,000 | △1,900,000 | | — |
| 繰延消費税等 | 5 | △90,000 | △90,000 | | — |

**(注)**　企業会計上，繰延消費税額等180万円が計上されることになりますが，その償却額は200万円を基礎に計算します（令139の4④）。

なお，繰延消費税等償却超過がある場合の処理については，《例40》を参考にしてください。

〔簡易課税の法人〕

## 当期の処理

### 税務上の経理処理

(借)売　掛　金　2,200万円　　　(貸)売　　　　上　2,000万円
　　　　　　　　　　　　　　　　　仮受消費税等　200万円

(借)仮受消費税等　200万円　　　(貸)未払消費税等　40万円
雑　収　入　160万円

(注)　簡易課税の法人は，決算において次のような経理処理をし，控除対象外消費税等はないものとしています。したがって，売上計上もれに対する仮受消費税等のうち未払消費税等32万円（200万円×20%）を超える部分の160万円は雑収入に振り替えます。

(借)仮受消費税等　2,000万円　　　(貸)仮払消費税等　1,400万円
未払消費税等　400万円
雑　収　入　200万円

## 別表四の処理

| 区分 | | | 総額 | 処分 | | |
|---|---|---|---|---|---|---|
| | | | | 留保 | 社外流出 | |
| | | | ① | ② | ③ | |
| 加算 | 売上計上もれ | 10 | 20,000,000 | 20,000,000 | | |
| | 雑収入計上もれ | | 1,600,000 | 1,600,000 | | |
| | | | | | | |

## 別表五(一)の処理

I　利益積立金額の計算に関する明細書

| 区分 | | 期首現在利益積立金額 | 当期の増減 | | 差引翌期首現在利益積立金額 ①－②＋③ |
|---|---|---|---|---|---|
| | | | 減 | 増 | |
| | | ① | ② | ③ | ④ |
| 利益準備金 | 1 | 円 | 円 | 円 | 円 |
| 積立金 | 2 | | | | |
| 売掛金 | 3 | | | 22,000,000 | 22,000,000 |
| 未払消費税等 | 4 | | | △400,000 | △400,000 |
| | 5 | | | | |

# 翌期の処理

## 決算上の経理処理

売掛金及び未払消費税等を企業会計に受け入れるため，次の経理処理を行います。

(借)売　　掛　　金　2,200万円　　　　(貸)前期損益修正益　2,200万円
(借)前期損益修正損　　40万円　　　　(貸)未払消費税等　　40万円

**別表四の処理**

| 区分 | | 総額 | 処分 | |
|---|---|---|---|---|
| | | | 留保 | 社外流出 |
| | | ① | ② | ③ |
| 加算 前期損益修正損否認 | 10 | 400,000 | 400,000 | |
| | | | | |
| | | | | |
| 減算 前期損益修正益否認 | 21 | 22,000,000 | 22,000,000 | |
| | | | | |
| | | | | |

**別表五(一)の処理**

Ⅰ　利益積立金額の計算に関する明細書

| 区分 | | 期首現在利益積立金額 | 当期の増減 | | 差引翌期首現在利益積立金額 ①－②＋③ |
|---|---|---|---|---|---|
| | | | 減 | 増 | |
| | | ① | ② | ③ | ④ |
| 利益準備金 | 1 | 円 | 円 | 円 | 円 |
| 積立金 | 2 | | | | |
| 売掛金 | 3 | 22,000,000 | 22,000,000 | | ― |
| 未払消費税等 | 4 | △400,000 | △400,000 | | ― |
| | 5 | | | | |

## 例310 控除対象外消費税等が資産である場合(2)

《例309》において，当期の課税売上割合が売上計上もれ是正前は79％で，是正後は95％の場合はどうなるか。

〔原則課税の法人〕

### 当期の処理

#### 税務上の経理処理

| | | | |
|---|---|---|---|
| (借)売　掛　金 | 2,200万円 | (貸)売　　　上 | 2,000万円 |
| | | 仮受消費税等 | 200万円 |
| (借)仮受消費税等 | 200万円 | (貸)償　却　費 | 21万円 |
| 未収消費税等 | 10万円 | 繰延消費税等 | 189万円 |

(注) 1　原則課税の法人は，決算において次のような経理処理をします。

| | | | |
|---|---|---|---|
| (借)仮受消費税等 | 2,000万円 | (貸)仮払消費税等 | 1,400万円 |
| 償　却　費 | 21万円 | 未払消費税等 | 810万円 |
| 繰延消費税等 | 189万円 | | |

是正後は，課税売上割合が95％で仮払消費税等のうち控除対象外消費税等は生じませんので，決算に計上した償却費及び繰延消費税等は計上できなくなり，また，未払消費税等が210万円過大になります。したがって，売上計上もれに対する消費税額等200万円と過大に計上した未払消費税額等210万円との差額10万円が還付を受ける消費税額等になります。

2　その課税期間の課税売上高が5億円を超える法人の場合には，課税売上割合が95％以上であっても，課税仕入税額の全額を仕入税額控除することはできませんから（消法30②），税務上は次のような修正処理をし，所要の調整を行います。

| | | | |
|---|---|---|---|
| (借)仮受消費税等 | 200万円 | (貸)償　却　費 | 16万円 |
| | | 繰延消費税等 | 144万円 |
| | | 未払消費税等 | 40万円 |

## 別表四の処理

| 区分 | | | 総額 | 処分 | | |
|---|---|---|---|---|---|---|
| | | | | 留保 | 社外流出 | |
| | | | ① | ② | ③ | |
| 加算 | 売上計上もれ | 10 | 20,000,000 | 20,000,000 | | |
| | 償却費否認 | | 210,000 | 210,000 | | |
| | | | | | | |

## 別表五(一)の処理

| I　利益積立金額の計算に関する明細書 | | | | | |
|---|---|---|---|---|---|
| 区分 | | 期首現在利益積立金額 | 当期の増減 | | 差引翌期首現在利益積立金額 ①－②＋③ |
| | | | 減 | 増 | |
| | | ① | ② | ③ | ④ |
| 利益準備金 | 1 | 円 | 円 | 円 | 円 |
| 積立金 | 2 | | | | |
| 売掛金 | 3 | | | 22,000,000 | 22,000,000 |
| 未収消費税等 | 4 | | | 100,000 | 100,000 |
| 繰延消費税等 | 5 | | | △1,890,000 | △1,890,000 |

## 翌期の処理

### 決算上の経理処理

売掛金，未収消費税等及び繰延消費税等を企業会計に受け入れるため，次の経理処理を行います。

(借)売　　掛　　金　2,200万円　　　(貸)前期損益修正益　2,210万円
　　未収消費税等　　10万円
(借)前期損益修正損　189万円　　　(貸)繰延消費税等　189万円

## 別表四の処理

| 区分 | | | 総額 | 処分 | | |
|---|---|---|---|---|---|---|
| | | | | 留保 | 社外流出 | |
| | | | ① | ② | ③ | |
| 加算 | 前期損益修正損否認 | 10 | 1,890,000 | 1,890,000 | | |
| | | | | | | |
| | | | | | | |
| 減算 | 前期損益修正益否認 | 21 | 22,100,000 | 22,100,000 | | |
| | | | | | | |
| | | | | | | |

## 別表五(一)の処理

| Ⅰ　利益積立金額の計算に関する明細書 | | | | | |
|---|---|---|---|---|---|
| 区分 | | 期首現在利益積立金額 | 当期の増減 | | 差引翌期首現在利益積立金額 ①－②＋③ |
| | | | 減 | 増 | |
| | | ① | ② | ③ | ④ |
| 利益準備金 | 1 | 円 | 円 | 円 | 円 |
| 積立金 | 2 | | | | |
| 売掛金 | 3 | 22,000,000 | 22,000,000 | | ― |
| 未収消費税等 | 4 | 100,000 | 100,000 | | ― |
| 繰延消費税等 | 5 | △1,890,000 | △1,890,000 | | ― |

〔簡易課税の法人〕

### 当期の処理

《例309》の〔当期の処理〕と同様の処理を行います。

### 翌期の処理

《例309》の〔翌期の処理〕と同様の処理を行います。

## 例311　控除対象外消費税等が資産である場合(3)

当期において計上すべき土地の譲渡収入2,500万円が計上されておらず，未収金となっていることが判明した。

当期の課税売上割合は80%として決算において所要の経理処理を行っているが，上記土地の譲渡収入計上もれ是正後の課税売上割合は79%である。

なお，当期の仮受消費税額等は2,300万円，仮払消費税額等は1,600万円で，仮払消費税額等のうち1,000万円はビル取得に係るものであり，600万円は経費に係るもので全額仕入控除できる。

**〔原則課税の法人〕**

### 当期の処理

#### 税務上の経理処理

| | | | |
|---|---|---|---|
| (借)未　収　金 | 2,500万円 | (貸)土地譲渡収入 | 2,500万円 |
| (借)繰延消費税等 | 10万円 | (貸)未払消費税等 | 10万円 |

**(注)**　原則課税の法人は，決算において次のような経理処理をします。

| | | | |
|---|---|---|---|
| (借)仮受消費税等 | 2,300万円 | (貸)仮払消費税等 | 1,600万円 |
| 償　却　費 | 20万円 | 未払消費税等 | 900万円 |
| 繰延消費税等 | 180万円 | | |

是正後の繰延消費税等は，次により計算されます（令139の4③）。

①　ビル取得に係る改訂控除対象外消費税等

1,000万円×(1－0.79)＝210万円

②　償却費

210万円×$\frac{12}{60}$×$\frac{1}{2}$＝21万円……改訂償却限度額

21万円－20万円＝1万円……償却不足額

なお，償却不足額は損金経理がされていませんので，当期の損金の額に算入することはできません。

③　改訂繰延消費税等

210万円－20万円＝190万円

## 別表四の処理

| 区分 | | | 総額 | 処分 | | |
|---|---|---|---|---|---|---|
| | | | | 留保 | 社外流出 | |
| | | | ① | ② | ③ | |
| 加算 | 土地譲渡収入計上もれ | 10 | 25,000,000 | 25,000,000 | | |
| | | | | | | |
| | | | | | | |

## 別表五(一)の処理

| I 利益積立金額の計算に関する明細書 | | | | | |
|---|---|---|---|---|---|
| 区分 | | 期首現在利益積立金額 | 当期の増減 | | 差引翌期首現在利益積立金額 ①−②+③ |
| | | | 減 | 増 | |
| | | ① | ② | ③ | ④ |
| 利益準備金 | 1 | 円 | 円 | 円 | 円 |
| 積立金 | 2 | | | | |
| 未収金 | 3 | | | 25,000,000 | 25,000,000 |
| 繰延消費税等 | 4 | | | 100,000 | 100,000 |
| 未払消費税等 | 5 | | | △100,000 | △100,000 |

## 翌期の処理

### 決算上の経理処理

未収金，未払消費税等及び繰延消費税等を企業会計に受け入れるため，次の経理処理を行います。

(借)未収金 2,500万円　　(貸)前期損益修正益 2,510万円
　　繰延消費税等 10万円
(借)前期損益修正損 10万円　　(貸)未払消費税等 10万円

**別表四の処理**

| 区　分 | | 総額 ① | 処分 留保 ② | 処分 社外流出 ③ | |
|---|---|---|---|---|---|
| 加算 前期損益修正損否認 | 10 | 100,000 | 100,000 | | |
| | | | | | |
| | | | | | |
| 減算 前期損益修正益否認 | 21 | 25,100,000 | 25,100,000 | | |
| | | | | | |
| | | | | | |

**別表五(一)の処理**

I　利益積立金額の計算に関する明細書

| 区　分 | | 期首現在利益積立金額 ① | 当期の増減 減 ② | 当期の増減 増 ③ | 差引翌期首現在利益積立金額 ①－②＋③ ④ |
|---|---|---|---|---|---|
| 利益準備金 | 1 | 円 | 円 | 円 | 円 |
| 積立金 | 2 | | | | |
| 未収金 | 3 | 25,000,000 | 25,000,000 | | — |
| 繰延消費税等 | 4 | 100,000 | 100,000 | | — |
| 未払消費税等 | 5 | △100,000 | △100,000 | | — |

〔簡易課税の法人〕

## 当期の処理

**税務上の経理処理**

(借)未　収　金　2,500万円　　　(貸)土地譲渡収入　2,500万円

別表四の処理

| 区分 | | | 総額 | 処分 | | |
|---|---|---|---|---|---|---|
| | | | | 留保 | 社外流出 | |
| | | | ① | ② | ③ | |
| 加算 | 土地譲渡収入計上もれ | 10 | 25,000,000 | 25,000,000 | | |
| | | | | | | |
| | | | | | | |

別表五(一)の処理

| Ⅰ 利益積立金額の計算に関する明細書 | | | | | |
|---|---|---|---|---|---|
| 区分 | | 期首現在利益積立金額 | 当期の増減 | | 差引翌期首現在利益積立金額 ①－②＋③ |
| | | | 減 | 増 | |
| | | ① | ② | ③ | ④ |
| 利益準備金 | 1 | 円 | 円 | 円 | 円 |
| 積立金 | 2 | | | | |
| 未収金 | 3 | | | 25,000,000 | 25,000,000 |
| | 4 | | | | |
| | 5 | | | | |

## 翌期の処理

### 決算上の経理処理

未収金を企業会計に受け入れるため，次の経理処理を行います。

(借)未　収　金　2,500万円　　　　(貸)前期損益修正益　2,500万円

別表四の処理

| 区分 | | | 総額 | 処分 | | |
|---|---|---|---|---|---|---|
| | | | | 留保 | 社外流出 | |
| | | | ① | ② | ③ | |
| 減算 | 前期損益修正益否認 | 21 | 25,000,000 | 25,000,000 | | |
| | | | | | | |
| | | | | | | |

## 別表五(一)の処理

| I　利益積立金額の計算に関する明細書 | | | | | |
|---|---|---|---|---|---|
| 区　分 | | 期首現在利益積立金額 | 当期の増減 | | 差引翌期首現在利益積立金額 ①－②＋③ |
| | | | 減 | 増 | |
| | | ① | ② | ③ | ④ |
| 利益準備金 | 1 | 円 | 円 | 円 | 円 |
| 積立金 | 2 | | | | |
| 未収金 | 3 | *25,000,000* | *25,000,000* | | — |
| | 4 | | | | |
| | 5 | | | | |

〔著者紹介〕

**成松（なりまつ） 洋一（よういち）**

職　　歴　国税庁法人税課課長補佐（審理担当），菊池税務署長，東京国税局調査第一部国際調査課長，調査審理課長，名古屋国税不服審判所部長審判官，東京国税局調査第三部長を経て退官

現　　在　税理士

主要著書　減価償却資産の取得費・修繕費（共著・税務研究会・第15回日税研究賞奨励賞受賞）
Q&A 会社法・会計と法人税の異同点（税務研究会）
Q&A 法人税と消費税の異同点（税務研究会）
Q&A 収益認識における会計・法人税・消費税の異同点（税務研究会）
法人税セミナー―法人税の理論と実務の論点―（税務経理協会）
法人税法―理論と計算―（税務経理協会）
税務会計の基礎―企業会計と法人税―（共著・税務経理協会）
圧縮記帳の法人税務（大蔵財務協会）
試験研究費の法人税務（大蔵財務協会）
新減価償却の法人税務（大蔵財務協会）
消費税の経理処理と税務調整（大蔵財務協会）
グループ法人税制の実務事例集（大蔵財務協会）
法人税・源泉所得税・消費税の諸申請（共著・大蔵財務協会）
税務上の評価損の実務事例集（大蔵財務協会）
法人税の身近な論点を巡る実務事例集（大蔵財務協会）

本書の内容に関するご質問は，税務研究会ホームページのお問い合わせフォーム（https://www.zeiken.co.jp/contact/request/）よりお願い致します。なお，個別のご相談は受け付けておりません。

本書刊行後に追加・修正事項がある場合は，随時，当社のホームページ（https://www.zeiken.co.jp/）にてお知らせ致します。

否認項目の受け入れを中心とした
法人税申告書
別表四，五(一)のケース・スタディ

（著者承認検印省略）

令和６年６月15日　令和６年度版第一刷印刷
令和６年６月25日　令和６年度版第一刷発行

©著　者　成　松　洋　一（なりまつ よういち）
発行所　税務研究会出版局
週刊「税務通信」「経営財務」発行所
代表者　山　根　　毅
〒100－0005
東京都千代田区丸の内１－８－２
鉄鋼ビルディング
https://www.zeiken.co.jp/

乱丁・落丁の場合は，お取替え致します。　印刷・製本　奥村印刷
ISBN 978－4－7931－2833－2